Die *Geschichte des Rauchens* von Egon Caesar Conte Corti erschien im Insel Verlag erstmals 1930 mit 64 Bildtafeln unter dem Titel *Die trockene Trunkenheit – Ursprung, Kampf und Triumph des Rauchens* – sie ist auch heute noch ein Standardwerk zu diesem Thema.

In zehn Kapiteln gibt Conte Corti einen Überblick über die Entwicklungsgeschichte des Rauchens, die Art seiner Verbreitung und die Aussagen, soweit sie sich in der Geschichte dokumentieren lassen.

Conte Cortis *Geschichte des Rauchens* ist nicht zuletzt der Lesbarkeit wegen ein Vergnügen, das sich auch Nichtraucher gönnen sollten. – »Was meine persönliche Einstellung dazu anbelangt«, meint er im Vorwort, »so wird es mir zur größten Freude gereichen, wenn derjenige, der das Buch nach der Lektüre aus der Hand legt, aufgrund desselben die Frage nicht zu beantworten im Stande ist, ob der Verfasser ein Raucher ist oder nicht.«

insel taschenbuch 904
Egon Caesar Conte Corti
Geschichte des Rauchens

Egon Caesar Conte Corti

GESCHICHTE DES RAUCHENS

»Die trockene Trunkenheit«
Ursprung, Kampf und Triumph des Rauchens

Mit zahlreichen Abbildungen

Insel Verlag

insel taschenbuch 904
Erste Auflage 1986

Vertrieb durch den Suhrkamp Taschenbuch Verlag
Umschlag nach Entwürfen von Willy Fleckhaus
Satz: LibroSatz, Kriftel
Druck: Ebner Ulm
Printed in Germany

1 2 3 4 5 6 – 91 90 89 88 87 86

DIE GESCHICHTE DES RAUCHENS

Sublime tobacco! which from east to west
Cheers the tar's labour or the Turkman's rest;
Which on the Moslem's ottoman divides
His hours, and rivals opium and his brides;
Magnificent in Stamboul, but less grand,
Though not less loved, in Wapping or the Strand;
Divine in hookahs, glorious in a pipe,
When tipp'd with amber, mellow, rich and ripe;
Like other charmers, wooing the caress
More dazzlingly when daring in full dress;
Yet thy true lovers more admire by far
Thy naked beauties – Give me a cigar!

Lord Byron, »The Island«

VORWORT

Die Idee und der Entschluß zur vorliegenden Arbeit waren die Frucht eines vor nunmehr zehn Jahren geführten zufälligen Gesprächs. Während einer historischen Unterhaltung fragte mich jemand, die Zigarette in der Hand: »Sagen Sie, wer hat denn eigentlich die Zigarette erfunden, und woher stammt die Sitte des Rauchens?« Ich hatte nun zwar in diesem Zusammenhang etwas von Amerika und von Kolumbus gehört, konnte aber keine klare Auskunft geben und versprach, mich gelegentlich darüber zu unterrichten. Durch Zufall lag damals der Briefwechsel August Ludwig von Schlözers, des Historikers und Publizisten aus dem 18. Jahrhundert, einer anderen Arbeit wegen auf meinem Schreibtisch, und beim Lesen fiel mir in Erinnerung an das eben genannte Gespräch nachfolgende Ausführung Schlözers ganz besonders in die Augen: »Die Geschichte des Tobaks«, heißt es dort, »wäre immer für die Welthistorie ein wenigstens ebenso interessantes Sujet als die ›Geschichte des großen Tamerlans‹ oder die ›Geschichte des alten assyrischen Kaisertums‹. Vorausgesetzt nämlich, daß der Zusammenhang, den ein historischer Gegenstand mit großen Weltveränderungen als Ursache mit Wirkungen hat, der einzige Maßstab ist, der dessen universalhistorische Würde bestimmt. Ein Begriff, der freilich noch nicht allgemein ist, aber es doch hoffentlich mit der Zeit, trotz allen Widerstrebens der Anno-Domini-Männer werden wird! Tobak figuriert in der Geschichte in siebenerlei Betracht: als ein Religions-, Wund-, Arznei- und Modekraut und, seitdem er letztes geworden, auch als eine ökonomische, Handels- und Finanzpflanze.

Schriftsteller, fast von aller Art, Reisebeschreiber und Theologen, Ärzte und Kaufleute, Landbauer, Fabrikanten, Kameralisten und Dichter haben ihn bearbeitet, nur noch kein Geschichtsforscher. Daher die unzähligen falschen Nachrichten von ihm, die sich nach dem Jahre 1600 im ganzen Publico verbreitet haben und noch jetzo immer aus einem Buche in das andere laufen . . . vielleicht kommt eine Zeit, wo man es für pragmatisch (nicht mehr für neologisch oder affektiert) halten wird, sich bis zur Nennung des Tabaks herabzulassen.«

»Den ersten zwar«, meint Schlözer, »der diese Kühnheit hat, wird der Jenaische Historiker« – und damit meint er wohl die Fachwissenschaft im allgemeinen – »angreifen, ein Werk ›Origines Tabaci‹ weit unter ein Werk, betitelt ›Origines Thuringicae‹, herabsetzen und nie glauben, daß eins wie das andere wenigstens gleichviel Aufwand von Gelehrsamkeit, Händearbeit und Nervensaft erfordere«, aber das möge ihn nicht abschrecken.

Das Gebiet ist sehr groß, und da es aus dem täglichen Leben der Mehrzahl der Menschen herausgegriffen ist, trägt es schon darin allein die innere Berechtigung zu näherer historisch-dokumentierter Untersuchung. Seit Schlözer sind wirklich solche »kühne Männer« aufgetreten und haben trotz emsiger und mühevoller Arbeit wenig Anerkennung gefunden. So, um die bedeutendsten herauszugreifen, als erster Friedrich Tiedemann, der im Jahre 1854 eine ausführliche Geschichte des Tabaks schrieb, dann der wissenschaftliche viel höher stehende Neapler Professor O. Comes in seiner »Histoire, Géographie, Statistique du Tabac« aus dem Jahre 1900. Endlich G. L. Apperson in seiner »Social History of Smoking«, der aber nur auf England allein eingeht.

In neuerer Zeit haben Pilz, Hartwich, Kolumbus und andere in verdienstvoller Weise versucht, dem Thema auf verschiedenem Wege gerecht zu werden. Ich aber wollte einen Gesamtüberblick über die Entwicklungsgeschichte des Rauchens, die Art seiner Verbreitung und die Stellungnahme der Menschheit vom Uranfang, soweit er sich in ferne Vorzeit verfolgen läßt, bis auf den heutigen Tag gewinnen, den keine dieser Schriften trotz aller Vorzüge zusammenhängend bietet. Die vorliegende Arbeit stellt also einen Versuch dar, in großen Zügen zu einem richtigen Gesamtbilde zu gelangen, und soll ein Beitrag zur Geschichte einer Sache sein, die im alltäglichen Leben der großen Mehrheit der Menschheit eine ständige Rolle spielt. Was meine persönliche Einstellung dazu anbelangt, so wird es mir zur größten Freude gereichen, wenn derjenige, der das Buch nach der Lektüre aus der Hand legt, auf Grund desselben die Frage nicht zu beantworten imstande ist, ob der Verfasser ein Raucher ist oder nicht.

Ich habe an dieser Stelle zahlreichen Freunden und Gönnern meiner Arbeit zu danken. Vor allem der Generaldirektion der österreichischen Tabakregie und ihren charmanten Herren, dem Direktionsrat Dr. Wenusch, Ingenieur Peter und Dr. Schöller, die mich voll Interesse in Archiv und Bibliothek der Regie in liebenswürdigster Weise einführten und bei der Arbeit unterstützten; dann dem Herrn Generalarchivar und Direktor des Wiener Staatsarchivs, Professor Dr. Bittner, und seinen liebenswürdigen Herren; dem Herrn Direktor des Preußischen Geheimen Staatsarchivs in Berlin Geheimrat Klinkenborg, endlich den Herren Staatsarchivaren Dr. Hauser des Staatsarchivs Zürich und Dr. G. Kurz des Staatsarchivs Bern, die mir in freundlichster Weise einschlägige Akten zugänglich machten. Ferner danke ich Herrn Dr. Erdmann vom Istituto storico Prussiano zu Rom, dem Direktor des Staatsarchivs zu Florenz, Dr. Umberto Dorini, Don Cristobal Espejo zu Madrid, den

Herren der Bibliothèque Nationale zu Paris, der Preußischen Staatsbibliothek zu Berlin, der Porträtsammlung der Wiener Nationalbibliothek und des Hohenzollernmuseums im Schloß Monbijou zu Berlin, endlich dem Herrn Regierungssekretär Paul Koch der Landesbibliothek in Dresden. Dann habe ich ganz besonders Mrs. D. M. Chapman, der Schwester von Mrs. Catherine Phillips, der ausgezeichneten Übersetzerin meines Buches »Maximilian und Charlotte von Mexiko«, für das Material zu danken, das sie mir in geschicktester Weise aus englischen Bibliotheken und Archiven für meine Arbeit gesammelt hat. Endlich und in ganz besonderer Dankbarkeit fühle ich mich den Herren Jos. Feinhals in Köln, Eugen L. Garbáty in Berlin und Johannes Th. Kuhlemann, einem schriftstellerischen Fachmanne ersten Ranges auf dem Gebiete des Tabakwesens, verpflichtet. Die beiden ersten haben mir aus ihren reichhaltigen Fachbibliotheken und Fachsammlungen in liberalster und gütigster Weise Dokumente, Bücher und Abbildungsmaterial zur Verfügung gestellt, und ich freue mich, durch meine Arbeit einen Teil dieser Schätze auch einem größeren Publikum vermitteln zu können. Schließlich danke ich aufs wärmste meinem verehrten Freunde und Verleger, Professor Dr. Anton Kippenberg, der mir bei meiner Arbeit und deren Einkleidung mit seinem bewährten Rat so sehr beigestanden hat.

Der Verfasser

Wien, im Januar 1930

ERSTES KAPITEL

Vor der Entdeckung Amerikas

Soweit moderne Forschung in die Sitten und Gebräuche der Urmenschen vorgedrungen ist, findet sich in den entferntest vorgeschichtlichen Zeiten als eine der ältesten Kulthandlungen die Anbetung der Sonne und der Gestirne, die den Auftakt zu dem, was wir heute Religion nennen, bildete. Was dem primitiven Menschen von damals unerklärlich schien, hielt er für göttlichen Ursprungs und bezeichnete daher viele der natürlichsten Vorgänge rings um ihn als heilig und verehrungswürdig. So war auch das Feuer, das sich den Menschen zuallererst vielleicht auf dem Wege eines zündenden Blitzes offenbarte, ein heiliges Geheimnis, das, sobald man es willkürlich erzeugen und gebrauchen konnte, auch gleich zu einer Kulthandlung, zur Verehrung des Feuers an sich, führte. Da dieses mit züngelnder Flamme und gewaltiger Rauchentwicklung stets himmelwärts strebte, gelangte der primitive Mensch zu einer Verehrung der Sonne durch »heiliges« Feuer und »heiligen« Rauch. Allmählich wurde den Priestern, die mit solchem Kult ihr Leben hinbrachten, der Rauch der Feueropfer lästig; sie suchten seinen beißenden Geruch, seinen die Atmung störenden Einfluß durch Verbrennen wohlriechender Harze und duftender Kräuter abzuschwächen, und man gelangte so zu dem Gebrauche des Weihrauches, der schon in den ältesten Kulturen des Zweistromlandes Mesopotamien ebenso wie in dem altägyptischen Reiche am Nil bekannt war und bei der Verehrung der Götter eine große Rolle spielte (Abb. 1). Wir finden noch heute in den Gräbern der Pharaonen, so in dem neuentdeckten Grabe Tut-anch-Amons, feine, dunkelgraubraune Kügelchen aus harzigem Stoff, die, in herrlich geformten Vasen aus durchsichtigem Alabaster angezündet, den Göttern als Rauch dargebracht wurden. Aus Pyramidentexten hat man sogar feststellen können, daß die Opferung myrrhenartiger Wohlgerüche und verschiedenartiger Mischungen von Räucherwerk schon etwa bis 3000 v. Chr. zurückreicht. Die Bewegung des aufsteigenden Rauches weckte in den Opfernden die Vorstellung, als dringe er bis hinauf zu den im Himmel thronenden Göttern.

Der Gebrauch des Weihrauchs breitete sich sodann langsam über alle Völkerschaften der Alten Welt aus. Bei den Juden stand vor dem Vorhang zum Allerheiligsten ein eigener Rauchaltar, auf welchem in der Frühe und am Abend die kostbarsten Spezereien verbrannt wurden. In beiden Testamenten finden sich wiederholt Erwähnungen dieser Weihrauchopfer. Jedermann erinnert sich aus der Bibel an die durch die Weihnachtsfeier in alle Zukunft verherrlichte Anbetung des Jesuskindes durch die Heiligen Drei Könige, die ihm aus ihren heidnischen Gebräuchen heraus Gold, Weihrauch und Myrrhen darbrachten.

Griechen und Römer übernahmen, wie so vieles andere, auch die Sitte des heiligen Feuers und des Weihrauches aus den älteren Religionen und Kulturen. Bei den Griechen kamen die Weihrauchopfer im 7. oder 6. Jahrhundert v. Chr. auf. Die Rat spendende Pythia vom Orakel zu Delphi, die von den Priestern dazu verwendet wurde, deren doppelsinnige Orakel zu verkünden, versetzte sich zur besseren Täuschung der Fragenden durch Einatmen von Rauch aus Lorbeer und Gerstenmehl in einen rauschartigen Zustand, ihre Pupillen wurden groß und weit, und der rings um sie aufsteigende Rauch erhöhte die Mystik des heiligen Vorganges.[1] Bei den Römern bediente man sich des Weihrauches erst etwas später, besonders in Verbindung mit Weinspenden, die den Göttern dargebracht wurden. Die Nachrichten aus vorrömischer Zeit enthalten aber niemals die geringste Andeutung, daß dieser Brauch, wohlriechende Ingredienzen zu verbrennen, etwa als narkotisches Genußmittel eine Rolle gespielt haben.

Dagegen finden sich bei Griechen und Römern die ersten Andeutungen, daß Rauch nicht nur zu Kulthandlungen, sondern auch zu sonstigen, insbesondere medizinischen Zwecken verwendet wurde. Der berühmte griechische Arzt Hippokrates, der zur Zeit der Peloponnesischen Kriege lebte und der im engen Anschluß an natürliche Heilverfahren durch konservative Behandlung und strenge Diät Erfolge erzielte, empfahl den Gebrauch des Rauches durch Einatmen und Einflößen bei Frauenkrankheiten.

Auch zur Behandlung veralteten Hustens wurde schon zur Römerzeit das Einatmen von Rauch in der Art unseres noch heute üblichen Inhalierens als heilbringend empfohlen. Der größte Naturforscher des Altertums aber, Plinius, der zur Zeit Neros und Vespasians lebte und im Jahr 79 n. Chr. beim Ausbruch des Vesuvs zugrunde ging, hat in seiner siebenunddreißig Bücher umfassenden großen Naturgeschichte, in der er in zwölf Büchern auch über die aus Pflanzen hergestellten Arzneimittel spricht, das Einatmen von Rauch trockenen Huflattichs als für veralteten Husten sehr heilsam bezeichnet. Bei ihm findet sich die erste Andeutung für etwas, was einer Pfeife

1 Näheres über Weihrauch und Rauchopfer bei Dr. Hans von Fritze, Die Rauchopfer bei den Griechen, Berlin 1894, und Max Löhr, Das Räucheropfer im Alten Testament. Berlin 1927.

ähnlich sehen könnte in der Bemerkung, daß dieser Rauch durch ein Rohr (harundo) eingezogen wurde.[1]

In der gesamten griechischen oder römischen Literatur kulturgeschichtlichen oder sonstigen Inhaltes ist aber nicht die geringste Andeutung zu finden, daß innerhalb dieser beiden Kulturvölker des Altertums das Rauchen in unserem heutigen Sinne betrieben worden wäre. Jedoch besaßen die Griechen Kenntnis, daß barbarische Völker im Gebiete der unteren Donau sowie im Orient den Rauch gewisser narkotisch wirkender Pflanzen zuweilen mit Genuß, ja geradezu bis zu völliger Betäubung einatmeten.

Der älteste griechische Historiker Herodot, der als scharfer und wahrheitsliebender Beobachter in seinen Arbeiten meist einen bemerkenswert kritischen Sinn bekundet[2], berichtet um 450 v. Chr., daß die Skythen im Gebiete etwa des heutigen Bulgarien und nördlichen Griechenland auf glühende Steine Hanfkörner warfen, die alsobald einen solchen Rauch entwickelten, »daß ihnen kein hellenisches Dampfbad gleichkam«. Herodot deutet dies als Bad anstelle des von jenem Barbarenvolke kaum je benützten Wasserbades und bemerkt dazu, daß die Skythen vor Freude über den Dampf Jubelschreie ausstießen. Auch bei den Babyloniern soll nach ihm ein ähnlicher Brauch geübt worden sein.

Spätere Schriftsteller, wie Tyrius, der römische Geograph Pomponius Mela[3], der zu des Kaisers Claudius Zeiten in Rom lebte, und sein Zeitgenosse Plutarch[4] erweiterten diese Nachricht dahin, daß die Skythen jene Körner gewöhnlich nach

1 Plinius, Naturalis Historia. Liber XXVI.C.VI.

2 Historiae I. Capitel 4, Absatz 75.

3 Pomponius Mela, De situ orbis. Liber II, C. II.

4 Plutarch, Fragmenta et spuria III./3.

ihren Mahlzeiten ins Feuer geworfen hätten. Mela meint, daß das Einatmen des aufsteigenden Dampfes bei ihnen eine der Trunkenheit ähnelnde Heiterkeit erweckt hätte, während Plutarch in einer ihm zugeschriebenen Schrift über Flüsse bemerkt, daß die dieser Sitte frönenden, am Hebron (der heutigen Maritza) lebenden Skythen dadurch betäubt wurden und in tiefen Schlaf versanken. Es ist nicht bekannt, ob diese beiden römischen Schriftsteller die durch sie beschriebenen Gebiete besucht oder bloß den von ihnen auch anderweitig stark benutzten Herodot abgeschrieben und ausgeschmückt haben. Tiefere Schlüsse können aus alledem auf eine etwaige Sitte des Rauchens bei Skythen, Thraziern und Orientalen nicht gezogen werden. Sie kannten bloß die betäubende Wirkung von verbranntem Hanf, ebenso wie die Orientalen auch damals schon jene der Mohnpflanze (Opium), und mögen sich zuweilen diesen Wirkungen ausgesetzt haben. Von solchen hier und da geübten Bräuchen bis zu der Gewohnheit unseres heutigen Rauchens ist aber ein weiter Weg.

Auch in den Sagen der Griechen, der Römer und der Germanen findet sich nicht die geringste Andeutung, die in glaubwürdiger Weise von der Rauchsitte spräche. Dennoch gab es und gibt es noch heute[1] Fanatiker der Idee, daß schon zur Römerzeit und im Mittelalter in Europa Pfeife geraucht worden sei. Dazu gehörten ein gewisser Lothar Becker[2] und ein Schweizer Privatdozent B. Reber[3], die die Ausgrabungen pfeifenartiger Gebilde aus römischer und keltischer Zeit als Beweise

1 Hierzu E. Huber in der »Umschau« 1929, Heft 36, S. 711 ff., der die alte Meinung, das Bilsenkraut Hyoscyamus luteus der Alten sei Nicotiana rustica, wiederholt.

2 Lothar Becker, Ein Rechenexempel für diejenigen, welche der alten Welt den Tabak vor 1492 n. Chr. abstreiten. D. T. Z. 1891, Nr. 3 ff.

3. B. Reber, Les pipes antiques de la Suisse. Im Anzeiger für schweiz. Altertumskunde 1914, Heft 4. S. 287-303 und 1915, Heft 1, S. 39-44.

anzuführen suchten. Sie ließen sich aber durch vorgefaßte Ideen in Behauptungen und sogenannte Beweise ein, die sich später teilweise als ganz irrig erwiesen, teilweise auf den schon angeführten, in Kulthandlungen und in der Medizin üblichen Gebrauch des Rauchens zurückzuführen waren.

Mit diesen Einschränkungen kann also gesagt werden, daß zumindest in der im Altertum und Mittelalter den Kulturvölkern des Mittelmeerbeckens bekannten Welt die Rauchsitte in ihrem Zwecke als soziales Genußmittel völlig fremd war. Der Gebrauch des Rauches als Kult, als Medizin und ab und zu auch als Betäubungsmittel hat die Völker der Alten Welt, in deren Ländern und Gebieten die Tabakpflanze vor der Entdeckung Amerikas unbekannt war, wohl auf die Aufnahme der späteren Sitte vorbereitet, hat aber mit ihr in unserem heutigen Sinne nichts zu tun.

Das wahre Rauchen entstand höchster Wahrscheinlichkeit nach dort, wo die Tabakpflanze ihre Heimat und ihr günstigstes Fortkommen hatte. Nicht nur die Wahrscheinlichkeit und die naheliegende Erwägung sprechen dafür, sondern historische Tatsachen, deren Aufhellung in die wichtigen Bevölkerungsprobleme Amerikas vor dessen sogenannter Entdeckung durch Kolumbus hineinführt.

Der Tabak ist eine ursprünglich subtropische Pflanze, die weitaus am besten in dem von einem idealen Klima gesegneten Antillengebiet Westindiens und den weiter westlich gelegenen Landgebieten Zentral- und Mittelamerikas gedeiht. Auch hier haben die mit der Alten Welt gemeinsamen Naturwunder die primitive Bevölkerung zur Sonnenanbetung, zum Kult des heiligen Feuers und zu Weihrauchopfern geführt. Auch hier übten die Priester, Kaziken genannt, eine tyrannische Herrschaft, die sie mit ihrem besonders engen Verhältnis zur Gottheit begründeten; deren Verehrung war ihr Ehrenamt, das sie über alle Stammesgenossen hinaushob. Um diese heiligen Feuer zu schüren, bedienten sie sich gleichwie in der Alten Welt getrockneter Zweige und Blätter aromatischer Pflanzen, zu denen die dort vielfach in meterhohen, auffallenden Prachtexemplaren wildwachsende Tabakpflanze vornehmlich gehörte. Um das Feuer zu schüren, bliesen sie in den glühenden Zunder und mußten natürlich dabei den entstandenen Rauch einatmen. Bei der langen Übung dieser Gepflogenheit empfanden sie mit der Zeit die wohlig narkotische Wirkung des erwärmten Rauches der Tabakpflanze, die ungleich köstlichere Eigenschaften hatte als alle zu ähnlichen Kulthandlungen verwandten Kräuter der Alten Welt. Daher hat vermutlich gerade in Mittelamerika der Weihrauchdienst der Götter zum persönlichen Genuß des Rauches geführt. – So etwa mag das Rauchen als Genußmittel in uralter, nach Jahreszahlen nicht bestimmbarer Vorzeit aus Kulthandlungen der Priester im Antillengebiet und in den angrenzenden Festlandsgebieten Mittelamerikas und des heutigen Mexiko entstanden sein.

Das erste steinerne Dokument, welches für die hohe Wahrscheinlichkeit dieser Annahme spricht, findet sich auch in diesem Gebiete. Das älteste Kulturland im heutigen Zentralamerika, das uns sprechende steinerne Zeugen hinterlassen hat (Abb. 2), ist das Gebiet der Mayavölker und der Mayazivilisation in Zentralamerika und Yukatan. Die neuesten Forschungen[1] verlegen die Anfänge dieser Kultur bei vorsichtiger Schätzung zeitlich mindestens ins 1. Jahrhundert v. Chr. Das Zentrum dieser Kultur lag in dem Gebiete der heutigen Provinzen Mexikos Tabasco und Chiapas. Hier liegen die nun völlig verlassenen, vom Urwald verschlungenen, aber doch noch von

1 Siehe Paul Radin, The story of the American Indian, London o. J. (1929).

hoher Kultur zeugenden Ruinenstädte Palenque, Ococingo usw. Die Maya waren ein indianisches Volk, das am Ostabhang der Kordilleren in mit prachtvollen Bauwerken geschmückten Städten wohnte, die gleichzeitig die Brennpunkte ihrer staatlichen Macht bildeten und als Mittelpunkte religiöser Betätigung großartige Tempel bargen. Alle Nachrichten deuten darauf hin, daß auch die Mayavölker unter der Botmäßigkeit einer herrischen Priesterkaste standen. Im Mittelpunkt der Religion der Maya stand die Verehrung der Sonne. Sie errichteten ihre Tempel und die übrigen Gebäude auf einem hügelartigen Unterbau, der, wenn er nicht in Form eines natürlichen Hügels zur Verfügung stand, mit Hilfe von Erdterrassen künstlich hergestellt wurde. Oben stand dann auf solchem Bau eine Art Altar, der mit schönen steinernen Reliefplatten geschmückt war, die menschliche Bildnisse in Dreiviertelansichten wiedergaben. Diese standen an künstlerischer Auffassung den Bildwerken altägyptischer Zeit nicht nach.

Auch den Mayavölkern war der Weihrauch in den Kulthandlungen bekannt. Sie verwendeten dazu gleichfalls die getrockneten Blätter des dort wild wachsenden Tabaks und bliesen diesen Weihrauch aus einem pfeifenartigen Gebilde gegen die Sonne und die vier Weltgegenden. Die Abb. 3 zeigt ein Relief auf dem sogenannten Kreuztempel von Palenque, das einen Priester bei solch heiliger Handlung darstellt. Er trägt einen Adler im Kopfschmuck, eine Schlange zwischen den Füßen und ein Leopardenfell über dem Rücken. In den Händen aber hält er ein röhrenförmiges Ding, dem Rauch entströmt. Allmählich wird das Rauchen dem geschlossenen Kreis der bevorzugten Priesterkaste entzogen und ein Gut der Allgemeinheit geworden sein. Man formte bald im ganzen Antillengebiete und in Mittelamerika Palmblätter zu einer Art Tüte, tat geriebenen und getrockneten Tabak und Blätter anderer aromatischer Pflanzen hinein – und die früheste Form der Pfeife war gebildet. Nebenbei wurden aber auch Schilf- und Bambusrohre verwendet. Die narkotische Wirkung des Tabakrauches, der, durch unverarbeitete Blätter hervorgerufen und in großer Menge genossen, zu einer Art Trunkenheit führte, wurde von den Priestern dazu benutzt, um ihrer primitiven Gemeinde vorzutäuschen, die Gottheit habe diesen Zustand in ihnen hervorgerufen, und sie seien imstande, verschiedene Weissagungen, insbesondere solche über glücklichen oder unglücklichen Ausgang bevorstehender Kämpfe abzugeben.

Der Genuß des Rauches der Tabakpflanze und der ihr verwandten Pflanzenarten breitete sich allmählich über Mittelamerika, die Urbewohner Mexikos und die Antillen aus. Die Priester, die, wie schon der Name »Medizinmänner« besagt, an den meisten Orten gleichzeitig Ärzte waren, schrieben in diesen Gebieten der Pflanze besondere Heilkraft zu, legten die frischen Blätter auf offene Wunden, brauchten den Rauch gegen Brustkrankheiten und empfahlen Saft und Geruch gegen Kopfleiden und dergleichen.

Die Mayakultur erreichte etwa zwischen 470 und 620 n. Chr. ihre glänzendste Entwicklung und ihren Höhepunkt. Dann scheint, wie Radin sagt, plötzlich eine furchtbare Katastrophe über all die blühenden Städte gekommen zu sein, die von ihren Einwohnern verlassen wurden. Teils wandten sie sich gegen Norden, teils der Halbinsel Yukatan zu, wo die Mayakultur noch durch Jahrhunderte hindurch eine großartige Nachblüte erlebte.

Indessen hatte sich die Rauchsitte sowohl in- als außerhalb des Kultes unter die mittlerweile im übrigen heutigen Mexiko eingewanderten Nahuavölkern, insbesondere deren jüngstes und kulturell höchst entwickeltes, die Azteken, verbreitet. In den wenigen Kodizes, die dem fanatischen spanischen Bischof Zumarraga entgingen, der diese altehrwürdigen, kostbaren Hieroglyphenhandschriften nach der Eroberung durch die Spanier im ganzen Lande sammeln ließ, um sie als verabscheuungswürdige Zeugnisse »heidnischer Sitte und gottlosen Lebens« verbrennen zu lassen, finden sich hier und da Abbildungen rauchender Priester und Krieger. Sie gleichen denen der Maya in Form und Art; neben Palmblättern werden vielfach Schilfrohre zum Rauchen verwendet, die zuweilen schon die ersten charakteristischen Formen der ältesten Pfeifen aufweisen.

In nördlicheren Gebieten, in denen Schilf und Bambus nicht wuchsen, mußte man natürlich, sobald sich die Rauchsitte auch dahin verbreitete und der Samen der Tabakpflanze weiter nach Norden vordrang, zur künstlichen Herstellung solcher Röhren aus geeigneten Knochen, Holz oder Ton greifen. Und in der Tat finden wir solche zahlreich in den berühmten »Mounds«, einer Art Wohn- und Grabhügel aus Erde, die im ganzen Tal- und Stromgebiet des Mississippi zerstreut zu finden sind und deren Erbauung den Ahnen der Indianervölker Nordamerikas zugeschrieben wird. In der ganzen Moundregion, welche insbesondere im Ohiotal bis zu dem Gelände um die großen Seen ihre vollkommenste Ausbildung und ihr zahlreichstes Vorkommen aufweist, findet man in den meisten dieser Erdhügel Reste phantastisch geformter und künstlerisch gebildeter Rauchpfeifen. Neueste Forschungen haben aus zahlreichen Ähnlichkeiten zwischen den Kulturen der Mayas und der Azteken, wie sie sich in den Mounds zeigen, geschlossen, daß eine innige Berührung zwischen diesen beiden Kulturen stattgefunden haben muß. Der hügelartige Unterbau der Tempel der Mayas hat mit denen der Mounds vielfach große Ähnlichkeit, und Radin ist der Ansicht, daß nicht eine Wanderung von Norden nach Süden durch das Mississippital erfolgt sei, sondern daß im Gegenteil Völkersplitter der Mayas von ihren Ursitzen in Mittelamerika der Küste entlang bis zur Mündung des Mississippi und dann unter steten Kämpfen mit der Urbevölkerung und Erbauung ebendieser Mounds dem Flusse entlang bis in das Seegebiet des Nordens vorgedrungen seien. Ist diese neueste von Radin vertretene Ansicht richtig, so ist nichts wahrscheinlicher, als daß eben diese Völkersplitter der Maya die Kenntnis der Tabakpflanze und die Rauchsitte mit Benutzung pfeifenartiger Gebilde auf ihrem Zuge nach Norden ins Mississippital gebracht und den dort ansässigen indianischen Ureinwohnern vermittelt haben. Dafür spricht auch die Tatsache, daß auf vielen in den Mounds, z. B. des Ohiogebietes, also hoch im Norden, gefundenen Pfeifen Vögel, Reptilien und andere Tiere abgebildet oder ausgeschnitzt waren, die nur im tropischen Zentralamerika und im Antillengebiet vorkommen. Das Rauchen der wandernden Mayas geschah immer im Zusammenhang mit ihrem Kultus, ihrer Sonnen-, Feuer- und Götterverehrung und ging daher auch in den Kultus der Indianervölker über. Diese brachten bald auch ihrem Manitu Tabakrauch zum Opfer, nährten das heilige Feuer und glaubten schließlich, daß der Geist ihres großen Gottes im Tabakrauch verborgen sei.

Von da ging dann die ganze Fülle religiöser und politischer Sitten und Gebräuche der indianischen Völker aus, die in dem heiligen, federgeschmückten, aus rotem Ton geformten Calumet, der Kriegs- und Friedenspfeife, gipfeln.

Allmählich breitete sich die Sitte des Rauchens über den ganzen nordamerikanischen Kontinent aus, wobei natürlich stets in den Zentren höherer Kulturentwicklung auch ein stärkerer Gebrauch des Tabaks als Kult- oder Genußmittel zu verzeichnen war. In der Zeit, die dem Eintreffen der Spanier in Amerika voranging, war im Gebiete von Mexiko das Land der Azteken zu hervorragender Kulturblüte gelangt. Das Reich Montezumas hatte es politisch und kulturell zu hoher Pracht und Herrlichkeit gebracht. Die Stadt Mexiko mit 300 000 Einwohnern, mächtigen Palästen und riesigen Pyramidentempeln zeugte davon. Der Kaiser gebot mit unumschränkter Macht über sein Land. Im übrigen herrschten die Papas, die Priester und Vornehmen, die, um der Sonne näher zu sein, auf der obersten Platte der hochragenden Tempel ihren Göttern Weihrauch von der Tabakpflanze, aber auch Menschenopfer darbrachten. Montezuma und die Vornehmen des Landes rauchten auch schon außerhalb der Kulthandlungen nach den Mahlzeiten. Ebenso jener Jüngling, der nach aztekischer Sitte als Verkörperung eines Gottes ein Jahr lang, umgeben von dem ihm vermählten schönsten Mädchen des Landes, in Pracht und Ehre dahinlebte, um dann am letzten Tage den Göttern geopfert zu werden. Auch er mußte neben Tanz, Flötenspiel und Kunst der Rede das Tabakrauchen aus Rohrpfeifen zur Ehre der Götter und zur Freude der Menschen betreiben.

Weithin hatten die Azteken auf ihren Kriegszügen die benachbarten Völker unterjocht. Überall im Mittelamerika kannte man schon den Gebrauch des Tabaks. Auf den Antillen, auf denen er in köstlichster Weise wächst, benutzten ihn auch die auf einer viel tieferen Kulturstufe stehenden Einwohner aus dem indianischen Stamm der Aruak, die einst in grauer Vorzeit aus dem nordöstlichen Südamerika und den Gebieten des Amazonenstromes die Inselgruppen besiedelten.

Kurz vor dem Eintreffen der Spanier hatten sich wilde Kämpfe der sonst so friedlichen Antillenbewohner mit dem kriegerischen und räuberischen Stamme der Kariben abgespielt, die aus dem Mündungsgebiet des Amazonenstromes und aus den Küstenstrichen des nordöstlichen Südamerika hinübergesegelt waren und räuberische Einfälle in die Inselwelt der Antillen unternahmen. Durch diese Völkerwanderungen und Kämpfe scheint auch die Sitte des Rauchgenusses in die Küstengebiete des heutigen Venezuela, Guyanas und Brasiliens gelangt zu sein. Im übrigen Südamerika waren der Tabak und das Rauchen bis zur Ankunft der Spanier völlig unbekannt. Die Sitte hatte jedoch schon fast ganz Nord- und Mittelamerika erfaßt, und so standen sich die seit Jahrhunderten rauchende »Neue« Welt und die »Alte« gegenüber, die von Tabak und Rauchsitte ebensowenig wußte, wie von der Existenz jener anderen Welt. Es war naturgemäß die technisch und kulturell vorgeschrittene Alte Welt, die die andere durch Besiegung des Ozeans entdecken sollte, und der Zufall wollte es, daß der erste Pionier, Kolumbus, bei seiner Entdeckungsfahrt zuerst gerade auf die Antillen traf, also in das Herz des Gebietes, in dem der beste Tabak wuchs und sein Gebrauch sich daher auch stark entwickelt hatte.

ZWEITES KAPITEL

Kolumbus entdeckt Amerika. Die Tabakpflanze und das Rauchen

Die Alte Welt war zu Ende des 15. Jahrhunderts vom Entdeckungsfieber erfaßt worden. Das Vordringen der Türken und die Eroberung Konstantinopels hatten im Osten gleichsam eine Barriere aufgerichtet und die Völker Westeuropas zur Ausdehnung ihres Handels und ihrer politischen Macht auf den Westen Afrikas und das gewaltige Meer verwiesen. Es war nicht zuletzt diese Weltlage, welche den Portugiesen Bartholomeo Diaz im Jahre 1486 zu jener gefahrvollen Fahrt veranlaßte, in deren Verlauf es ihm gelang, das Kap der Guten Hoffnung zu entdecken. Dieser Erfolg sowie Gerüchte und Sagen von noch unentdeckten Ländergebieten, die unerhörte Reichtümer aller Art, darunter das so heiß begehrte Gold bergen sollten, erregten in abenteuerlustigen Männern den leidenschaftlichen Wunsch, diese Gebiete zu finden. Gold und Gewinn, dann aber auch nationale und persönliche Eifersucht auf Erfolge anderer waren die Hauptbeweggründe für die nun folgenden kühnen Taten. Auch Christoph Kolumbus, der Sohn eines Webers und späteren Wein- und Käsehändlers aus Genua, war das Kind eines auf Gewinn bedachten Geschlechtes. Die Schriften Marco Polos, durch die noch nicht lange erfundene Buchdruckerkunst weitverbreitet, nährten die Abenteuerlust des schon auf mannigfachen Seefahrten gestählten genuesischen Jünglings. Die Kugelgestalt der Erde, die schon viele Gelehrte des Altertums behauptet hatten, brachte ihn auf den Gedanken, gegen Westen fahrend das reiche Indien und das sagenhafte Goldland Zipangu (Japan) im Fernen Osten zu erreichen. Ein hoch angesehener greiser Gelehrter, der italienische Mathematiker und Arzt Messer Paolo del Pozzo Toscanelli aus Florenz, den Kolumbus um Rat gefragt haben soll, war ganz seiner Meinung und soll ihn zu dem Unternehmen ermutigt haben. Eine von ihm gezeichnete Karte, der die Kugelgestalt der Erde zugrunde lag, gelangte entweder direkt oder – wie viele behaupten – auf krummem Wege in die Hände des Kolumbus. In Lissabon, dem Dorado der Seefahrer, fand er keine Unterstützung. König Johann von Portugal ließ den ihm eingereichten, genauen Plan des Kolumbus für seine Entdeckungsfahrt von einem Bischof und zwei Hofärzten begutachten, deren Votum dahin lautete, es wäre eine viel zu ungewisse Sache, als daß man raten könne, Menschenleben und Geld daran zu wagen.

Der Genuese wandte sich daher nach Spanien in der Hoffnung, dort, schon wegen des Neides auf die See-Erfolge Portugals, größere Anteilnahme zu finden. Kolumbus reichte sein Projekt ein, und Ferdinand von Aragonien und Isabella von Kastilien, Spaniens Herrscher, brachten ihm mehr Verständnis entgegen. Die Gefahr, daß Portugal die unumschränkte Herrschaft über die Ozeane gewinne, lag zu nahe. Aber auch diese Fürstlichkeiten unterbreiteten den Plan zunächst Theologen und Gelehrten. Die siebenmal Weisen der Universität Salamanca fanden daraufhin den Einwand, daß die Seefahrer, wenn die Erde wirklich eine Kugel wäre, schließlich an einem Buge anlangen und naturgemäß dann in einen Wasserabgrund hinabfallen müßten; kämen sie aber wie durch ein Wunder selbst dabei heil davon, wie wollten sie dann aus dem Wasserabgrund die Biegung wieder hinauf- und zurückgelangen? Schließlich überwand Kolumbus doch allen Unverstand. Spaniens Herrscherpaar wollte den Versuch wagen und stellte Kolumbus die nötigen Schiffe und Mittel zur Verfügung.

Am 3. August 1492 machten sich die drei berühmten armseligen kleinen Holzschiffchen mit zusammen etwa 120 Mann Besatzung auf die Fahrt in die weite, unbekannte Ferne. Endlos dauerte die Reise. Im September hatte man die letzten bekannten Inseln und menschlichen Ansiedlungen verlassen. Vier Wochen schwamm man einsam auf der weiten Wasserwüste. Oft und oft täuschten Vögel und schwimmende Gegenstände die Nähe von Land vor, und immer war es damit nichts. Schon murrte die Mannschaft und drohte zu meutern. Da endlich, in der zweiten Woche des Oktober, zeigten sich unzweideutige Zeichen von nahem Land. In der Nacht zum 12. Oktober 1492 sah Kolumbus in der Ferne ein Licht, und als der Tag anbrach, erblickten die kühnen Schiffer bei herrlichem Sonnenschein vor sich eine in ihrer ganzen subtropischen Vegetation prangende Insel. In den Vormittagsstunden beschloß man zu landen. Das Admiralschiff Santa Maria setzte eine Barke aus, und Kolumbus betrat mit der Königsstandarte, begleitet von den Kapitänen der anderen Schiffe, glückstrahlend die Neue Welt. Kniend dankten die Entdecker zuerst ihrem Gott, dann entfalteten sie die Fahne Kastiliens und nahmen das Gebiet feierlich für Spanien in Besitz.

Während sich diese Feierlichkeit abspielte, hatten sich in einiger Entfernung Gruppen von braunschwarzen, völlig nackten Eingeborenen versammelt, die unter allen Zeichen maßlosen Staunens die fremden Geschöpfe und ihr geheimnisvolles Treiben betrachteten. Unterdessen war eine größere Gruppe Seeleute von den Schiffen an Land gekommen, aber auch Eingeborene ruderten in großen, ausgehöhlten Baumstämmen der Stelle zu, wo die weißen, mit härenen Stoffen bekleideten

Fabelwesen offenbar vom Himmel zur Erde herniedergestiegen waren.

Zuerst zeigte sich keine Feindseligkeit. Kolumbus wußte die Furcht der Eingeborenen durch kleine Geschenke, wie Glasperlen, kleine Glocken, Spiegel u. dgl. zu bannen, und alsbald beeilten sich auch diese, den Fremdlingen etwas von ihren Kostbarkeiten, oder was sie dafür hielten, zu überreichen. In der Meinung, daß die weißen Wunderwesen geradeswegs aus dem Himmel kämen, sparten sie nicht und brachten ihnen fremdartige Früchte, Holzspeere, Baumwollknäuel und merkwürdig duftende, trockene Blätter einer großen Pflanze. Lächelnd besah Kolumbus die Geschenke dieses primitiven Völkchens. Um sie nicht zu kränken, ließ Kolumbus die Gaben auf die Schiffe bringen, denn er sah wohl, wie hoch die Eingeborenen ihre Spenden einschätzten. Die Spanier freilich konnten höchstens mit den Früchten etwas anfangen und warfen vor allem die trockenen Blätter als wertlos weg. – Es waren dies die Blätter der Tabakpflanze. Die Überbringer waren Indianer des Aruakstammes, deren Insel von den Kariben noch nicht erobert worden war. Die kleine Insel, auf der Kolumbus zuerst gelandet, nannte er San Salvador, um dem Heiland für das glückliche Gelingen seiner Unternehmung zu danken, und wandte sich dann zur weiteren Erforschung des heute unter dem Namen der Kleinen und Großen Antillen bekannten Inselgebietes.

Einige Tage später begegneten die Schiffe, während sie zwischen zwei Inseln hindurchfuhren, einem indianischen Kanu mit einem einzelnen Manne darin. Da sie eines Lotsen bedurften, nahmen sie ihn an Bord und entdeckten dabei, daß er in seinem Schifflein neben etwas Brot und einer Kürbisflasche Wasser eine Menge dieser trockenen Blätter barg, die man Kolumbus schon bei seiner ersten Landung angeboten hatte und die offenbar von allen Eingeborenen als eine Kostbarkeit in Ehren gehalten wurden. Auch dieser Mann schenkte Kolumbus einige Blätter und tat es mit solch feierlichem Gebaren, daß der Admiral es in sein Tagebuch eintrug und dazu bemerkte, daß diese Blätter offenbar etwas sehr Kostbares sein müßten.

Kolumbus hatte auf den bisher entdeckten Inseln nur wenig Gold gefunden, und das trieb ihn dazu, sie zu verlassen und immer neue Gebiete zu suchen, wo er vielleicht doch einmal die erträumten reichen Goldlager finden würde. So kam er in der ersten Novemberwoche des Jahres 1492 zu jener gewaltigen Insel, die die Eingeborenen Kuba nannten. Vom Strand aus konnte man das Innere der gleichfalls in prachtvollem tropischem Blütenschmuck prangenden Insel nicht mehr übersehen. Daher entschloß sich Kolumbus, zwei wagemutige Männer zur Erforschung des Inneren und vornehmlich zur Suche nach Gold dahin abzusenden. Das waren Rodrigo de Jerez und der spaniolische Jude Luis de Torres, der Hebräisch, Chaldäisch und Arabisch sprach. Man glaubte, daß er sich vielleicht mit einer dieser Sprachen werde verständlich machen können. Überdies aber gab man den beiden Leuten zwei Indianer von anderen Inseln zum Geleite mit. Diese sollten den König des Landes aufsuchen, ihm ein Glasperlenkollier als Geschenk überbringen und ihn nach Goldlagern in seinem Lande befragen.

Nach vierzehn Tagen kamen diese Leute zurück, noch ganz unter dem Eindruck des vielen Fremdartigen, das sie da gesehen. Sie hatten viele Dörfer von fünfzig und mehr Häusern angetroffen, in denen schätzungsweise bis zu tausend Einwohnern lebten. Diese glaubten auch, die Fremdlinge seien vom Himmel gekommen, begrüßten sie mit aller Feierlichkeit, und die Angesehensten des Stammes trugen sie auf den Händen zur schönsten Hütte. Dort küßte man den Spaniern die Füße und befühlte sie, um festzustellen, ob sie wirklich aus Fleisch und Blut wären. Mit Staunen betrachteten die beiden Spanier das Gehaben der Indianer. Dabei fiel ihnen auf, daß die Männer in ihren Händen trockene Blätter trugen, die sie an glühenden Kohlen entzündeten und mit denen sie sich, wie die beiden Fremdlinge meinten, offenbar parfümierten. Um diese gerollten Blätter glühend zu erhalten, setzten sie sie wiederholt an den Mund und bliesen oder sogen Luft und damit Rauch ein. Die beiden Spanier wußten zunächst nicht, um was es sich handelte.

Nach siebenmonatiger Abwesenheit kehrte Kolumbus am 15. März 1493 im Triumph nach Spanien zurück, wobei er knapp vor Erreichen der Heimat mit seinem Schiffe beinahe die Beute eines furchtbaren Sturmes geworden wäre. Es ist aber nicht bekannt, daß er irgend etwas von der Rauchsitte erzählt oder daß die Schiffsmannschaft diese Gewohnheit schon nach der ersten Reise angenommen hätte. Nur Rodrigo de Jerez soll das Rauchen selbst versucht und dann beibehalten haben. Die erste Nachricht und Beschreibung dieses Gebrauches kam durch Ramon Panes Werk über die Sitten der Inselbewohner[1] im Jahre 1497 nach Europa.

Der Papst Alexander VI. Borgia, der Mann, der Girolamo Savonarola zum Flammentod verurteilte, erließ bei der zweiten Reise des Kolumbus im Jahre 1493 den Befehl, daß ihn Mönche begleiten müßten, um die Indianer zum christlichen Glauben zu bekehren. Unter ihnen war jener Eremitenmönch Ramon Pane, der im Auftrag des Kolumbus ein Buch über die religiösen Sitten und Gebräuche der Antillenbewohner, vornehmlich der Karaiben, die auf San Domingo (Haiti) lebten, schreiben sollte. Auch er steht dem Gebrauche des Rauchens,

1 Ramon Pane, De insularium ritibus. 1497.

das er »Cohobba machen« nennt, noch vollkommen naiv gegenüber. Er meldet, daß die Eingeborenen den Rauch häufig als Purgativ gebrauchen oder ihn durch einen Hohlstab in die Nase einziehen, der sich oben in zwei Röhrchen gabelt, die in die Nasenlöcher gesteckt werden. Pane schildert in köstlicher Weise, wie die Kaziken und Medizinmänner ihn zu doppeltem Zweck anwenden. Einmal, um die höchsten Wesen zu ehren, und dann, um den Rat heischenden Gläubigen vorzutäuschen, daß sie mit dem Rauch die Gottheit in sich einzögen und nun, von deren Geist beseelt, Rat oder Weissagung über zukünftige Dinge erteilen könnten.

Der Kazike nahm in solchen Fällen so viel Tabak durch die Nase in sich auf, daß er gleichsam in Trunkenheit geriet, sich wie von Sinnen gebärdete und dann wie in Verzückung von bevorstehendem Sieg oder Niederlage, von Mißernte oder Überfluß sprach. Auch Kranken gaben sie eine Art aus der Tabakpflanze bereiteten Teig zu essen, damit sie erbrächen und so die Krankheitsstoffe aus dem Körper entfernten.

Ramon spricht nicht ganz klar aus, daß es sich um den Rauch des Tabaks handle, aber spätere Schriftsteller, die genau die gleichen Gebräuche erwähnen, erkannten deutlich, daß es sich um Einatmen des Rauches vornehmlich dieser Pflanze handelte, den die Kaziken, zu bestimmten Stunden vor ihrem Idol der Sonne opfernd, oft in solchen Mengen einsogen, daß sie wie ohnmächtig zu Boden stürzten.

Kolumbus selbst war viel zu sehr von Goldhunger erfüllt, als daß er für seine Person den Sitten und Gebräuchen der von ihm entdeckten Fremdlinge allzu großes Interesse entgegengebracht hätte.

Am Hofe von Granada hatte der große Entdecker bei seiner Rückkehr einen alten Bekannten, Gonzalo Fernandez de

Oviedo y Valdés, wiedergefunden, der zuerst Page des Infanten Don Juan, des einzigen Sohnes Ferdinands, gewesen und dann Hofhistoriograph geworden war. Er hatte den Triumph des Kolumbus mitgemacht und war 1514 in der Stellung eines Aufsehers der Goldschmelzer nach Westindien gelangt, um sodann vierunddreißig Jahre seines Lebens dem Studium der Sitten und Gebräuche der Einwohner zu widmen. In seinem 1526 veröffentlichten ersten Werk gibt es eine genaue Beschreibung der Sitte des Rauchens und bespricht die von Ramon Pane noch unklar gegebene und nur für die Priester und Kaziken geschilderte Art des Gebrauches des Tabaks.

»Die Indianer übten unter anderen Lastern«, schreibt Oviedo in seiner Geschichte Westindiens[1], »ein sehr schädliches, das darin besteht, eine Art Rauch zwecks Betäubung in sich aufzunehmen, den sie Tabacco nennen ... Die Kaziken nahmen hiezu ein gegabeltes Rohr in Form eines Y, gaben die beiden Gabelenden in die Nasenlöcher und das Rohr in ein angezündetes Kraut. In dieser Weise zogen sie dann den entstehenden Rauch ein-, zwei-, drei- oder viermal ein, soviel sie eben vertragen konnten, bis sie bewußtlos wurden und, wie berauscht auf der Erde hingestreckt, in einen schweren und sehr tiefen Schlaf verfielen. Die Indianer, welche jene Hölzer nicht bekommen konnten, nahmen den Rauch mittels eines Binsenrohres; diese ›canuelos‹ (Binsenrohre) nennen die Indianer ›Tabak‹ und nicht etwa das Gras oder den Schlaf, wie einige meinten. Die Indianer schätzten dieses Kraut sehr und pflanzten es in ihren Obstgärten oder auf ihren Farmen zu obengenanntem Zwecke ... Ich kann mir nicht vorstellen, welches Vergnügen eine solche Handlungsweise bereitet, wenn es nicht

1 Gonzalo Fernandez de Oviedo y Valdés, Historia general y natural de las Indias. Toledo 1526. Neue Ausgabe Madrid 1853. Lib. V. Cap. II, S. 130.

die Lust am Trinken ist, das sie jedesmal dem Rauchen vorangehen lassen? . . . Ich weiß, daß einige ›christianos‹ es schon gebrauchen, besonders einige, welche von der Lues[1] betroffen sind, denn sie sagen sich, daß sie in jenem verzückten Zustande die Schmerzen ihrer Krankheit nicht fühlen, und es scheint mir, daß der, der solches tut, nichts anderes macht, als sich lebendig in Todesschlaf zu versetzen, was ich für schlechter halte als den Schmerz, mit welchem sie sich entschuldigen; denn dadurch gesunden sie nicht. Nunmehr haben auch schon viele Neger, die in dieser Stadt und auf der ganzen Insel[2] leben, die gleiche Gewohnheit angenommen. Sie pflanzen dieses Kraut auf den Landgütern ihrer Herren und nehmen den Rauch oder Tabak in sich auf, denn sie sagen, daß, wenn sie aufhören zu arbeiten und den Tabak nehmen, ihnen die Müdigkeit vergeht. Es scheint mir hier eine lasterhafte und schlechte Gewohnheit vorzuliegen . . .« Oviedo erwähnt noch, daß die Indianer sich nach der Betäubung mit Rauch in ihre eigenartigen, zwischen Bäumen aufgehängte Betten legen ließen, und beschreibt dabei die bis dahin in Europa gänzlich unbekannte Hängematte (Abb. 9).

Auch die andere Art des Rauchens, die unserem heutigen Gebrauch der Zigarre am nächsten kommt, wurde nicht lange darauf durch den Bischof Bartholomé de las Casas, der als Missionar die spanischen Eroberer nach Amerika begleitete, beobachtet, und dieser Mann widmete sich, allerdings ohne Erfolg, hingebungsvoll der Aufgabe, die indianischen Eingeborenen möglichst gegen die Grausamkeiten der spanischen

1 Diese furchtbare Krankheit war vor der Entdeckung Amerikas in der Alten Welt gleichfalls unbekannt und wurde erst von den Seeleuten, die sich bei Indianerfrauen ansteckten, nach Europa geschleppt.

2 Die Spanier hatten alsbald zur Bearbeitung der eroberten Gebiete Negersklaven aus Afrika eingeführt.

Eroberer zu schützen.[1] In einer Manuskript gebliebenen allgemeinen Geschichte Indiens erwähnt er schon das Rauchen bei Beschreibung der Expedition jener zwei Spanier gelegentlich der ersten Entdeckung Kubas, offenbar unter dem Eindrucke späterer Erfahrungen. »Die Pflanze, deren Rauch die Indianer einziehen«, schrieb der Bischof im Jahre 1527, »ist wie eine Art Stutzen oder Fackel in ein trockenes Blatt hineingestopft ... Die Indianer zünden es auf der einen Seite an und saugen oder schlürfen am anderen Ende, indem sie den Rauch beim Atmen innerlich einziehen, was ihren ganzen Körper in gewissem Sinne einschläfert und eine Art Trunkenheit hervorruft. Sie behaupten, daß sie dann keine Müdigkeit mehr empfänden. Diese ›mousquetons‹, diese Tabaccos, wie sie sie selbst nennen, sind auch schon bei den Ansiedlern in Gebrauch. Ich habe mehrere Spanier auf der Insel Hispaniola gesehen, die sich dieser Dinge bedienten und, als man sie wegen solch häßlicher Gewohnheit tadelte, antworteten, daß es ihnen nunmehr unmöglich sei, diese wieder abzulegen. Ich kann mir nicht erklären, was für einen Geschmack und Vorzug sie darin finden können.«

Der Bischof sprach auch schon von einer Art portecigares – Gefäßen aus Bast, in denen die Indianer die schon fertig gerollten Tabakblätter trugen. Las Casas berichtet da bereits, daß Spanier sich den Gebrauch des Tabaks so sehr angewöhnt hatten, daß sie nicht mehr davon lassen konnten. Aber nicht nur das: die Spanier, die rauchten, teilten es ihren Kameraden mit, die ihrem Beispiele folgten. Insbesondere unter den Seeleuten, welche bei der langen Überfahrt bei schönem Wetter Zeit und Muße genug zum Rauchen fanden, verbreitete sich die Sitte rasch.

1 Bartholomé de las Casas, Histoire des Indes. Manuskript. Kap. XVI.

Nunmehr setzte zwischen den neuentdeckten Gebieten Amerikas und Spaniens ein höchst reger Schiffsverkehr ein. Allein Kolumbus befehligte schon auf seiner zweiten Fahrt eine Flotte von siebzehn Schiffen. So wurde der Kreis der Kenner und Benützer des Tabaks immer größer. Mit dem Hin- und Herfahren der Schiffe aus den neuentdeckten Ländern nach Spanien und bald auch nach Portugal war die Gelegenheit gegeben, den Tabak zu verpflanzen und seine Eigenschaften sowie auch die Rauchsitte in Europa kennen zu lernen.

In Kuba wurde gleichsam das Hauptquartier der Entdecker aufgeschlagen, von wo aus dann neue Forschungsreisen gegen Westen unternommen wurden. Schon 1517 erreichte man beim Weitertasten an Inseln und Küsten entlang die Halbinsel Yukatan. Doch mit unzulänglichen Mitteln unternommen, mußte die Expedition bald umkehren; die Teilnehmer erzählten in Kuba Wunder von steinernen Häusern und Tempelbauten, die sie dort gesehen. Dies veranlaßte den Gouverneur, seinen Neffen Juan de Grijalva dahin zu entsenden, der die Küste von Yukatan und Mexiko nordwärts befuhr und dabei im alten Lande der Maya zu seinem Erstaunen die großartigen Zeugen der uralten Kultur dieses Volkes vorfand.

Beim Verkehr mit den Eingeborenen wurden Geschenke getauscht; dabei erhielten die Spanier unter anderem auch Schilfrohre, die, etwa eine Spanne lang, mit trockenen Kräutern und duftendem Ambra gefüllt waren und, wenn man sie nach dem Gebrauche der Eingeborenen anzündete, einen angenehmen Duft verbreiteten.

Die Erfahrungen, die Grijalva gemacht hatte, führten dann zu dem Entschluß, im Jahre 1519 eine größere Expedition auszurüsten, die dadurch, daß an ihre Spitze ein Mann von ungeheurer Tatkraft, Energie und Tapferkeit trat, zu ganz märchenhaften Ergebnissen führte. Dieser Mann, Ferdinand Cortez, geriet zwar knapp vor der Abfahrt mit seinem Vorgesetzten, dem Gouverneur von Kuba, in Meinungsverschiedenheiten, worauf er in letzter Stunde seines Kommandos enthoben wurde; aber Cortez stützte sich auf die ihm unterstellten Schiffe und Mannschaften und zog mit seiner Flotte, fünfhundert Leuten und siebzehn Pferden aus, um ins Innere dieses sagenhaft reichen, unbekannten Gebietes vorzustoßen. Als er festen Boden betrat, verbrannte er die Schiffe hinter sich, um jeden Gedanken an Rückzug zu ertöten. Er war zunächst in der Provinz Tabasco im heutigen Mexiko gelandet, wo man schon zur Zeit der Mayaherrschaft den Tabak zu Kult- und Genußzwecken gebrauchte. Solange noch gutes Einvernehmen mit den Eingeborenen aufrechtzuerhalten war, machten die Spanier die Erfahrung, daß ihnen aus Höflichkeit und zum Zeichen des Friedens und der Freundschaft rauchender Tabak angeboten wurde, wie er sonst als Weihrauch in den Tempeln gespendet wurde. Mit Staunen sahen die Spanier dabei, wie die Rauchrohre kunstvoll mit Tier- und Menschengestalten sowie mit Blumen bemalt waren.

Die Azteken nannten den Tabak Picietl oder Yetl, und erst die Spanier sollen auch in Mexiko den Namen Tabacco eingeführt haben, den die Antillenbewohner dem Rauchrohre gaben. Die Herkunft des Wortes Tabak ist strittig und wird wohl nie sicher erklärt werden können. Aber die Provinz Tabasco in Mexiko, wo der Tabak in ältester Zeit schon ausgezeichnet gedieh und noch gedeiht, steht höchstwahrscheinlich damit im Zusammenhang, und auf der größten der Antillen, die seit uralter Zeit im Handelsverkehr mit dem Festlande von Yukatan und Mexiko stand, dürfte das Rauchrohr vielleicht nach der Herkunft des Rauchens benannt worden sein.

Die Spanier, die fast in jedem neuentdeckten Gebiete einen anderen Namen[1] für die Pflanze und das Rauchen vorfanden, haben dann einfach den des Rauchrohres auf der Insel Kuba, wo sie zuerst die Rauchsitte studierten, auf die Pflanze ausgedehnt und überall, wohin sie kamen, verbreitet. Dafür spricht auch die Tatsache, daß die Mannen des Cortez zuerst in der Provinz Tabasco und dann im Aztekenreiche überhaupt Kulturen von Tabakpflanzen vorfanden, während auf den Antillen bloß wildwachsender Tabak angetroffen wurde. Erst die Spanier haben später auf Kuba und den anderen Inseln die Kultur dieser Pflanze eingeführt.

Neben dem Rauchen zu Kult- und Zeremonialzwecken und als Genußmittel fanden die Leute des Cortez in Mexiko auch schon den Gebrauch des Tabakschnupfens vor, wobei pulverisierte Tabakblätter der Nase zugeführt wurden, um Niesen herbeizuführen. Diese Sitte scheint aus medizinischen Gründen entstanden zu sein, um nämlich Verschleimungen durch das Niesen hinauszubefördern und sich so bei Katarrhen Erleichterung zu verschaffen. Auch sonst war der Gebrauch zu medizinischen Zwecken etwa durch Auflegen von frischen gewärmten Tabakblättern auf geschwollene Körperteile oder auch auf offene Wunden festzustellen.

Cortez und seine Leute staunten über all das Neue, das sie sahen. Der mächtige Herrscher des Landes, der Kaiser Montezuma, hatte auf die erste Nachricht über vom Himmel herabgestiegene Fremde Boten gesandt, die ihm nähere Nachricht bringen und die merkwürdigen Ankömmlinge vom Weitermarsch abhalten sollten. Darunter war ein Mann, der mit besonderer Kunstfertigkeit eilig die Spanier, ihre Schießwaffen und ihre höchst eigentümlichen, im Aztekenreiche ganz unbe-

1 Kuba – Tabacco, Haiti – Kohaba, Mexiko – Yetl, Brasilien – Petum.

kannten »windschnellen« Pferde zur besseren Illustration der Berichte abmalte.

Aber Cortez ließ sich nicht aufhalten. Mit grausamer Kraft schlug er die nieder, die sich ihm entgegenstellten, und mit Hilfe bisher geknechteter und auf die Aztekenherrschaft eifersüchtiger Völkerschaften unternahm er den abenteuerlichen Zug nach Montezumas Residenz Tenochtitlan. Aberglaube, der in dem Fremdling die einer Sage nach erwartete Wiederkehr eines einst vertriebenen gütigen Gottes erblickte, die verwegene Tat des Cortez, der sich der Person des ihm mit all seinem Glanz als Gastgeber freundlich entgegenkommenden Kaisers versicherte, sowie endlich die unbekannten Feuerwaffen und Pferde ließen das ganze abenteuerliche Unternehmen gelingen.

Tenochtitlan, das heutige Mexiko, war eine für die damalige Zeit ungeheuer große Stadt. Bernal Diaz, der Cortez begleitete, schildert sie als eine Venedig ähnliche, auf einem See erbaute Residenzstadt von etwa 300 000 Menschen mit mächtigen Palästen und riesigen Pyramidentempeln. Auf dem Markte konnte man die herrlichsten Dinge vom feinst gearbeiteten Goldgeschmeide bis zum zarten Seidengespinst, vom Fächer aus glänzenden Kolibrifedern bis zum Schwert aus hartem Obsidian mit güldenem Griff ausgebreitet sehen. Dort auch waren die schon beschriebenen Rauchrohre in den verschiedensten Formen aus bemaltem Schilf und Holz, ja sogar auch aus Silber, käuflich zu erwerben. Daneben bot man die Blätter der Tabakpflanze getrocknet und gebündelt, dann Ambra, das sogenannte Liquidambar, ein wohlriechendes Harz, Rosenessenz u. dgl. feil, Ingredienzen, die mit dem Tabak vermischt geraucht wurden. Bevor Cortez den Kaiser Montezuma gleichsam als Gefangenen in das spanische Quartier übersiedeln ließ, hatten er und seine Begleiter noch Gelegenheit, den Herrscher in all seiner Pracht und Herrlichkeit in seinem Palaste zu beobachten. Montezuma hielt in seinem dreißigtorigen Palaste glänzend Hof und tafelte in geradezu beispielloser Üppigkeit. Bei jeder Mahlzeit standen bis zu vierhundert aus köstlichsten Erzeugnissen seines Reiches hergestellte Speisen bereit, und der Kaiser selbst wählte die aus, von denen er zu essen wünschte. Sobald das Mahl beendet war, erschien eine Reihe der schönsten Mädchen des Landes, brachte Wasser in silbernen Becken zum Spülen des Mundes und Reinigen der Hände. Dann verschwanden sie und kehrten mit herrlich bemalten Rauchrohren wieder, die mit Tabak und Liquidambar gefüllt waren. Der Tabak war in einer Mühle zerrieben, die, aus Rosenholz verfertigt, dem Kraut über seinem eigenen Aroma noch den Duft des Rosenholzes vermittelte. Dann sah der Kaiser, in seinen kleinen ledernen Sessel zurückgelehnt, rauchend dem Reigen anmutiger Tänzerinnen und den ergötzlichen Spielen der Gaukler und Hofnarren zu.

Diese Idylle störte Cortez mit rauher Hand, indem er Montezuma zwang, in das spanische Quartier zu übersiedeln, was nichts anderes als die Gefangensetzung des bisher in unerhörter Machtvollkommenheit über ein Millionenvolk gebietenden Herrschers bedeutete.

Die Eroberung von Mexiko und die weiteren Wechselfälle der Unternehmung des Cortez, die stets neue Spanier nach dem Reiche zogen, bewirkten, daß sich immer mehr Spanier mit der in Mexiko so weit verbreiteten Rauchsitte bekannt machten und sie auch selbst annahmen. Mit der Zeit bildete sich unter ihnen eine starke Gruppe, die dem narkotischen Zauber dieser Pflanze verfiel. Ihnen wurde das Rauchen zur Gewohnheit, und wo sie hinkamen, verbreiteten sie diese neu angenommene Sitte in ihrer Umgebung.

Indessen waren neue Gebiete Amerikas von Europäern entdeckt und erschlossen worden. Der Portugiese Cabral, der im Jahre 1500 um das Kap der Guten Hoffnung nach Ostindien fahren wollte, war, um Stürmen auszuweichen, weit ausgebogen und schließlich an die bisher völlig unbekannte Küste von Brasilien verschlagen worden. Dieser Cabral fand auch dort unter den Eingeborenen die Rauchsitte vor. Sie bedienten sich einer merkwürdig geformten Pfeife. Die Zauberer steckten nämlich einen hohlen Pfeil in einen in der Gestalt eines Menschenkopfes geschnitzten Flaschenkürbis. Darin entzündeten sie die Blätter einer Pflanze und zogen so den Rauch ein. Er wirkte sehr berauschend. Cabral sah, wie die Zauberer dabei zu taumeln begannen, mit Schaum vor dem Mund die Augen rollten und mit den Zähnen knirschten. Sie wanden sich wie in Verzückung in wirbelndem Tanze, ein Zustand, den die Umstehenden für eine Wirkung göttlicher Eingebung hielten.

Auch hier ist anzunehmen, daß verschiedene narkotische Pflanzen und nicht nur der Tabak eine so starke Wirkung hervorbrachten. Damit war festgestellt, daß ähnliche Gebräuche sich auch in dem Lande Südamerikas fanden, das die Franzosen später nach dem auch dort vorkommenden sehr geschätzten Farbholz Brasil, das schon vom wirklichen Indien her bekannt war, Brasilien nannten.

Demgegenüber war aber im ganzen übrigen Südamerika, das langsam entdeckt wurde, nichts von der Rauchsitte vorzufinden, und auch die Tabakpflanze war unbekannt. Franzisco Pizarro, der von einem mächtigen, goldreichen Staate fern im Süden gehört hatte, eroberte in tollkühner Weise mit hundertachtundsechzig Spaniern ohne alle Bundesgenossen das gewaltige Inkareich. Er ahmte Cortez nach, indem er sich durch einen Handstreich der Person des ihn gastlich aufnehmenden Inka versicherte, was das ganze Volk in derartige Bestürzung versetzte, daß Heer und Volk in alle Winde zerstob. Vom Rauchen aber war trotz der fortgeschrittenen Inkakultur keine Spur zu finden. Erst die Spanier brachten allmählich Sitte und Pflanze nach Peru und Chile.

Ebenso wie der Süden wurde nicht viel später auch der Norden Amerikas da und dort langsam tastend erforscht. Dem französischen Seefahrer Jacques Cartier gelang es dabei, im St.-Lorenz-Strom über das heutige Quebec in das Hochland von Montreal vorzudringen, mitten in die Hauptniederlassung der dortigen Indianerstämme. Überall, wo Cartier hinkam, bliesen ihm die Indianer den Rauch aus ihren Pfeifen entgegen. Der Entdecker beschreibt ausführlich, wie die Indianer große Vorräte Tabak aufhäuften und eine bestimmte Menge davon an einem an ihrem Halse hängenden Säckchen mit sich herumtrugen.

Cartier schildert deutlich auch den Gegenstand, der uns heute als Pfeife bekannt ist, und bemerkt, daß die Indianer den Rauch durch den Mund einsogen und durch die Nase wieder ausstießen, wodurch diese, wie er sagt, dieselbe Rolle spielt wie der »Schornstein von Häusern«. »Wir machten es«, schrieb Cartier[1], »ebenso wie sie, aber der Rauch brannte uns wie Pfeffer, wenn er uns in den Mund kam.« Der Franzose beachtete jedoch seine Entdeckung nicht weiter, und durch ihn ist weder die Pflanze selbst noch Samen von ihr nach Europa gekommen.

Indessen waren aber durch die heimgekehrten spanischen Seeleute und Missionare sowie überhaupt durch den großen Verkehr, der zwischen den neuentdeckten Gebieten und Spanien einsetzte, die Kunde vom Rauchen, dann aber auch schon das Rauchmaterial in Form getrockneter Tabakblätter nach

1 Michelen et Ramé, Relation originale du voyage de Jacques Cartier au Canada en 1534 (1867).

Europa gekommen. Jener Rodrigo de Jerez, der als erster Kuba betreten, war als Raucher in seine Vaterstadt Ayamonte heimgekehrt. Als die Seinen ihn plötzlich aus Mund und Nase rauchen sahen, erschraken sie furchtbar und vermeinten, der Teufel sei in ihn gefahren. Man eilte zum Pfarrer, und dieser wandte sich an die Inquisition. Die Folge war, daß Jerez in den Kerker wanderte und erst nach Jahren wieder freigelassen wurde, als schon viele seiner Landsleute die Gewohnheit angenommen hatten, die er im Kerker unter so bitteren Leiden ablegen mußte.

1519 hatte Oviedo bei seiner Rückkehr aus Amerika Tabakblätter mitgebracht, und die Raucher unter den Seeleuten folgten seinem Beispiel. Gleichzeitig verbreitete sich die Kunde davon durch die Literatur, die die neuentdeckten Gebiete schilderte. Ramon Panes Beobachtungen waren einem Anhänger des Kolumbus, Peter Martyr von Anghiera, bekannt geworden, und er verwertete sie bei seinen zuerst 1511 in Sevilla veröffentlichten Darstellungen der neuentdeckten Welt.[1]

In der Zeit um die Mitte des 16. Jahrhunderts ist auch schon Samen der Tabakpflanze gleichzeitig auf verschiedenen Wegen nach Spanien, Portugal und Frankreich gekommen. Vielfach wird – allerdings unbewiesen – behauptet, daß Cortez selbst sie nach Spanien gebracht habe. 1543 wurde sie schon von einem Professor der Universität Salamanca zu Heilzwecken empfohlen. Philipp II. hatte seinen Leibarzt Francisco Hernandez de Toledo im Jahre 1559 zum Studium der Pflanzen, Tiere und Minerale nach Mexiko geschickt, und dieser hat erwiesenermaßen mit den Samen vieler anderer Pflanzen auch den des Tabaks nach Spanien gebracht. Er beschrieb und entdeckte allein über

1 Es liegt mir eine deutsche, 1582 zu Basel gedruckte Ausgabe dieses Werkes vor: »Der Newen Welt vnd Indianischen Königreichs« ander Teil.

1200 verschiedene amerikanische Gewächse. Dabei hatte ihn weniger die Art des Gebrauches als die schöne Blüte des Tabaks bestochen, und seit dieser Zeit beginnt zunächst in den Hafenplätzen, dann auch im Innern Spaniens und Portugals der Anbau des Tabaks zuerst in Ziergärten als Schmuck und Arzneipflanze.

Etwas früher, vielleicht 1556, kam Tabaksamen aus dem neuentdeckten Brasilien nach Frankreich. Die religiösen Kämpfe in Frankreich hatten zur Folge, daß 1555 im heutigen Rio de Janeiro eine Kolonie französischer Protestanten gegründet wurde, woran auch der französische ehemalige Karmelitermönch André Thevet und der eifrige Kalvinist Nicolas Barré teilnahmen. Letzterer schrieb im Jahre 1557 über den Gebrauch der dort Petum genannten Tabakpflanze als Rauchmittel nach Paris und behauptete, die Eingeborenen könnten bei deren Genuß acht bis neun Tage Hunger ertragen.

Genaueres berichtete dann Thevet[1] im Jahre 1558. Er spricht auch von einer Rolle aus Palmblättern mit eingewickeltem trockenen Tabak von der Größe einer Kerze, die auf der einen Seite angezündet wird, worauf der Rauch durch Mund und Nase zieht. »(Die Eingeborenen) sagen«, schrieb er, »dies sei sehr geeignet, um die überflüssigen Säfte des Gehirns aufzulösen und aufzuzehren.«

Nach ihm rauchte man in Brasilien schon gewohnheitsmäßig, nur die Frauen enthielten sich dieser Sitte. Auch Thevet spricht bei übermäßigem Rauchgenuß von einer Art Taumel und Trunkenheit. »Die Christen, die in Brasilien weilten«, berichtet er, »sind nach dieser Pflanze und ihrem Duft merkwürdig lüstern geworden.«

Obwohl Thevet erwähnt, daß der Gebrauch nicht ungefähr-

1 André Thevet, France antarctique. Anvers 1558.

lich sei, weil er manchmal, wie er an sich selbst erfuhr, geradezu zur Ohnmacht führe, will er nach eigener Behauptung die Pflanze nach Frankreich gebracht und sie nach seiner Heimat die Angoulême benannt haben. Aber wenn dies auch richtig sein sollte – ein Zeitgenosse meinte von Thevet, er sei ein Kosmograph gewesen, der kosmisch log –, so wurde sie doch nicht durch Thevet in Frankreich bekannt und verbreitet. Es sollte erst einem ganz Unberufenen, der die Pflanze niemals in ihrer eigentlichen Heimat zu sehen Gelegenheit hatte, beschieden sein, sie in Frankreich populär und bekannt zu machen und ihr einen bleibenden Namen zu geben.

DRITTES KAPITEL

Von Amerika nach Europa

Um die Wende des 15. zum 16. Jahrhundert war das Königreich Portugal eine reiche und stolze Weltmacht. Heinrich der Seefahrer und König Johann III. hatten in jeder Weise die abenteuerlichen Fahrten zur Entdeckung neuer Gebiete gefördert und das Mutterland Portugal durch die in Afrika, Indien und Südamerika neu erschlossenen Gebiete mit ihren Erzeugnissen, wertvollen Metallen, Gewürzen, Farbstoffen u. dgl. unendlich bereichert. Portugal besaß fast das Monopol des Handels mit Indien und hielt gleichzeitig in kluger Weise gute Beziehungen zur Europa umspannenden Weltmacht Karls V. aufrecht, was sich auch in der Heirat König Johanns III. mit der jüngeren Schwester des Kaisers äußerte.

Die Residenz Lissabon wurde zu einem prachtvollen Hafen und einer großartigen Handelsmetropole ausgestaltet. Im Jahre 1557 starb der König, ohne daß einer seiner zahlreichen Söhne ihn überlebt hätte. Sein Enkel und Nachfolger Sebastian war beim Tode des Großvaters, zur Zeit, als Lissabon im Mittelpunkt des Weltinteresses stand, noch ein dreijähriges Kind. Alles träumte und schwärmte von Entdeckungen, Eroberungen und sagenhaften Reichtümern, die in den Ländern jenseits des Weltmeeres mühelos errafft werden konnten, und von neuartigen Früchten, Pflanzen, Gebrauchs- und Kunstgegenständen aller Art. Ein Goldfieber hatte das portugiesische Volk, den damaligen Herrn der Meere erfaßt, das zahllose unternehmende Männer in die Kolonien nach Asien, Afrika und Brasilien trieb. Seit Beginn des 16. Jahrhundert zeigte sich der zunehmende Reichtum des Landes in unerhörter Prachtentwicklung des königlichen Hofes und im sprunghaften Wachstum der 1559 ohne Vororte etwa 100 000 Einwohner zählenden Hauptstadt, die unter anderem in bezeichnender Weise auch der Mittelpunkt einer hoch entwickelten Goldschmiedekunst wurde. Der Ruf portugiesischer Größe und Macht verbreitete sich über die Welt. Schiffe aller Nationen kamen nach Lissabon, um dort die Erzeugnisse überseeischer Länder, insbesondere Gewürze zu holen, und ihre Bemannungen lauschten mit heißem Interesse den Erzählungen der spanischen und portugiesischen Seeleute über Sitten und Gebräuche ferner Erdteile. Sie ließen sich die fremdartigen Früchte und Gewächse zeigen und zerstreuten sich dann mit der Kunde von all dem Neuen über die Welt. Auf diesem Wege war auch die Sitte des Rauchens von den spanischen und portugiesischen Seeleuten in den Hafenstädten zuerst nur spärlich, später aber in immer wachsendem Maße von den Matrosen anderer seefahrender Nationen aufgenommen und ihre Verbreitung langsam vorbereitet worden. Da vor allem in Lissabon die neuartigen Erzeugnisse der Überseeländer eintrafen, strömten Kaufleute und Ärzte aller Art dahin, in der Hoffnung, auf diese Weise gewinnverheißende Kenntnisse zu sammeln. Insbesondere war dies auch die Aufgabe der am portugiesischen Hofe beglaubigten Gesandten der übrigen Mächte.

1559 hatte Frankreich einen gewissen Jean Nicot aus Nîmes als Gesandten an den portugiesischen Hof geschickt. Er stammte zwar nur aus einer einfachen Notarsfamilie, es war ihm aber gelungen, am Hofe Heinrichs II. eine Verwendung im Dienste des Großsiegelbewahrers Frankreichs zu bekommen und auf diese Weise schließlich die Aufmerksamkeit des Königs auf sich zu ziehen, der ihn in der Folge zu seinem Privatsekretär ernannte. In dieser Verwendung kam er sowohl mit der königlichen Familie als auch mit den anderen Angehörigen des Hofes, um den sich alles scharte, was Namen und Reichtum besaß, in Berührung. Er war erst neunundzwanzig Jahre alt, als er nach Lissabon abging, um dort die Heirat des – fünfjährigen Königs Sebastian mit der damals – sechsjährigen Margarete von Valois, der Tochter Heinrichs II., zu betreiben!

Neben dieser Aufgabe, deren Lösung übrigens nicht gelang, interessierte sich Nicot außerordentlich für die portugiesischen Fortschritte in den Kolonien und beeilte sich, jede neue Errungenschaft, die nach Lissabon kam, der Heimat zu vermitteln. So hatte er dem König schon das Indigo übersandt mit der Bemerkung, es sei eine so ausgezeichnete Farbpflanze, daß sie alle bisher verwendeten Mittel völlig in den Schatten stelle. Auch der Tabak war inzwischen sowohl in getrockneten Exemplaren wie auch durch Einpflanzen von Samenkörnern in Ziergärten und solchen für medizinische Pflanzen nach Lissabon gelangt, weniger aber zum Zwecke des Rauchens oder Schnupfens, vielmehr teilweise als Zier-, insbesondere aber als Heilpflanze. Nicot war mit dem berühmten Damian de Goës, einem Gelehrten, Musiker, Paläographen und eifrigen Botaniker, sehr befreundet und erhielt von ihm viele wichtige wissenschaftliche Nachrichten, insbesondere solche über in den neuentdeckten Gebieten gewonnene Pflanzen. Damian de Goës zeigte auch Nicot, als dieser einmal bei ihm speiste, die Tabakpflanze in seinem Garten und erzählte ihm dabei die Mär, daß dem Kraute unerhörte Heilkräfte innewohnten. Nicot erbat sich daraufhin einige Stücke und ließ sie in den Gärten der französischen Gesandtschaft zu Lissabon einsetzen. Er war erfreut, wieder etwas entdeckt zu haben, was er seinem König vermitteln und was ihm dessen Anerkennung und Dankbarkeit eintragen konnte. Von Damian de Goës und auch von anderen Seiten hatte er gehört, daß die Pflanze durch Auflegen auf krebsartige Geschwüre – »Noli me tangere« nannte man diese damals –, dann auf allerhand Wunden und sonstige »fressende Schäden« wunderbare Heilungen erzielt habe. Insbesondere ein Freund eines seiner Kammerjungen wollte durch dieses Kraut von einer Wunde nahe der Nase geheilt worden sein. Nicot ließ sich den Jungen kommen, behandelte ihn noch zehn Tage weiter mit der Pflanze und beobachtete, daß die Wunde wirklich gänzlich ausheilte. Andere ähnliche Fälle völliger Heilung von Wunden und Abszessen, denen man Unheilbarkeit zuschrieb, soll Nicot beobachtet haben, und zahlreiche Leute kamen zu ihm, um ihn um die wundertätige Pflanze zu bitten.[1]

Jetzt war er, der ja nichts mehr wünschte, als dergleichen Wundermittel zu entdecken, von der Heilkraft völlig überzeugt. Er fand auch, daß der kühlende Duft der Pflanze, wenn sie gegen Nase und Stirn gehalten wurde, das Kopfweh, unter dem er litt, erstaunlich linderte. Nun hatte Nicot von Pariser Freunden gehört, daß die Gemahlin eines am Hofe lebenden Edelmannes, Montigny mit Namen, an einem bösen Brustgeschwür gestorben sei, und daß eine Gräfin von Ruffe »die fürnehmsten Ärzte« des ganzen Königreiches hatte rufen lassen, damit sie ihr ein Geschwür im Gesicht heilen sollten. Doch alles war vergeblich gewesen. Da glaubte er mit seiner neuen Entdeckung in seiner Heimat unendlich viel Gutes wirken zu können. Er entschloß sich deshalb, einzelnen bedeutenden Persönlichkeiten des Pariser Hofes, von denen er wußte, daß sie oder Verwandte von ihnen an irgendwelchen Krankheiten litten, diese Heilpflanze mit Gebrauchsanweisung zu übersenden. So schrieb er

1 Siehe Charles Étienne et Jean Liebault, L'agriculture et la maison rustique. Paris 1570.

unter dem 26. April 1560[1] dem Kardinal Franz von Lothringen, daß er eine indische Pflanze in seinem Garten ziehe, die wunderbare und schon ausprobierte Wirkungen gegen das »Noli me tangere« und andere von Ärzten bisher als unheilbar bezeichnete Geschwüre aufweise. Nicot versprach in dem Briefe, sobald die Pflanze Samen gebe, solchen und außerdem die Pflanze selbst in einem großen Gefäß mit einer Anweisung, wie sie zu behandeln und zu hegen sei, übersenden zu wollen.

Am französischen Hofe hatte man bisher nur einmal Kunde von Heilkuren erfahren, die mit der Tabakpflanze durchgeführt wurden. Giovanni de Verazzano hatte in einem Briefe an Franz I. von Frankreich im Jahre 1523 den merkwürdigen Gebrauch der Indianer erwähnt, den Rauch bestimmter Pflanzen sowie diese selbst als Heilmittel zu benutzen, doch König Franz I. war gestorben und die Nachricht in Vergessenheit geraten.[2]

Nicot empfahl die Tabakpflanze aber ausschließlich als Heilmittel; von Rauchen oder Schnupfen in der damals schon in Amerika üblichen Form ließ er kein Wort verlauten, höchstens daß er vielleicht später nach seiner Rückkehr an den Pariser Hof die Anwendung in Rauch- oder Pulverform durch die Nase, nach dem medizinischen Jargon späterer italienischer Apotheker, gleichsam als »clysterium nasi« empfahl. Wenige Monate nach dem Briefe Nicots an den Kardinal von Lothringen im August 1560 kam dessen Bruder, der Grand Prieur[3] Franz von Lothringen, einer der höchsten geistlichen Würdenträger Frankreichs und vollendeter Kavalier, der nach dem Tode König Franz' II. dessen Witwe Maria Stuart nach Schott-

1 Edmond Falgairolle, Jean Nicot, ambassadeur de France en Portugal au XVIème siècle. Paris 1897, Seite XC.

2 Friedrich Tiedemann, Geschichte des Tabaks. Frankfurt a. M. 1854, S. 50.

3 Vom lateinischen prior, nicht vom französischen prier.

land zurückgeleitet hatte, mit einer Galeerenflotte in Lissabon an. Er sollte die Freundschaft zwischen den beiden Reichen Frankreich und Portugal befestigen und den schlechten Eindruck verwischen, den der gescheiterte Heiratsplan zwischen den königlichen Kindern hervorgerufen hatte. Der Prinz besuchte natürlich den französischen Gesandten Nicot in der portugiesischen Hauptstadt, stieg bei ihm ab und wurde von ihm auch in den Garten geführt, wo die im Frühjahr gesäten Tabakpflanzen schon zu gewaltiger Höhe emporgewachsen waren und nach schöner Blüte bereits ausgereifte Samenkörner trugen. Nicot erzählte auch dem geistlichen Würdenträger von den wunderbar heilkräftigen Eigenschaften der Pflanze, die die Fama mittlerweile ins unendliche übertrieben hatte, und gab ihm Samen und Pflanzen in die Heimat mit. Gleichzeitig ließ er auch durch den nach Paris zurückkehrenden Grand Prieur solche für die Königinmutter Katharina von Medici mitnehmen, eine Frau, die, wie bekannt, dem Einfluß von Magikern, Alchimisten, Astrologen, abergläubischen und wunderbaren Gebräuchen höchst zugänglich war. Sie sah auch wahrscheinlich in dieser so empfohlenen Heilpflanze eine übersinnliche Kraftwirkung und interessierte sich daher sehr für die neue Errungenschaft. Der Grand Prieur tat so viel zur weiteren Verbreitung der Pflanze im Lande, daß diese schließlich vielfach »l'herbe du Grand Prieur« genannt wurde.

Es war geradezu märchenhaft, welche Fülle von Krankheiten diese Pflanze heilen sollte. Ein berühmter Arzt der Universität Sevilla, Nicolò Monardes, beschäftigte sich damals besonders mit all den heilkräftigen und nützlichen Dingen, die aus Indien nach Spanien kamen, und schilderte in einer diesen Studien gewidmeten, 1565 veröffentlichten Schrift[1] ausführlich

1 Historia medicinal de las cosas, que sirven al uso de Medicina. Sevilla 1565.

die wunderbaren Heilkräfte des Tabaks, die ihm aus der neuen Welt heimgekehrte spanische Seefahrer mitgeteilt hatten. Er erwähnt zwar flüchtig die mexikanischen Rauchrohre, aber den breitesten Raum nehmen die medizinischen Eigenschaften ein. Husten, Asthma, Kopfschmerz, Magenkrämpfe, Gicht und Frauenleiden sollten nach Monardes der Wirkung dieser Pflanze nicht standhalten. Bloßes Auflegen eines frischen Tabakblattes auf den Bauch sollte sofortiges Abgehen etwa vorhandener Eingeweidewürmer bewirken. Frische Wunden, bösartige Geschwüre seien durch frische Blätter und aus Tabak bereitete Salben spielend zur Heilung zu bringen. Die Schrift des gelehrten Professors der Universität Sevilla machte ungeheures Aufsehen in der gesamten Alten Welt, die unter der Unfähigkeit und oft auch unter den schwindelhaften Kuren damaliger Ärzte litt. Suchten diese doch noch vielfach mit Aberglauben und Beschwörungen zu heilen. Der Hunger nach besseren Medizinen und Heilmitteln bewirkte bald, daß des Monardes Schrift sofort ins Lateinische, Französische, Englische und Italienische übersetzt wurde. Der lateinische Übersetzer Karl Clusius fügte den Ausführungen des Monardes noch hinzu, der Leibarzt des Kaisers Karl V. namens Stefanus habe sich von der günstigen Wirkung von aufgelegten frischen Tabakblättern gegen Kropfbildung überzeugt! Clusius beschließt seine Ausführungen mit dem Ausspruch, das »Petum« – wie er den Tabak nach seinem brasilianischen Namen nennt – sei eine Art »Panazee«, ein Allheilmittel gegen Krankheiten jeder Art.

Der französische Übersetzer Gohorry[1], der das Buch im Jahre 1572 neu herausgab, wollte ihm in Frankreich eine

1 Instructions sur l'herbe Petum, dite en France l'herbe de la Reine Médicée, première partie; et sur la racine de Mechoacan, traduit de l'Espagnol de Monardes. Paris 1572.

besondere Verbreitung sichern. Er wußte, daß die Königin Katharina von Medici, die seit 1560 die Regentschaft für den unmündigen König Karl IX. führte, sich für die Pflanze interessierte und an ihre Heilkraft glaubte. Es lag ihm daran, daß sein Buch bei Hof bekannt und wohl aufgenommen werde, weshalb er der Tabakpflanze den Namen »Herbe Médicée« gab; er nahm diese Bezeichnung in den Titel seiner Übersetzung auf und ließ sie dann durch einen ihm befreundeten Arzt der Königinmutter überreichen. So verbreitete sich eine Zeitlang der Name »Herbe Médicée« in Frankreich und gab zu einer Legendenbildung Anlaß, die unter anderem die Königin zur Erfinderin des Tabakschnupfens machen sollte, das erst viel später in Frankreich eingeführt und geübt wurde. Es ist jedoch keineswegs nachweisbar und nach den Nachrichten jener Zeit sogar unwahrscheinlich, daß Katharina von Medici jemals geraucht oder geschnupft habe. Auch sie scheint den Tabak lediglich als Heilmittel gekannt und entweder selbst oder bei einem ihrer Söhne Franz II. oder Karl IX. gegen Kopfschmerzen verwendet zu haben.

Auch dieser Übersetzer fügte einige in seiner Heimat Frankreich gemachte Beobachtungen hinzu und erwähnte, daß Herr de la Brosse Chapelin, erster Arzt und Mathematiker des Königs, die Pflanze bereits in seinem Garten gezogen habe, wo sie bis sieben Fuß hoch geworden sei. In der Chirurgie habe sie sich von so großer Nützlichkeit erwiesen, daß der erste Chirurg des Königs, Race, sie in einem Garten nächst dem Temple in Massen angepflanzt habe.

Indessen war Nicot über das Mißlingen seiner diplomatischen Mission im Jahre 1561 etwas verärgert nach Frankreich zurückgekehrt und entschlossen, sich nun nicht mehr politischen, sondern bloß wissenschaftlichen Zwecken, so z. B. der

Abfassung eines französischen Wörterbuches zu widmen. Er hatte große Massen von Tabaksamen und Tabakblättern mitgebracht und scheint sich von dieser Pflanze auch wissenschaftlichen und geschäftlichen Erfolg versprochen zu haben. Doch betrachtete er den Tabak immer nur als eine pharmazeutische Heilpflanze. In Nicots Dictionnaire der französischen Sprache zum Beispiel kommt ein Ausdruck für Rauchen nicht vor. Aber sein begeistertes Eintreten für die Pflanze heftete doch wieder seinen Namen an ihre Einführung in Frankreich, und die Verfasser eines Buches über Agrikultur und Landwirtschaft, die Brüder Liebault[1], nennen zum erstenmal die Tabakpflanze nach dem »premier inventeur de cette herbe« Nicotiana. Seither blieb der Pflanze der wissenschaftliche Name Nicotiana, während das ihr eigene Gift, das erst im 19. Jahrhundert als solches entdeckt wurde, damals den Namen Nikotin erhielt. Beide Namen gehen auf den Gesandten Jean Nicot zurück.

Mittlerweile waren auch die ersten Abbildungen der Tabakpflanze in verschiedenen »Kräuterbüchern« gegeben worden.[2] Aus dem Südwesten und Westen Europas kommend, breitete sich Kenntnis und Anbau des Tabaks gegen Norden und Osten aus. Zunächst drang der Tabak aber überallhin nur als Zier- und Heilpflanze vor, und bloß in den Häfen, wo Seeleute verkehrten, besonders in England und Holland kam auch schon damals das Rauchen in Gebrauch. Nach Holland kam die Pflanze auf doppeltem Wege: zur See und dann auch zu Lande durch die vor den Glaubensverfolgungen flüchtenden französischen Protestanten.

Um 1560 wurde die Pflanze im Holländischen schon viel-

1 Charles Étienne et Jean Liebault, L'agriculture et la maison rustique. Paris 1570. Deutsche Übersetzung Straßburg 1592. Kap. 74, S. 323 f.

2 Z. B. in Dodonäus Lambert: Cruydebock. Antwerpen 1563.

fach angebaut und in verschiedenen im Laufe der folgenden Jahre vorzugsweise in Antwerpen erscheinenden Büchern erwähnt und abgebildet, bis sich in dem holländischen Arzt Everard auch ein holländischer Monardes findet, der gleich dem Spanier die Pflanze als das Allheilmittel, als eine wunderwirkende »Panazee« preist.[1] Von Frankreich und Holland aus wanderte dann die Pflanze von einem Botaniker zum anderen. Es ist gewiß, daß sie auf vielen verschiedenen Wegen nach Deutschland, der Schweiz und Italien kam; einige davon aber können wir mit dem Namen der Beteiligten verfolgen.

In Augsburg lebte damals als Stadtphysikus ein gewisser Adolf Occo, der vielfach Pflanzen als Heilmittel benützte und auch eine zu jener Zeit sehr geschätzte Apothekerkunde verfaßte. Er erhielt 1565 von einem befreundeten Arzt in Frankreich zusammen mit anderen Pflanzen getrocknete Tabakblätter, die ihm ohne weitere Erklärungen zukamen. Occo befragte einen Arzt, Johann Funk in Memmingen, was das wohl für eine Pflanze sein könnte, und erhielt die Antwort, sie sei auch Funk völlig neu. Dieser entschloß sich daraufhin, sie dem berühmtesten Botaniker der Zeit, dem Züricher Konrad von Gesner, einzusenden[2], der auch seinerseits das Kraut noch nicht kannte. Er kostete es, obwohl er, wie er versicherte, nicht derart begierig nach wissenschaftlichen Erkenntnissen war, daß er damit seine Gesundheit gefährden mochte. In diesem Falle aber versuchte er es trotz dieser Gefahr, mußte zuerst viel spucken und bekam dann geradezu einen Schwindelanfall. Er gab von dem in Fleisch gewickelten Kraut einem Hunde zu fressen und stellte fest, daß auch das Tier kurz hernach erbrach. Um die

1 Everardo Egidio, De herba Panacea. Antwerpen 1587.

2 Siehe den Brief Konrad v. Gesners an den Arzt Adolf Occo vom 5. November 1565.

Pflanze aber bestimmen zu können, wandte sich der »deutsche Plinius«, wie Gesner genannt wurde, an den gelehrten Professor Aretius in Bern, den einzigen, von dem er nach eigener Aussage in der Naturkunde noch etwas lernen konnte. Aretius schickte als Antwort eine Zeichnung der Tabakblätter, die er als bemerkenswerte Neuheit aus Indien bereits in seinem Garten gepflanzt hatte, und danach bestimmte Gesner die Sendung Occos als die in Frankreich Nicotiana genannte Pflanze. Am 5. November 1565 teilte er dies Occo und Funk gleichzeitig mit und bat am 24. November Aretius gelegentlich um Samen davon. Doch sollte es ihm nicht mehr beschieden sein, eine Antwort zu erleben. Am 13. Dezember desselben Jahres starb Gesner an der Pest.[1]

Also auch in der Schweiz war im 7. Jahrzehnt des 16. Jahrhunderts der Tabak in einzelne botanische Gärten eingedrungen. Doch wie uns ein Bericht des damaligen Stadtschreibers von Luzern über den Heilwert der Pflanze belehrt, war auch hier nur diese eine Eigenschaft bekannt und geschätzt.

Weiter südlich nach Italien drang die Pflanze auf verschiedenen Wegen vor. Nachrichten über sie, insbesondere über ihre Kultur und ihren Gebrauch in der Neuen Welt, hatte Girolamo Benzoni, ein Mailänder, nach Italien gebracht, der, gleichfalls vom Entdeckungsfieber erfaßt, die neuen Gebiete Westindiens in Reisen besuchte, die über vierzehn Jahre dauerten. Auch er schildert in seiner Geschichte von der Neuen Welt, wie die Einwohner dort die Blätter einer Pflanze, die etwas größer seien als die von Nußbäumen, einsammeln, in Büschlein binden und an die Luft hängen, bis sie dürr werden. »Wenn sie dann diese gebrauchen wollen, so nehmen sie einen Halm, wie

1 Epistolarum medicinalium Conradi Gesneri, Philosophi et Medici Tigurini, Libri III, Fol. 96b., Fol. 79b., Fol. 1136. Zürich 1577.

sie bei ihnen wachsen, und wickeln ihn in ein Blatt desselben Krauts in Form und Gestalt einer Pfeife oder eines runden Rohres. Danach halten sie solches Rohr an einem Orte über das Feuer, und am anderen Ort stoßen sie es in das Maul und ziehen also den Rauch oder den Dunst in den Hals. Wenn sie dann letztlich den Mund, Rachen und den ganzen Kopf mit solchem Rauch und Dampf gefüllt, leiden sie solches alles mit standhaftem Gemüt und Schmerzen, bis sie endlich ihre unflätige Wollust und abscheuliche Begier erfüllen und durch diesen unmilden Rauch so voll und toll werden, daß sie umfallen gleich wie die unvernünftigen Tiere und daliegen, als wenn sie sinnlos und tot wären. Etliche bei ihnen finden sich, die diesen Rauch mit so großer Begier und Geiz in sich ziehen, daß sie urplötzlich niederfallen, ›als wann sie der fallend Siechtag anstieß‹ oder als wenn sie tot wären; sie liegen also manchmal einen ganzen Tag und eine ganze Nacht, als wären sie taub und aller ihrer Sinne beraubt. Etliche ziehen den Rauch nur so lange in sich, bis sie der Schwindel im Kopf ankommt. Weiter mögen sie dann nicht mehr gehen. Wie schädlich aber und giftig dies höllisch Geräuchwerk sei, geb ich jedermann, der es nie gerochen, zu bedenken. Denn es ist mir oftmals geschehen, als ich durch die Landschaft Guatemala in Nicaragua reiste, wenn ich etwa von ungefähr in eines Indianers Haus kam, der dies Kraut gebrauchet, welches sie in mexikanischer Sprach Tabacco nennen, mußt ich von Stund an, sobald mir solcher stinkender und teuflischer Geruch in die Nase kam, daraus fliehen und anderswohin ziehen.«[1]

Benzoni erzählt, wie die Priester und Ärzte der Einheimi-

1 Girolamo Benzoni, Storia del Nuovo Mundo. Venezia 1565. Es liegt mir eine deutsche Ausgabe »Der newen Weldt vnd Indianischen Königreichs Newe vnd Wahrhaffte History, getruckt zu Basel 1582«, vor. I. Buch, S. 83.

schen den Tabak für ihre Zauberkünste bei der Krankenbehandlung verwendeten. Seine im Jahre 1565 in Venedig erschienene Geschichte der Neuen Welt, auf die bald die italienische Übersetzung der Schrift des Monardes folgte, begleitete die Einführung der Pflanze in Italien. Sie kam zuallererst aus Lissabon dahin, wo der Nuntius des Papstes, der Monsignore Prospero Santa Croce, sie gleichzeitig mit Nicot und höchstwahrscheinlich durch diesen selbst kennenlernte. Prospero Santa Croce stammte aus jener vornehmen Familie, die ihre Abkunft auf den Kardinal zurückführt, der das Holz des heiligen Kreuzes Jesu von Jerusalem nach Rom brachte. Ganz Lissabon sprach ja damals von dem Wunderkraut, und es ist nicht zu verwundern, daß der Nuntius, als er im Jahre 1561 von seiner diplomatischen Mission am Hofe von Lissbon zurückkehrte, seinem Herrn, dem Papste, Samenkörner der Pflanze übersandt hatte. Auch dies geschah mit der Bemerkung, daß es eine Pflanze von großer Heilkraft sei. Dasselbe Mißverständnis also wie bei Nicot. Der Papst in Rom gab die Samen seinen Mönchen, damit sie sie in den Gärten des Vatikans pflanzten, und zum Andenken an den Übersender wurde das Kraut nach seinem Namen in Rom »Herba die Santa Croce« benannt. Gleichzeitig brachten spanische und portugiesische Matrosen sowie die heimischen Schiffe, die sich nach Kolumbus in die Neue Welt wagten, die Pflanze und zuweilen auch schon die Rauchsitte in die Häfen Genua, Neapel und bald auch Venedig.

Von diesem Hafen aus kam die Kultur der Pflanze in das Brentatal, wo sich die ersten Anfänge für systematische Anpflanzung des indischen Heilkrautes in Italien feststellen lassen. Unabhängig davon gelangte die Pflanze etwa um dieselbe Zeit wie nach Rom auch nach Florenz, wo Cosimo der Erste, der

Große, der erste Großherzog von Toscana, regierte. Er war einer der gelehrtesten Männer seiner Zeit, besonders auf dem Gebiete der Chemie, aber auch auf dem der Botanik bewandert, und wies seine Gesandten in aller Welt an, ihn nicht nur auf politischem, sondern auch auf wissenschaftlichem Gebiete über die neuesten Errungenschaften auf dem laufenden zu halten. So beeilte sich Nicolò Tornabuoni, der von 1560 bis 1565 Cosimos Gesandter in Paris war, sobald er in Paris von der durch Nicot dorthin übersandten Heilpflanze erfuhr, dem Großherzog davon Meldung zu erstatten. Sein Bruder Alfonso, Bischof von Saluzzo, intimer Ratgeber und wissenschaftlicher Mitarbeiter Cosimos, erhielt gleichfalls die Samen zugesandt und pflanzte sie in seinem Garten an. Er vermittelte sie dem damals berühmten Botaniker Cesalpinus in Pisa, der die Pflanze sodann nach dem Übersender »Herba Tornabuona« nannte.

Von den Häfen Italiens aus nahm der Tabak später seinen Weg nach dem Osten Europas. Schon war er als Heilpflanze durch die Beziehungen des österreichischen und des spanischen Zweiges des Hauses Habsburg nach Österreich und Ungarn gekommen, wo er als Zierpflanze und Heilkraut vornehmlich von den Familien des Hochadels in ihren Privatgärten gezogen wurde. Bereits um das Jahr 1568 liegen Berichte vor, wonach in Ungarn die Familien Apaffy, Bornemisza und Báthory das Heilkraut kultivierten. Die Nachrichten aus dieser Zeit wissen aber auch hier zunächst gar nichts von dem Gebrauche der Pflanze als Rauchmittel zu berichten.[1]

Die Tabakkultur breitete sich somit schneller in den Häfen und Küsten, langsamer im Herzen der verschiedenen Länder

1 Dr. Franz Wieser über die Produktion, den Konsum und die Besteuerung des Tabaks im Kronland Salzburg usw. Fachliche Mitteilungen der österr. Tabakregie, VIII. Jahrgang, Heft 1, März 1908.

Europas, die Türkei und Rußland inbegriffen, aus. Portugiesische und spanische Matrosen mit ihren Schiffen übernahmen auch hier die Verbreitung der Pflanze. Die Portugiesen brachten den Tabak, um die Südspitze Afrikas herum gegen Osten segelnd, bis zum wirklichen, asiatischen Indien. Gleichzeitig führte ihn Fernando de Magelhaens, der berühmte portugiesische Entdecker der Meerenge an der Südspitze Südamerikas, nach den Philippinen. Von dort wie von Indien her verbreiteten die Portugiesen dann die Pflanze und bald auch die Rauchsitte nach Ostasien, Japan und China. Dem seefahrenden Portugal war also hauptsächlich die schnelle Ausbreitung dieser kostbaren Pflanze über die damals bekannte Welt zu danken. Lissabon war das Zentrum, von wo aus die Fäden in alle Welt liefen. Wenig später sollte England Portugals Erbe antreten.

Das Britenreich vermittelte aber der übrigen Welt kein vermeintliches Heilmittel mehr, wie es Portugal vornehmlich getan, sondern brachte ihr direkt die Sitte des Rauchens, die unterdessen alle Kreise des Inselreiches in ihren Bann gezogen hatte.

VIERTES KAPITEL

Das Aufkommen des Rauchens in England

Kolumbus hatte als erster den Weg in die Länder im fernen Westen gewiesen. Eine Flut von Entdeckern baute sein Werk aus. Im 16. Jahrhundert beeilten sich Angehörige aller Nationen, es den Spaniern gleich zu tun und auch für ihre Heimat möglichst viele und reiche Länder zu entdecken und in Besitz zu nehmen. Alle Nationen wurden von dem Wunderland im Westen magisch angezogen, das nach dem Florentiner Amerigo Vespucci Amerika benannt wurde, bloß weil dieser es verstand, über seine, erst sieben Jahre nach Kolumbus gemachten Reisen farbige – wir möchten heute sagen – für ein großes Publikum berechnete Reisebeschreibungen herauszugeben, die seinen Namen in aller Munde brachten. Es war nur selbstverständlich, daß bei diesem großen Wettrennen nach neuen Entdeckungen arge Rivalität und schließlich Feindschaft entstand.

Unter den an diesen Fahrten meist beteiligten Nationen ist vor allem England zu nennen, das Spanien und Portugal nachzueifern versuchte, obwohl die englische Marine den Flotten der beiden Staaten der Iberischen Halbinsel in jener Zeit keineswegs ebenbürtig war. Solange Königin Maria von England als Gemahlin Philipps II. von Spanien auch vor blutiger Wiederherstellung des Katholizismus im protestantisch gewordenen England nicht zurückscheute, konnten die englischen und spanischen Interessengegensätze noch zurückgedrängt werden. Als sie frühzeitig im Jahre 1558 starb, kam es zu offenem Bruch zwischen den beiden Flotten und zu bitterem Kampf, wo immer ein englisches Schiff auf ein spanisches stieß. Männer wie Admiral Hawkins, Drake und Raleigh scheuten auch vor Gewalttaten, die Seeraub und Piraterie sehr nahe kamen, nicht zurück, um die Spanier in den neuentdeckten Gebieten zu schädigen und zu brandschatzen. Ihre Fahrten führten sie weit an die Küsten Mittel- und Südamerikas und brachten sie im Kampfe gegen die spanischen Seeleute mit den Eingeborenen des Landes in Berührung. Dabei lernten die englischen Matrosen bei den verschiedensten Gelegenheiten die Tabakpflanze und die Sitte ihres Gebrauches als Rauchmittel im Ursprungslande kennen. Hawkins beschreibt in der Darstellung seiner zweiten Reise (1564 bis 1565) in der bekannten Weise, wie die Eingeborenen von Florida rauchten, aber auch er mißverstand den Zweck völlig und glaubte, daß sie mit dem Rauchen ihren Hunger stillten und dann vier oder fünf Tage ohne Essen und Trinken aushalten könnten.

Etwa gleichzeitig kamen auch von Portugal und Frankreich her einzelne Tabakpflanzen und Samen nach England. Es ist viel darüber gestritten worden, wem als erstem die Ehre gebührt, den Tabak nach England gebracht zu haben, doch ist dies kaum jemals mit Sicherheit festzustellen noch auch von besonderer Bedeutung. Mehrere Kapitäne von britischen Schiffen brachten das Kraut aus dem Westen nach England, und solche Seeoffiziere rauchten auch in England zum ersten Male öffentlich, wobei das Volk staunend zusammenlief, um diesem fremdartigen und unbegreiflichen Tun zuzusehen.[1] Zum Unterschiede vom Festland wurde die Pflanze in England weniger wegen ihrer Heilkräfte, die bald von vielen als höchst mäßig erkannt wurden, sondern schon zum Rauchen als Vergnügen und persönlicher Genuß eingeführt. Zunächst aber waren es nur vereinzelte, als Kuriosität betrachtete Fälle; eine größere

1 Siehe G. L. Apperson, The Social History of Smoking, London 1914, S. 12.

Verbreitung erlangte die Sitte erst, als Virginien entdeckt wurde und die britischen Kolonisten aus diesem Lande, nach langem Aufenthalt in den neuentdeckten Gebieten, wieder in die Heimat kamen. Sir Walter Raleigh, der berühmte »general on land« und »admiral on sea« erhielt im Jahre 1584 von seiner Königin Elisabeth, die ihrer Schwester Maria auf dem Throne gefolgt war, das Patent zur Entdeckung unbekannter Länder und Anlegung von Kolonien in Nordamerika. Von Florida ausgehend, fuhr Raleigh immer die Küste entlang nach Norden und gelangte so allmählich in das Gebiet des heutigen Staates Virginia, wo er eine Kolonie anlegte, die ihren Namen von der jungfräulichen Königin erhielt. Er selbst kehrte bald nach dieser Entdeckung nach England zurück. Einige Zeit später, im September 1584, fuhren auch die Kapitäne Amadas und Barlow, die die Expedition nach Virginien mitgemacht hatten, wieder nach England und brachten dabei drei Indianer aus Virginia in die Heimat mit. Diese nahmen ihre Tabakblätter in die für sie neue Welt mit, da sie ihrer Rauchgewohnheit nicht entsagen konnten. Bei dieser Gelegenheit wird der Admiral Näheres über die Benutzung der Pflanze erfahren haben, die hier und da schon seit 1570 in englischen Gärten gezogen wurde. Im Frühling des Jahres 1585 sandte Raleigh, der bei seiner Rückkehr wegen der Entdeckung der Kolonie von seiner dankbaren Königin mit zahlreichen Militär- und Hofwürden überhäuft wurde, einen Vetter, Sir Richard Greenville, nach Virginia, damit er dort die Besetzung der Kolonie erweitere und Ordnung schaffe. Greenville ließ, bevor er die glücklich erreichte Kolonie wieder verließ, einhundertsieben Leute unter dem Kommando des Kapitäns Lane in Virginia zurück, die beauftragt waren, Land und Bewohner gründlich zu studieren und die Ausbeutung des Gebietes vorzubereiten. Zu ihnen gehörte auch Thomas Hariot, der, ursprünglich Mathematiker, Raleighs vertrauter Freund und rechte Hand war. Raleigh hatte ihm Greenville beigegeben, damit er alle Vorgänge in Virginia beobachte, darüber melde und nebenbei auch auf wissenschaftlichem Gebiete möglichst Neues und Wertvolles erforsche. Hariot fiel der unter den Indianern weit verbreitete und stark geübte Gebrauch des Tabakrauchens aus Pfeifen und hartem Material ganz besonders auf, so daß er sich in seinem nach der Rückkehr an Raleigh erstatteten und später gedruckten Bericht eingehend über diese Sitte verbreitete. Er schildert das Rauchen aus Pfeifen und bemerkt, daß der Rauch überflüssige Feuchtigkeit aus dem Körper treibe und alle seine Poren öffne, so daß die Indianer sich einer besseren Gesundheit erfreuten als die zivilisierten Bewohner Englands. Er erwähnt auch, daß das Kraut von den Indianern so hoch in Ehren gehalten werde, daß sie glaubten, ihre Götter bedienten sich gleichfalls seiner; daher verbrannten sie Tabak als Opfer und warfen die Blätter der Pflanze in die durch Sturm aufgewühlten Wellen, um die zürnenden Götter zu besänftigen.

»Wir selbst«, schreibt Hariot, »haben während der Zeit unseres Aufenthaltes (in Virginien) versucht, den Rauch nach ihrer Art einzusaugen und dies nach unserer Rückkehr (nach England) noch wiederholt; wir fanden dabei viele seltene und wundervolle Beweise der Vorzüge dieser Pflanze, deren genaue Aufzählung für sich allein einen Band erfordern würde.«[1] Hariot fügte noch hinzu, daß die Eingeborenen den Tabak als ein Geschenk des Großen Geistes betrachteten, das dieser ihnen zu ihrem persönlichen Vergnügen überwiesen habe.

1 Siehe Thomas Hariot, A brief and true report of the new found land of Virginia. Sir Walter Raleigh's Colony of MDLXXXV. London. Privately printed 1900. First print 1588, p. 31.

Der erste Kolonisierungsversuch in Virginien war jedoch ein voller Mißerfolg. Als 1586 der englische Admiral Francis Drake, der eben von einer Kaperfahrt in die westindischen Gewässer zurückkehrte, die Niederlassung in Virginien anlief, fand er die Kolonie in jammervollem Zustande vor. Der Gouverneur Lane hatte es nicht verstanden, mit den Indianern in ein gutes Verhältnis zu kommen. Ewiger Krieg war die Folge. Die ungewohnte Nahrung und Krankheiten aller Art taten ein übriges, und die noch am Leben Verbliebenen baten Drake, er möge sie auf seinen Schiffen wieder in die Heimat führen. So kehrten denn im Jahre 1586 alle Kolonisten, unter ihnen auch Lane und Hariot, nach England zurück. In den anderthalb Jahren, die diese Leute in steter Verbindung mit den Indianern in Virginien verbrachten, hatten sie das Tabakrauchen von den Eingeborenen angenommen und sich derart daran gewöhnt, daß sie dabei das größte Vergnügen empfanden und von dieser Sitte auch nach der Heimkehr nach England nicht mehr ließen.

Großes Aufsehen machte es in ihrer Heimat, als die zurückgekehrten Kolonisten mit brennender Pfeife erschienen. Der Hofhistoriker der Königin Elisabeth, Camden, berichtet mit höchstem Staunen, daß die Heimgekehrten diesen Tabakrauch, der doch nichts wäre als übelriechender Dampf, angeblich zum Vergnügen und auch zur Erhaltung ihrer Gesundheit mit geradezu unersättlicher Gier einsogen und durch Mund und Nase wieder ausbliesen. Durch seinen vertrauten Freund Hariot wurde Raleigh ganz besonders in die Mysterien des Rauchens und die wunderbaren Eigenschaften des Tabakkrautes eingeführt. In Kürze wurde Sir Walter selbst ein starker Raucher, der der neuartigen Sitte mit großem Genusse frönte; doch nicht nur das allein, er erkannte bald, daß dies Kraut ein Handelsartikel werden konnte, dessen Kultur unabsehbare Gewinnmöglichkeiten in sich barg. Er rauchte in seinem Heim, das ungefähr dort lag, wo heute die Häuser zwischen Adelphi-Terrace und dem Strand stehen. Die Sage aber, daß er dort Shakespeare empfangen und beide dann gemeinsam geraucht hätten, ist wohl unrichtig. In den Werken Shakespeares ist das Rauchen mit keinem Worte erwähnt, was wohl sicher geschehen wäre, wenn er selbst dieser damals epochemachenden neuen Gewohnheit ergeben gewesen wäre. Raleigh aber liebte es und betrieb es eifrig zum Staunen aller, denen diese Gewohnheit neu und unbegreiflich war. Die Verwunderung darüber fand ihren Ausdruck in der bekannten Anekdote, die Raleigh wie auch mehreren anderen bedeutenden Persönlichkeiten der Zeit zugeschrieben wird. Danach soll Raleigh einst behaglich rauchend in seinem Zimmer gesessen haben, als einer seiner Gärtner, der ihn um Befehle bitten wollte, eintrat. Kaum hatte dieser seinen Herrn erblickt, aus dessen Mund und Nase starke Rauchwolken aufstiegen, als er mit allen Zeichen des Schreckens aus dem Zimmer lief und gleich darauf mit einem Kübel Wasser zurückkam, den er auf seinen vermeintlich brennenden Herrn schüttete. Raleigh, der bei Hofe eine große Rolle spielte, bekehrte viele Höflinge zu der Sitte. Auch Königin Elisabeth erhielt Kenntnis von der Sache und hat das Rauchen mindestens versucht. In späterer Zeit haben Leute, die das ganze rauhe Gehabe der Königin und ihr absonderliches Leben mit der Behauptung erklären wollten, sie sei gar keine Frau, sondern ein Mann gewesen, auch ihr Rauchen zur Bekräftigung dieser romanhaften Hypothese anzuführen versucht. Allen Anzeichen nach aber scheint ihr erster Rauchversuch ihr nicht sehr zugesagt zu haben, so daß sie sich das Rauchen nicht selbst angewöhnte, indessen auch nicht zu einer Feindin der Sitte wurde, die erst in ihrem Nachfolger einen erbitterten Gegner fand.

Das Rauchen kam in England bald zu einer unerhört raschen Verbreitung. Die Sitte der Wilden wurde in London geradezu fashionable. Man rauchte ausschließlich Pfeifen, und zwar von der luxuriösen Silberpfeife bis zur provisorischen Walnußschale, in der ein Strohhalm stak. Immerhin waren in der allerersten Zeit Pfeifen ein seltenes Gut, das in den bald nach Art der Wein- und Bierhäuser eingerichteten Rauchstätten, den sogenannten »Tabagien«, von Hand zu Hand ging, so daß viele Leute gleichzeitig aus einer Pfeife rauchten. Das Rauchen und der Tabak verbreiteten sich ungleich schneller als die etwa um die gleiche Zeit eingeführte Kartoffel, die erst ein Jahrhundert später wirklich zu allgemeinem Gebrauch gelangte und deren Anbau auch da vielfach erst erzwungen werden mußte. Alexander von Humboldt urteilte über diese ungleiche Aufnahme von Tabak und Kartoffel: »Wie ein unverständiges Kind, welchem man Brot und eine glühende Kohle anbietet, zuerst nach der Kohle greift, so machten es die Menschen in Europa mit der Kartoffel und dem Tabak.«

Am Ende der Regierung der Königin Elisabeth rauchte man schon in allen Klassen der Gesellschaft. Der elegante junge Mann zeichnete sich dadurch besonders aus, daß er zu rauchen verstand. Dies wurde in eine Linie mit Tanzen, Reiten, Jagen und Kartenspielen gestellt, wie Robert Burton in einer satirischen Aufzählung aller Vollkommenheiten bemerkt, die ein Gentleman besitzen soll.

Auf dem Festlande kannte man diese Art des Tabakgebrauches noch kaum, und als der deutsche Lehrer Paul Hentzner 1598 mit seinem Schüler England besuchte, konnte er es gar nicht fassen, daß er alle Welt in diesem Lande dem Rauchen ergeben fand. Selbst in den englischen Theatern der damaligen Zeit wurde bereits allgemein geraucht. So lagen die Dinge, als die scharfsinnige, listige Elisabeth, unter deren Regierung England trotz seiner steten inneren, religiösen und politischen Kämpfe über den mächtigsten Gegner auf dem Festlande triumphierte, im Jahre 1603 starb. Ihr folgte Jakob I., der Sohn der Maria Stuart, der sich schon längst mit der Mörderin seiner unglücklichen Mutter, der nunmehr verstorbenen Königin, ausgesöhnt hatte, um seine Nachfolge auf dem Throne Englands nicht zu gefährden. Er war ein Charakter, der im Urteil der Geschichte außerordentlich schwankt. Die einen bezeichnen ihn als einen persönlich feigen, launenhaften, nur pedantisch gelehrten, verbohrten Schulmeister, die anderen, unter ihnen Disraeli, als einen Mann, der seine Zeit in vielem vorangeeilt war, der nur falsch beurteilt wurde, weil man den Geist seiner Epoche nicht berücksichtigte, der die Autorität höher gestellt habe als persönliche Meinung. Wir müssen uns ja in die Zeit der Hexenprozesse, der Macht der Zauberer und der Allmacht des Teufels versetzen, der hinter allem gesucht wurde, was da böse war, in eine Periode, in der man einen Schriftsteller, der es wagte, die ganzen Sagen von der Zauberei und vom Teufelswerk als einen Unsinn zu erklären, an Leib und Leben bedrohte, während seine Bücher der Verbrennung geweiht wurden.[1] König Jakobs Anspruch auf unumschränkte Herrschergewalt wurde ihm einst und wird ihm auch heute noch vorgeworfen, und vergebens trat Disraeli den Angriffen seiner Kritiker entgegen. In der öffentlichen Meinung ist und bleibt Jakob I. den schlechten Königen Englands zugezählt.

Freilich den Einflüssen der Zauberei, denen damals die erleuchtetsten Geister seiner Zeit nicht entgingen, war auch er nicht unzugänglich, und da er sich literarisch betätigte und sich zu diesen und anderen wichtigen Zeitfragen äußerte, so können

1 Discovery of witchcraft 1584.

wir aus seinen gesammelten Werken auch heute noch einen tiefen Einblick in seine Wesensart gewinnen. So hat dieser König, dem es durch die Macht der Verhältnisse und seiner Geburt gelang, den ewigen Gegensatz Schottland–England, an dem sich die erleuchtetsten Geister unter den Königen aus dem Hause Plantagenet und Tudor verblutet hatten, zu bannen und wenigstens dem Auslande gegenüber zu einem einheitlichen Reiche zusammenzuschweißen, zuallermindest in seinen Schriften eine selbständige Denkungsweise und Auffassung wichtiger Zeitfragen bewiesen. Eine Entgleisung war zunächst seine Dämonologie oder Lehre von den bösen Geistern, in der er in für die Zeit höchst charakteristischer Weise den Gewohnheiten des Teufels nachgeht und unter anderem untersucht, aus welchem Grunde dieser sich wider alle Vernunft mehr mit Hexen, also alten Weibern abgibt, statt junge Frauen in seine Schlingen zu ziehen. Andere Arbeiten des Königs zeugten jedoch von ernstem Durchdenken und mannigfachem Erkennen schwerer Zeitirrtümer, wenn auch darin persönliche Überzeugung vorherrscht, über deren Richtigkeit oder Falschheit man streiten kann.

König Jakob hatte in den letzten Jahren der Regierung Elisabeths mit Staunen und wachsendem Abscheu die unglaublichen Fortschritte der Rauchsitte in seinem Lande beobachtet. Das Rauchen war schon so verbreitet, daß manch einer sich rühmte, mit den edlen Lords des Hofes zusammen »Tabak getrunken« zu haben, wie damals der allgemein übliche Ausdruck für Rauchen lautete. Es war Pflicht eines fashionablen Mannes, die Kunst zu rauchen vollkommen zu beherrschen, und es galt als eine Schande, wenn man den Rauch nicht durch die Nase zu ziehen verstand. Ja, es gab in den letzten Jahren der Regierung der Königin Elisabeth Professoren in der Kunst des Rauchens, die die Neulinge in ihre Geheimnisse einführten und schließlich als solche Künstler entließen, daß sie sogar Rauchringe in die Luft zu zeichnen verstanden. Dabei war der Tabak außerordentlich teuer. In der allerersten Zeit seines Gebrauches in England wog man ihn buchstäblich mit Silber auf, d. h. das Gewicht des Tabaks wurde mit einer gleich schweren Anzahl von Silbermünzen bezahlt, und die Ausgaben für diese neue Mode spielten eine ganz gewaltige Rolle im Budget der Lebemänner der damaligen Zeit. König Jakob war der Sache durchaus abgeneigt und sah darin ein barbarisches, von wilden, unzivilisierten Menschen erworbenes Laster, dessen Vorzüge ihm, der das Rauchen mit Entrüstung von sich wies, selbstverständlich unbegreiflich blieben. Er litt nur unter dem »Gestank«, wie er es nannte, den die Raucher überall verbreiteten, und unter der Verpestung der Luft, deren sich auch die Höflinge der verblichenen Königin und seiner Umgebung in immer steigendem Maße schuldig machten. Mit Unwillen sah er einen der höchsten Würdenträger der Krone, Sir Walter Raleigh, diesem Laster ergeben. Solange er aber nicht König war, mußte er alledem schweigend zusehen; aber er schwor in seinem Innern, daß er an dem Tage, wo er zur Regierung gelangte, diesem »scheußlichen Tun« ein Ende bereiten werde. Nun war es so weit. Er hatte den Thron Englands bestiegen, und man merkte sofort im ganzen Reiche, daß da ein selbsherrlicher Mann mit ausgesprochenen Sympathien und Antipathien ans Staatsruder gelangt war. Eine solche Antipathie, die sich schon zum Haß auswuchs, hatte er gegen das Rauchen. Er regierte erst wenige Monate, als er schon eine Fehdeschrift in lateinischer Sprache veröffentlichte[1], in welcher er sich in der

1 Jakob I. von England: Misocapnus sive de abusu Tobacci lusus regius. Londini 1603. (Der Rauchgegner oder ein königliches Scherzstück über den Mißbrauch des Tabaks.) Viele Auflagen in verschiedenen Jahren und Übersetzungen in mehrere Sprachen.

schärfsten Weise gegen das Rauchen aussprach. König Jakob schilderte darin, wie die Tapferkeit der Engländer im Kriege und ihr Gehorsam gegenüber dem Monarchen im Frieden ein goldenes Zeitalter für das Reich heraufgeführt hätten. Wie es aber stets zu sein pflege, entstehe aus allzu großem Machtüberfluß und Reichtum der Friedenszeit eine gewisse Erschlaffung, der Klerus werde lässig, der Adel verfalle in Trägheit und Wollust, Geldverschwendung und Habsucht bedrohten die Moral von Richtern und Volk und machten dieses gleichgültig gegenüber den Interessen des heimischen Staates. In solcher Lage gezieme es dem König einzugreifen, dem Einreißen solcher Übel entgegenzutreten, die Bürger in ihren Genüssen zu schamvollem Maßhalten zu zwingen und überhaupt alle zur Genügsamkeit und Arbeit zurückzuleiten.

»Da es nach meiner Ansicht«, schrieb der König, »nichts Verderblicheres unter den Völkern gibt, als der häufige Tabakgenuß, der sich bei uns eingenistet hat, so habe ich geglaubt, daß es meiner Muße durchaus nicht abträglich sein wird, wenn ich solch absurden Brauch in dieser Schrift geißle.«

König Jakob wollte, daß seine Bürger aus dieser kleinen Schrift auf seinen leidenschaftlichen Wunsch schließen mögen, in ernsten Fragen keinerlei Mühe zu sparen, durch die das Heil und Glück seiner geliebtesten Bürger befördert werden könnte. »Es müßten mit Recht«, so führte er aus, »jene Dinge mit dem Stempel der Schamlosigkeit gebrandmarkt werden, welche aus der Schande geboren, von Barbaren herstammend, sich einzig durch den Eindruck der Neuheit einbürgern konnten. Nun ist es bekannt, daß jene Barbaren leicht von der sexuellen Lues befallen werden; und ferner, daß sie dann als ein besonderes Gegengift den Gestank des angezündeten Tabaks benutzen. Nachdem manche von ihnen, von dieser Lues befallen, nach

Europa zurückkehrten, haben sie, als ob es nicht an der Befleckung des christlichen Erdballes durch Ansteckung mit dieser furchtbaren Seuche genug wäre, auch diese häßliche Rauchgewohnheit verbreitet, damit sie, die Urheber beider Seuchen, die eine wenn möglich durch die andere verjagten . . .« Nun sollten, meinte der König, die Bürger Englands erwägen, ob sie in einer so fluchwürdigen Sache die Barbaren nachäffen und damit den langen Frieden, die Glücksgüter und den Soldatenruhm des Landes begraben wollten. Wenn man bei solchen Erziehern Vernunft erlerne, warum folge man ihnen nicht auch in ihrem Beispiel, nackt einhergehend den Satan anzubeten. Der Brauch sei von drei Barbaren nach England gebracht worden, jene Wilden habe der Tod schnell hinweggerafft, aber ihre Sitte lebe weiter und gedeihe sogar ganz überraschend. Der König wundere sich, daß sie sich trotz einer so unerfreulichen Herkunft und eines so schamlosen Sachverhaltes doch gehalten habe. Nun müsse bewiesen werden, daß all die sagenhaften Eigenschaften, die dem Tabak zugeschrieben würden, gänzlich falsch wären. Da sollte der Rauch zum Beispiel dem Kalten und Feuchten im menschlichen Körper durch seine Wärme und Trockenheit besonders angenehm sein, was doch ein aufgelegter Unsinn sei. Wenn er ein Heilmittel wäre, so dürfe man ihn als Gesunder doch nicht nehmen, weil ohne Krankheit der Gebrauch von Heilmitteln nicht nur nicht entweiht werden dürfe, sondern auch geradezu Schaden bringen müsse. Im übrigen sei der Gehalt des Tabaks von giftiger Beschaffenheit verbunden mit »brennendem und wüstem Feuer«. »Wenn aber jemand«, führte der König aus, »gemäß seiner Veranlagung dagegen keine Antipathie empfinden sollte, so habe er entweder keinen zuverlässigen oder einen verderbten Geruchssinn! Denn die Nase ist nicht nur die Einfuhrstelle der Gerüche, sondern vor allem auch ein unbestechlicher Zeuge und Botschafter nützlicher und schädlicher Einatmungen.«

Jakob polemisierte gegen die »austrocknende Macht« des Rauchens, gegen seine angeblichen Wirkungen, gegen seinen Gebrauch als Heilmittel für Krankheiten aller Art. Aber da stünden welche auf und meinten, »niemals hätte die Masse mit solcher Beharrlichkeit den Gebrauch des Tabaks gelobt, wenn nicht denen, die ihn benützten, der Erfolg selbst bewiesen hätte, daß für das menschliche Leben nichts heilsamer sei als dieses Kraut«. Doch, erklärt König Jakob unwirsch, ergibt sich die lächerliche Gewohnheit des Tabakrauchens aus der Geneigtheit, alles Neue anzunehmen, und aus der Torheit einzelner, die ohne eigene Meinung anderen nachbeten. Mit der Heilkraft aber stehe es sehr einfach: Sobald ein Kranker, der zufällig auch Tabak genieße, auf natürlichem Wege wieder gesunde, schreibt er dies einfach den »Wundertaten des stinkenden Rauches« zu. Dabei seien täglich neue Ärzte am Werke, schlaue Bauern, verrückte alte Weiber, einfältige Mägde. Diese flößen den Leidenden ein – natürlich – »heiliges« Gegengift ein, das sie als angeblich nützlich gegen ihre oder ihrer Freunde Leiden kennen gelernt haben: und siehe da, die Leichtgläubigkeit hilft, das Vertrauen macht gesund!! Man sieht, wie jene von der Unkenntnis der Wahrheit profitieren. So haben viele – ohne Rücksicht auf ihren Irrtum – ihre Gesundung dem Tabak zugeschrieben, sie, die nur durch die Kraft der Natur ihre Krankheit überwunden haben. Aber wenn einer durch die Bösartigkeit dieses Rauches stirbt (was übrigens nicht so selten vorkommt!), so wird dieses Höllenkraut für seinen Tod natürlich nicht verantwortlich gemacht. Reden sich doch auch unsere Trinker, dahinsiechend durch Alter und Unmäßigkeit, ein, daß ihr Leben durch das Pokulieren verlängert werde, und vergessen dabei ganz und gar, wie viele schon vor der Zeit unter den Stürmen des Kneipenlebens Schiffbruch gelitten haben! Und nun wolle man gar erklären, der Tabak sei ein Allheilmittel gegen jedwede Krankheit! »Wer kann glauben«, schrieb Jakob, »daß einem Gewächs so gewaltige Kräfte innewohnen könnten, daß sie sogar unbezweifelte Grundsätze der Physik Ärzten vergessen lassen? Denn diese waren immer davon überzeugt, es gäbe kein Heilmittel, das allen Körperteilen gleichzeitig förderlich sei.« Und doch lese man da, »vertreibe der Tabak das Podagra am besten, und der Rauch fliege gleichzeitig in die windungsreichen Höhlen des Gehirns, und seine Wirkung dringe« – ein wahres Wunder! – »mit der göttlichen Macht seiner Heilkraft bis in die letzten Zehen der Füße!« Aber noch mehr hört man. »Er lindert das Fieber, ruft Spannung hervor, vermindert die Schlaffheit, benimmt die Trunkenheit, gewährt Schlaf, beseitigt die Schlaflosigkeit, schärft den Geist!« Und zufällig entlastet er außerdem die räudigen Vagabunden Amerikas von der venerischen Lues. Solche Wirkungen sollte nun ein Kraut haben, durch dessen Gestank sogar der Satan in die Flucht gejagt werden könnte. Wenn man so seine besten Kräfte zugrunde richtet, wie die meisten der Unsinnigen es infolge des Tabakrauchens tun – d. h. indem sie es unvorsichtig und ununterbrochen vollziehen –, so wird man seinen Bauch erschüttern und sein Hirn belasten und zuletzt infolge der eingeatmeten Rauchschwaden schließlich – als Lohn für den Hang zu Reizmitteln – der Schlafkrankheit verfallen! »Viele von uns, die einmal der Schmach dieser Erschöpfung verfallen sind, führen infolge dieses schändlichen Rauchens ein trostloses Leben. Sie sind nicht mehr imstande, für längere Zeit das Rauchen zu unterbrechen, weil die lang anhaltende Gewohnheit in ihre Natur eingedrungen ist. So schwer ist es, sich des ausgewachsenen Lasters der Torheit zu entwöhnen! So wie die, die in den Kneipen alt geworden sind, eine kurze Unterbrechung nicht ohne Lebensgefahr ertragen, so ist auch all denen die Tugend nicht mehr heilsam, denen nur noch Laster bekannt sind.«

So vermeinte König Jakob jede Verteidigung dieses »stinkenden Krautes« widerlegt und vernichtet zu haben und versuchte nun noch auszuführen, mit welcher Widerlichkeit und Schande diese Tabakmanie verbunden wäre. Die Trunkenheit sei die Wurzel aller Laster und einer ihrer Zweige der unstillbare Durst nach Tabak. »Genau wie beim ersten Besuch der Kneipe sich kaum einer ganz der Lust hingibt (niemand ist je *sofort* zum Schuft geworden!), sondern Schritt für Schritt durch Verlockung allmählich der Maßlosigkeit verfällt, dann aber als Veteran der tierischen Sklaverei mit größerem Eifer seiner Trunkenheit frönt, so pflegt man auch zuerst zwischen der Liebe zum Tabakgestank und der Scheu vor ungewohnter Sitte zu schwanken; bald aber verfallen die Leute dieser Gewohnheit so hartnäckig, daß sie lieber von den angenehmsten Dingen als von diesem Rauche abgebracht werden wollen. Und diese wahnwitzige Seuche deuten sie dann natürlich in eine magische Gewalt dieses Krautes um.

Hierzu tritt noch die dritte und größte Schmach: das über alle Maßen große und unerhörte Unrecht gegen König und Vaterland (deren Heil und Würde Ihr Euer Gut und, wenn es die Lage fordert, auch Euer Blut als Opfer weihen müßt!). Denn durch die selbstverschuldete Fäulnis habt Ihr die Geisteskraft geschwächt und die einst athletische Körperkraft entmannt; nicht einmal die Frist eines Judenfeiertages haltet Ihr es fern von diesen Lüsten aus! Gleich wollt Ihr sterben, wenn nicht ein Junge aus entlegener Bude die Kohle zum Entzünden des Tabaks herbeiträgt. Denn genau wie hysterische Weiber ihr

Leben verbringen, so kennt Ihr infolge der Erschlaffung nur noch diese *eine* Sorge um Euer Laster: Daß Ihr Euch wieder und wieder dem in die Nase dringenden Rauche hingeben könnt! Für verächtlich wird wohl der Soldat gehalten, der Frost, Nachtwache und Hunger nicht erträgt; aber was soll im Kriege aus den Leuten werden, die nicht einmal die Sehnsucht nach Tabak verwinden können? O über unsere ungebildeten Vorfahren, die fern von diesem Rauche ihr Leben verbrachten! Jene haben zu Wasser und zu Land die gewaltigsten Taten vollbracht, die Feinde vernichtet und Siegeszeichen aufgerichtet; aber den ›Gipfel der Glückseligkeit‹, den Tabak, haben sie nicht gekannt! Denn diese Ungebildeten haben es nie gelernt, aus einer künstlichen Röhre gleichsam wie aus einem Euter den Rauch einzusaugen. Das war der einzige Fehler des heroischen Zeitalters! Wie aber, wenn bei einem feindlichen Einfall manche von unseren Tabaksaugern, durch die Rauchlust vom Wege abgeirrt, aufgegriffen würden? Wer würde um ihren Untergang bekümmert sein? Wer würde nicht eher lächelnd das unwürdige Unglück dieser Leute aufnehmen? Gefährlich ist, wenn für irgendeines, so für unser Volk, jede Gewohnheit, von der man nicht lassen kann. Wir erinnern uns, daß die Reiche der Perser und der Römer vornehmlich durch die Laster der Wollust und der Schwelgerei untergingen. Selbst bei den Amerikanern wird kaum ein Sklave einen Käufer finden, der dem Tabakrauchen frönt. So verurteilen dieses Laster selbst seine Urheber!

Wie sehr aber Euer Erbgut, edle Jünglinge, durch diesen Rauch verschleudert wird, dafür werden als Zeugen gegen jeden Einwand die älteren unter Euch auftreten, die in der jährlichen Ausgabeliste das für Tabak ausgelegte Geld zu verzeichnen pflegen: eintausendsechshundert Unzen Silber. Sollte es vielleicht nicht besser sein, kein Geld zu haben, als eine solche Ausgabe für solch ein Ding zu machen? Die Historie gedenkt jenes schurkischen Mannes, der als Vertrauter des Alexander Severus die Gunst des Fürsten mißbrauchte und viele durch das lückenhafte Vorgehen, daß er für sie beim Kaiser eintreten und ihre Forderungen durchsetzen würde, um ihre Goldstücke prellte. Als Strafe wurde er dann durch den Rauch frischer Hölzer erstickt, wobei der Ausrufer verkündete, daß durch Rauch zugrunde gehe, wer Rauch verkauft habe... Unser unberührter englischer Wald würde kaum hinreichen, all die Rauchschacherer zum Ersticken zu bringen.

Aber wahrhaftig (um zu guter Letzt über die Tollheit dieser Unsitte zu sprechen), was kann es bei der Tafel, jenem Altar der Ordnung und Bescheidenheit, Unziemlicheres geben, als jene spitzen Röhrchen umherzutragen, deren Inhalt die Luft verpestet, die Speisen verunreinigt und die Magen derer, die das Rauchen ablehnen, ruiniert? Wenn aber einmal um Taglohn arbeitende Weiber mit diesen Rauchern zu Gericht gingen, um feststellen zu lassen, wer vornehmere Sitten habe, so würden zweifelsohne jene den Preis gewinnen. So sehr hat sich diese Torheit eingenistet, daß sogar beherzte Männer, um nicht als Sonderlinge zu erscheinen, es für notwendig halten, sich wie die anderen der Tollheit zu ergeben und der verhaßten Sitte gleichzeitig zu frönen. Ähnlich... wie jener Mann, der gegen seinen Willen Knoblauch aß, weil er den Geruch desselben in einem fremden Munde nicht ertragen konnte. Ja sogar so weit ist man gekommen, daß man glaubt, kein Gastfreund sei ohne Tabak reichlich bewirtet worden! Ohne Tabak ist keine Medizin mehr bekömmlich und keine Freundschaft mehr angenehm... Jeder, der in der witzigen Schar der Jünglinge vom rußigen Röhrchen sich fern hält – das er vielleicht mehr haßt als die Latrine –, gilt für einen dummen Teufel und ist ihnen keinen

Heller wert ... Die Freundlichkeit der Herrin gegenüber dem Diener wird am sichersten daran erkannt, ob sie dem Unglücklichen das rauchende Röhrchen mit eigener Hand darreicht. Jene Gewohnheit aber darf nicht Eitelkeit, sondern muß Verachtung göttlicher Güter genannt werden, die die Süßigkeit des Atems, die durch kein Mittel erworben und, einmal verloren, niemals zurückgewonnen werden kann, durch dieses Kraut bewußt vernichtet. Und die wohlerprobte Giftigkeit dieses Krautes widerlegt ebenso die falsche Meinung über seine Heilkraft, wie wenn einer sagen würde, das Gift der Fäulnis sei mit der Tugend verbunden. Erträglicher wäre es noch, wenn sich diese Tollheit nur innerhalb der Männerwelt eingenistet hätte. Jetzt aber müssen selbst die Weiber ihren Atem verderben, damit sie wenigstens durch die Gleichartigkeit ihres Mundhauchs die rauchenden Gatten ertragen; wenn sie es nicht täten, müßten sie andauernd jene Folter der Ausdünstung des Gatten über sich ergehen lassen.

Legt also, liebe Mitbürger, endlich diese Tollheit ab, die aus der Schande erwuchs, vom Irrtum empfangen und von der Torheit benutzt ward: eine Tollheit, durch die der Zorn der Gottheit entflammt, die Gesundheit des Körpers geschwächt, das Vermögen angetastet wird, durch die die Würde der Nation in der Heimat dahinschwindet und in der Öffentlichkeit feil wird; eine Sache, die schändlich anzusehen, dem Geruch nach ekelhaft, für das Hirn schädlich, für die Lunge nachteilig ist und die, wenn man so sagen darf, durch die Dünste des schwarzen Rauches den Höllenbrodem am leibhaftigsten versinnlicht.«

Die königliche Streitschrift machte ungeheures Aufsehen im ganzen Reiche, aber sie hatte keineswegs die Wirkung, die der Monarch davon erwartete. Schon hatte die Gewohnheit viel zu sehr um sich gegriffen und dem Rauchen Anhänger zugeführt, die selbst eher königlichen Zorn ertragen, als die lieb gewordene Freude missen wollten. Auch konnte man ja der Gewohnheit frönen, ohne sie allzusehr an die große Glocke zu hängen. Man las die königliche Schrift, Schmeichler und Mitläufer lobten sie, selten nur wagte hie und da jemand öffentlich schwachen Widerspruch, aber alles rauchte nach wie vor weiter, und der Tabakkonsum aus Virginia nahm einen ungeahnten Aufschwung. Das rief den Zorn König Jakobs hervor, und er beschloß, daß seine Untertanen, wenn sie ihn schon nicht hören wollten, an ihrem Säckel spüren sollten, daß sie den wohlmeinenden Mahnungen ihres Gebieters mehr Gehör leihen müßten. So versuchte er durch königliche Orders die Auflage auf den Tabak zu erhöhen; doch das Parlament erkannte dies nicht an, und die Erhöhung der Abgabe wurde nicht in das große Buch der Steuern eingetragen. Dabei spielten nicht nur Jakobs persönliche Antipathie gegen das Rauchen eine Rolle, sondern auch ernste politische Erwägungen. England stand bis zum Jahre 1604 mit Spanien im Kriege, das die damals bekannten Tabak produzierenden Länder der Welt im Besitz hatte. Allgemein wuchs der Bedarf an der Pflanze so sehr, daß jede Schiffsladung großen Gewinn einbrachte. Englische Seeleute stürzten sich daher mit Vorliebe nach Piratenart auf spanische Tabakschiffe, und die von Spanien mit mißgünstigen Augen betrachtete Ausdehnung der Tabakplantagen im britischen Virginien schuf eine fortdauernde Feindschaft, die der Friedenssehnsucht König Jakobs und seinem Wunsche nach einer Allianz mit Spanien entgegenarbeitete. Der spanische Botschafter am britischen Hofe Gondomar intrigierte unaufhörlich am Hofe Jakobs gegen die britischen Kolonisten von Virginia. Die Haltung des Königs hatte zur Folge, daß wohl weniger Tabak eingeführt wurde, dafür aber die Kultur der Pflanze in England selbst außerordentlich stieg. Der Tabak war bereits zu einem solchen Bedürfnis geworden, daß das Volk jede feindliche Maßnahme des Königs mit einer Gegenmaßnahme beantwortete, die die erste meist völlig hinfällig machte. Der König aber gab nicht nach, er setzte seinen Feldzug gegen das Rauchen fort und benützte jede Gelegenheit, um öffentlich vor aller Welt seine Abneigung gegen den Tabak hervorzuheben. Im August des Jahres 1605 sagte sich der Monarch beim Rektorat der Universität Oxford an und gab bekannt, er wünsche philosophische und medizinische Themen zu hören und sich selbst an den Diskussionen zu beteiligen. Man wußte auf der Universität, daß der König auf seine Gelehrtheit und seine Betätigung in Philosophie und Wissenschaft außerordentlich stolz war, und beschloß daher, beim Thema Medizin eine Frage zur Diskussion zu stellen, über die der König besonders gut unterrichtet sein mußte. Es lag nahe, das Thema »Tabak« zu wählen, weil der König kurz vorher seine Schrift über den Mißbrauch dieser Pflanze veröffentlicht hatte. Am 3. August 1603 hatten die beiden Mediziner Henry Ashworth und John Cheynell, dieser der Vater des nachmalig berühmten Nonkonformisten Francis Cheynell, das Diplom als Doktoren der Medizin erworben, und sie wurden bestimmt, gelegentlich des Besuches des Königs auf der medizinischen Fakultät die Thesen über die Tabakpflanze und ihren Mißbrauch zu verfechten. Am 27. begab sich der König, begleitet von der Königin und dem Prinzen von Wales, auf die Universität. Am 27. und 28. wurden philosophische Themen erörtert, und am 29. kam die Medizin an die Reihe. Als Thema war zu entscheiden, ob der oftmalige Gebrauch von Tabak für gesunde Menschen bekömmlich sei oder nicht.

Es gehörte ein mutiger Ritter und sehr gelehrter Arzt dazu, um den Angriffen des Königs und der ausgezeichnetsten aller Jünger Äskulaps am Hofe entgegenzutreten, denn sie waren natürlich alle Feinde des Rauchkrautes. Die Ärzte und Professoren führten dem Könige einen heftigen Disput über Wesen und Eigenschaften der Tabakpflanze und des Rauchens vor. Die Hofärzte griffen in die Debatte ein, und der König hörte mit höchstem Interesse den Ausführungen der Doktoren Ailworth, Gifford, Ashworth und Gwyn zu. Ashworth setzte in scharfsinniger Rede die Nachteile dieser Pflanze auseinander und bezweifelte ganz im Sinne Jakobs I. ihre Heilkraft durchaus. Zahlreiche andere Doktoren pflichteten ihm bei und ergänzten seine Ausführungen im gleichen Sinne. Andere aber brachten gegenteilige Momente vor.

Nachdem der König die Meinungen der beiden Parteien vernommen, erhob er sich und erklärte in offener Sitzung, daß der Nikotingestank, und so sollte eigentlich das Kraut und sein Gebrauch genannt werden, weder in den Gewohnheiten nüchterner Menschen noch in der Schule kluger Ärzte einen Platz haben dürfe, denn auf allen Gebieten gebe es Grundaxiome und speziell in der Medizin so unumstößliche Grundlehren, die von Hippokrates und Galenus überliefert seien und die nicht durch leichtsinnige Heilgebräuche umgestoßen werden sollten, die mit den so überaus weisen Lehren jener Männer nicht übereinstimmten. Das Gehirn müsse durch diesen scheußlichen und wohl auch giftigen Rauch schwer belastet und bösartig verletzt und gewiß nicht, wie man sage, dadurch gereinigt und von überflüssiger Feuchtigkeit entlastet werden. Der König wiederholte im großen seine Ausführungen aus dem Misocapnus und wandte sich vor allem andern gegen den Tabak als Allheilmittel, denn wo habe man je gesehen, daß ein Mittel für alle

Krankheiten gut sei. Die Rede des Königs gipfelte in dem Satze, daß der Tabak zuerst von Barbaren in Gebrauch genommen worden sei und daß es zivilisierten Männern daher nicht anstehe, irgendeine der Sitten solcher Völker anzunehmen. Dann kam die Reihe an Dr. Cheynell. Dieser bestieg das Rednerpult mit der brennenden Pfeife in der Hand und bewies seinen Mannesmut und den Stolz des Engländers selbst vor dem Königsthrone damit, daß er in scharfer Weise die Ausführungen sämtlicher Vorredner, den König inbegriffen, zu widerlegen suchte und die Vorzüge und Wohltaten der Pflanze, sowohl in Beziehung auf Heilkraft als Rauchgenuß, ins hellste Licht stellte. Es war dies ein Tun, das besonders in damaliger Zeit von dauernd nachteiligen Folgen für ihn hätte sein können, aber die Universität hatte damit ihre Unabhängigkeit in wissenschaftlichen Dingen dokumentiert, wenn auch die Professoren in ihrer Mehrzahl den praktischeren Standpunkt, die Meinung des Königs zu hegen, vertraten.

Dr. Cheynell legte dar, daß die Ärzte Englands den richtigen Gebrauch dieses Rauches von jenen Indiens lernen müßten, woher dieses Kraut stamme und wo dessen Ruhm sich zuerst eingebürgert hätte. Dort sei aber vorgeschrieben, daß die Ärzte selbst rauchtrunken zu ihren Patienten kommen sollten. Der Arzt hatte seine gegenteilige Ansicht in scharfsinniger und witziger Weise entwickelt, so daß er den König und die Versammlung öfters zum Lachen brachte, aber er konnte natürlich gegen den König nicht aufkommen.

Jakob schloß die Debatte, indem er der Befürwortung Cheynells, den Tabak zu medizinischen Zwecken zu gebrauchen, entgegenhielt, daß dies die barbarischen Indianer täten, die von Medizin ebensoviel Ahnung hätten wie von den zivilisierten Gebräuchen überhaupt, nämlich gar keine. Wenn Tabakrauch manchen Leuten guttue, so sei eben ihr Körper schon auf die Stufe jener Wilden herabgesunken, und wenn es Doktoren gäbe, welche Raucher wären und an die Heilkraft des Tabaks glaubten, so sollten diese nach Indien verbannt werden, wo sie sich fern von dem Ekel der Bevölkerung Englands zugleich mit jenen einheimischen, stets rauchtrunkenen Ärzten ungehemmt berauschen und auf diese Weise ihre Kunst vervollkommnen könnten. Die ganze Debatte, die einen Vormittag in Anspruch genommen hatte, schloß mit huldigenden Worten des königlichen Leibarztes Dr. Warner. »Obwohl sich der Gebrauch des Rauchgefäßes infundibulum«, sagte er, »oder der Pfeife (wie man es nämlich bezeichnet) schon in unseren vornehmen Kreisen zu einer eingewurzelten Sitte ebenso entwickelt hat, wie es sich einst für die vornehmen Athener ziemte, auf der Doppelflöte zu blasen, so müßten dennoch unsere Alkibiadesse nach dem Beispiel jenes Atheners und unsere Hercinen nach dem Beispiel der Pallas Athene so häßliche, stinkende und schmutzige Pfeifen bespeien, zerbrechen und wegwerfen. Aber was rede ich vom Beispiel des Alkibiades oder der Pallas, da wir doch im Heimatland König Jakob haben, der viel mächtiger, gelehrter und weiser ist als Alkibiades, und seine weise Gattin, die Königin, klug wie Pallas Athene, die beide ganz offenkundig so viel Gestank und Schmutz nicht nur mißbilligen, sondern auch hassen.« Der Leibarzt schloß mit den Worten, der Herrscher möge möglichst selten oder niemals der Hilfe der medizinischen Wissenschaft selbst bedürfen, die er an diesem Tage mit der so herrlichen Ehrung durch seine Gegenwart, seine Ansprachen und seine gütige Aufmerksamkeit ausgezeichnet habe, und flehte alles Glück und Segen auf den Herrscher herab.[1]

1 Wake, Sir Isaac, Rex Platonicus sive de potentissimi principis Jakobi Britanniarum regis ad illustrissimam Academiam Oxoniensem adventu Aug. 27, Anno 1605. (Oxford 1615.)

Als der König später auch einmal Cambridge besuchte, erließ der Rektor der Universität bei dieser Gelegenheit einen Befehl, wonach kein Angehöriger der Anstalt, weder des Lehrkörpers noch der Studenten oder Dienerschaft irgendeine Tabagie, ein Wirtshaus oder einen Tabakladen betreten dürfe, solange der König in Cambridge weile. Ebenso durfte niemand, auf die Gefahr hin relegiert zu werden, in der Marienkirche oder im Trinity-College-Hall Tabak nehmen. Kaum hatte aber der König Cambridge verlassen, so wurden diese Verbote wieder aufgehoben.

Des Königs Stellungnahme und Kampfschrift gegen den Tabak und das Rauchen entfesselte eine ganze Literatur in England, die natürlich den Ansichten des Königs entsprechend dem Rauchen im überwiegenden Maße feindselig gesinnt war. Es hatte allerdings schon vor seiner Thronbesteigung literarische Gegner des Tabaks gegeben. So der Bischof von Norwich, Josef Hall, der die »niederträchtige« Sitte des Rauchens in seinen Satiren geißelt.[1] Dann 1602 ein Londoner Dr. Bushell, der ein Buch unter dem Titel »Arbeit für Rauchfangkehrer« oder »Eine Warnung für die Tabakfreunde« herausgab.[2] Seine Ausführungen gipfelten in dem Satze: »Es sei besser, mit einem englischen Hanfseil erdrosselt, als mit indianischem Tabak vergiftet zu werden.« Die meisten Gelehrten, die sich nun nach König Jakobs Stellungnahme mit der Sache beschäftigten, ließen wohl die Heilkraft der neuartigen Pflanze gelten, verdammten aber nach dem Beispiel ihres Königs in der schärfsten Weise die in ganz England eingerissene Rauchsitte. Dazu gehört der Londoner Edmund Gardiner in seinem 1610 erschienenen »Trial of tobacco«, der sich zuerst nicht genug tun kann, die Heilwirkun-

1 Josef Hall, Satyres, book IV., Sat. 4; book V, Sat. 2. 1597.
2 Bushell, A work for chimney-sweepers or a warning to tobacconists.

gen der Pflanze zu loben, und auch eine große Zahl von Rezepten aufführt, aber als er zum Rauchen kommt, nur scharfe Worte dagegen findet. Er geißelt zunächst das an diese Pflanze verschwendete Geld und sagt darüber: »Das Erbgut manches jungen Edelmanns wird ganz erschöpft und verfliegt mit dem Dampf dieses Rauches rein in nichts. Dies geschieht in der schändlichsten und tierischsten Weise, indem sich das Gut durch die Nase des Herrn verflüchtigt und man so ganze Tage, Geld, Zeit, selbst Jahre mit dem Tabaktrinken vertut; ja man raucht sogar im Bette.« »Sie sehen«, schrieb Gardiner weiter, »daß Tabak ein phantastischer Versucher ist ... und von vielen, weil sie nichts anderes zu tun haben, mehr aus Mutwille genommen wird als aus unabweisbarem Bedürfnis.«

Sir William Vaughan, ein Arzt am Hofe der Königin Elisabeth, der in einem Werke Weisungen zur Erhaltung der Gesundheit gab[1], hatte noch im Jahre 1602 in der ersten Ausgabe seines Buches den Tabak gelten lassen. In der vierten Auflage aber, die er im Jahre 1613 veröffentlichte, paßte er sich schon der Stimmung seines Königs an und schrieb gegen das Rauchen.

Trotz allen königlichen Bemühungen und den Einfuhrzöllen wuchs der Verbrauch ständig und ließ den Tabak nicht mehr aus dem Kreise öffentlicher Erörterungen schwinden. Ein übriges tat noch die im Jahre 1614 mit furchtbarer Heftigkeit in London auftretende Pest. Die Ärzte behaupteten nämlich, beobachtet zu haben, daß Leute, welche eifrig rauchten, von der Krankheit viel weniger erfaßt wurden als andere. Das trieb Wasser auf die Mühlen derer, die dem Tabak Heilkräfte zuschrieben. Die Ärzte empfahlen ihn demnach als Desinfiziens,

1 Sir William Vaughan, Natural and artificial directions for health. Section II, Chap. 8.

und die Folge war trotz aller königlichen Antipathie ein ungeheueres Ansteigen der Zahl der Raucher. Dem entspricht auch der Tenor der Schrift William Barkleys[1], die in diesem Pestjahr erschien.

»Mäßig angewendet gibt es«, so schreibt er, »in der ganzen Welt kein dem Tabak vergleichbares Medikament. Alles am Tabak ist heilsam . . .« Aber beim Rauchen wird auch er, der große Lobredner, skeptisch und macht sich über den mißbräuchlichen Gebrauch der Pflanze durch seine Volksgenossen, die aus ihrem Haupte eine »Rauchschachtel« machen, lustig. Viel schärfer warnt im Jahre 1616 ein gewisser Deacon, daß der Rauch des Tabaks für Leben und Gesundheit einzelner ebenso gefährlich sei, wie er auf die Gesamtheit im Staate verderbliche Wirkungen ausübe. Deacons Buch ist ein Dialog zwischen einem Kaufmann, der Tabak verkauft, und einem Geistlichen. Nachdem auf fast zweihundert Seiten[2] kein gutes Haar am Tabak gelassen wird, läßt sich der Kaufmann überzeugen und erklärt, er werde seine zweihundert Pfund dieses »beastly tobacco« einfach die Themse hinabschwimmen lassen. In Feindseligkeiten gegen den Tabak schoß jedoch selbstverständlich der Hof- und Lieblingsdichter Jakobs I., Joshua Sylvester, in seiner Schrift »Tobacco battered and the pipes shattered«[3] den Vogel ab. Schon mit dem Titel wollte er sagen, daß der Tabak nur würdig sei, um in den Boden gestampft und vernichtet zu werden, die Pfeifen aber zerschmettert werden sollten. Er nennt den Tabak ein Pulver der Hölle, Englands einzige Schande und den indischen Tyrannen des britischen Reiches, einen Wahnsinn, eine Tollheit, die durch Teufelswerk von den Barbaren nach England

1 William Barkley, Nepenthes or the virtues of tobacco, Edinburgh 1614.

2 Apperson, Social history of smoking, a.a.O., S. 54.

3 Joshua Sylvester, Tobacco battered and the pipes shattered by a volley of holy shot thundered from mount Helicon. London 1615.

gebracht worden sei. Diese Worte klingen freilich bedenklich an die Meinungen seines Königs und Herrn an.

Überdies tritt der Tabak mehrfach in spaßhaften und satirischen Komödien als handelnde Person verkörpert auf und muß als solche natürlich die ärgsten Beschimpfungen über sich ergehen lassen. So in einem Buche Richard Brathwaits »Das Rauchzeitalter oder der Mann im Nebel«[1], ein satirisches Spiel, in dem ein Missetäter, um Jupiters Strafe zu entgehen, von Pluto, dem Gott der Unterwelt, in Tabak verwandelt wird, der, unter der Maske eines Geschenks überreicht, den Menschen Unglück bringen soll. In seiner Abschiedsansprache an die Pflanze versichert Pluto sie seiner Hilfe, damit sie von den Menschen überall gut aufgenommen werde und Gelegenheit erhalte, deren Seelen besonders in England besser zu zerstören.

Indessen schlug die letzte Stunde des dem Rauchen aus voller Seele ergebenen britischen Staatsmannes Sir Walter Raleigh. Er war es, der die Kolonie Virginien entdeckte und gründete, der 1588 mit seinen Schiffen die spanische Armada vernichten half und unter der Königin Elisabeth die höchsten Würden im Staate bekleidete. Raleigh hatte sich der Sitte völlig ergeben und war ein eifriger und leidenschaftlicher Raucher geworden, was ihn, ganz abgesehen von der hohen Politik, König Jakob gewiß nicht sympathischer gemacht hat. Gleich als dieser den Thron bestieg, wurde Raleigh verdächtigt, zugunsten der Kronanwärterin Arabella Stuart tätig gewesen zu sein. Man verurteilte ihn zum Tode und begnadigte ihn erst auf dem Schafott. Dann blieb Raleigh bis 1616 im Tower eingeschlossen, wobei er sein geliebtes Rauchkraut aufs schmerzlichste vermißte. Erst nach dem Tode der Arabella Stuart im Jahre 1617 wurde er freigelas-

1 The smoking age or the man in the mist with the life and death of tobacco. London 1617.

sen und an die Spitze einer Flottille gestellt, die das Goldland »Eldorado« erobern sollte. Raleigh nahm sofort nach seiner Freilassung das Rauchen wieder auf und schiffte auf den Fahrzeugen, mit denen er die Reise nach Guayana und zurück machte, sehr viel Tabak ein, um solchen dann in der Heimat finanziell gut zu verwerten. Er hatte von König Jakob Befehl erhalten, bei jener Unternehmung einen Konflikt mit Spanien zu vermeiden, doch wider seinen Willen kam es zu einem Gefechte mit diesem, wobei sein eigener Sohn fiel. Das rührte jedoch König Jakob nicht, der im Gegenteil seinem alten Haß die Zügel schießen ließ und befahl, daß das Todesurteil von einst nunmehr vollstreckt werde. Kurz bevor Raleigh zu seinem letzten Gange geführt wurde, rauchte er eine Pfeife Tabak, was damals viele Menschen, besonders Frauen, als höchste Frivolität empörte. Aber John Aubrey, der uns dies übermittelt, meint, er habe das nur getan, um seine begreifliche Erregung vor der Hinrichtung abzuschwächen.[1]

Der trotz den königlichen Bemühungen stets wachsende Verbrauch von Tabakblättern in England mußte selbstverständlich durch gesteigerte Einfuhr und Anpflanzungen genährt werden. Das wurde zum Segen für die neu gegründete, wirtschaftlich schwer kämpfende Kolonie Virginia in Nordamerika. Die Kolonisten dort hatten zuerst, von dem allen Entdeckern der damaligen Zeit gemeinsamen Goldfieber erfaßt, überschwengliche Hoffnungen gehegt, die bald ins Nichts zerflogen. Sie versuchten alles mögliche, wurden aber von Krankheiten und Mühen übermannt. Sie besaßen keine weißen Frauen, litten unter dem Klima und der Einsamkeit und waren schon auf dem Punkte, den Kampf wieder aufzugeben und in die Heimat zurückzukehren, als die plötzliche, große Nach-

1 John Aubrey, Letters written by eminent persons. 1669.

frage des Mutterlandes nach der in Virginien herrlich gedeihenden Tabakpflanze ihnen einen rettenden Verdienst bot. Alle anderen Kulturen wurden hintangesetzt, und mit Unterstützung der Gouverneure wurde das Gesamtgebiet Virginiens gleichsam in ein einziges Tabakfeld verwandelt. Bald zeigte es sich, daß diese Kultur sehr gewinnbringend war. Die Tabakeinfuhr aus der Kolonie nach England wuchs in ungeahntem Maße, und der Tabak selbst spielte bald eine solche Rolle in Virginien, daß er anstelle des Geldes trat, Gehälter und Bezüge in Packfässern von Tabak ausbezahlt und auch alle aus dem Mutterlande eingeführten Waren einfach gegen Tabak eingetauscht wurden. Als man im Jahre 1620 dem Frauenmangel der Kolonie, die hauptsächlich von jungen und unverheirateten Männern bewohnt war, durch Absendung von neunzig jungen Mädchen aus London abzuhelfen begann, verlangte man von den Ansiedlern nur den Ersatz der Transportkosten, die gleichfalls in Tabak bezahlt wurden und hundertzwanzig bis hundertfünfzig Pfund pro Kopf betrugen. König Jakob sah diese Entwicklung des Tabakbaues auch in seiner Kolonie nicht gern und hatte da manchen Konflikt mit dem sich sehr energisch für ihre Interessen einsetzenden Gouverneur Sir Edwin Sandys, der bestrebt war, den freundlichen Neigungen des Königs Jakob Spanien gegenüber, den spanischen Tabak im Interesse des virginischen möglichst aus England zu verbannen. 1620 sandte Virginien rund vierzigtausend Pfund Tabakblätter nach England. Dort hatte sich auch schon eine Zunft von Tabakpfeifenerzeugern gebildet, die bereits so bedeutend geworden war, daß sie wohl oder übel mit königlichem Befehl den übrigen Zünften angereiht werden mußte. Sie führte auf ihrem Wappenschild eine Tabakpflanze in voller Blüte. König Jakob war, obwohl er einen solchen Widerstand gegen seine Wünsche und eine solche

Ausbreitung der von ihm bekämpften Sitte kaum jemals für möglich gehalten hatte, doch nicht gesonnen, so schnell die Waffen zu strecken. Mindestens wollte er den Anbau des Tabaks, der sich in England schon bedenklich ausbreitete, stören und auch den Handel damit in enge Grenzen bannen. So erließ Jakob I. von England am 30. September 1619 eine Proklamation, welche darauf abzielte, die Anpflanzung in England zu verbieten und den Handel mit Tabak überhaupt als ein königliches Monopol zu kennzeichnen. König Jakob sagt darin[1], er halte es bei aller Abneigung gegenüber dem Gebrauch des Tabaks, der nur darauf abziele, Körper und Geist der Menschen im allgemeinen neuerdings zu korrumpieren, unter zwei Übeln für das geringere, wenn der Tabak unter vielen anderen überflüssigen und eitlen Dingen, die von jenseits der Meere kämen, importiert werde, als daß man ihn im Reiche pflanzen und so den Boden dieses fruchtbaren Königreichs mißbrauchen und entweihen dürfe. Er verbiete daher vom Datum des 2. Februar 1620 an das Säen und Pflanzen des Tabaks im Reiche, da er zu der Erkenntnis gekommen sei, daß die ungeregelte Freiheit im Gebrauche oder im Mißbrauche desselben im ganzen Königreiche eine Schädigung und Gefahr für die Volksgesundheit bedeute. Da dies eine Pflanze wäre, deren Gebrauch keinesfalls nötig sei, so verbiete er auch jedermann, damit zu handeln und Tabak auf Lager zu halten, außer er sei ausdrücklich hierzu durch königliches Patent berechtigt. Dieser königlichen Proklamation folgte dann am 16. April 1621 eine Debatte im Unterhaus, in der über Wert oder Unwert der Tabakpflanze gesprochen wurde. Ein treuer Diener seines königlichen Herrn, Sir William Stroud, brachte den Antrag ein, den Tabak gänzlich aus dem Königreich zu verbannen,

1 Robert Sanderson, Rymeri foedera, S. 233. London 1726.

und auch zu verbieten, daß er von irgendwoher ins Reich gebracht oder hier gebraucht werde. Ein Redner meinte, wenn man den Tabak nicht aus dem Königreiche verweise, werde er in Kürze in England Hunderttausende erfassen und zugrunde richten, denn er sei ja schon so allgemein in Verwendung, daß selbst der Landmann an der Pflugschar seine Pfeife rauche. Doch saßen damals schon so viele Raucher und Freunde des Tabaks in den Reihen des auch dem Könige gegenüber meinungsstolzen Unterhauses, daß diesen scharfen Anträgen, die bei ihrer Annahme nebenbei auch die Prosperität Virginiens völlig in Frage gestellt hätten, vorläufig keine weitere Folge gegeben wurde. In der Tat konnten auch die ersten Geister des Landes an der neuen Sitte nicht mehr stillschweigend vorübergehen. Der große englische Philosoph und Staatsmann Francis Bacon von Verulam, der die Naturwissenschaft in das Zentrum seiner Philosophie stellte und sie als die Mutter aller Wissenschaften bezeichnete, äußerte sich in seiner Geschichte vom Leben und vom Tode über den Tabak: »In unserem Zeitalter«, schreibt er, »wächst der Gebrauch des Tabaks ins Unendliche und erobert die Menschen mit einem gewissen geheimnisvollen Ergötzen, so daß jene, die erst einmal daran gewöhnt sind, sich später dessen nur sehr schwer enthalten können.«[1]

Auch als der gekrönte Feind des Tabaks im Jahre 1625 starb und sein vornehmer und eleganter Sohn Karl I., den van Dyck so herrlich porträtiert hat, den Thron bestieg, änderten sich die Verhältnisse wenig. Auch dieser König, der Literatur und Kunst wie in den Tagen der Renaissance pflegte und dem es nur in politischen Dingen an Einsicht und Instinkt mangelte, war dem Rauchen persönlich abgeneigt, wenn er auch kein so fanatischer Gegener der Sache war wie sein Vater. Er blieb aber

1 Bacon, Historia vitae et mortis. London 1623, S. 226.

in der Gesetzgebung in den Fußtapfen Jakobs, nur wurde dabei mehr an die Finanzen des Königs gedacht, denn seine Hofhaltung war eine der glänzendsten und verschwenderischsten Europas. Er konnte sich nur helfen, indem er mit Umgehung des Parlaments Monopole im weiten Umfang einführte und auch mit der Ostindischen Kompagnie besonders in indischem Pfeffer spekulierte. Karl I. bestätigte die letzten Erlasse seines »most dear fathers«[1] und legte das königliche Tabakhandelsmonopol noch genauer fest. Doch hielt man die Proklamation, die das verkündete, wenig ein. Schon ein Jahr später mußte der Monarch auch die Einfuhr ausländischen, besonders spanischen Tabaks gestatten, doch die daraufgelegte Einfuhrsteuer ließ den Herrscher dabei wieder auf seine Rechnung kommen. Das gab neben den hohen Summen, die die Tabakhändler und Importeure für ihr Privilegium an den König zahlen mußten, eine schöne Bereicherung der königlichen Kasse. 1634 erließ Karl ein gleiches Monopolgesetz auch für Schottland. Der König hob darin zunächst seine große Fürsorge für die Moral und die Gesundheit seiner Untertanen hervor und verlieh schließlich das Handelsmonopol für Tabak an zwei Männer, Sir James Leslie und Thomas Dalmahoy, gegen entsprechende klingende Münze. Langsam zeigte sich schon in England, daß das Rauchen über allen Zwang triumphieren werde, und man begann jenen Weg zu beschreiten, der die Kapitulation vor der übermächtigen Sitte mit hohem Steuerertrag für den Staat versüßte. Im Jahre 1643 legten Ober- und Unterhaus eine bescheidene Steuer auf Kolonialtabak und eine hohe auf im Lande gezogenen Tabak, was schon ausdrückte, daß die früheren Verbote des Nichtanbaues im Mutterlande einfach nicht eingehalten worden waren. Am 1. März 1644 wurde dann ergänzend festge-

1 Proklamation »De herba nicotiana« 1625 und eine weitere vom Jahre 1626.

stellt, daß der aus den spanischen Kolonien kommende Tabak pro Pfund 1 sh, der aus Virginien nach wie vor pro Pfund nur 2 d Einfuhrzoll zu erlegen habe.

Langsam zeigte sich auch schon in der Literatur der Umschwung der öffentlichen Meinung. König Jakob war tot und König Karl I. bei aller Abneigung doch kein so leidenschaftlicher Hasser der neuen Sitte wie sein Vorgänger. Schon 1637 veröffentlichte ein Dr. Tobias Venner ein neues Werk über den Tabak, in dem er diesem schon gerechter zu werden sucht und nur den unmäßigen Genuß geißelt.[1] Er gibt die Volkstümlichkeit der Pflanze zu und läßt ihren mäßigen Gebrauch als Rauschmittel gelten, wenn er auch persönlich findet, daß der Geschmack, der nach dem Rauchen im Munde zurückbleibe, ihm ganz greulich vorgekommen sei. Freilich gibt er dann schreckliche Bilder von den Folgen, die für die Raucher eintreten, wenn sie sich der Pflanze in unmäßiger Weise bedienen.

1640 erschien sogar ein Gedicht, dessen Titel »Triumph des Tabaks« heißt und worin die Wohltaten des Tabaks in den höchsten Tönen gelobt werden.[2] Die einzige Form, in der man damals rauchte, war die kurze Pfeife, die im wesentlichen auch noch heute in England üblich ist, nur daß der Stiel etwas länger und nicht gebogen war, wie aus den beigegebenen Abbildungen (Nr. 18 bis 20) aus jener Zeit zu erkennen ist.

Indessen hatte König Karl von England an ernstere Dinge zu denken. Thron und Leben kamen in Gefahr, das Parlament trat in Gegensatz zum Monarchen, und das Land teilte sich in zwei Parteien: Jene, die der königlichen Standarte folgte, und jene, die der Autorität des Parlaments vertraute, das ein eigenes

1 Venner, A brief and accurate treatise concerning the taking of the fume of Tobacco, which very many in these days do too licenciously use. London 1637. Der genannte Arzt schrieb später (1650) noch ein Büchlein »Via recta ad vitam longam«.

2 The tryumph of tobacco over Sack and Ale. Wit's Recreations 1640.

Parlamentsheer aufstellte. Oliver Cromwell trat an die Spitze der Revolution, und es kam 1644 und 45 zu den Schlachten von Marstonmoore und Naseby, in denen das königliche Heer eine völlige Niederlage erlitt. Es ist heiter zu sehen, daß beide Gegner, König Karl ebenso wie Oliver Cromwell, sich wenigstens in dem einen fanden, daß sie das Rauchen verabscheuten, während die Heere beider trotz aller Gegnerschaft sich an diesem Brauch gütlich taten. Als nun der Kampf zwischen Parlament und König zu dem tragischen Ausgang führte, daß das Parlamentsheer den Kopf des gefangenen Königs verlangte, da ließ die Wachmannschaft die letzten Rücksichten fallen und rauchte in seiner Anwesenheit rücksichtslos, obwohl sie wußte, daß der König den Rauch verabscheue. Mühsam konnten die Offiziere die Leute davon abhalten. Am 30. Januar 1649 wurde der der Tyrannei und des Verrates schuldig erklärte König zum Schafott geführt, wo er mit wahrhaft königlicher Würde sein Leben beendete. In der Schilderung des Prozesses und der Hinrichtung Karls I., die uns der Leibarzt des Monarchen hinterlassen hat, ist zu lesen, daß die Soldaten den ernst und gefaßt in steinerner Ruhe zum Richtplatz schreitenden König bespieen und ihm den Rauch in den Mund bliesen, während sie auf den Weg, den er zurücklegen mußte, zerbrochene Pfeifen warfen.[1] Obwohl dem König auch in der nun folgenden republikanischen Zeit in Oliver Cromwell eine Persönlichkeit in der Regierung über das britische Reich folgte, die gleichfalls nichts fürs Rauchen übrig hatte, war die Sitte schon derartig verbreitet, daß ihr nicht mehr zu steuern war. Im wesentlichen erreichten die sie bekämpfenden Herrscher nur die Einschränkung des Anbaus von Tabak im Heimatlande, die dann für alle Zukunft Bestand haben sollte. Sie wurde zwar damals noch oft

1 Siehe Apperson, a.a.O., S. 58 (nach George Bates).

durchbrochen, aber dann schließlich zu einem Gesetz, das von der erstarkenden Staatsgewalt streng durchgeführt und bis heute eingehalten wird. Doch sollten noch mancherlei Wechselfälle diese schließliche Entwicklung stören.

FÜNFTES KAPITEL

Übergreifen des Rauchens auf Mitteleuropa und beginnender Kampf dagegen

Für das europäische Festland waren inzwischen bewegte Zeiten gekommen. Das spanisch-katholische System der Habsburger hatte bis zum Beginn des 17. Jahrhunderts in Westeuropa schwere Niederlagen erlitten. Nun wurde der Kampf in Mitteleuropa fortgesetzt. Noch waren die Errungenschaften und Entdeckungen in der Neuen Welt nicht genügend verarbeitet, da wurde die Aufmerksamkeit von dem fernen kolonialen Schauplatze wieder nach dem Zentrum Europas verlegt. Truppenbewegungen, Handel und Verkehr brachten die westlichen Völker Europas mit denen des Zentrums und des Ostens in nähere Berührung, und das meerumgürtete und isolierte England trat nun gleichfalls in die große Politik Zentraleuropas ein. Es war klar, daß durch diese Berührungen politischer und militärischer Natur ein Austausch von Errungenschaften der Kunst und der Wissenschaft, aber auch der Sitten und Gebräuche erleichtert wurde. Die Brücke bildete das den englischen Küsten so nahe gelegene Holland, dessen See- und Handelsverkehr sich in großartiger Weise entwickelte. So war auch die Rauchsitte, die in England, wie bereits geschildert, ihre erste Blüte erreichte, vor allem in Holland aufgenommen worden. Neben den Seeleuten dieses Landes hatten deren englische Kameraden und viele Studenten, die von England herüberkamen, um an den holländischen Universitäten, insbesondere dem damals weltberühmten Leyden zu studieren, das Rauchen mitgebracht. Vor dem Jahre 1590 war es eine Seltenheit gewesen, wenn man jemand in Holland rauchen sah, jetzt aber verbreitete sich diese Sitte reißend schnell über das ganze Land. Es ist anzunehmen, daß die Kritik nach der Erstaufführung von Goethes Egmont, der im Jahre 1567 spielt, ein Recht hatte, die Worte des Krämers (II, 1) zu beanstanden: »Es trat ein Soldat bei mir ein, Tabak zu kaufen.« Im Jahres 1567 war Tabak bei Krämern in Holland gewiß noch nicht zu haben und kaum der Geschmack dafür bei Soldaten vorhanden. Aber mit Beginn des 17. Jahrhunderts war das schon gründlich anders geworden. Mit dem zunehmenden Bedarf war Tabak für die Holländer bereits ein wichtiger Handelsartikel geworden, der aus all den neuen Kolonien im fernen Amerika eingeführt wurde. Schon führten holländische Schiffe Negersklaven aus Afrika nach den Antillen und Virginien, wo man Arbeitshände zur Bebauung des Bodens dringend brauchte, und tauschten sie gegen den dort erzeugten Tabak ein, den sie dann nach Europa brachten. Ein deutscher Beobachter aus jener Zeit, der kurpfälzische Gesandte im Haag, von Rusdorff, schrieb darüber: »Ich kann nicht umhin, mit einigen Worten jene *neue*, erstaunliche und vor wenigen Jahren aus Amerika nach unserem Europa eingeführte Mode zu tadeln, welche man eine Sauferei des Nebels nennen kann, die alle alte und neue Trinkleidenschaft übertrifft. Wüste Menschen pflegen nämlich den Rauch von einer Pflanze, die sie Nicotiana oder Tabak nennen, mit unglaublicher Begierde und unauslöschlichem Eifer zu trinken und einzuschlürfen.«[1] Er schilderte ausführlich, wie man diesen Tabak mit glühender Kohle oder brennendem Zunder und Daraufblasen zum Glimmen bringe, sodann den so entstehenden Rauch durch hohle Röhrlein von weißem Ton einziehe, dann wieder durch Mund und Nase von

1 Joh. Joachim von Rusdorff, Metamorphosis Europae. 1627. S. 145.

sich gebe und so »gleichsam eine greuliche Pest, die alles mit Gestank erfülle, aushauche«.

Auch hier war der Verbreitung die Meinung sehr förderlich, daß der Rauch ein außerordentliches Desinfiziens und Vorbeugemittel gegen Seuchen sei. Im Jahre 1636 hatte die Pest auch Holland heimgesucht, und die damalige ärztliche Kunst stand dieser furchtbaren Krankheit völlig hilflos gegenüber. Natürlich klammerte sich jeder wie ein Ertrinkender an die geringste Hoffnung, ein Schutzmittel dagegen zu finden. Ein holländischer Arzt, Isbrand van Diemerbrook, der zur Zeit, als die Pest im Jahre 1636/37 in Nymwegen wütete, durch seine Unerschrockenheit und hingebungsvolle Pflichterfüllung die von Schreck erfüllte Bevölkerung nach Möglichkeit aufzurichten suchte, gibt ein farbiges Bild dieser damaligen Verhältnisse. »Wie das Volk«, schrieb er[1], »sonst auf die Großen sieht, um sich nach ihnen zu richten, so blickte es zur Zeit der Pest auf die Ärzte, um von ihnen zu lernen, wie sie sich inmitten der Gefahr vor Ansteckung bewahren können. Im Verlaufe des Tages nach jeder Mahlzeit rauchte ich. Sobald mir die Ausdünstungen der Kranken unerträglich wurden, ließ ich augenblicklich alles liegen und rauchte Tabak. Der Tabak ist das wirksamste Mittel gegen die Pest, doch muß das Blatt von guter Beschaffenheit sein. Ich habe viel davon verbraucht. – Eines Tages, als ich zu einem Kranken kam, fiel mir der Pestdampf auf die Brust, und ich fühlte alle Anzeichen der Ansteckung: Schwindel, Ekel, Angst. Ich machte daher den Besuch kurz ab und eilte nach Hause, wo ich sechs bis sieben Pfeifen rauchte. Ich fühlte mich bald hergestellt, so daß ich noch an demselben Tage ausgehen konnte. Diese Anfälle sind mir während der ganzen Pestzeit

1 Aus dem Holländischen übersetzt von William Bendt. Deutsche Tabakszeitung, 15. April 1901.

noch mehrere Male begegnet; durch das Tabakrauchen aber verschwanden sie ebenso schnell wie das erstemal. Nur einmal, als ich ein pestkrankes Ehepaar besuchte, säumte ich mit dem bewährten Gegenmittel zu lange und geriet in nicht geringe Gefahr. Ich rauchte zwar einige Pfeifen, doch wurde mir so schlecht, daß ich mich wieder hinlegen mußte und in Betäubung verfiel. Nach einigen Stunden weckte mich mein Diener, da eine Menge Kranke Beistand verlangten. Ich stand zwar auf, konnte jedoch mit Hilfe des Dieners nur bis zum Kamin gelangen, wo die Pfeife lag. Ich rauchte wieder und war wie auf einen Schlag frisch. Mir und vielen anderen Leuten hat bei Pestanfällen das Tabakrauchen jedesmal große Dienste geleistet.«

Von Holland und Frankreich wanderte der Tabak gegen und bald auch über den Rhein und war schon im zweiten Jahrzehnt des 17. Jahrhunderts über den großen Fluß nach Osten vorgedrungen. Bisher wuchs das Kraut überall nur in einigen Ziergärten von Fürstlichkeiten und vereinzelten botanischen Gärten, in denen Pflanzen zu Heilzwecken gebaut wurden. Nun lernte man von Westen her die als solche schon bekannte Pflanze auch als Genußmittel rauchen, und diese Sitte verbreitete sich ebenso wie ihr Anbau weithin über Deutschland, die Schweiz und Österreich. Die ältesten Nachrichten über den Eindruck, den der neue Gebrauch in deutschen Landen machte, verdanken wir einem Franziskanermönch aus Aachen, der seinem Oberen in Köln im Jahre 1587 schrieb, es sei »viel spanisch Volk hier, alwo sie schlechte Sitten eynführen, wie da besonderlich sie eyn neue art von ausgelassenheyt demonstrieren, alß da ist daß Ausblasen von rauch ... Die Soldatt außm spanischen lant stoltzyren allhiero umher und fressen feuer zambt deme rauch und daß domp (dumme) vollk obwundert sich schier«.

Indessen machte die Sitte in Deutschland langsame Fortschritte, aber der Krieg ist von jeher der größte Förderer des Rauchens gewesen, und die katastrophalen Ereignisse in der Zeit von 1618 bis 1648 gaben dem Gebrauch des Tabaks einen ungeheuren Antrieb. Die religiösen Gegensätze zwischen Katholiken und Protestanten und die kaiserlichen Einheitsbestrebungen absolutistischer Art gegenüber dem Streben der Reichsstände nach staatlicher Selbständigkeit bedingten den dreißigjährigen, erbitterten Krieg, an dem fast alle Mächte Europas teilnahmen. Deutschland wurde vornehmlich zum Kriegsschauplatz und zur Stätte, auf der sich Söldner aller Nationen in blutigem Kriegshandwerk tummelten. Hier zogen spanische Soldaten den Rhein entlang, dort sandte der Stuart Jakob seinem schwerbedrängten Schwiegersohn, dem Winterkönig, in England gemietete Soldtruppen, die durch Kursachsen und die Lausitz nach Böhmen vordringen sollten. Alle diese Truppen waren längst an das Rauchen gewöhnt und konnten es in den Kriegszügen schon gar nicht entbehren. Überall, wo sie hinkamen, staunte die Bevölkerung dieses eigentümliche Tun an, die Neugier tat ein übriges, und die Leute ahmten in Kürze das »Tabaktrinken« der Soldaten nach. Auch holländische, in Deutschland operierende Truppen brachten diesen Gebrauch herüber. In ganz Schwaben verbreitete er sich überraschend schnell.

»Ist einem die Weil lang«, schreibt ein Zeitgenosse, »er hat nichts zu tun, so trinkt er Tabak. Ist er unlustig, zornig, und gehet ihm was Widerwärtiges im Kopf um, so nimmt er die Pfeife ins Maul und schlotzet eine Weil daran . . . Zanket das Weib, so laufet der Mann seiner Tabakpfeife zu und gibt ihr ein Maul voll Rauch.«

Die übrigen zahllosen Fürsten- und Bistümer sowie die

Städte Deutschlands und Österreichs lernten das Rauchen gleichfalls im Nu kennen. Als die Schweden unter Gustav Adolf im Jahre 1630 in den Dreißigjährigen Krieg eingriffen und durch Pommern und Mecklenburg gegen Sachsen und Süddeutschland zogen, da lehrte der Gegner auch diesem Volk die Sitte des Rauchens, die bisher nur ab und zu am Beginn des 17. Jahrhunderts durch Seeleute in die schwedischen und norwegischen Häfen gekommen war. Durch Gefangene und sonstige persönliche Berührung lernten trotz aller Gegnerschaft die Soldaten aller Armeen diese Leidenschaft, und es ist merkwürdig, daß gerade die Schweden, wie überhaupt die nordischen Völker, eine ganz besondere Leidenschaftlichkeit im Rauchen und im Kauen des Tabaks an den Tag legten. Bald lernten es auch die Truppen Tillys und Wallensteins, und damit war die weitere Verpflanzung nach Böhmen, Österreich und Ungarn gegeben. Gleichzeitig drang die Sitte durch englische und venezianische Schiffe sowohl im Norden über die Ostsee nach Rußland, als im Süden durch das Mittelmeer in die Levante und nach Konstantinopel. Auch dort war die Kultur des Tabaks als Heilpflanze der Sitte des Rauchens seiner Blätter weit vorausgeeilt und natürlich zuallererst an den Hof des Sultans gelangt, wo das Kraut im Palastgarten gepflanzt wurde. Man betrachtete es als eine solche Kostbarkeit, daß, als in den achtziger Jahren des 16. Jahrhunderts der Sultan Murad III. dem König Stefan Báthory von Polen kostbare Geschenke übersandte, er auch getrocknete Blätter der neuen Heilpflanze beilegte, wodurch sie zuerst nach Polen kamen. 1590 schickte dann der Gesandte Polens in Konstantinopel namens Uchénski der verwitweten Königin Anna Jagiellonska, welche sich mit Vorliebe dem Studium der Botanik widmete, den Samen mit der Mitteilung, er sei sehr selten und komme direkt aus überseeischen Ländern. Die Königin baute die Pflanze in ihren Gärten an und zeigte sie wiederholt Gästen, welche die königliche Residenz besuchten, als besonders kostbare Neuheit. Von Polen aus wanderte das Kraut nach Rußland, während gleichzeitig durch englische Seefahrer das Rauchen und Schnupfen in den Häfen Rußlands Eingang fand.

In den ersten vierzig Jahren des 17. Jahrhunderts, als das Rauchen sich durch den Dreißigjährigen Krieg über ganz Mitteleuropa verbreitete und dem Tabak überdies noch immer wunderbare Heilkräfte zugeschrieben wurden, beschäftigten sich natürlich besonders Ärzte in Wort und Schrift damit. Zunächst hatte die Pflanze unter den Ärzten Sensation hervorgerufen. Sie glaubten an ihre Heilkraft, schrieben Wunderdinge über ihre Wirkung bei allen Krankheiten und konnten sich nicht genugtun, sie als Panazee und als Heilmittel zu loben. Die Einstellung der Ärzte war anfangs jedes eigenen Urteils bar. Sie hörten von allen Seiten, es sei das vielersehnte, universale Heilmittel für alle Krankheiten, aber kaum einer wußte etwas Näheres, und keiner hatte Erfahrung. Auf alle Fälle schrieben zahlreiche berühmte Ärzte jener Zeit, wie Ziegler, Vittich, Johannes Neander und Franken, mit größter Lobpreisung von den fabelhaften Wirkungen, die sich bei allen Krankheiten ergäben. Als Beispiel sei die Schilderung angeführt, die der Arzt Johannes Vittich darüber gab: »Es ist kein Zweifel«, schrieb er, »daß der Tabak alle Unreinigkeiten säubern / und grobe zeehe Feuchtigkeiten zerteilen kann / wie denn solches aus täglicher Erfahrung abzunemen ist / die weil es den brästen / noli me tangere Item / allerhand wunden / offene und umb sich fressende Schäden / räude und Krätze / sie sein so böß und gifftig / als sie immer wollen / desgleichen die Kröpffe / zerschlagene Glieder / Apostemröte deß Angesichts und viel anderes . . . heillt / Die wunden an armen / schenckeln / und sonst andern gliedern der leiber / sie sein so alt als sie wollen / heilen sie / wenn man sie zuvor mit weißem Wein oder Menschenharn außweschet / danach mit einem reinen Schwamm oder läplein austrucknet / ein oder 2 frische gestoßene bletter sampt dem Safft darüber schlegt / weiße tüchlein darauff leget / und solcher gestalt zur vollkommenen Heilung fortfehrt.«

Damit ist auch gleichzeitig eine kleine Probe gegeben, welche Roßkuren die unglücklichen Kranken jener Zeit über sich ergehen lassen mußten. Aber die Pflanze war etwas Neues, und dergleichen macht immer Eindruck. Obwohl die Ärzte vorher nie etwas davon gehört hatten, begannen sie nun zu diskutieren, das Für und Wider zu erwägen und Vorschriften zu geben, wie der Tabak anzuwenden sei, als wäre er schon zu Zeiten des Galenus oder Hippokrates bekannt gewesen. Jeder wußte es aber mindestens besser als sein Kollege, und es ist köstlich zu sehen, wie die Ärzte den Tabak verschrieben. Der eine gab ihn pur, der andere gemischt mit duftenden Kräutern, ein Kranker durfte ihn nur *vor*, der andere bei Todesgefahr nur *nach* dem Essen nehmen, ein Patient erhielt die Pflanze als Umschlag auf schmerzenden Bauch, der andere mußte Tabak als Sirup trinken. Ein Arzt machte Öl, der andere eine Salbe daraus. Wassersucht, Würmer, Abzehrung, Geschwülste, Karbunkel, Krebs und Räude, alles sollte der Tabak heilen. Aber gegen Universalmittel kann man nicht mißtrauisch genug sein. Sie helfen gewöhnlich gegen gar keine Krankheit. Auch damals gab es in den ersten vierzig Jahren des 17. Jahrhunderts Skeptiker, wie Scriverius in Haarlem[1] und Francesco de Leyra y Aguilar in Cordova.[2] Im allgemeinen jedoch sprachen die

1 Scriverio Pietro, Saturnalia seu de usu et abusu tabaci. Harlem 1628.

2 Francesco de Leyra y Aguilar, Desenganno contra el maluso del tabacco. Cordova 1633.

meisten medizinischen Bücher dieser Zeit begeistert von der Heilpflanze, und auch das Rauchen, zu dem man schon Stellung nahm, erweckte die Billigung der Autoren.

Wohl der größte Lobredner und Apologet war Johannes Neander aus Bremen, der 1622 ein Buch über den Tabak herausgab[1], in dem er das Kraut in den Himmel hob und es für sämtliche Krankheiten des menschlichen Körpers empfahl. Seine Darstellung, die auch die Geschichte der Einführung des Tabas zu rekonstruieren versucht, ist derartig voreingenommen und parteiisch, daß man heute darüber nur lächeln kann. Damals aber, in der nach Heilmittel hungrigen Zeit, die schon den Genuß des Tabakrauchens zu verspüren begann und daher zu um so größeren Übertreibungen neigte, machte das Buch ungeheures Aufsehen in der ganzen Welt und wurde bald darauf in die verschiedensten Sprachen übersetzt. Neander begnügte sich nicht mit den eigenen Erfahrungen. Er schickte seine Tabacologie an drei der berühmtesten Ärzte seiner Zeit und bat sie um ihre Stellungnahme zu seiner Auffassung über Wert und Wesen der Tabakpflanze und ihres Gebrauches.[2] Der erste von ihnen, der Doktor Wilhelm van der Meer, antwortete ihm in eher ausweichender Art. Er war zwar kein so begeisterter Verehrer wie Neander selbst, aber er ließ doch gelten, daß der Pflanze besondere geheime Eigenschaften innewohnten und daß sie zum Beispiel imstande wäre, den Schnupfen aus dem Gehirn herauszuziehen, ebenso wie ein Magnet das Eisen an sich zieht. Dagegen leugnete er durchaus, daß der Tabak ein Mittel gegen die Lustseuche sei, und meinte, es wäre viel besser, diese Seuche von vornherein durch Nichtbesuch von Lupanaren zu vermeiden, als sie dann mit Tabak vergeblich heilen zu

1 Neander, Johannes, Tabacologia. Lugd. Batavorum 1622.

2 Epistolae et judicia clarissimorum aliquot medicorum. De Tobacco. Ultrajecti 1644.

wollen. Anderseits hätten jene unrecht, die den Tabak verdammten, nur weil er von Barbaren komme, denn dann müßte man ja tausend andere Pflanzen und Dinge, wie zum Beispiel den doch ausgezeichnet bewährten Rhabarber, verwerfen, der auch von daher komme. Er meint, es gäbe Leute, die die Pflanze geradezu mit persönlichem Haß verfolgten und ihr unter anderem vorwürfen, daß ihr Rauchen Trunkenheit hervorrufe. Das habe er aber nicht feststellen können, besonders bei denen nicht, die gewöhnt sind, Tabak zu rauchen; da solle man doch den Menschen den Wein verbieten, der bestimmt viel eher solche Wirkungen ausübe.

Der zweite von Neander befragte Arzt gab ein besonders vernünftiges Urteil ab, indem er dem Kollegen schrieb, er könne keineswegs den übermäßigen Gebrauch des Tabaks loben, doch sei dessen mäßiger Genuß insbesondere denen, die an Schnupfen leiden und überhaupt an den Rauch bereits gewöhnt sind, keineswegs abträglich.[1]

Dagegen war der dritte Arzt, Hadrianus Falckenburgius, dem Tabak ganz feindlich gesinnt und erklärte, es sei nachgewiesen, daß sein Gebrauch dem Gehirn schade. Es sei wahr, daß viele den Tabak scheinbar ohne Schaden nehmen, doch führte Hadrianus tausend Gründe an, warum er gegen ihn sei.

Ungeachtet dieses Widerstreits der Meinungen machte das Rauchen in Holland seinen Weg. In Leyden scheint überhaupt das Rauchen am schnellsten Verbreitung und Würdigung gefunden zu haben, denn schon im Jahre 1622 fand sich jemand, der einen poetischen Hymnus auf den Tabak schrieb.[2] Aber die Ernüchterung kam bald. Man merkte, daß es mit den

1 Epistolae et judicia, a.a.O., S. 164 f.
2 Thorius, Hymnus tabaci. Leyden 1622.

Heilkräften dieser Pflanze nicht so weit her sei und daß das Rauchen insbesondere denen, die es *nicht* taten, herzlich unangenehm werden konnte. So mancher vertrug die neue Sitte nicht, andere wieder schreckte das Unbehagen ab, das jeder Anfänger zuerst beim Rauchen empfindet. Dem Rauchen und auch den Tabakkuren der Ärzte entstanden scharfe Feinde, die die Sitte mit Wort und Schrift bekämpften. Der Unmut von Leuten, die sich volle Gesundung davon erhofft hatten und enttäuscht wurden, schürte diese Feindschaft. Vor allem erhob sich die Geistlichkeit, die ja von jeher und besonders damals allen Neuerungen abhold war, soweit sie sich nicht schon selbst daran gewöhnt hatte, gegen diesen neuen Gebrauch, den sie bald als »gottlos« bezeichnete. Sie hatte mit den ersten feindseligen Handlungen gegen den Tabak schon viel früher drüben in Amerika, in den neuentdeckten Ländern, begonnen, wo das Rauchen, wie wir wissen, von alters her geübt wurde. Die Geistlichen zeigten in ihrer Mehrzahl wenig Verständnis für Psyche und Wesen der in den neuen Gebieten wohnenden Völkerschaften, suchten ihnen vor allem anderen viel zu rasch und übergangslos den Glauben an ihre Götter zu vernichten und allzu unvermittelt den christlichen Glauben aufzuzwingen. In der gleichen Art wüteten sie mit wenigen löblichen Ausnahmen gegen alle Sitten und Gebräuche, ja selbst gegen die Bilderschrift, die freilich mit dem heidnischen Götterkult innig verbunden war. Da konnten sie es allerdings nur mit hohem Abscheu sehen, daß die Indianer, die sie zwangen, die christlichen Kirchen zu besuchen, in ihnen ebenso rauchten, wie sie es in ihren heidnischen Tempeln zu tun gewohnt waren, wo ja das Rauchen von den Priestern zur Ehre der Götter geübt wurde. Schon im Jahre 1575[1] verbot ein mexikanisches Konzil für

1 Ferraris, Bibliotheca canonica. Vide Moroni »Dizionario«, tom. 72, fol. 176/79.

ganz Spanisch-Amerika den Gebrauch des Tabaks in den Kirchen. Bald hatte jedoch auch bei den europäischen Geistlichen, die als Missionare in die neuentdeckten Gebiete kamen, der dort heimische Gebrauch des Rauchens derart überhand genommen, daß Gesetze erwogen werden mußten, um wenigstens zu verhindern, daß die Priester während des Messelesens und der heiligen Handlungen schnupften und rauchten. So wurde in Lima, der Hauptstadt Perus, von dem dortigen Provinzialkonzil am 7. Oktober 1588 ein Dekret[1] erlassen, laut welchem bei Androhung ewiger Verdammnis (mortis aeternae) den zelebrierenden Geistlichen verboten wurde, Tabak in irgendeiner Form zu rauchen, zu kauen oder zu schnupfen. Das Konzil in Mexiko erließ am 27. Oktober 1589 ein Schreiben[1], in dem zu lesen stand: »Ob der Ehrfurcht, die der heiligen Eucharistie entgegenzubringen ist, wird vorgeschrieben, daß kein Geistlicher vor dem Lesen der heiligen Messe und auch kein beliebiger anderer Mensch vor der heiligen Kommunion Tabak in Form von Rauch oder in irgendeiner anderen Art und Weise zu sich nehme.« Diese verschiedenen Vorschriften wurden vom Heiligen Stuhl in Rom approbiert, jedoch ihre Geltung zunächst nur auf jene Gebiete beschränkt, in denen sie erlassen waren. Zu jener Zeit war ja die Sache in Europa noch nicht verbreitet und fast noch unbekannt, und daher stellte sich die Notwendigkeit ähnlicher Maßnahmen dort erst viel später heraus. Diese Verbote in Mexiko und überhaupt in den neuentdeckten Gebieten wurden nur anfangs streng durchgeführt. Der großen Masse der zu persönlichem Genuß und zu Ehren der Götter rauchenden einheimischen Bevölkerung standen die wenigen, wenn auch mit Gewalt herrschenden weißen Eroberer gegenüber, die, ob Laien, ob Geistliche, bald ihrerseits vom

1 Ferraris, Bibliotheca canonica. Vide Moroni »Dizionario«, tom. 72, fol. 176/79.

Rauchen erobert wurden. Je mehr unter der Geistlichkeit die Sitte um sich griff, um so schwerer wurde die Durchführung der Verbote, die mit der Zeit teils aufgehoben wurden, teils in Vergessenheit gerieten. Anders lagen die Verhältnisse in Europa, besonders in dessen mittleren Ländern. Dort mußte das Rauchen sich erst die ganze Bevölkerung erobern, und dies geschah teils allmählich, teils ruckweise durch das kriegerische Hin und Her des Dreißigjährigen Krieges. Da konnten allerdings Verbote und Eingriffe einzelner Territorialherren und geistlicher Würdenträger in manchen Gebieten die Verbreitung zeitweise stören. Wollte man aber mit Verboten durchdringen, so mußte man sich beeilen, denn wie Zeitgenossen, z. B. Hans Jakob Christoffel von Grimmelshausen, in seinen satirisch lustigen Schriften auf die Frage »Woher das Tabak-Trincken kompt« bemerkt, war das Rauchen vulgo Tabaktrinken schon in ganz Deutschland so sehr verbreitet, daß am Ende des Krieges unter zehn Taglöhnern schon neun rauchten und selbst die Lehrlinge und die Jugend dieser Sitte zu verfallen begannen. Grimmelshausen, dem berühmten Verfasser des »Abenteuerlichen Simplicissimus«, war diese neue Sitte unbegreiflich. Er war darüber entsetzt, daß sich in Deutschland kein Bauernhaus mehr finde, in dem es keine Pfeife gebe. »Teils saufen sie den Tabak«, sagt er, »andere fressen ihn, und von etlichen wird geschnupft, also daß mich wundert, warum ich noch keinen gefunden, der ihn auch in die Ohren steckt. Ich hab ihn essen, trinken und schnupfen sehen durch alle Stände, von Fürsten an bis auf die Bettler, vom Bischof bis auf den Bader beides eingeschlossen; und weiß ein jedweder es zu sagen, wovon es ihn gebrauche und wozu er ihm wohl bekomme: dem einen erläutert es die Augen, dem andern zeucht es die Fluß aus dem Hirn, dem dritten lindert es das Zahnwehe, dem vierten vertreibt es das Sausen und Brausen in den Ohren, dem fünften bringt es den Schlaf, dem sechsten löscht es den Durst, dem siebten zeucht es die Schädlichkeiten des eingesoffenen Wassers wieder aus dem Leibe, dem achten ist es gut vor bösem Saft, dem neunten taugt es die Zeit zu vertreiben und dem zehnten Gesellschaft halber mitzumachen ... Er nutzt ja dem Bauern, der ihn ziehet, demjenigen, der ihn spinnet, dem Fuhrmann, der ihn über Land bringt und dem Kaufherrn oder Krämer, der damit schachert.«[1]

Da gibt es aus dem Jahre 1643 eine »warhaffte Beschreibung des Edelen Krautes Nicotiana ...«, das »nunmehr an etlichen Orten hauffenweiß« gepflanzet wird.[2] Überdies hatte dieser »neue Unfug«, als den man das Rauchen vielfach bezeichnete, nicht nur für die Gesundheit der Menschheit, sondern auch für deren Heim die größten Gefahren, denn bei den umständlichen Methoden, deren man sich damals beim Feueranzünden noch bediente (Feuerstein, Feuerschwamm, glühende Kohle, Zunder), geschah es nur allzuoft, daß beim Rauchen in den zahlreichen, leichten Holzbauten der Zeit ein Funke ins Gebälk sprang und im Nu eine helle Feuerlohe das Haus, ja zuweilen ganze Ortschaften erfaßte. So war zum Beispiel am 26. August des Jahres 1642 in Görlitz in Preußisch-Schlesien durch »Tabakschmauchen«, wie es in der Chronik heißt, das ganze Niklasviertel mitsamt der Kirche und dem Turm sowie hundert Häusern der Stadt ein Raub der Flammen geworden. Nur zu begreiflich, daß solche Vorfälle die Sympathien der Behörden für die neue Sitte nicht steigerten. Hier und da entstanden dem Tabak schon in einzelnen Teilen Deutschlands und Mitteleuropas heftige Feinde. Es bildeten sich in allen Klassen und Ständen zwei

1 Jacob Christoph von Grimmelshausen, Satyrischer Pilgram, 1667, II. Teil, S. 47-61.
2 Carolus Stephan und Johannes Libaldo, Warhaffte Beschreibung etc. 1643.

Parteien, die das Für und Wider heftig verfochten. Entsprechend den vielen, man kann ruhig sagen, zahllosen, oft winzig kleinen Hoheitsgebieten, in die damals Deutschland zerfiel, traten die Obrigkeiten der neuen Sitte naturgemäß je nach der persönlichen Einstellung der Machthaber in der verschiedensten Weise gegenüber.

Die freilich nur dem Namen nach höchste Persönlichkeit, der römisch-deutsche Kaiser, begann sich gleich nach dem Westfälischen Frieden von 1648 für das »Tobacktrinken« zu interessieren und sandte Anfragen über das Wesen der Sache an die örtlichen Machthaber jener Teile Deutschlands, aus denen nach seinen Nachrichten der Gebrauch hergekommen war und wo er die weiteste Verbreitung erlangt hatte. So läßt sich nachweisen, daß Kaiser Ferdinand III. sich im Jahre 1649[1] in einer Anfrage betreffend den »Trinktubak« an die Stadt Köln gewendet hat. Es wurde darin um ein Gutachten gebeten. Die Antwort des Rates und der Stadt Köln ist nicht erhalten, doch kann man sich diese Auskunft vorstellen, wenn man hört, daß der Kurfürst von Köln am 16. August desselben Jahres folgenden Erlaß herausgegeben hat: »Von Gottes Gnaden wir Ferdinand Erzbischof von Cöln und Kurfürst thun kundt, Jeder männiglichen hiemit zu wissen. Demnach die tägliche Erfahrung gibt, waß gestalt daß Tubackdrinken, so vor Jahren fast keines Orts im Brauch gewesen, nunmehr überall fortgepflanzet und nicht allein unter Soldaten und gemeinen Unterthanen, sondern sogahr den Kindern aufm platten Lande und sonsten hauffenweiß dermaßen zunehme, daß dahero nicht allein allerhand Schwachheiten, sondern sogar underscheitliche, hochschetliche Feuersbrunsten entstanden, desto mehr dan unß

1 August Boerner, Kölner Tabakhandel und Tabakgewerbe 1628 bis 1910. Essen an der Ruhr 1912. S. 11.

glaubhaft eingelangten Berichten nach in andern sowohl Konningreichen als sonsten, und sogar den benachbarten Fürstenthumb und Landen man solchen Abus, wie dann auch wenigers nicht wir zu verbieten benöthiget worden.

Daß derowegen Wir allen und jeden unseres Erzstifts Ambtsleuten als wohl Underherrn auch Vögden, Scheffen, Schultheißen, Kelnern, Land- und andern Botten, Burgermeistern, Schöffen und Rhath in Stetten und sonsten unsern Bedienten und Underthanen in gemein gnedigst auch ernsthaft hiemit befehlen den Kauf und Verkauf sowohl als den Gebrauch des Tubacks überall mit Ernst bei Vermeidung unserer Ungnade und Strafe, neben Konfiskation selbigen Tubacks und deren Tubackspfeifen zu interdicieren. Ferdinand.«

Das wurde vom Rat der Stadt mit der Drohung von fünfzig Goldgulden Strafe oder Arrest, bei Rückfall eventuell noch mehr, an die Bürgerschaft weitergegeben.

Auch der Fürst von Jülich-Berg wollte vom Rate wissen, wie man das Tabaktrinken aus Pfeifen wegen Feuersgefahr und der anderen daraus entstehenden Schäden zum allgemeinen Besten abstellen könnte. Johann Michael Moscherosch schrieb zu jener Zeit seine »wunderlichen und wahrhafftigen Gesichte Philanders von Sittewald«.[1] Darin schildert er, der selbst in den Stürmen des Dreißigjährigen Krieges da- und dorthin verschlagen und oft völlig ausgeplündert wurde, die jämmerlichen Zustände seiner närrischen Zeit und beschäftigte sich auch in durchaus absprechender Weise mit dem giftigen Kraut, dessen Rauch er tief verabscheute. Bei der Schilderung des Hofes Luzifer führt er einen Teufel ein, der einen ewigen Rauch zur Nase und zum Munde ausblies. – »›Was ist diesem Teufel?‹ fragte ich. Mir wurde gesagt, es wäre der Tabakteufel; worüber

1 I. Theil, Ausgabe 1650, S. 653.

ich mich nicht wenig verwunderte. Zwar hatte ich mir früher eingebildet, daß es irgendein Teufel wäre, der die Leute so zum Tabaksaufen triebe,

> Weil er nur trunken macht und voll,
> Ohn alle Wollust närrisch, toll
> Und gibt von sich 'nen Teufelsrauch
> Ohn einen andern Nutz und Brauch;

aber nimmermehr hätte ich es so fest glauben können, als jetzt, wo ich es sah. ›Ich habe‹, sprach der Teufel, ›die Indianer redlich an den Spaniern gerochen wegen der Gewalttaten, die sie an ihnen verübt haben. Denn indem ich den Spaniern den Tabak in den Kopf gebracht, habe ich ihnen mehr geschadet, als der König von Spanien mit allen seinen Kolumbus, Pizarros, Cortez, Almagros und anderen Tyrannen den Indianern je getan hat. Denn es ist redlich und natürlicher, unter den Waffen durch eine Pike oder Kugel das Leben zu verlieren, als unter dem rauchenden Niesen, Blasen und Dampfen des giftigen Tabaks.

> Wenn sie sind gereist hinaus
> Und kommen wieder heim nach Haus,
> Sie nichts als von dem Teufelsrauch
> Und seinem Hals- und Hosenbrauch
> Zu sagen wissen; daß ich mein',
> Sie müssen all voll Teufel sein.
> Sitzen oft da, saufen Tabak,
> Haben nicht ein Stück Brot im Sack;
> Meinen es sei 'ne Gravität,
> Wenn der Rauch ein-, der Dreck ausgeht.
> Ich glaub, daß die Leut Narren sind:
> Denn man auch Weiber und Bauern find't,
> Die es nachtun. Darum zur Rach
> Kommt über uns welsch Ungemach.

Die Tabaksäufer sind doch eigentlich nur den besessenen Menschen zu vergleichen, welche man beschwört. Jedoch, obgleich ihnen der giftige Rauch und Gestank zum Halse herauskommt, bleiben sie nichtsdestoweniger ohne Unterlaß von dem Tabakteufel besessen, an dem sie abgöttischerweise hängen, und rühmen denselben über Himmel und Erde als ihren Gott und trachten danach, jedermann zu gleicher Torheit zu bereden. Aber so lernen sie um so besser, sich an der Hölle Rauch zu gewöhnen.‹ «

»Als ich etliche Menschen sah Tabaktrinken«, schrieb Moscherosch, »sprach der Herr zu mir Unwürdigen: Mensch! Siehest du den Greuel der Verwüstung, welcher sich in der Menschen Herz verborgen gesetzet und sich als Gott anbeten läßt, durch das vielfältige verdammte Tabaktrinken und Tabakschnupfen, daran sich bald alle Menschen durch Betrug und List der Teufel gewöhnt haben und diesen stinkenden Tabakgott ohne Unterschied anbeten und verehren. Merkt es doch, liebwerte Menschen, wie Ihr als Tabakbrüder und Tabakschwestern alle, ja alle vom Teufel betrogen seid. Denn schauet, wie diejenigen, so allerlei Speisen fressen, davun sie dick und fett werden, ein Zeugnis ablegen, daß der Bauch ihr Gott ist, so ziehet auch Ihr durch dieses Unkraut die Feueressenz in Euch hinein und blaset den Rauch der Verdammnis wieder zum Munde hinaus.«

Wenn man auch zugab, daß er so manche Vorteile besaß und auch bei dem großen Peststerben zu London von schädlicher Ansteckung bewahrt habe, so verlieh Moscherosch alias Philander von Sittewald dem Tabak doch einen eigenen Teufel in der Hölle und erzählt folgende anmutige Geschichte: »Wie ich noch ein junger Soldat war, fragte mich mein Wirt, welcher den Tabak schrecklich haßte, ob ich auch wüßte, warum die

Soldaten vor anderen Leuten dem Tabaksaufen so sehr ergeben wären? Da ich nun antwortete, weil sie vielerlei Wasser trinken müßten, sagte er, nein ... sie tuns darum, damit sie nach und nach des Feuers, Rauch und Gestanks gewohnen, auf daß, wenn sie künftig in Nobiskrug (Hölle) müßten Schwefel und Pech saufen, sie solches nicht so sauer ankäme ... Davon stinken sie dann immerhin so abscheulich aus dem Maul heraus wie ein abgebranntes Dorf, also daß andere Leute nicht um sie bleiben können ... meinet mancher, er seie kein rechter Soldat oder sonst ein genügsamer braver Kerl, wenn er nicht weidlich Tabak saufen könne.«

In den Jahren knapp nach dem Dreißigjährigen Kriege hagelte es denn auch in deutschen Landen Rauchverbote aller Art. In drei Kurfürstentümern ergingen zuerst allgemeingültige Rauchverbote, so auch in Bayern am 22. August 1652. Eben war der ausgezeichnete und aufgeklärte Kurfürst Max I. von Bayern gestorben und hatte seinem erst fünfzehnjährigen Sohne, vielmehr der an dessen Stelle die Regierung führenden Persönlichkeit ein genaues Programm hinterlassen, damit nach seinem Tode alles im alten Geleise bleibe. Darin waren Maßnahmen vorgesehen, damit die Wunden des Landes, das durch den langjährigen Krieg schwer gelitten hatte, möglichst bald geheilt würden. Bei dieser Gelegenheit wurden, um die innere Ordnung im Kurfürstentum wiederherzustellen, im politischen Testamente Max' I. zahlreiche polizeiliche Maßnahmen empfohlen, unter denen sich auch ein ganz neues Verbot des Tabaktrinkens befand.[1] Die Regentin Kurfürstin Maria Anna trug demnach durch »Ergehung und Ablassung eines gnädigsten

1 Das Mandat vom 22. Augsut 1652 existiert nicht mehr, doch ist dessen Inhalt aus dem im Münchner Archive befindlichen Generalmandat vom 9. Juni 1853 zu ersehen. Siehe Josef Micheler, Das Tabakwesen in Bayern, S. 5 f., Stuttgart 1887.

jedoch auch ernstlichen und zuverlässigen Generalbefehls« dem Lande auf, daß das ». . . Thabacktrinkhen Unter den Paurs (Bauern) – und anderen gemeinen leithen vermitels eines offentlichen Verruffs durchgehend abgeschaffen und gegen den ybertretter jedesmahls gebürende Straff vorgenommen werde«.

Als der Kurfürst Ferdinand Maria, der Sohn Max' I., am 31. Oktober 1654 die Regierung persönlich übernahm, folgte er in allen Dingen, so auch in der Frage des Rauchens den von seinem Vater hinterlassenen Weisungen. Freilich hatte das Generalmandat der Kurfürstin herzlich wenig Widerhall im Lande gefunden und jedermann dennoch weitergeraucht. Dies veranlaßte den Kurfürsten zu einem neuerlichen Befehl. »Es sei ihm glaubwürdig vorgekommen«, schreibt er, »daß die so ernstlich ergangene und wiederholte Vorschrift über den Tabak zu seinem besonderen Mißfallen in schlechte Observanz gezogen oder aller Orten außer schuldigster Obacht gelassen worden. Er habe vernehmen müssen, daß zu Jahrmarktzeiten von den Augsburger, Nürnberger und andern fremden Kauf- und Handelsleuten Tabak in großer Quantität ins Kurfürstentum Bayern hereingebracht und öffentlich feil gehalten werde. Es solle fortan der Tabak nur allein in Städten bei den Apothekern und Materialisten hergegeben werden dürfen, wenn er als Medizin verordnet worden. Gegen die Übertreter dieses Befehls solle gebührend eingeschritten werden.«

Gleichzeitig machten sich auch im Kurfürstentum Sachsen heftige Widerstände, die von den Obrigkeiten ausgingen, gegen das Rauchen bemerkbar. In der Stadt Bautzen hatte sich im Jahre 1651 des ehrsamen Rates eine solche Entrüstung über das Rauchen bemächtigt, daß er sich entschloß, der Sache mit den schärfsten Mitteln zu Leibe zu gehen. Der Bürgermeister und die Ratmannen der Stadt erließen am 18. April 1651 ein Verbot, um dem durch das unselige Kriegswesen eingerissenen Mißbrauch und der Unordnung des Tabakrauchens zu steuern. Die Leute, die da in den Tabakhäusern saßen und sich mit dem »garstigen Schmauch und Rauch nur allerhand Verdrießlichkeit, Unlust, Beschwer und Grauen zuzogen«, sollten dadurch vor dem Übel bewahrt werden, was um so unnötiger war, als die Voreltern ohne das ihnen ganz unbekannte »üppige Tabaktrinken« gesund geblieben und alt geworden seien. Demgemäß befahl der Rat, daß sich alle seine Bürger, aber auch die bei den Wirten einkehrenden Gäste des Gebrauchs des Rauch- und Schnupftabakes bei Strafe von fünf Talern enthalten sollten, welche Buße auch von jenen Wirten zu leisten sei, welche Tabak aufgetragen oder das Feuer zum Anzünden hergegeben hätten.

Diesem Einzelverbot folgte dann am 19. Mai des Jahres 1653 ein Generalverbot für ganz Kursachsen. In dem bezüglichen Reskript des Kurfürsten Johann Georg von Sachsen heißt es, »daß zwar der Festungoberst bei seiner Soldateska, wie der Rath bei seinen Bürgern, wegen Abschaffung des ›verderblichen Tabaktreibens‹ unterschiedliche ernste Verbote gegeben, daß aber solches Wesen wenig verfangen, sondern vielmehr sich ereignet hätte, daß durch Unachtsamkeit der Tabakraucher am 25. April eine Feuersbrunst auf dem Rathskeller am Neumarkte zu Dresden entstanden sei. Daher nicht nur Tabakrauchen in Rathskellern und Bierhäusern Bürgern und Soldaten gänzlich verboten werde, sondern auch, außer in den Apotheken unter den verschriebenen Arzneien, durchaus kein Tabak mehr verkauft werden dürfe«.

Solchen obrigkeitlichen Verfügungen sekundierten einzelne hohe Geistliche sowie Professoren von Universitäten. »Es sei ungeziemlich und gottlos«, so hieß es, »den Mund, den Ein- und Ausgang der unsterblichen Seele, den Mund, welcher zum

Atmen der frischen Luft und zum Lobe des Allerhöchsten bestimmt sei, durch Einsaugen und Ausblasen des Dampfes zu entweihen.«[1] In gleichem Sinne ließ sich im Jahre 1653 der Professor der Medizin an der Universität Helmstedt namens Tappius bei der Niederlegung des von ihm innegehabten Rektorates über den Tabak und seinen derzeitigen täglichen Mißbrauch vernehmen. Er mußte freilich zugeben, daß es schon keine Gegend, keine Stadt und kein Haus mehr gebe, wo man nicht ohne Unterschied des Alters und Geschlechts jenes staubige Naß, »den Rauch«, trinke und von dieser Art trockenen Weines trunken einhertaumle. »Blut und Gehirn«, donnerte er, »werden dadurch erhitzt und ausgetrocknet: der Kopf werde zum schädlichen Kamin gemacht – man bringe sich dadurch um alles Genie. Durch Genuß von Bier und Wein werde der Schaden für gewöhnlich verdoppelt. Der Tabak aber sei ein verborgenes Stratagem des Satans, um die besten Köpfe, welche ihm schaden könnten, auf diese Art stumpf zu machen. Was er durch Bier und Wein nicht könne, vollende er durch Verleitung zum Mißbrauch des Tabaks. So pflege es der alte Betrüger zu machen, daß er gerade die heilsamsten Arzneien zum Mißbrauch lenke.« Tappius führt zum Schluß noch anatomische Beispiele an, wie traurig es im Gehirn des Tabakrauchers aussehe.[2]

Dieser Einstellung entsprechend mehrten sich in ganz Deutschland die Verbote. In Württemberg wurde 1656 den Leuten der Tabak wegen Feuersgefahr polizeilich weggenommen und nur erlaubt, daß er zu medizinischen Zwecken verkauft werde. In Köln, das in der Folge zu einem der Hauptzentren des Tabakhandels werden sollte, fand der Rat der

1 Hermann Pilz, Über den Tabak und das Rauchen. Leipzig 1899. S. 148.
2 J. Tappius, Oratio de tobaco ejusque hodierno abusu, Helmstedt 1653.

Stadt auch noch im Jahre 1659[1], es nehme das Übel des Tabaktrinkens so sehr an Umfang zu, daß verschiedene »ihre sinnlicht und leibliche Kräften dadurch verschwächen und gleichsam sich selbst und andere gefährlichen und abscheulichen Krankheiten unterwürfig machen«. Da aber dieses Verbot gegen das frühere viel allgemeiner abgefaßt war und darin nicht einmal irgendeine Strafe für die Übertreter angeführt war, so wurde es auch wenig beachtet und verfiel schließlich der Vergessenheit, um so mehr, als der Handel, der Anbau und die Verarbeitung des Tabaks, die man damals mit dem Ausdruck »Tabakspinnen« bezeichnete, zu einer immer stärker fließenden Quelle des Reichtums für Stadt und Bürgerschaft wurde. Im Gegenteil, man muß feststellen, daß gerade in den Orten und Gebieten, wo das Rauchen verboten war, die Sitte sich allen Widerständen zum Trotz besonders stark verbreitete. In Bayern zum Beispiel, wo die schon erwähnten Verbote erlassen waren, klagte ein Generalmandat vom Jahre 1662, daß der Tabak nunmehr schon trotz aller Maßnahmen vom gemeinen Mann in Wirts- und Bauernhäusern, ja sogar auf der Gasse öffentlich getrunken werde. »Die Leute«, heißt es weiter, »gehen in diesem Mißbrauch so weit, daß sie meinen, sie könnten nicht leben, wenn sie die Pfeife nicht etlichemal am Tage im Maul haben, wodurch sie dann in diesen ohnehin geldklemmenden Zeiten den zum Unterhalt nötigen Pfennig verschwenden.«

In Nürnberg ereiferte sich ein gewisser Johann Lassenius 1661 in seinen »Adeligen Tischreden«; wie man heutigen Tages »Tabak fresse und saufe, so siehet man auch zuweilen, daß mancher sich vom vielen Tabak thörichst und närrisch sauft,

1 Boerner, a.a.O., S. 12. Kölner Ratsedikt vom 27. Juni 1659, im 24. Band der Ratsedikte.

weil der Tabak alle Feuchtigkeit aus dem Gehirne trucknet, welches doch von dem Humido (Feuchtigkeit) muß erhalten werden. Mancher hat sich dieses Zeug dermaßen angewöhnet, daß er weder Tag noch Nacht dessen entbehren kann«. Da gebe es Leute, die in einem Tage vierzig, fünfzig und noch mehr Pfeifen aussaufen könnten, das sei aber recht bestialisch, solches Zeug wider seine Natur und ohne Not zu sich zu nehmen. »Es ist zu beklagen«, schreibt er weiter, »daß mancher mit dem leichtfertigen Tabacieren Gehirn, Gedächtnis und wohl alle Sinne versaufet, und ist ein solcher Mensch nicht zu beklagen, der nicht seiner eigenen Sinne und Begier ein Herr ist. Ich wünschte, daß man von diesem Zeuge ganz nichts wüßte, und Teutschland, welches so viel hundert Jahre ohne Tabak gelebet, stark und männlich geworden, würde auch anjetzo sich wohl ohne denselben behelfen können. Es ist eine Schande, wenn man mit solchen Tabakbrüdern umgehen soll, sie stinken nicht anders, wie die Böcke und Säue . . . Ich lasse sie aber mit ihrem Gestank wohl fahren.«

Diesen Verächtern standen jedoch Bewunderer gegenüber, wie H. Barnstein, der 1644 in Erfurt ein kleines Werk über die Tugenden des Tabaks schrieb. Solche Gönner vermerkten es mit höchster Empörung, wenn etwa geistliche Machthaber anbefahlen, daß in den kirchlichen Visitationsberichten, die die geistlichen Behörden damals vielfach einforderten, einzelne Persönlichkeiten mit vollem Namen angeführt wurden und daneben die Bemerkung über sich ergehen lassen mußten, daß sie dem Tabaktrinken ergeben seien. So heißt es in einem solchen Bericht vom Jahre 1662 über einen gewissen Christel Ledermann, er sei ein Säufer und Verschwender, der dem Tabaktrinken so ergeben sei, daß er am Ostertag am Tische des Herrn den Pfarrer dermaßen »mit Tabak anstank«, daß der Geistliche es habe kaum aushalten können.[1] In anderen Berichten erklärten die Pfarrer rundweg, sie könnten in den Kirchen kaum mehr atmen, da von den Bauern ein solcher Tabakgestank ausgehe.

Sehr vereinzelt waren um diese Zeit der Verfolgungen und Verbote die Schriftsteller, die es wagten, öffentlich mit ihrem Namen für das Rauchen einzutreten. Zu ihnen gehörte ein gewisser Bartolomäus Schimper[2], der im Jahre 1660 im Breslauer Kalender folgendes schrieb: »Richtig gebraucht, wie einzelne ›Medici‹ und ›Physici‹ meinen, soll der Tabak sehr gesund und nützlich sein. Äußerlich heilt er Schäden und Wunden, innerlich ist er dem Gehirn von großem Vorteil, denn wenn das Haupt mit kalter, phlegmatischer Feuchtigkeit sehr überhäuft ist und man alsdann ein kleines Räuchlein des besten Tabaks mit Anis und Majoran vermischt ins Gehirn zieht, so ist dies für das Haupt wie eine starke Reinigung, denn das Gehirn wird mit Gewalt zusammengezogen und gedrückt, als wenn man einen Schwamm drückt und die nasse Feuchtigkeit herauspreßt.« Doch auch er tadelte die »Tabakschwelger«, die den Rauch im Übermaß genossen.

Im allgemeinen stellt sich aber die Literatur jener Reaktionsperiode auf die Seite der das Rauchen verdammenden Obrigkeit. Den Vogel schießt in dieser Beziehung der deutsche Jesuit Jakob Balde ab, den man zu seiner Zeit einen »weltberühmten Teutschen« nannte, in seiner Satyra oder Straffrede wider den Mißbrauch des Tabaks, das den auch für die vorliegende Arbeit entlehnten Titel »Die truckene Trunkenheit« führt.[3] In »herrlichen Redkünsten und Wohlredensheit-Blumen« wird da gegen

1 Berichte an das Baden Durlachische Consistorium. Landesarchiv Karlsruhe. Tiedemann, a.a.O., S. 16.

2 Pilz, a.a.O., S. 153.

3 Jakob Balde, Die truckene Trunkenheit. Lat. Ausgabe München 1657 und deutsche Ausgabe Nürnberg 1658.

diese »niederdeutschen Schmäucherpursche« losgezogen, gegen die Leute, »die da nur leben, daß sie schmäuchen, und nicht leben können, sie schmäuchen denn«. Er kann es nicht begreifen, daß die Leute ihr gutes Geld für solchen Wahnsinn ausgeben.

»Wenn solch ein Schiff mit Tabak aus fernen Landen im Hafen einläuft, können sie es gar nicht erwarten, bis die stinkende Waare ausgeschiffet werde: Darum steigen sie in das nächste Bot / und lassen sich an Bort führen. Man muß ihnen eine Kiste öffnen / und eine Rolle anschneiden. Alsdann prüfen sie das Unkraut mit den Zähnen / und beißen darein / als wann es der beste Leckerbissen wäre. Befinden sie es nach ihrem Wunsch beschaffen / da entbrennen sie vor Begierde / und sind vor Freuden nicht mehr bey sich selber. Nach langem begaffen / beginnen sie auch darum zu kauffen / und nach dem Preiß zu fragen. Fordert man einen Dukaten oder Goldgulden: das ist ihnen nicht zu viel. Es reuet sie kein Heller / den sie an diese Waar lege. Was nützt das Geld / (denken sie) wann es im Beutel ligt? Geld / gehet sonst vor Tugend: aber bey ihnen gehet der Tabak vor Geld.«

Balde erwähnt auch schon, daß seine Volksgenossen so verrückt seien, dieses Teufelskraut nicht nur zu »schmäuchen, sondern auch noch zu schnupfen«. »Urteilet nun«, ruft der Jesuitenpater aus, »welche von diesen beyden (bey der Ubermass) die grösten Thoren sind? Doch scheinet es von den letzern / als wann sie etwas höflichere Tabakstänker seye / und / sich scheuen / fremde Nasen mit dessen Rauch zu beleidigen / lieber ihre eigene mit dessen Staub belästigen und beunflätigen.« Da gäbe es Leute, welche behaupten, daß in diesem Kraut etwas Göttliches sei und jener, der seinen Rauch in sich ziehe, »von Stund an ganz voller Geist und Feuers werde, die Poesie aber zu fließen beginne und die Verse sich nur so herbei drängten, wie die Landsknechte bei Alarm zu ihrem Fähnlein«. Der ehrsame Jesuitenpater konnte sich nicht genug tun, allen Fluch der Hölle über die Raucher herabzuflehen. »Was ist«, meint er, »zwischen diesen und den Selbstmördern für ein anderer Unterschied, als daß diese geschwinder, jene aber sich etwas langsamer ums Leben bringen? Durch diss ihr stetigs Geschmäuch / vertrucknet und verschwindet das Edle Oel der Lebens-Lampe / die natürliche Feuchte. Auch das schöne Lebens-Liecht selber / wird durch diesen Barbarischen Schmauch geschmächtet.«

Jakob Balde wagte sich, wie er sagte, an das hochberühmte, aber einen recht zweideutigen Ruf genießende Tabakkraut heran, obgleich so viele ihm willenlos untertan waren, weil er genau wußte, daß er mit seiner Schrift dem Abscheu und den Bitten so vieler seiner Mitmenschen entspreche. Er stellte fest, daß das Rauchen vielen schon lieber sei als die Wonnen eines Gelages, und nannte die Tabagien »Schulen der Sklaverei« oder »Schulen derer, die die Tollheit erlernen wollten«. Er spottete über die »erfindungsreiche Albernheit der Rauchkumpane« und die »groteske Verworfenheit der wider die Natur wütenden Raucher«.

Auch über die Schnupfer zog er her, die den Tabakstaub vergötterten, der die Menschen wieder zu Staub (in den Tod) befördere, und geißelte den unerträglichen Nachahmungstrieb der Weiber, die »zum Schaden ihres Rufes, ihres Geldes, ihrer Nachkommenschaft und ihrer Gestalt« der heidnischen Leidenschaft frönten.

Der Feldzug der Geistlichkeit gegen das Rauchen hinderte aber nicht, daß dieses auch in ihren Reihen zahlreiche Anhänger fand und innerhalb der geistlichen Hierarchien mancherlei

Konflikte in der Beurteilung des neuen Gebrauchs entstanden. Bei solcher Verbreitung war es natürlich kein Wunder, daß sich das Rauchen auch in den angrenzenden Ländern ausdehnte. Mochten die Obrigkeiten donnern, die Untertanen kamen immer mehr hinter die Geheimnisse des Rauchgenusses.

SECHSTES KAPITEL

Verbreitung und Kampf gegen die Rauchsitte in Süd- und Osteuropa sowie im Fernen Osten

Langsam, aber sicher wanderte die Rauchsitte auch nach der Schweiz hinüber. Um 1616 begann man sich schon da und dort der bisher nur als Heilpflanze benützten Kräuter zum Rauchen und Schnupfen zu bedienen. Noch geschah es sehr vereinzelt und in bescheidenem Maße, wie aus einem damals in Zürich erschienenen Büchlein über das heilsame Wundkraut »Nicotiana«[1], »das sich nun auch in Schweizer Landen sehen lasse«, zu erkennen ist. Der Verfasser, der noch die mannigfachen Heilkräfte preist, verwundert sich darüber, daß er von Engländern sechs oder sieben Stunden lang Tabak trinken gesehen habe, ohne daß sie deswegen ihrer Sinne beraubt worden wären. Im Gefolge der eingeführten Tabakblätter und der Rauchsitte erschienen aus deutschen Landen auch sogenannte Tabakmacher, die das Kraut »spannen«, wie man das Zurichten nannte, und Krämer, die damit handelten. Aber die Obrigkeiten der Schweiz sahen in allen Städten die neu aufkommende Sitte mit größtem Widerwillen und Unbehagen. 1643 wurde einem solchen aus Lothringen eingewanderten Tabakmacher das nachgesuchte Bürgerrecht in Basel verweigert[2], »weil man dieses Handwerks allhie ganz nicht bedarf«. In

1 Jacobus Zieglerus, Tabac, von dem gar heilsamen Wundtkraut Nicotiana, oder Beinwelle: welchs Gott / der Herr der Artzney und Krankheiten / vor etlichen Jahren / zu nütz vieler Krancken / auch in unseren Landen sehen lassen. Zürich 1616.

2 Die Beschaffung der Hilfsmittel zur Durchführung der Unfall- und Krankenversicherung, insbesondere durch Besteuerung des Tabaks. E. W. Milliet, V. E. W. Schweizerische Zeitschrift für Gemeinnützigkeit, 38. Jahrgang, Zürich 1899.

den folgenden Jahren ergehen wiederholte Verbote gegen das Tabaktrinken. Im Januar 1652 der allgemeine Befehl, bei zwei Gulden Strafe des Tabaktrinkens »müßig zu gehen« (es zu unterlassen). Nach dem Westfälichen Frieden wurde die Unabhängigkeit der Eidgenossenschaft vom Deutschen Reiche, die tatsächlich schon seit 1499 bestand, auch formell ausgesprochen, und seither traten die einzelnen Stadtregierungen noch mehr in den Vordergrund. Entsprechend den strengen sittlichen Forderungen, die die Schweizer Reformation im Sinne Kalvins an die Bevölkerung stellte, erließen auch die verschiedenen Obrigkeiten und Regierungen des öfteren Sittenmandate, in welchen die Sünden der Untertanen ans Licht gezogen und gegeißelt wurden. Ein solches Mandat vom 9. September 1656[1] klagt über die »steigenden Laster« in der Bevölkerung. Das Fluchen und Schwören, der schlechte Besuch der Predigten, die »Kleiderhoffart«, das »zehrhaffte, liederliche Leben vieler junger erwachsener Gesellen, auch deren so nit geringen Herkhommens, welche den Vormidtag mit Spaten aufstehen, den Nachmidtag aber mit essen, trinken, spielen zubringen . . . das aller Orten zu Stadt und Land, auch von den Weibespersohnen annemmende Tubakh-trinken, wordurch indeß groß gelt aus dem Land geführet wird«, empörte die Obrigkeit.

Trotz »mehrmaligen Abmannens« mußte sie immer wieder »nit ohne mißfallen vernemmen, daß das unnötige Tabactrincken gleychwol je lenger je mehr Ueberhand nemme«.[2] Klagen kamen aus den Grafschaften, so z. B. aus jener von Kyburg[3], daß der Mißbrauch des Tabaks in der Grafschaft »so gar gemein werde, daß auch die jungen Buben von zwölf

1 Weisung vom 9. September 1656 zum Sittenmandat. Zürich, Staatsarchiv.
2 Bürgerliches Mandat vom 2. Februar 1657 (scheinbar Zürich) Staatsarchiv Zürich.
3 Bericht über den Mißbrauch des Tabaks in der Grafschaft Kyburg. Zürich 1658, Staatsarchiv.

Jahren mit . . . der pfeyffen in der hand, bißweilen in den Scheuren gar angetroffen werden, drauß leichtlich leidige Feuersbrunsten entstehen können. Neben deme disse Unseren Altvodern Unbekandte Wahr zu gegenwärtigen je mehr und mehr wachßenden gellt-mangel auch nit wenig mithiellft. Und sonderlich junge ohnedaß hitzige Leuth noch mehr alteriert, hitzig und durstig, vertrunken und liederlich machet.« Auch von kirchlicher Seite kamen in den Berichten über die Lebensführung der Bürger vielfach Klagen darüber, »daß tabacieren mit reüchen (rauchen) schnupfen und keüven (kauen) sogar gemein werde under den Landtsleuthen auf den straasen und auf dem Kirchwäg, daß der gestank desselben tringe bis in die Kirchen hineyn.«[1] Von allen Seiten wurden deshalb Forderungen laut, die bestehenden Gesetze zu verschärfen, während die große Masse der Raucher sich einfach über diese hinwegsetzte. Darauf erging ein Verbot nach dem anderen. So in Zürich im Jahre 1667. Da bemühte sich der »Bürgermeister und Rahte der Stadt auß Hochoberkeitlicher sorgfalt«, die Leute, die »in ihrem heillosen / liederlichen / und verthüigen leben fürfahren / darunder dann auch und insonderheit verstanden werden sollen diejenigen / so sich des schädlichen und verderblichen Tabakschnupfens und trinkens« befleißen, durch »ernsteiferiges abmahnen und ernstliches zusprechen« zu bessern. Der Rat der Stadt fand scharfe Worte gegen die »unehrbare leuthe«, »solche faule und nichtswertige Gesell« mit ihrem »muthwillen und heillosen wesen«, denen sie androhten, daß die Wirte ihnen weder zu essen noch zu trinken geben dürften, sie zur Arbeit an der Schantz angehalten und bei Rückfall »entweders lediglich von Statt und Land verwisen oder mit ruthen außgehauen / oder mit einem zeichen gebrennt« werden würden. Wenn sich

1 Synodal Gravamina, 9. Mai 1666, Zürich, Staatsarchiv.

aber solch elender und heilloser Geselle gar nicht bessern wollte, so sollte man ihn auf immer »an end und ort verschicken, / daß er weder Uns / noch den unserigen einige fehrnere ungelegenheit nicht zustatten könne«.[1]

Da sich überall Konflikte wegen des Rauchens ergaben und auch Bern die Besprechung der Sache anregte, beschäftigte sich die Tagsatzung der Eidgenossenschaft mit der Angelegenheit. In diesem Jahr hatte ein neuerlicher scharfer Erlaß[2] der Kanzlei Zürich gegenüber der trotz aller bisherigen Verbote stets sich ausbreitender »Rauchseuche« aller Orten die Gemüter erregt. Dort war ausgeführt, daß das Tabaktrinken oder Rauchen zur Erhaltung des menschlichen Lebens nicht nur unnotwendig, sondern vielmehr verderblich und überdies feuergefährlich sei. Daher müsse ein solches Übel abgewehrt und dieses »sehr nachteilige und wohlentbehrliche Dings« bei 15 Pfund Geldbuße verboten werden.

In der Tagsatzung vom November 1670 »in alle orth« ist schon zu erkennen, daß man daran zu zweifeln begann, ob man mit dem Verbote durchdringen werde. »Obwohlen . . .«, heißt es dort, »durch Mandate aller Orthen daß schedliche Tabactrinckhen verbotten worden, erfahrt man jedoch daß widerspil . . . daß dem . . . schwerlich zu wehren sein werde. Nichts desto weniger habendt Wir de novo verabscheidet hiervon nit außzusetzen.«[3] Mit Basel gab es einen kleinen Krieg, weil diese Stadt als Transitplatz schon auf die großen finanziellen Vorteile des Tabakhandels gekommen war. Die Ehrengesandten dieser Stadt meinten wohl, sie hätten auch selbst wegen dieser »zue großen Gewohnheit under den gemeinen Pöffel[4] diss Tabakhs

1 Mandat der Stadt Zürich vom 3. Juni 1667, Zürich, Staatsarchiv.
2 Mandat der Kanzley Zürich vom 8. September 1670, Zürich, Staatsarchiv.
3 Tagsatzungs-Protokoll vom November 1670, abgedruckt bei Milliet, a.a.O., S. 384.
4 Pöbel.

halber ein groß Mißfallen«, aber auf Verkaufshandel und Transit wollten sie doch nicht verzichten. Im Jahre 1671 hatten sich die eidgenössischen Gesandten »einanderen berichten müessen[1], daß der schedliche Trinkhtabackh noch immerzue gleichsamb in allen unseren Orthen im Schwung« wäre und daß daher alle Verbote nichts genützt hätten. Aber man ließ von der Verbotspolitik nicht ab, und in Bern, wo man ganz besonders rauchfeindlich war, erging am 24. Februar 1671 wiederum ein scharfes Mandat[2] dagegen. Ja, man trieb es sogar so weit, eine wahre Koalition »zur würklichen Abhaltung des sched- und verderblichen Tabac-röukens« zu begründen. Bern schloß im Jahre 1671 mit Zürich, Luzern, Unterwalden, Freiburg und Solothurn ein Konkordat zur Beseitigung dieses »Unfugs«. Aber auch das führte nicht zum Ziel, ebensowenig wie die eidgenössischen und Kantonalbemühungen zu seiner Beseitigung. Obwohl die Tabakhändler »inständige Supplikationen«[3] wegen Abschaffung des Verbotes des Tabakhandels einbrachten, blieb man hart, und die allgemeine Verbotspolitik wurde fortgesetzt. Einzelne Tabakfeinde wußten immer wieder scharfe Berichte über den Mißbrauch des Tabaks einzusenden. Insbesondere die Grafschaft Kyburg ließ 1674 neuerdings ihre Stimme klagend erschallen: »Neben dissem, gnädige liebe Herren und Oberen, soll und kan ich nit underlassen ernstlich zu klagen, wie sogar ohn underschied der einst von Gott dem Herren, dem Menschen zu seiner Gesundheit geordnete, von alten und jungen, weybs- und Mannspersohnen aber . . . mehr von armen alß von reichen schändlich und ohne scheuen mit

1 Tagsatzung vom Sonntag, dem 6. Juli 1671, Milliet, a.a.O., S. 384.

2 Mandat des Schultheißen und Rates der Stadt Bern, 24. Februar 1671, Zürich, Staatsarchiv.

3 Supplikation der Kaufleute und Krämer an den Bürgermeister der Stadt Zürich, vom Jahre 1671, Zürich, Staatsarchiv.

schnupfen, trinken und fressen mißbrauchte Tabak zu höchstem Verderben vieler Gesundheit und ohnzahlbare Haushaltungen sich in das Land gelassen.«

Den Klageführer hatten angeblich alle »Herre Pfarrer, Vökt, Richter und Ambthsleuth« inständig gebeten, gegen »disses ellend« helfend einzugreifen.[1] Auch im Toggenburgischen Landmandat stand zu lesen, daß das Tabaktrinken in dieser Grafschaft dermaßen überhand genommen, daß die Dienstleute, auch sogar ihre Weiber und Töchter den Tabak »mit großer ergernuß und Feuersgefahr« gebrauchen und man solchem unnützen und verderblichen Mißbrauch energisch beikommen müsse.[2] Dementsprechend erließ das am meisten rauchfeindliche Bern ein noch viel strengeres Verbot, das »Jedermengklichen ohne Unterscheid . . . wer und was Stands ein Jeder seye«, das Rauchen in jeder Form untersagte. Ja man setzte sogar eine Art Hochgericht, eine Tabak-Kammer ein, die aus sieben Klein- und Großräten bestand, welche die genaue Einhaltung der Verbote überwachen sollten. Aber auch sie kamen gegen die Sitte nicht auf. Der Widerstreit der Meinungen in der Schweiz in der Frage, ob man rauchen sollte oder nicht, und die Verbote der Obrigkeiten änderten nichts an der Tatsache, daß sich das Rauchen immer mehr verbreitete und auch schon die Schweizer Grenzen nach Ost und Süd überschritt.

Gegen Osten zu verbreitete sich das Rauchen mit Ende des Dreißigjährigen Krieges in den Erblanden des Hauses Habsburg im Österreichischen. Die ersten Nachrichten darüber stammen fast alle aus der Zeit um das Jahr 1650. Nur in Böhmen, das während des dreißigjährigen Kampfes Kriegs-

1 Bericht über Mißbrauch des Tabaks in der Grafschaft Kyburg, 1674, Zürich, Staatsarchiv.

2 Aus dem alten, großen Toggenburgischen Landmandat, das von 1671 bis 1688 verkündet wurde. Zürich, Staatsarchiv.

schauplatz war, kann die Einführung und Verbreitung etwas früher angesetzt werden. Der Widerspruch und die Reaktion dagegen setzte in den österreichischen Erbländern viel früher ein als überall anderwärts. Kaum hatte sich das Rauchen ein wenig verbreitet, da sahen sich in der Zeit nach dem westfälischen Friedensschlusse die Regierungen der meisten österreichischen Erbländer veranlaßt, gegen die »neulich aufgekommene Unsitte des Tabaktrinkens« mit Verbot und Strafen einzuschreiten.[1] In Mähren wurde der Gebrauch des Tabaks schon 1652 auf Landtagsbeschluß verboten, zu einer Zeit also, da der Tabakbau eben erst in Niederösterreich eingeführt und in Neumarkt insbesondere durch den aus Bayern eingewanderten Hans Hertinger begonnen wurde. Von da aus dehnte sich die Tabakkultur dann auch auf Oberösterreich, Steiermark und Kärnten aus. Die Ära, da man die Tabakpflanze in Zier- und botanische Gärten zog, war vorbei. Entsprechend der Nachfrage wurde sie schon in großen Mengen über Deutschland eingeführt und auch bald in Massen angebaut. Die hohe Geistlichkeit in den österreichischen Ländern sah mit Unwillen, daß auch die Untertanen der geistlichen Territorien zu rauchen begannen. Ja, gelegentlich einer Diözesenvisitation im Jahre 1656 wurde konstatiert, daß selbst die Priester schon rauchten. Der Fürsterzbischof rügte dies mit Mißfallen als einen Verstoß gegen Wohlanstand und Sitte. Auch im Erzbistum Salzburg war man der neuen Sitte wenig geneigt, doch begründete man die Abneigung dort mehr mit der Feuergefährlichkeit des Rauchens. Am 23. Oktober 1657 erließ der Erzbischof folgende Verfügung: »Nachdem die tägliche Erfahrung vielfältig bezeugt, wasmaßen

1 Dr. Franz Wieser, Über die Produktion, den Konsum und die Besteuerung des Tabaks im Kronlande Salzburg von 1657 bis zur Einführung des Tabakgefälles im Jahre 1817. Fachliche Mitteilungen der österr. Tabakregie, VIII. Jahrgang, Heft 1, März 1908.

durch das schädliche und übermäßige Tabaktrinken sowohl in den angrenzenden Orten und Ländern als auch in diesem hochlöblichen Erzstifte mehrmals große Feuersbrunste und allerhand andere Ungelegenheiten geweckt worden und anderer Nachteil noch fortan zu besorgen ist, also ist zur Vorbeugung desselben Unheils auf Ihrer hochfürstlichen Gnaden ... Befehl unsere gemessene Verordnung hiemit, daß Ihr ... den Gebrauch des Tabaks durchgehends bei starker unausbleiblicher Strafe verbietet.«

Dies wurde später niemals widerrufen, geriet aber mit der Zeit durch die später aufkommenden Ideen, aus diesem allgemein werdenden Gebrauch anderweitigen Nutzen zu ziehen, in Vergessenheit und wurde stillschweigend fallen gelassen. Auch da ist festzustellen, daß die vielfältigen Verbote – der Tabak fiel ja von allem Anfang an unter das im Österreichischen im Sinne der mittelalterlichen Naturalwirtschaft auf alle fremden Waren erlassene Einfuhrverbot – der Ausbreitung der Sache nicht nur nicht schadeten, sondern im Gegenteil, wie es bei verbotenen Früchten zu gehen pflegt, einen Anreiz bildeten. So drang das Tabaktrinken auch hier überall von Böhmen bis nach Dalmatien vor, verbreitete sich in der Hauptstadt Wien und nahm seinen Weg über die Grenze nach Ungarn.

In den auf die Einführung der Tabakpflanze folgenden Jahrzehnten war die Sitte des Rauchens von allen Seiten auch nach der italienischen Halbinsel vorgedrungen. Die spanischen Seeleute brachten sie in das von Vizekönigen Spaniens beherrschte Neapel und Sizilien, portugiesische und englische Seefahrer in die Häfen Genua, Pisa, Spezia und Venedig, Reisende aus Deutschland und der Schweiz in die Lombardei. Einzelpersönlichkeiten von hohem Rang, die die neue Sitte auf ihren Reisen kennen lernten, wie der Kardinal Crescenzio, brachten die Gewohnheit mit heim und lehrten den Adel und die Geistlichkeit an den kleinen Fürstenhöfen Italiens und an dem prunkhaften Hofhalt des Papstes den neuen Brauch. Etwa um 1615 war das Rauchen in Italien im allgemeinen noch wenig in Übung, aber von den Hafenstädten und den Zentren der zahlreichen kleinen Fürstenhöfe verbreitete es sich in den nächsten Jahrzehnten mit ungeheurer Schnelligkeit über das Land. Zu damaliger Zeit waren zwei Stände in Italien tonangebend, Adel und Geistlichkeit. Sie herrschten unumschränkt. Was sie taten, war wohlgetan und wurde vom Volke nachgeahmt. So war es auch mit der Rauchsitte, die zuerst diese beiden Stände erfaßte, was nur natürlich war, da ja das neue Kraut Geld kostete und der Anbau im Lande noch nicht genügenden Ertrag lieferte.

Durch das Beispiel der Seeleute und der in weiten Landgebieten Italiens weilenden und herrschenden Spanier, die dem Rauchen leidenschaftlich ergeben waren und in deren Heimat die Sitte schon um diese Zeit eine unerhörte Verbreitung und Anhängerschaft gefunden hatte, machte das Rauchen auch in Italien sehr große Fortschritte. Dies wurde noch dadurch befördert, daß trotz feindlicher Haltung der Literatur die Obrigkeiten, deren es in Italien verhältnismäßig nicht weniger gab als in dem zerrissenen Deutschland, keine solch feindliche Stellung einnahmen wie in Deutschland und eher durch Besteuerung Vorteil daraus zu ziehen versuchten, was sich bald in ganz unerwartetem Maße als gewinnbringend erwies. In der Republik Venedig wurde schon 1626 eine Steuer von zwölf Soldi auf das Pfund eingeführten Tabaks verlangt, und in Mantua, Piemont und anderen Gebieten folgte man bald diesem Beispiel. Auch die Geistlichkeit in Spanien und Italien wurde von der Leidenschaft des Rauchens und bald auch des Schnupfens so sehr erfaßt, daß sie sich nicht scheute, inmitten der heiligen Handlungen ihrer Leidenschaft zu frönen. Das erregte natürlich die Empörung des nichtrauchenden Teils der hohen Geistlichkeit und der Gläubigen und führte da und dort zu energischem Einschreiten einzelner Bischöfe. So war es zum Beispiel in Sevilla, wo das Domkapitel der dort eingerissenen Sitte einfach hilflos gegenüber stand. Jeder Kaplan, Pfarrer und Geistliche rauchte oder schnupfte ohne alle Ehrfurcht während der Messe und der heiligen Handlungen, beschmutzte die heiligen Orte, Altäre und Kirchen mit Tabak und durch Ausspucken und gab den Andächtigen so ein schlechtes Beispiel, das sofort nachgeahmt wurde. Als alle Mahnungen und Strafen nichts nutzten, entschloß sich schließlich das Domkapitel der Diözese Sevilla, sich an den Papst Urban VIII. zu wenden und ihn zu bitten, gegen diese Mißbräuche mit einem scharfen Verbot vorzugehen. Der oberste Hirte erließ daraufhin die Bulle »Ad futuram rei memoriam«[1], gegeben zu Rom vom Heiligen Vater und am 30. Januar 1642 mit dem Fischerring gesiegelt.

»Da ja die Kirchen«, heißt es da, »dem Gottesdienste geweihte Häuser des Gebetes sind und sich für sie daher jede Heiligkeit ziemt, kommt es mit vollem Recht uns, denen die Sorge für sämtliche Kirchen des Erdballs anvertraut ist, zu, achtzuhaben, daß von diesen Kirchen jedwede profane und unziemliche Handlung ferngehalten werde: So auch, wenn uns (wie jüngst) von einem Teile des Dekanates und des Kapitels der Metropolitankirche zu Sevilla mitgeteilt wird, daß sich in diesen Gegenden der Gebrauch des Krautes, gemeinhin ›Tabak‹ genannt, derart eingenistet hat, daß Personen beiderlei Geschlechtes, ja sogar Priester und Kleriker . . . überall dort . . . und, was mitzuteilen beschämend ist, sogar während der Feier der hochhei-

1 Arch. Vatic. miscell. Arm. V. tom. 218, fol. 42.

ligen Messe sich nicht scheuen, den Tabak mit dem Munde oder mittels der Nase zu sich nehmen, die heiligen Linnengewänder des Heiligtumes ... zu besudeln und die vorgenannten Kirchen zum großen Ärgernis der Frommen unter Mißachtung der heiligen Handlungen mit dem ekelhaften Geruche zu infizieren. Daraus ergibt sich nun, daß wir, damit solch ein schmählicher Mißbrauch aus unseren Kirchen ausgetilgt werde ... der Gesamtheit und allen Einzelpersonen beiderlei Geschlechtes, sowohl den weltlichen als den kirchlichen, verbieten und untersagen ..., daß jemand fernerhin in den Kirchen der erwähnten Diözese und auch nicht in deren Vorräumen und in ihrem Umkreise Tabak, sei's in festem Zustande, sei's zu Körnern zermahlen, sei's in Pulverform mit dem Munde oder mit der Nase oder als Rauch durch Röhrchen oder irgendwie auf andere Art und Weise zu sich zu nehmen wage oder vor dem Kirchgang einnehme, widrigenfalls gegen Zuwiderhandelnde von selbst ohne besondere Beschlußfassung die Exkommunikation laut dem erflossenen Verbote als Strafe einzutreten hat.«

Man unterließ trotz der Schärfe dieser Bulle nicht, darin zu erwähnen, daß für einige Leute von vornherein durch besondere Verordnung Ausnahmen gemacht werden könnten und auch etwa der Ausnahme Würdige »beliebig privilegiert« werden dürften. Damit war das Türchen geöffnet, das die Bulle mehr oder weniger unwirksam machen sollte; zunächst aber wurde erreicht, daß man in den Kirchen Spaniens, auch außerhalb der Diözese Sevilla, mit Rauchen und Schnupfen etwas achtsamer vorging. Papst Urban VIII. zeigte besondere Empörung über die Besudelung von Kirchen und Heiligtümern, da er sehr darauf hielt, daß die heiligen Orte entsprechend ihrer erhabenen Bestimmung auch möglichst großartig und künstlerisch ausgestattet würden. Er hatte die Peterskirche in Rom durch Bernini in der prachtvollsten Weise ausschmücken lassen und hatte den Bronzebaldachin errichtet, der sich auf vier spiralförmigen Säulen über dem Hauptaltar erhebt, an dem allein der Heilige Vater die Messe zu lesen berechtigt ist. Sein Nachfolger, Innozent X., der gleichfalls die Peterskirche mit einem herrlichen Fußboden und Säulen aus kostbarem Marmor schmückte, mußte bald bemerken, daß auch da und nicht nur in Spanien das Heiligtum mit dem Tabakrauch erfüllt wurde und die Gläubigen ihre Mißachtung so weit trieben, selbst den Boden der Kirche nach Gebrauch des Tabaks durch Ausspeien zu beschmutzen. Infolgedessen erließ Papst Innozenz X. eine auch der Form nach sehr an die Verfügung Urbans VIII. anklingende Bulle, die am 8. Januar 1650 zu Rom von ihm unterzeichnet und mit dem Fischerring gesiegelt wurde.[1]

»Wie wir nicht ohne empfindliche Beleidigung unseres Gemütes erfahren mußten«, heißt es darin, »scheuen sich einige Personen nicht – sowohl weltliche als geistliche –, die der schuldigen kirchlichen Ehrfurcht an den Gott geweihten Stätten uneingedenk sind, das Kraut, das gemeinhin Tabak genannt wird, mit dem Munde oder durch die Nasenlöcher sogar in der Kirche des Apostelfürsten jener Stadt, in der um der Ehrfurcht willen die Gläubigen der gesamten christlichen Welt von allen Seiten zusammenströmen, zum schweren Ärgernis der Frommen zu sich nehmen . . .« Um die Mißbräuche dieser Art aus der genannten Kirche gänzlich zu tilgen, verbot und untersagte der Papst auf Grund seiner apostolischen Würde, »daß man künftig in der genannten Kirche und auf ihrem Chore, in den Kapellen, im Kirchenschiff, in der Säulenhalle und in den Vorräumen den Tabak in fester Gestalt oder in

1 Ex Bullario basilicae vaticanae, tom. 3, pag. 265. Collectionis bullarum . . . basilicae vaticanae tomus tertius, Romae 1752. Ex Autog. in Archiv. Basil. Caps. 12, Fasc. 277.

Körner zerstoßen oder in Pulverform nehme oder den daraus gewonnenen Rauch mit dem Munde oder der Nase oder anderswie einzuziehen wage – und zwar unter Strafe der Exkommunikation, die auf Grund des Verbotes eo ipso einträte, so daß gegen Zuwiderhandelnde ohne anderen Beschluß sofort die Bestrafung anzuwenden sei. Hierbei sollten keinerlei Beschlüsse und Verordnungen, auch nicht solche Apostolischer Konzile hinderlich sein . . .« In dieser Bulle waren die für Sevilla bestimmten Ausnahmen gleichfalls vorgesehen, und das geringe Vertrauen zu deren genauer Beachtung sprach sich in folgendem Schlußsatze aus: »Möge fernerhin in der Rechtsprechung überall dieselbe Hingabe walten, die hier bei diesem Verbot angewandt werden muß, wenn es tatsächlich durchgeführt werden soll.«

Wenige Jahre nach Erlaß dieser Bulle, schon 1655, wurde der Allgemeinverkauf des Tabaks wie des Branntweins einem Pächter gegen gute Bezahlung anheimgegeben, was von Stund an zu einer der ergiebigsten Einkünfte des Kirchenstaates wurde. Ein anderes Rauchverbot oder gar ein allgemeines, für die ganze Christenheit auch außerhalb der Kirche, wie es auf Grund vorstehender Bullen von irgendeinem oberflächlichen Geschichtsschreiber behauptet und dann bis in die neueste Zeit von unzähligen Schriftstellern abgeschrieben worden ist, existiert nicht. Es ist vielleicht erfunden, um die liebliche Anekdote von dem nichtrauchenden Papste anbringen zu können, der das Rauchen unter Exkommunikation verbot, und von seinem rauchenden Nachfolger, der dieses Verbot dann unter höchst durchsichtigen Motiven wieder aufhob. In Wahrheit war das Rauchen nicht einmal in den anderen Kirchen Roms oder gar der Christenheit verboten, sondern nur in der Peterskirche. Man muß anerkennen, daß diese Verfügung um so berechtigter war, als kurz vorher in Capocelere, einem Ort im Königreich Neapel, sich ein Vorfall[1] ereignet hatte, der unter der gläubigen Bevölkerung die höchste Empörung auslöste. Eines Sonntags las dort der Priester die Messe, und noch ehe sie beendet war, nahm er kurz nach der heiligen Kommunion eine Prise Tabak in Pulverform, die neben heftigstem Niesen auch zu Erbrechen führte, so daß er vor allem Volk am Altare das genossene allerheiligste Sakrament wieder von sich gab. Der Vorfall zeigt, wie sehr das Schnupfen gleichzeitig mit dem Rauchen in Italien für viele ein unabweisliches Bedürfnis bedeutete und wie sehr man dort bereits zu Sklaven dieser Sitte geworden war.

Immerhin fanden sich nach Erlaß dieser beiden Bullen auch Geistliche und nicht nur sensationslüsterne Schriftsteller, die ihren besonderen Eifer und ihre Ehrfurcht vor den heiligen Orten dadurch bezeugen wollten, daß sie die beiden vorgenannten Bullen dahin auslegten: wenn es in der ersten Kirche der Christenheit verboten sei, Tabak zu rauchen und zu schnupfen, so gälte dies Verbot auch für alle anderen Kirchen der Welt und deren Vorräume. Ja, der Theologe Pater Diana und der Kanonist Pascializo erklärten, das Rauchen in der Kirche müsse bei richtiger Auslegung jener Bullen als eine Todsünde betrachtet werden. Da sich hierdurch natürlich sehr viele Geistliche getroffen fühlten, erregte diese Auslegung einen Sturm, der schließlich dadurch beschworen werden mußte, daß der Kardinal de Lugo offiziell[2] erklärte, es sei zwar keine Todsünde, in der Kirche Tabak zu nehmen, aber »man solle es nicht tun«. Diese sehr schwache und nachgiebige Erklärung kam einer Kapitulation gleich, und es nützte nichts, daß einzelne fanatische geistliche Tabakfeinde erklärten, das Ganze sei

1 Antonio Vitagliani, De abusu tabaci, Roma 1650.
2 Respons. moral. lib. I. dub. 9 und 7.

eine Erfindung des Teufels, der mit den schwarzen Indianern in Amerika einen Pakt geschlossen habe, damit sie ihm durch dieses Kraut die Seelen weißer Männer in die Hand spielen sollten. In hohen geistlichen Kreisen verwunderte man sich über den großen Prozentsatz von Priestern, die rauchten und schnupften und dies unmittelbar vor und während der heiligen Handlungen betrieben. Nach der Bulle des Papstes entstanden vielfache Meinungsverschiedenheiten darüber, ob nicht jeder einzelne Bischof das Recht habe, Einschränkungsmaßnahmen gegen das Überhandnehmen dieser Seuche zu treffen. Wenn man sich fragte, warum sich die Sitte denn gerade unter den Geistlichen zu verbreiten begann, so wurde geantwortet, das sei darauf zurückzuführen, daß diese ein keusches Leben führen müßten, daß der Tabakrauch die Feuchtigkeit aus Gehirn und Körper zöge und sie so, gleichsam innerlich getrocknet, den Versuchungen der Fleischeslust nicht so heftig unterworfen wären. Dieselbe Antwort gab der Pater Fra Giuseppe da Convertino aus der Brüderschaft des heiligen Franziskus von Assisi auf die Frage eines Doktors[1] und fügte hinzu, das sei nicht nur eine Behauptung, die Erfahrung habe gelehrt, daß Geistliche, die rauchten oder schnupften, solche Versuchungen wirklich viel leichter zu überwinden pflegten als andere, die die Sitte nicht kannten. Daraus zogen dann Doktoren wie Neander den Schluß, alte Leute sollten keinen Tabak gebrauchen, weil sie ja ohnehin ausgetrocknet seien und ihn daher nicht nötig hätten.[2] Viele Bischöfe waren und blieben jedoch zu jener Zeit dem Rauchen und Schnupfen abgeneigt. Unter ihnen ist der Bischof Sarnelli zu nennen, weil er der Urheber einer Sitte ist, die wir noch heutigentags zu brauchen pflegen. Er nannte den

1 Antonio Vitagliani, De abusu tabaci, Roma 1650, S. 70.
2 Neander, a.a.O., S. 115.

Tabak ein häßliches Kraut, das nur Mund und Nase beschmutze. »Obwohl es im allgemeinen jedem erlaubt ist, es nach Bedarf zu nehmen, ist es gewiß nicht schicklich, es zu jeder Zeit, an jedem Ort und angesichts jeder Persönlichkeit zu gebrauchen, und das um so mehr, als zum Beispiel das Schnupfen seiner Natur nach das Niesen hervorruft, welches das Gehirn mit solcher Heftigkeit erschüttert, daß, wer es hört, den Himmel zu Hilfe ruft.« Darin liegt der Ursprung des noch heute auf das Niesen hin gebräuchlichen Ausrufes: »Gott helfe« oder »Gesundheit!«[1]

»Welch schamloses Schauspiel bietet es«, ruft damals ein geistlicher Schriftsteller namens Tesauro in seiner moralischen Philosophie[2] aus, »wenn sich die Menschen ein gewundenes Horn in den Mund stecken, welches vollgestopft ist mit jenem rußigen und rauchenden Schmutz, dessen Höllendampf sie durch den Schlund aufsaugen, um ihn dann durch die Nasenlöcher auszustoßen, wie die Rosse des Diomedes und die Stiere des Jason, die aus den Nüstern Funken und Flammen schnoben.« Das war wahrhaft ein erschreckender Vergleich, denn die vier Rosse des Königs der Thraker Diomedes waren in der Sage als die wildesten Tiere der Welt bekannt, da sie mit den Leibern der das Land des Königs betretenden Fremden gefüttert wurden. Was Jason anbelangt, so wurde die Erfüllung seines Verlangens nach Auslieferung des Goldenen Vlieses an die Bedingung geknüpft, daß er zwei feuerschnaubende Stiere ins Joch spanne, mit ihnen ein dem Ares geheiligtes Feld pflüge, darein Drachenzähne säe und die aus der Drachensaat hervorwachsenden gepanzerten Männer im Kampfe erlege. Bekannt-

1 Vescovo Sarnelli in lettere ecclesiastiche. Siehe Dizionario del Moroni, tom. 72, fol. 176/79.

2 Tesauro »Philosophia morale« 1. II. c. 22 unter dem Titel: Die schlechten Sitten, die durch den Tabak eingerissen sind.

lich konnte Jason durch den Beistand Medeas, die ihm aus leidenschaftlicher Liebe ihre Zauberkünste lieh, alles bewältigen. Diese Stiere, die ihm dabei halfen, vergleicht unser Autor in jenem Buche mit den Rauchern.

Die Literatur dieses Zeitabschnittes, die sich in Italien mit dem Tabak, dem Rauchen und dem Schnupfen beschäftigte, verhält sich vorwiegend ablehnend. Gegen mäßigen Gebrauch und Benützung als Heilmittel haben die verschiedenen Autoren im allgemeinen nichts einzuwenden, aber sie wettern gegen den »Abusus«, d. h. die Übertreibung beim Gebrauch. Hier und da finden sich jedoch Arbeiten, wie die des Saulorini[1] aus Florenz vom Jahre 1654, aus deren Titel »Das verfluchte Kraut oder Schmähung des Tabaks« man die Gesinnungen des Autors genügend erkennen kann. Das blieb bis gegen Ende des 17. Jahrhunderts so, bis sich, wie noch näher zu entwickeln sein wird, in ganz Europa ein Umschwung in der Beurteilung der Rauchsitte durch Obrigkeiten und Gelehrte geltend machte.

Indessen ging die Verbreitung des Rauchens mit Riesenschritten vorwärts. Aus den holländischen und spanischen Häfen auslaufende Schiffe, venezianische Galeeren und englische Kauffahrer, die der Handel nach Konstantinopel führte, hatten in der Mitte des 16. Jahrhunderts zunächst den Kaffee und dann gegen dessen Ende auch die Sitte des Rauchens nach Konstantinopel gebracht, die sich dort rasch verbreitete. Das Türkische Reich befand sich damals schon im Zeitalter des Niederganges, der seit dem Tode Suleimans II., des Prächtigen, des Siegers von Mohács, unter dem die türkische Macht ihren Höhepunkt erklomm, fühlbar zu werden begann. Seit 1603 regierte in Konstantinopel der Sultan Ahmed I., unter dessen

1 Alessandro Saulorini, Polvere schernito ovvero invettiva contro il tabacco. Firenze 1654.

Regierung der geheime Einfluß des Harems und der Eunuchen, der »Wächter des Tores der Glückseligkeit«, immer bedeutender wurde. Da unter jenem Sultan das Rauchen zuerst größere Verbreitung erlangte, erhoben sich auch in der Türkei zwei Parteien, die das Für und Wider erörterten. Die Geistlichen oder Mufti schlugen sich auf die Seite der Gegner des Tabakrauchens und erklärten es mit den Satzungen des Korans unverträglich; daher wurden schon unter Ahmed Verbote gegen das Rauchen erlassen. Unverbürgte Nachrichten wollen sogar wissen, daß man damals den beim Rauchen ertappten Leuten ein Pfeifenrohr durch die Nase stieß und sie so als abschreckendes Beispiel auf einem Esel durch die Straßen von Konstantinopel führte. Doch waren das vereinzelte Fälle, und die Verbote wurden noch nicht so furchtbar streng gehandhabt, wie es später unter Ahmeds Sohn Murad IV., dem Grausamen, geschah. Dieser, der als vierzehnjähriger Knabe an die Regierung kam, wurde zum energischsten, aber auch zum blutigsten und fürchterlichsten Herrscher, der je über das Osmanische Reich gebot. Da der Wein vom Koran verboten war, hatte sich der Genuß des Kaffees und Tabaks in den ersten Jahren seiner Regierung geradezu zu einer Lebensbedingung für die nach künstlicher Erregung und Betäubung durch narkotische Genüsse hungrige orientalische Bevölkerung ausgebildet. Wein war wie gesagt verboten, aber die türkischen Dichter priesen Kaffee, Tabak, Opium und Wein als die vier Elemente der Welt des Vergnügens, als die vier Polster des Sofas des Genusses. Die Gelehrten der Zeit, die über diese Elemente schrieben, rühmten sie bald als die Säulen des Zeltes der Üppigkeit, bald verdammten sie sie als die Minister des Teufels. Obwohl trotz allen Verboten der Sultan Murad selbst, während er andere Weintrinker hinrichten ließ, Alkohol im Übermaß genoß, konnte er am Tabakrauchen persönlich keinen Gefallen finden. Der jugendliche Herrscher mit dem blassen Gesicht und den großen drohenden Augen, dessen Antlitz von pechschwarzem Haar beschattet war, hatte es zu Beginn seiner Regierung nicht leicht. Disziplinlosigkeit in Heer und Volk, meuternde Janitscharen, ein erschöpfter Schatz waren sein Erbe. Mit unerhört grausamer Strenge griff er durch, wandte sich aber auch mit ebensolch tierischer Grausamkeit gegen alles, was ihm persönlich mißfiel, und dazu gehörte das Rauchen, das in Kaffeehäusern und Tabagien der Hauptstadt betrieben wurde. Schon begann der Sultan da und dort mit harten Strafen gegen Raucher vorzugehen, da gab eine furchtbare Feuersbrunst, die am 7. August 1633 halb Konstantinopel einäscherte, den Anlaß für die schärfste und nachhaltigste Verfolgung des Rauchens. Die Haremsfrauen hatten dem Sultan bisher nur sieben Töchter zur Welt gebracht, am 6. August aber war ein Prinz geboren worden. Die Stadt feierte die Geburt mit einer Illumination und mit Freudenfeuern. Bei dieser Gelegenheit brach auf einem im Hafen vertäut liegenden Schiffe ein Feuer aus, das sich bald in rasender Eile über die Stadt verbreitete und in drei riesigen Feuerarmen Hütten und Paläste, Moscheen und Kasernen der Janitscharen ergriff. In zwei Vierteln der Stadt waren nur zwei Häuser unbeschädigt geblieben, in der ganzen Residenz sollen über zwanzigtausend Holzgebäude abgebrannt sein. Darob furchtbares Klagen, Mißmut und Empörung der Bevölkerung, die dem Sultan und seinen so wenig umsichtigen Beamten die Schuld an dem allgemeinen Unglück zuschob. In den Kaffeehäusern sammelten sich die Unzufriedenen, und bei dem Rauche der Pfeife erörterten sie die unglückseligen Verhältnisse im Reich. Der Sultan liebte es nach Harun al Raschids Muster, sich verkleidet unter das Volk zu mischen, und hatte mehrfach beim Besuch solcher Tabagien unmutige und leidenschaftliche Gespräche gegen seine Regierung belauscht. Unter dem Vorwand, der Brand sei auf diese Raucher zurückzuführen, erging der polizeiliche Befehl, alle diese Kaffee- und Rauchhäuser, die Brennpunkte der Empörungen, niederzureißen. Dieser Maßnahme folgte sofort das Verbot des Tabakrauchens bei Todesstrafe. Wohl tauchten daraufhin anonyme Epigramme auf, in denen der Sultan aufgefordert wurde, lieber den Seufzerrauch bedrängter Herzen zu beseitigen als den unschuldigen Tabakrauch, aber die Umgebung des Sultans leistete dem blutigen Tyrannen peinlichste Gefolgschaft und blinden Gehorsam, und bald wütete das Schwert ebenso gegen die Tabakraucher wie gegen die gemeinsten Verbrecher. Der Sultan selbst machte wieder nächtlicherweile und verkleidet die Runde in der Stadt, und wer bei Kaffee und Pfeife angetroffen wurde, war ein Kind des Todes. Morgens lagen dann die Leichname der Opfer vor den Häusern, in denen sie rauchend ergriffen worden waren, als blutige Zeugen der Wut des Tyrannen.[1]

Nicht nur das Rauchen reizte ihn zu Todesurteilen, die Hinrichtungen wurden allmählich zu einem sadistischen Bedürfnis des Herrschers, der diese grausame Wollust auch mit dem Nützlichen verband, indem er die Güter aller Hingerichteten zugunsten des kaiserlichen Säckels einzog. Unzählige Untertanen wurden angeblich wegen des Tabakrauchens hingerichtet, in Wirklichkeit aber, weil der Sultan nach dem Hab und Gut der Betreffenden gelüstete. »Du sollst nach meinen edlen Befehlen handeln. Wenn du das Gegenteil tust, so schneide ich dir den Kopf ab«, war die Bekräftigungsformel aller Befehle Murads. Er achtete niemand, ließ selbst französi-

1 Hammer-Purgstall, Geschichte des Osmanischen Reiches. Pest 1827 bis 1835. V. Band, S. 161. Nach Naima S. 553.

sche Dolmetscher spießen und hängen, schnitt persischen Gesandten Nasen und Ohren ab und nagelte an deren Stelle die Briefe, die sie überbringen sollten, in das Gesicht der Unglücklichen. Er tötete seinen Leibarzt, indem er rein zum Vergnügen ihn zwang, eine ganze Dose von Opiumpillen zu essen und dann mit ihm Schach zu spielen, damit er dabei den Todeskampf besser genießen könne. Die Hinrichtungen der Tabakraucher nahmen allerorten, wo immer sich der Sultan auf seinen Reisen oder Feldzügen aufhielt, grauenhaft zu. Selbst im Felde liebte er es, beim Rauchen Ertappte zu köpfen, zu hängen, zu vierteilen oder mit zerschmetterten Händen und Füßen vor die Zelte zu werfen. Den Höhepunkt dieser grauenvollen Verfolgung bildete der Feldzug gegen Persien, wobei er einmal tausend Gefangene, jeden von einem Henker begleitet, vor seinem Zelt aufstellen ließ. Im Augenblick, da er aus diesem trat, wurden alle tausend Gefangenen auf einmal getötet. Die furchtbare Grausamkeit des blutdürstigen Tyrannen hatte einen solchen Schrecken um seine Person verbreitet, daß die Leute seiner Umgebung jedes Wort und jeden Wink des Despoten wie Beschlüsse des Schicksals hinnahmen. Alles verstummte in seiner Gegenwart und erbebte bis ins Innerste, aber alles überbot sich auch, seine furchtbaren Befehle im Nu zu verwirklichen. Und doch, trotz all dem blutigen Schauder, trotz der wahnsinnigen Verfolgung durch den mehr und mehr vom Blutrausch befallenen Mördersultan, starb die Leidenschaft des Rauchens im Reiche nicht aus. Der Arm des Herrschers reichte doch nicht überall hin, und selbst die Todesgefahr schreckte die leidenschaftlichsten Anhänger des Rauchens nicht ab. Als Murad IV., dessen Blutregiment allein in den letzten fünf Jahren seiner Regierung fünfundzwanzigtausend Menschen zum Opfer gefallen sein sollen, im Jahre 1640 starb, folgte ihm der üppige, ganz von seinem Harem beherrschte Wollüstling Ibrahim. Unter diesem wurden die Muradschen Todesgesetze gegen das Rauchen noch nicht abgeschafft. In den letzten Jahren der Regierung Murads und während der Zeit Ibrahims wurde dagegen der Tabak von solchen, die sich vor den Folgen des Rauchens fürchteten, vielfach zum Schnupfen benutzt, welche Sitte dadurch große Verbreitung erlangte. Erst unter der Regierung des im Jahre 1648 zur Regierung gelangten Sultans Mohamed IV., desselben Sultans, der 1683 vor Wien geschlagen wurde, hob man die scharfen Gesetze gegen das Rauchen auf. Der Sultan rauchte selbst, und von dieser Zeit an datiert der ungeheure Aufschwung des Rauchens in allen von Türken bewohnten Landen. Da überdies das Klima und der Boden in den Gebieten des Osmanischen Reiches für die Kultur der Pflanze außerordentlich geeignet waren, nahm die Sitte und auch der Handel mit Rauchwaren eine solche Ausdehnung an, daß mancher oberflächlicher Beobachter meinen konnte, Pflanze und Gebrauch seien überhaupt in diesen orientalischen Gebieten aufgekommen und hätten sich von dort aus nach Ost und West über die Welt verbreitet.

Indessen war das Rauchen bis in den Nordosten Europas vorgedrungen; türkische Schiffe brachten es in die Uferstädte des Schwarzen Meeres, englische Seefahrer in die Ostsee und an die Küsten des nordischen Meeres. Aus Deutschland und Polen brachten Reisende die Sitte ins innere Rußland; sobald sich aber der Gebrauch dort verbreitete, stieß er auf hartnäckigen Widerstand, der vor allem von der Geistlichkeit ausging.

Man muß sich vergegenwärtigen, daß zu jener Zeit in Moskau der erste Vertreter des Hauses Romanow, Michael Feodorowitsch Romanow, im Jahre 1613 kurz nach der Befreiung Moskaus von polnischer Herrschaft als Verwandter des alten Herrschergeschlechtes der Ruriks zum Zaren erhoben worden war. Michaels Vater Philaret, der bis zu seinem Tode eine Art Mitregentschaft ausübte, war ein erbitterter Gegner des Rauchens und dies um so mehr, als der Gebrauch in den dreißiger Jahren eine erschreckende Ausdehnung annahm und ganz unbekümmert in Kirchen und bei Gottesdiensten geübt wurde. Er sowie sein Nachfolger im Patriarchat überzeugten den Zaren Michael, die Sitte sei abscheulich und unheilig, die Feuersbrünste nähmen seit deren Einführung unendlich zu, und es sei wahrlich unwürdig, daß es die Bürger der Stadt wagten, mit ihren von Tabakrauch verpesteten Kleidern den heiligen Stätten und heiligen Bildern zu nahen. Zar Michael Feodorowitsch entschloß sich daher, das Verbot des Patriarchen zu bestätigen, da der Geistliche ihm auseinandergesetzt hatte, daß der Gebrauch des Tabaks als Todsünde angesehen werden müsse. Demgemäß durfte weder ein Einheimischer noch ein Fremder Tabak bei sich haben, solchen rauchen, schnupfen oder damit handeln, wollte er nicht als Missetäter in das sogenannte »Neue Viertel« gebracht und dort schwerer Strafe unterworfen werden. So wurden zuweilen rückfällige Raucher auch nach Sibirien verbannt, wobei die Güter, ähnlich wie in der Türkei, zugunsten des Zaren eingezogen wurden. Ein eigenes Tribunal für Raucher wurde errichtet, und die Strafe bestand häufig in tiefem Einschneiden in die Lippen des Übeltäters oder in erbarmungslosem Auspeitschen.

Adam Olearius, der im Jahre 1643 Moskau besuchte und eine eingehende Beschreibung des Landes und seiner Sitten herausgab, schreibt über seine Erfahrungen folgendes[1]:

»Die Russen sind auch große Liebhaber vom Toback, und

1 Adam Olearius, Moscowitische und Persianische Reisebeschreibung. Ausgabe Hamburg 1696. S. 100 und 140.

trug sich vor dieser Zeit jeglicher darmit: Der gemeine und arme Mann gab so bald sein Kopeck für Toback als für Brot. Weil man aber sah, daß hierdurch den Leuthen nicht allein kein Nutz, sondern vielmehr merklicher Schaden zuwuchs, in dem bei Nehmen des Tobacks nicht alleine dem gemeinen Mann, sonderlich ihren Dienern und Sklaven viel Zeit von der Arbeit abgieng sondern auch durch Unachtsamkeit des Feuers und Funcken, viel Häuser in Rauch aufgiengen / ja auch bey der Verrichtung ihres Gottesdienstes in den Kirchen vor den Bildern, / welche nur mit Weyhrauch und wohlriechenden Sachen müssen geehrt werden / einen üblen Geruch von sich gaben / hat auff Anhalt des Patriarchen der Großfürst den Tobackhandel und Gebrauch im Jahre 1634 neben dem privaten Brantewein und Bier schenken gänzlich verboten. Die Verbrecher wurden auch hart nemlich mit Nasen-Aufschlitzen und Staupenschlägen bestrafft, wie wir dann solche Bestraffung an Mann und Weibes Persohnen gesehen / Die gemeinen Bestraffungen, so man wider die Verbrecher ergehen lasset / sind Nasen aufschlitzen, Battoki geben und mit der Knutpeitsche auf den bloßen Rücken schlagen. Die Nasen pfleget man denen, welche Schnupf Toback genossen haben / aufzureißen, derer etliche, die also bestraffet waren / sind uns offt begegnet.

Die Knut geben war für unsere Augen eine barbarische Art zu straffen. Solche Bestraffungen habe ich den 24. Herbstmonat im Jahre 1634 an acht Mann und einer Weibspersohn welche das Großfürstliche Gebot überschritten und Toback und Brantewein verkaufft hatten, verüben sehen. Diese mußten vor der Cantzelley . . . ihren Leib bis auf die Hüften entblößen und einer nach dem anderen sich über den Rücken des Scharfrichters Knecht legen / und umb dessen Hals die Arme schlagen. Die Beine wurden ihm zusammengebunden und von einem andern am Stricke gehalten / daß er sich weder unten noch oben bewegen konnte. Hinter dem Sünder stund der Scharffrichter bei drei guter Schritte zurücke / und hieb mit einer langen dicken Knutpeitsche / was er aus vollen Leibeskräften vermochte / daß nach jeglichem Hieb das Blut mildiglich herunterfloß. Dann forn an der Peitsche sind drei Riemen, einfingerlang von harter, ungegerbter Elends-Haut, die als Messer durchschneiden. Es werden auch etliche also nachdem das Verbrechen groß ist, alsbald zu Tode gepeitscht.

Es bekam aber jeglicher zwanzig bis sechsundzwanzig / das Weib aber sechzehn Schläge / und fiel darüber in Ohnmacht. Ihre Rücken behielten nicht eines fingersbreit ganze Haut, ware also wie die geschundenen Bestien anzusehen.

Darauff wurde jeglichen / den Schnupftoback Kramern ein Brieflein mit Toback / den Brantewein Händlern eine Flasche an den Hals gehänget / je zweene und zweene an den Armen zusammengebunden / auf beyde Seyten geleitet und also ferner hinaus und wider hinein auffs Schloß gepeitschet.«

Diese Verbote und Strafen, die hauptsächlich nur für die Stadt Moskau galten, konnten jedoch nicht mehr gegen die um sich greifende Gewohnheit aufkommen. Bei der großen Kälte, die die Bewohner Rußlands ertragen müssen, behagte ihnen der warme Rauch des Tabaks sehr, und er beförderte auch seiner narkotischen Wirkung entsprechend in ungewöhnlichem Maße den Schlaf. Dabei kam es häufig vor, daß die brennende Pfeife der Schläfer die leichten Holzhäuser der damaligen Zeit in Brand setzte. Mindestens gewöhnte man sich daran, die meisten größeren Brände dieser Zeit zu Lasten der Tabakraucher zu buchen. Das alles hatte zur Folge, daß auch der 1645 auf den Thron gelangte Nachfolger des ersten Romanow, Alexei, sich scharf gegen das Rauchen wandte und in einem Ukas den beim Rauchen Betroffenen Folter, grausame Strafen und Verbannung androhte.[1]

Das »Neue Viertel« Moskaus war jener Teil der Stadt, in dem die Folter und sonstige körperliche Strafen an öffentlich zugänglichen Orten vollzogen wurden. Im russischen Landrecht von damals waren besondere Wächter vorgesehen, welche dem Tabak nachspüren sollten. »Wenn die Visitatores und Junker einen Schenkenwirt oder Tabakhändler aufheben oder irgendwo im Hause Tabak finden und der Wirt ihnen fünf, zehn, zwanzig oder dreißig Rubel oder gar mehr Lösegeld anbietet, damit sie ihn nicht in das Neue Viertel brächten, . . . so sollen sie es behalten. Wenn aber die Visitatores und Junker, nachdem sie das Geld genommen, den Wirt laufen ließen und solches im Neuen Viertel erfahren würde, so können sie mit der Knute bestraft und aus der Kanzlei gestoßen werden.«

Auch hier in Rußland bemächtigte sich die Literatur des Gegenstandes in meist feindlichem Sinne. Ein Werk, das unter heftigen Ausfällen das Rauchen als Todsünde erklärte, erschien im Jahre 1630 in russischer Sprache. Die Geistlichen stützten sich beim Kampfe gegen das Rauchen besonders auf den Ausspruch der Bibel: »Was aus dem Munde ausgeht, ist Sünde.«

Der wachsenden Verbreitung konnten alle Verbote in Europa nirgends mehr Einhalt tun. Auch in die hoch im Norden Europas gelegenen Gebiete Skandinaviens drang das Rauchen vor. Die aus dem Dreißigjährigen Kriege heimgekehrten Soldaten Gustav Adolfs brachten die Rauchsitte in das Innere, während die Seeleute der westlichen Nationen, insbesondere der Engländer und Holländer, sie nach den Häfen Schwedens und Norwegens verpflanzten. Im Jahre 1633 erschien in Upsala eine

1 Aus K. Lettenbauer, Rauchverbote. Deutsche Tabakzeitung, 7. Juni 1894.

Disputation[1] über die Tugenden des wunderbaren Krautes Nikotin und Tabak, im Jahre 1641 die erste königlich schwedische Verordnung, die sich mit dem Rauchen beschäftigte. Im hohen Norden setzte man dem Gebrauch nicht so ernste Widerstände und Verbote entgegen wie sonst in Europa; nur in Dänemark war König Christian IV. ein Gegner des Rauchens und beauftragte seinen Leibarzt Simon Pauli, ein scharfes Pamphlet dagegen zu schreiben.

Die seefahrenden und handeltreibenden Küstenvölker Europas, die bald herausgefunden hatten, daß der Handel mit Tabak höchst gewinnbringend sei und daß die einmal in ein Land bewirkte Einfuhr in Kürze ständigen und wachsenden Bedarf nach sich zog, beeilten sich daher, die Pflanze überall, wo sie hinfuhren, mitzunehmen und sie dort zu verbreiten, wo die Bevölkerung sie noch nicht kannte. Da war vor allem das damals reichlich unerforschte, nur an den Küsten des Mittelmeeres und an seiner Westküste bekannte Afrika. Spanier, Franzosen und Italiener brachten Tabak und die Rauchsitte zunächst an die Nordküsten, die vom Mittelmeer bespült werden; Portugiesen und spanische Seeleute, die der Sklavenhandel an die West- und Ostküste des afrikanischen Kontinents führte, brachten beides auch dorthin, und mit den Karawanen wanderte die Pflanze und mit ihr das Rauchen in das Innere des schwarzen Erdteils. Die allen narkotischen Mitteln höchst geneigten Neger nahmen die neue Sitte, die für ein so unterdrücktes und äußerlich so wenig Freuden genießendes Volk eine besondere Wohltat war, mit Begier auf und wurden bald die eifrigsten, ja unmäßigsten Raucher. Von Süden her drang der Gebrauch durch die Holländer nach dem Kap der Guten

1 M. Johannis Franck, De praeclaris herbae nicotianae sive tabaci virtutibus disputatio. Upsala 1633.

Hoffnung, von dort rückte er nordwärts vor und erfaßte die in den Gebieten des heutigen britischen Südafrika wohnenden Völker, so auch die Hottentotten. Portugiesen und Holländer brachten dann auf ihren Reisen um die Südspitze Afrikas herum die Sitte auch an die indischen Küsten. Nach Asien war indessen das Rauchen auf den verschiedensten Wegen vorgedrungen. Von der Türkei aus kam es durch die Feldzüge Murads IV., des Rauchfeindes, nach Persien, wo die Schahs anfangs auch arge Bußen, zeitweilig sogar Todesstrafen auf das Rauchen setzten. Von zwei Seiten her drang die Sitte gegen das Herz Asiens vor. Zu Lande aus der Türkei und über Rußland nach Osten; aus Ostasien und Japan, wohin es Ende des 16. Jahrhunderts zuerst durch portugiesische Schiffe und dann später von Spaniern über die Philippinen gelangt war, nach Westen. Ergänzt wurde dieser Fortschritt von den Küsten Indiens und Siams her durch die Matrosen der dort anlegenden seefahrenden Nationen, vor allem der Portugiesen. So drangen Pflanze und Sitte konzentrisch in Asien ein und gelangten auch bis zu Indiens Kaiser, dem Großmogul, der in Delhi prachtvoll Hof hielt. In Ostasien gewann das Rauchen zuerst in Japan große Verbreitung. Bekanntlich waren es auch da Portugiesen, die um 1542 auf dem Schiffe eines chinesischen Seeräubers von der festländischen Küste Asiens her durch einen Sturm nach der südwestlichsten Insel Japans verschlagen wurden und dort landeten. Diese Neuentdeckung Japans, von dem schon Marco Polo als dem goldreichen Zipangu gesprochen hatte, wurde der Ausgangspunkt für eifrigen Handel portugiesischer Kaufleute aus Indien mit den Japanern freundlich aufgenommen, insbesondere vom Daimyo von Satsuma, einem der mächtigsten Fürsten der damals von der japanischen Zentralregierung so gut wie unabhängigen Insel Kiushiu. Japanische[1] Nachrichten besagen, daß diese portugiesischen Kauf- und Seeleute den Bewohnern von Kiushiu zuerst getrocknete Tabakblätter brachten und sie das Rauchen lehrten. Um 1595 war es in diesem Teile Japans schon weit verbreitet, ohne daß aber die Tabakpflanze hier gebaut wurde. Erst im Jahre 1596 kam Tabaksamen auch nach Japan. Der Prinz Shimatsu, der damalige Chef des Fürstenhauses der Satsuma, sandte solchen Samen an den Hof des Kaisers, nach der damals glänzenden Hauptstadt Japans Kioto. Abgesehen von einzelnen Fürstengärten wurde natürlich auch hier zuerst in den Häfen, und zwar in den südwestlich gelegenen, wie Nagasaki, Tabak gepflanzt. Aus dieser Zeit besitzen wir die Chronik eines Arztes namens Saka aus Nagasaki, der von den Tabakblättern spricht, deren Rauch man schlucke und die die Nanbans (japanischer Name für Portugiesen) gebracht hätten.[2]

Dem mächtigen, kühnen Kaiser Hideyoshi, dem Napoleon Japans, war es gelungen, bis zu seinem Tode im Jahre 1598 ganz Japan wieder unter einer starken Zentralgewalt zu einen; er hatte nichts Geringeres geplant, als China zu erobern, was ihn nach Korea geführt hatte. Unter seinem Sohne Hideyori, der unter der Vormundschaft des 1603 zum Shogun ernannten, kühnen Jeyasu aus dem Hause der Tokagawa stand, fand das Rauchen in Japan eine so große Verbreitung, daß auch die ersten Widerstände begannen. Zu Anfang des 17. Jahrhunderts verbot Jeyasu das Rauchen im ganzen Lande, obwohl sich in der Hauptstadt schon Rauchklubs gebildet hatten. Als dieser Befehl nicht beachtet wurde, erneuerte er das Verbot mit strengeren

1 Brief des Mr. H. Nomura aus Tokio an Prof. O. Comes, nach eifrigen Nachforschungen in den Archiven Japans. Abgedruckt by Comes, a.a.O., S. 249, Anmerkung.

2 Siehe Satow, The introduction of tabacco into Japan (vgl. Transact. Asiat. Soc. of Japan VI. I. p. 68).

Strafen im August 1607 und 1609, wobei er auch die Kultur der Pflanze unter Strafe stellte. Der große Jeyasu ergänzte dieses Verbot 1612 dahin, daß das Eigentum jeder Person, die Tabak verkaufe, zugunsten ihres Angebers eingezogen werden dürfe, und daß jedermann, der einen Reiter anhalten würde, der auf dem Pferd Tabak beförderte, dem Betroffenen das Pferd mit dem ganzen Gepäck wegnehmen dürfe. Aber alle Verbote fruchteten auch hier nichts, und 1615 war das Rauchen so allgemein, daß es schon die Offiziere des Shogun im Dienste taten. Dieser residierte in dem damals Jeddo genannten Tokio, wohin die Hauptstadt 1603 verlegt worden war. Demzufolge erging strenge Warnung, daß das Vermögen jedes Mannes, der zum Militär gehöre und Tabak rauche, konfisziert werden könne. 1616 wurden die Gesetze noch verschärft und außer der Gefängnisstrafe den Schuldigen eine Geldstrafe auferlegt, die ungefähr so hoch war, daß ein Mann dreißig bis fünfzig Tage davon verpflegt werden konnte. Doch nützte all dies nichts. In der folgenden Zeit gewann das Rauchen immer größere Ausdehnung, und in den zwanziger Jahren des 17. Jahrhunderts rauchten schon viele Leute selbst im Palast des Mikado, was aus einem Gedicht zu ersehen ist, das ein Kaiser jener Zeit dichtete. Schließlich rauchten die Fürsten, die die Verbote erlassen hatten, selbst, und die rauchenden Erbstatthalter und Großgrundbesitzer der militärischen Feudalaristokratie des Daimyos ließen die Gesetze dann natürlich gern der Vergessenheit anheimfallen. Auch durfte man den Tabak bereits von 1625 ab anbauen. Es war nur verboten, ihn in Reisfeldern oder Gemüsegärten anzupflanzen. 1639 war der Tabak bei den höflichen Japanern bereits in das alltägliche Gastzeremoniell übergegangen, und man bot ihn dem Besucher neben der unvermeidlichen Tasse Tee an. Durch die zeitweilige Verbindung Koreas mit Japan und die dort geführten Kriege wurde der Tabak von den japanischen Soldaten nach Korea übertragen, von wo er dann in das Innere Chinas und in die heutige Mandschurei vordrang.

Die Mandschus gewöhnten sich besonders schnell an die Sitte und übermittelten sie bald von ihnen unterjochten Chinesen. So kam der Norden und Nordosten Chinas zum Rauchen. Im Süden und Südwesten dagegen waren es gleichfalls wieder die Portugiesen, welche in Macao landeten und 1567 in Kanton eine kleine Kolonie gründeten, die den Chinesen Tabak und Rauchsitte vermittelten. Zu Anfang des 17. Jahrhunderts entwickelte sich dann ein eifriger Schiffs- und Handelsverkehr zwischen Kanton und den Philippinen, wohin das Rauchen schon durch die Spanier gekommen war. Mit großer Schnelligkeit verbreitete es sich über das ganze Land. Karawanen brachten den Tabak bis tief ins Innere des Landes, und mit Staunen sah der Herrscher Chinas jener Zeit, Wanli (1573 bis 1620) aus dem Hause Ming, wie dieser neue Gebrauch ebenso zu einer Nationalsitte wurde, wie der Tee zur Nationalpflanze und zum Lieblingsgetränk jedes Chinesen geworden war. Wanli war der letzte bedeutende Vertreter der uralten Mingdynastie, die dem Fluch aller asiatischen Fürsten, dem Cäsarenwahnsinn, der Verschwendung, Trunksucht und Üppigkeit, zum Opfer fiel. Sie vertat die Steuern des Volkes in dem der Goldmacherei (Alchimie) ähnlichen, irrsinnigen Suchen nach dem Unsterblichkeitstrank und fiel endlich einer mächtigen Empörung zum Opfer, in deren Verlauf auch die Mandschus nach Süden vordrangen. Der letzte Herrscher der Mingdynastie, Tsung Cheng, erließ im Jahre 1641 ein Rauchverbot, wie es in so vielen anderen Ländern um dieselbe Zeit geschah. Aber auch diesem Verbot erging es nicht anders als jenen in den übrigen Ländern der Welt. Die Mandschus, die im Verlauf der Revolutionswirren 1644 Peking eroberten, hoben alle Verbote auf; mit dieser Dynastie wurde wohl deren Haartracht, der Zopf, nach China eingeführt, aber das Rauchen behielt nun auch der Hof bei, und in der Folge begann das chinesische Volk mehr zu rauchen als die anderen Völker der Welt.

Am spätesten drang die Kenntnis der Tabakpflanze in Australien ein; europäische und japanische Seeleute haben sie wohl dorthin gebracht, ohne daß die Rauchsitte sich in dem spärlich besiedelten Lande so rasch verbreiten konnte wie anderwärts. Sonst aber hatte sich in dem Jahrhundert, das seit 1550 verflossen war, das Rauchen sowie die Kultur der Pflanze und ihrer Blätter trotz aller Verbote und Widerstände über die ganze Welt verbreitet und begann bald eine so unumschränkte Macht auf die Menschen und Völker auszuüben, daß sich die Großen der Zeit, Kaiser, Könige, Päpste, und alle widerstrebenden Ärzte und Gelehrten vor dieser Macht zu beugen begannen.

SIEBENTES KAPITEL

Die Kapitulation der Obrigkeiten vor dem Tabakgebrauch und deren tieferer Sinn

In Frankreich hatte sich indessen unter der Regierung Ludwigs XIII. in der Art und Weise des Rauchens eine bemerkenswerte Änderung ergeben. In den oberen Volksschichten, am Hofe, beim Adel und bei der Geistlichkeit hatte es Anstoß erregt; man fand es der Würde der Adeligen und der Anmut der Damen nicht angemessen, zu jeder Stunde des Tages Tabakrauch aus dem Munde strömen zu lassen, und die Mode tat ein übriges dazu. Man erklärte die zweite Art des Tabakgebrauches, das Schnupfen, für zierlicher und eleganter, und dieses fand am Hofe und unter den Vornehmen immer mehr Anhänger. So entwickelte sich der Zustand, daß der niedere Teil der Bevölkerung Pfeife rauchte, die Vornehmeren aber sich in wachsendem Maße dem Schnupfen ergaben. Der Tabak war zu Anfang des 17. Jahrhunderts in Paris noch sehr teuer, und in den gleich Wirtshäusern entstehenden sogenannten Tabagien wurde viel Geld dafür verlangt. Richelieu, seit 1624 Premierminister und stets auf der Suche nach neuen Quellen zur Vermehrung der öffentlichen Mittel, glaubte im Tabak eine Möglichkeit außerordentlichen Steuerertrages zu sehen. Er riet die Einführung einer Steuer von dreißig Sol[1] auf jedes Pfund eingeführten Tabaks an. Allerdings war auch er von Haus aus gegen das Rauchen eingenommen und meinte, diese so überhand nehmende Gewohnheit werde vielleicht dadurch, daß die Leute sie

1 Sol = sou = 5 centimes.

teuer bezahlen müßten, zurückgedrängt werden. Eine nützliche Steuer, meinte er, sei vielleicht besser als unnütze Zwangsmaßnahmen und würde dem angestrebten Zweck der Einschränkung des um sich greifenden Tabakgebrauches besser dienen. So wurde durch königliches Edikt vom 17. November 1629 die Steuer von dreißig Sol für jedes aus dem Auslande eingeführte Pfund Tabak vorgeschrieben. In dem betreffenden Edikte heißt es: »Auf die Meldung[1], die man Uns erstattet hat, daß seit kurzer Zeit große Mengen von Petum oder Tabak aus dem Auslande kommen, ohne irgendeinen Eintrittszoll zu zahlen«, wird die Steuer verfügt, »da diese Zollosigkeit sonst Gelegenheit gegeben hätte, große Mengen davon in Unser Königreich einzuführen. Unsere Untertanen würden (den Tabak dann) wegen seiner Billigkeit zu jeder Stunde nehmen, wobei ihnen ein gewaltiger Schaden an ihrer Gesundheit entstehen wird.«[2] Nur die Westindische Kompagnie, an deren Erträgnissen der Hof und die ihn umgebende Gesellschaft stark interessiert war, erhielt das Vorrecht, auch nach diesem Dekret aus ihren Niederlassungen in den Antillen den Tabak zollfrei nach Frankreich einzuführen und zu verkaufen.

Immerhin hatte sich das Rauchen bei den Behörden noch nicht voll durchgesetzt, hier und da findet man noch im vierten Jahrzehnt des 17. Jahrhunderts von einzelnen Behörden erlassene Rauchverbote. So ist in einem Marinebefehl vom Jahre 1634 das Verbot eines Hafenkommandanten zu lesen, wonach es untersagt war »de pétuer[3] soleil couché«. Das war offenbar der Feuersgefahr wegen angeordnet. Eine andere sanitätspolizeiliche Verordnung des anscheinend mit den weitsichtigen Steuerplä-

1 Richelieus.

2 Siehe Isambert, Recueil général des anciennes lois françaises, Paris 1829, Band XVI, Nr. 169, Seite 347.

3 Pétuer für Rauchen von Petum, brasilianischer Name des Tabaks.

nen Richelieus nicht vertrauten Polizeileutnants von Paris verbot im März 1635 im Weichbilde dieser Stadt neben vielem anderen auch den Tabak und erlaubte dessen Abgabe nur in Apotheken, wenn er ärztlich als Heilmittel verordnet war. Diese Verfügung[1], die geeignet war, den Ertrag der Richelieuschen Steuer ernstlich zu gefährden, blieb jedoch nicht lange in Kraft, und schon im Jahre 1636 brachte diese einen Ertrag von über fünfzigtausend Livres. Die Grundidee Richelieus, die neue Sitte entweder durch Abgaben zu hemmen oder, wenn dies nicht möglich war, wenigstens einen großen finanziellen Gewinn für den Staat herauszuholen, machte Schule in Italien, wo man eine noch günstigere Auswertung der neuen Gewohnheit zu finanziellem Gewinn des Staates erfand. Der 1627 in Mantua regierende Herzog aus dem Hause Gonzaga kam auf den Gedanken, gegen einen jährlichen Pachtbetrag von sechzehntausendneunhundert Lire[2] ein Verkaufsmonopol von Branntwein und Tabak an einen gewissen Giovanni Tugnoni zu vergeben. Gleichzeitig verbot er jedem anderen, Tabak einzuführen. Das war der Ursprung des Monopolwesens, das dann von so ungeheurer Bedeutung für alle Staaten der Welt werden sollte und für den finanziellen Haushalt der meisten auch noch heute ist. In der Lombardei begann man schon 1637 den Allgemeinverkauf des Tabaks für die Regierung in Anspruch zu nehmen, und am 20. September 1647 hatte die Herzogin-Regentin Christine im Königreich Piemont mit Dekret dem Grafen Galliani und einigen Gemeinden das Recht zu ausschließlichem Verkaufe von Tabak verliehen.

Die Republik Venedig verstand sodann, aus der neuen Sitte

1 Dr. J. Creizenach, Die französische Tabakregie, Mainz 1868.

2 Capilupi, Noticie sul tobacco coltivato anticamente nel'alto Mantovano. In Boll. Com. Agr. Mantua 1891. Siehe auch Comes, a.a.O., S. 92.

am besten Gewinn zu ziehen. Schon seit 1626 besteuerte sie den Tabak, und 1651 begann sie auch für Anbau und Verkauf Einschränkungen zu verfügen, dagegen verschiedenen Gemeinden, insgesondere im Gebiet des Brentatales, Privilegien für den Anbau zu erteilen. In das Jahr 1659 fällt dann die Gründung des ersten Tabakappalto, d. h. des entgeltlichen Weitergebens des ausschließlichen Rechtes zur Einfuhr und Erzeugung sowie zum alleinigen Vertrieb des Tabaks an einen Unternehmer. Der Pachtschilling Venedigs für dreijährige Vertragsdauer bezifferte sich auf achttausend Dukaten. Nur die Sette Communi durften weiter Tabak pflanzen, mußten aber auf die Bedürfnisse des venezianischen Tabakappaltes Rücksicht nehmen. Der Verkauf ihrer Produkte durfte nur an die Appaltgesellschaft in Venedig erfolgen. Dieses hier ausgebildete Verfahren wurde dann zum Muster der Monopolverpachtung, die in den meisten übrigen europäischen Staaten nachgeahmt wurde und deren glänzender finanzieller Ertrag Kaiser und Könige, Adelige und Geistliche, Territorialherren und Obrigkeiten aller Art dazu brachte, die Verbote abzubauen. In der Folge sollte es dann geradezu zu einer Umkehrung der Verbotspolitik kommen, denn bei der großen Zunahme der Gewohnheit des Rauchens in den folgenden Jahrhunderten, die bis auf den heutigen Tag ungeschwächt andauert, und den fortwährend sich steigernden finanziellen Erträgnissen der darauf gelegten Steuern und Monopole wurden die Obrigkeiten geradezu veranlaßt, die Untertanen mit jedem Mittel zu größerem Verbrauch anzuspornen.

Die Verfügungen in Oberitalien machten bemerkenswert schnell Schule. In Rom erließ Papst Alexander VII. am 22. September 1655 ein Edikt[1], wonach er, der jeden Gedanken dem Zwecke weihte, Mittel zu finden, den Jammer der Armut

1 Ex Archivio Vaticano. Miscel. Arm. V. tom. 218, fol. 44

zu beheben, allen ihm unterstehenden Laien oder Geistlichen in Rom, selbst wenn es Barone, Prinzen, Herzöge, Bischöfe, Erzbischöfe oder Kardinäle wären, bei einer Strafe von sechs Scudi für jede Libra Tabak verbot, solchen einzuführen oder zu pflanzen. Gleichzeitig wurde das Monopol des Branntweins und des Tabaks wie in Venedig an einen Pächter vergeben. Dieser Appalt galt aber zunächst nur für Rom und Umgebung, und ein päpstlicher Erlaß gestattete unter anderm im Jahre 1657 den Juden in Ferrara[1] die Tabakerzeugung, weil diese »mehr dazu begabt seien damit Handel zu treiben, als andere Leute«. Aber auch die Länder außerhalb Italiens übernahmen solche einträglichen Verfügungen. Anderwärts begann es mit »Tabakaufschlägen«; in Schlesien z. B. hatten Fürsten und Stände schon 1657 eine Steuer auf den Tabak gelegt, und 1664 wurde eine solche auch in Böhmen eingeführt. 1665 hatte der Landtag die Steuer gegen Zahlung von drei Gulden pro Zentner an einen Privaten verpachtet. 1668 wurde den böhmischen Ständen eingeräumt, für Befestigungsbauten von jedem Zentner eingeführten Tabaks eineinhalb Gulden zu nehmen. Ein Appalt, also eine Pachtvergebung im Sinne der in Italien bereits existierenden Einrichtung, wurde in Österreich logischerweise zuerst im Jahre 1662 in den an Venetien angrenzenden Gebieten Görz, Gradiska und Tirol von Erzherzog Ferdinand Karl erlassen.[2]

»Wir, Ferdinand Karl von Gottes Gnaden Erzherzog zu Österreich, Burgund usw., Landesregent der gefürsteten Grafschaft Tirol usw.« . . ., heißt es da, »geben Euch hiemit gnädiglich zu erkennen, daß wir dem Gedeon May, Hebräer allhie,

1 Pasetti Tommaso, Il Monopolio del tabacco in Italia. Portici 1906.

2 Verleihungsurkunde 24. Oktober 1662, Innsbruck. Siehe Dr. Franz Wieser, »Zur Geschichte der Tabakproduktion in Tirol«. Fachl. Mitteilungen der österr. Tabakregie, V. Jahrg., 3. Heft, Oktober 1905.

das Gewerb oder Handlung des Trink- oder Schnupftabaks in dieser unseren gefürsteten Grafschaft Tirol einzig und allein zu verlegen und treiben gnädigst vergönnt und verlassen. Derowegen ist unser in Gnaden gemeinter Befehl, daß keiner, wer der nun sei, hinfüran einigen Schnupf- oder Trink-Tabak in dieser unserer gefürsteten Grafschaft Tirol zu verkaufen, hereinführen und bringen oder allda abgeben, sondern, welcher mit Tabak handelt oder zu handeln begehrt, denselben erster Hands von besagtem May . . . an sich erkaufen und erhandeln solle.«

In demselben Jahr hatten die Grafen von Fürstenberg, die die finanziellen Gewinnmöglichkeiten des Tabaks frühzeitig erkannt hatten, eine Bittschrift eingereicht, in der sie die Tabakeinfuhr in allen Erbländern gegen bescheidenen Pacht ausschließlich für sich zu erhalten wünschten. Da aber der Kaiser gerade das Verbot für Tirol erlassen hatte und die niederösterreichischen Stände gegen ein solches Monopol in scharfer Weise vorstellig wurden, erteilte man das gewünschte Privileg nicht. Auch die Tiroler Landstände sahen in dem Edikt des Erzherzogs Ferdinand eine Förderung der unleidlichen neuen Unsitte und in gewissem Sinne auch ihre Billigung. Sie wandten sich daher an Kaiser Leopold I. mit der Bitte, das Trinken von Tabak und dessen Einfuhr gänzlich abzustellen. Am kaiserlichen Hofe war man solchem Ansinnen damals um so eher geneigt, als im Februar 1668 in der Wiener Hofburg eine Feuersbrunst ausgebrochen war, deren Ursprung auf Tabakrauchen zurückgeführt wurde. Der Brand soll durch unvorsichtiges Hantieren mit den zum Entzünden des Tabaks von einem Wachsoldaten gebrauchten glühenden Kohlen in der Nähe der Gemächer der Kaiserinwitwe Eleonore entstanden sein und zerstörte den ganzen sogenannten Leopoldinischen Trakt im ersten Stock. Einige Erzherzoginnen konnten nur mit Mühe vor dem Flammentode gerettet werden, und die Kammerkapelle brannte gänzlich ab.[1] Kaiser Leopold antwortete daraufhin mit einem Edikt vom 21. August 1668[2], in dem ausgeführt war, daß durch die Erfahrung bewiesen sei, daß der allzu starke Mißbrauch des Trinktabaks dem »gemeinen Mann die Gesundheit verderbe, ja öfter das Leben verkürze«, viel Geld aus dem Lande führe und Ursache für Feuersbrünste sei; infolge Vorstellungen der Landstände sei es daher ernster kaiserlicher Wille und Befehl, daß der Trinktabak in der fürstlichen Grafschaft Tirol, außer in Apotheken zu medizinischen Zwecken, weder gekauft noch verkauft werden dürfe. Aus diesem Erlaß könnte man füglich die Einstellung des Kaisers Leopold gegenüber der neuen Sitte entnehmen; jedoch sein privates und sein finanzielles Interesse sollten bald über seine Meinung die Oberhand gewinnen.

Im Sommer des Jahres 1670 gelüstete es den Kaiser Leopold I. einmal, im Erzherzogtume Oberösterreich ein sogenanntes »Gesperrtes Geiayd« zu haben. Damit meinte er nämlich eine Treibjagd, in der dem Wilde die Flucht dadurch unmöglich gemacht war, daß man ein gewisses Waldgebiet, wo es hineingetrieben wurde, mit Brettern oder Plachen aus Leinwand absperrte. Der Monarch wandte sich daher an seinen Oberstjägermeister, den Grafen Franz Christoph Khevenhiller zu Franckhenburg, mit dem Ersuchen, die entsprechenden Vorkehrungen zu treffen, damit er sich in Oberösterreich auf einer solchen Jagd belustigen könne. Graf Khevenhiller war zunächst über die Zumutung des Kaisers, ein so weites Gebiet mit Leinwandplachen zu umzäunen, bestürzt und erwiderte dem Kaiser, daß eine solche Maßnahme so ungeheuerliches

1 Moritz Dreger, Baugeschichte der k.k. Hofburg in Wien. Wien 1914.
2 Abgedruckt bei Franz Wieser, a.a.O. Sachl. Mitteilungen, 5. Jahrg., 3. Heft.

Geld kosten würde, daß man unter normalen Verhältnissen gar nicht daran denken könne. Kaiser Leopold aber ließ nicht locker, er wollte eine solche Jagd in Oberösterreich haben und schrieb daher seinem Oberstjägermeister, er möge irgend etwas vorschlagen, wodurch man die Kosten hereinbringen könne. Khevenhiller sann hin und her und fand schließlich einen Ausweg, mit dem er zwei Fliegen auf einen Schlag treffen wollte. Drei Bedingungen waren zu erfüllen, die Jagd sollte unter den geschilderten Umständen vonstatten gehen, der kaiserlichen Majestät »ordinari Kammergefälle (kaiserliche Einkünfte)« sollten dadurch nicht geschmälert werden, und schließlich sollte auch für Khevenhiller etwas abfallen. So dachte er, sich nach den Mustern Italiens und Tirols ein Appalt auf ausschließliche Einfuhr und Verkauf von Tabak geben zu lassen, aus dem Erlös die Jagderfordernisse des Kaisers zu bestreiten und nebenbei vielleicht für sich selbst etwas herauszuwirtschaften. Daher schlug der Graf dem Kaiser Leopold vor[1], einer »gewissen Person« die Einführung des Tabaks in das Erzherzogtum Österreich ob und unter der Enns allergnädigst zu gestatten und dies gleichzeitig allen anderen In- und Ausländern zu verbieten, denn der Tabak sei eine Ware, die von fremden Orten eingeführt werde und von der nur die Regensburger und Nürnberger sowie andere fremde Kaufleute Gewinn zögen, den sie dann aus dem Lande hinausführten. Die Maut aber würde dem Kaiser nach wie vor entrichtet werden und dadurch dem Monarchen nicht das Geringste an seinen Einkünften entgehen. Khevenhiller schloß: »Also hate ich khain bedenckhen Mich selber darumb anzunennen und umb conferierung dieser Hereinfuhr allerunderthenigst zu bitten, blos und allein, damit die Plachen

1 Graf Khevenhiller an Kaiser Leopold I., Gesuch ohne Datum, doch jedenfalls vor dem 13. April 1669. Hofkammer-Archiv Wien.

kunten verfertigt, und dardurch die Oberenserische Jägerey in Zeith meiner Bedienung zu Euer Kayserlichen Mayestät allergnedigster Vergnügung in ain rechte perfection gebracht werde.«

Graf Khevenhiller verpflichtete sich dafür, die Länder mit eigenem Kapital und auf eigene Gefahr gut zu versorgen und niemand wider Billigkeit im Verkaufen »zu beschwehren«. »Indesse«, schreibt er, »dan der Ueberschus gemeltermaßen jährlich ein schönes ausstragen wird, wäre ich der allerunderthänigst mainung, daß von demselben als ainem extraordinari und neivem Mittel ain gewisses gelth zur Verfertigung der Plahen (Plachen) solle genommen und solcher Unkosten nach und nach dergestalt bestrithen werden, daß von Euer Kayserlichen Mayestät geföllen nit ein pfening darzue verwentet wuerde. Hingegen miessen die Mauthamb Leuth dessen erindert und befohlen werden, daß khain In- oder Ausländer hinführo mehr mit dem Tobackh handlen, sondern ainem jedweden der darüber betreten werde, die wahr abgelegt und confisciret werden solle – Franz Christoph Khevenhiller.«

Kaiser Leopold hatte seit seinem zwei Jahre früher erlassenen Tiroler Verbotsedikt erfahren müssen, daß sich die wenigsten an die Verbote hielten und das Rauchen und der Tabak sich immer weiter verbreiteten. Nun schlug ihm Khevenhiller einen Modus vor, der seine Wünsche in jagdlicher Beziehung zu erfüllen ermöglichte und andererseits gar kein Geld kostete. Aber der Widerstand der Stände war zu besiegen. Sie waren dem Anliegen des Oberstjägermeisters gänzlich abgeneigt. In einer Eingabe erklärten sie, daß ein Einfuhrmonopol für eine Ware, welche »der gemeine Mann verbrauche«, bald für das ganze Land in eine drückende Auflage ausarten müsse; daß, wenn dem Hofe an der Jagdlust so sehr gelegen wäre, die Untertanen viel lieber dazu einen Beitrag zu leisten bereit sein würden, ohne daß es nötig sei, den Tabakhändler und Verzehrer »der Willkuhr eines gewinnsüchtigen Monopolisten Preis zu geben«.[1]

Der Jäger im Kaiser Leopold aber war stärker als jede andere Erwägung, und so wurde denn »zur Bestreittung der Ober-Ennserischen Jagerey nottdurfft dem Kammerer und Landjägermeister in Oesterreich ob der Enns Grafen zu Khevenhiller« der gewünschte Monopolpacht verliehen. Er gab diese nach einiger Zeit selbst wieder gegen Geld weiter.

Diese erste vom Kaiser vergebene Tabakpacht in Oberösterreich erlosch im Jahre 1682, war aber der Ausgangspunkt für zahlreiche ähnliche Verpachtungen in den Erbländern. Er wurde teils an hohe Adelige, wie den Grafen Königsegg, teils an jüdische Händler und italienische Unternehmer vergeben und bildete die Überleitung zu dem gesamtstaatlichen Monopol, das sowohl in der österreich-ungarischen Monarchie in Geltung war als auch in der heutigen kleinen Republik Österreich noch in Kraft ist. Bezeichnend sind die folgenden Ausführungen in einem Gutachten der Hofkammer (des Finanzamtes) vom 20. August 1677 wegen eines Tabakappalts, der von einem Italiener namens Donadoni für Steiermark, Kärnten und Krain nachgesucht worden war: »Er appaltator wird die mit Ihm (zu) vergleichende Appalto Summe nicht aus eigenem Sekhl hergeben, sondern er solche durch ungebührliche Staigerung, oder anderen Vortheil von dem Landsinwohner und den einigen so sich dieses Tobacks gebrauchten, erpressen ... welches wie leichtlich zu erachten im ganzen landt ein großes lamentiren und beschwärnusen erweckhen khöne. Dan, obwoll ... der Tobackh ad sustentandum hominem nicht nötig,

[1] Josef von Retzer, Tabakpachtung in den österreichischen Ländern von 1670 bis 1783, Wien, 1784.

so seye es gleichwoll darmit soweith komben, daß vielle sich einbildten, leichter des Brodts als des Tobacksgebrauchs gleichsamb zu entrathen und etliche sich schon so starckh darauf ergeben hatten, daß sy sich des stetten Tobackhgebrauchs für ein medicin bedienen – dergestalt es zweifelsohne nicht ohne sonderbahrer Beschwernus und fast algemeinen lamentiren dieses appalt zu interducieren sein werdet –«[1]

Es war nur natürlich, daß diese Appaltpächter in den verschiedenen Erbländern ihr Privileg in jeder Weise zu möglichst persönlicher Bereicherung benützten und insbesondere die niedrigste Klasse der Bevölkerung dadurch schädigten, die sich weder wehren noch anderweitig den Tabak beschaffen konnte. Dementsprechend gab es fortwährende Remonstrationen von seiten der Stände zur »Konservation [Schutz] der armen höchst bedrängeten Landts Insassen und des gemeinen Mannes«.[2] »Wir finden in Wahrheit«, heißt es in einem solchen Kammerbericht, »gleich wie alle Monopolia undt Appalt, also auch dieser Tobäck Appalt odios, dem gemeinen nutzen schädlich und einen großen übermächtigen wucher und unzulässigen gewünn nach sich gezogen, welchen dye Appaltatores allein genossen . . . wovon nur der ohnedem bedrängte arme gemeine Mann . . . betroffen.«[3]

Aber der Kaiser Leopold hatte an dem finanziellen Nutzen des Monopols Geschmack gefunden und war bei aller persönlichen Abneigung gegen das Rauchen nicht gesonnen, auf die Eingänge aus den Pachtverträgen zu verzichten. Damit sein Recht auf das Tabaksmonopol in aller Zukunft festgelegt

1 Gutachen der Hofkammer vom 20. August 1677. Wien, Hofkammer-Archiv.

2 Beschwärschreiben der Landtschaft in Kärnten an Kaiser Leopold I. vom 17. Mai 1686. Wien, Hofkammer-Archiv.

3 Kammerbericht betreffs den von Liscutin und Donadoni in Steiermark, Kärnten und Krain angesuchten Appalt, 30. Juli 1686. Wien, Hofkammer-Archiv.

werde, erließ er ein Generalpatent darüber.[1] »Nach dem nützlichen Exempel anderer Potentaten und Republiquen«, hieß es darin, »unserm allgemeinen aerario zum besten . . . wir gnedigst resolviret haben auß dem Tabackh, welcher geraucht und geschnupft wirdt, und eine wahr ist, welche nicht sowohl in der necessität des menschlichen Unterhalts bestehet, alß viel mehr ein arbitrarium und eingeschlichene schier universale gewohnheit ist, durch das unserer kayserlich königlichen und landtfürstlichen Macht und Hoheit zukommende Jus praeemptionis et vectigalis ein einkommen zustifften, und zu solchem Ende durch unsere Kayserliche Hof Cammer das Commercium sothanen Tabackhs entweder selbsten zu führen oder, nachdemo wir es zu mehreren nutzen unseres allgemeinene aerarii befinden werden, einem allein, oder mehrern, zu appaltiren und zu verpachten.«

Von nun an waren alle Einschränkungen behördlicher Natur, die das Rauchen betrafen, nur Verbote, die den Zweck hatten, die große, mit dem Rauchen verbundene Feuersgefahr zu beschwören und auf ein möglichst geringes Maß herabzudrücken.

Die Verbreitung in den österreichischen Erbländern in den letzten Jahren des 17. Jahrhunderts ist aus folgender Bemerkung in einem Appaltvorschlag für Böhmen zu ersehen, wo es heißt, daß sich »im Königreich Böheimb allermaßen sowohl untern Adel als unter Bürgern und Bauern kaumb unter Tausend eine Persohn befindet, die sich des Tabacks nicht bedienen thut«.

Wie ein Lauffeuer verbreitete es sich in ganz Europa unter Fürsten und Obrigkeiten, daß der Tabak eine neu entdeckte Goldquelle ohnegleichen sei. Nach und nach verschwanden

1 Generalpatent des Kaisers Leopold vom Jahre 1698. Vorbehalt für die Hofkammer, die allein zum Verkauf von Tabak Befugnis erteilen kann, während jedermann Tabak pflanzen darf, ihn aber anmelden muß.

die Verbote, und ein Staat nach dem anderen begann Steuern oder Monopole einzurichten. Die Fürsten der damaligen Zeit beanspruchten wegen ihrer luxuriösen Hofhaltung und umfangreicher Bauten sowie wegen alter Schulden, die noch von vergangenen Kriegszeiten herrührten, gewaltige Geldsummen; so z. B. auch der Kurfürst Ferdinand Maria von Bayern, der wegen großer finanzieller Bedrängnis gezwungen war, den seit 1612 nicht mehr versammelten Landtag auf den 2. Januar 1669 einzuberufen.[1] Dabei wurden verschiedene Steuern und auch ein Aufschlag auf den Tabak erwogen, und sowohl Fürst als Stände waren damit einverstanden; sie kleideten aber ihren Geldhunger immer in das verschämte Mäntelchen, als sei ihr Bestreben, die Regierung in dem Kampf gegen das verhaßte Kraut zu unterstützen. Freilich hatten die Stände in Bayern ganz im Gegensatz zu jenen in den österreichischen Erblanden selbst Anteil an den finanziellen Ergebnissen, was ihre abweichende Haltung erklärt. Aus den verschiedenen, die Besteuerung des Tabaks in Bayern regelnden Gesetzen ist zu ersehen, daß »die wider das Tabackhtrinkhen wegen doraus unterschiedlich ervolgten ungelegenheiten angefertigte Mandata bisherr wenig gefruchtet haben«.[2] Als dann in den Nachbarländern die Appalte aufkamen, wollte die Kurfürstin Henriette Adelaide einem ihrer Günstlinge, einem Freiherrn von Simeoni, Anfang der siebziger Jahre, »in Ansehung seiner geleisteten treuen Dienste und damit er seine mit so saurem Schweiß und Mühe erarbeiteten fünfzigtauend Taler anlegen und nützen könnte«, den ausschließlichen Handel mit Tabak im ganzen Lande Bayern »zuschantzen«.[3] Aber damals hatte die Geist-

1 Josef Micheler, Das Tabakwesen in Bayern. Doktordissertation, Stuttgart 1887.
2 Micheler, a.a.O., S. 9.
3 Micheler, a.a.O., S. 13 f.

lichkeit bei jeder Regierungstat noch sehr viel mitzusprechen, und der Kurfürst glaubte, sich vorher deren Einverständnis sichern zu müssen. Infolgedessen wurde der Theatinermönch und Beichtvater der Kurfürstin, Pater Spinelli, gefragt, ob man der Sache mit gutem Gewissen zustimmen könnte. Der Beichtvater aber, unterstützt von der im allgemeinen noch tabakfeindlichen Geistlichkeit, die auch private Differenzen mit jenem Simeoni gehabt haben soll, erklärte feierlich, dergleichen könne mit gutem Gewissen nicht erfolgen. Simeoni war damit durchgefallen, aber die Idee, mit dem Tabak dem Staat eine Einnahmequelle zuzuwenden, blieb bestehen und wurde in Kürze wieder aufgenommen. 1674 wandte sich der Kurfürst nochmals an die Patres Frey und Spinelli mit der Frage, ob man »zur Erhaltung des Kredits und zur Ausmerzung der so grob erlittenen Scharten das Tabak Apaldo nicht nomine alicujus privati sondern nomine publico einführen dürfe«. Da nun die mißliebige Person des Simeoni ausgeschaltet war, so bejahten beide Patres die Frage, und so wurde denn am 2. Dezember 1675 auch in Bayern mit einem Italiener der erste Pachtvertrag über den Tabak abgeschlossen, dem dann unzählige andere folgten.

Auch in Frankreich wurde das Pachtwesen nachgeahmt, und Ludwig XIV. sagt in seinem bezüglichen Erlaß, datiert Versailles, 27. September 1674, gleichsam entschuldigend, es wäre der Pacht in so vielen anderen Staaten schon eingeführt, daß man nun auch in Frankreich dazu schreiten müßte.

»Da der Gebrauch des Tabaks«, heißt es in dem betreffenden Edikt[1], »in allen unseren Staaten so allgemein geworden ist, daß er den meisten unserer Nachbarfürsten Anlaß gegeben hat, aus diesem Handel eine ihrer Haupteinkunftsquellen zu machen,

1 Isambert, Recueil général des anciennes lois françaises. Paris 1829, XIX, S. 145, Nr. 785.

haben wir geglaubt, daß wir in unseren Staaten durch Einführung des Tabakmonopols eine ähnliche eröffnen können: und wir haben den uns gemachten Vorschlag für um so vernünftiger gehalten, als dies nicht eine für die Gesundheit oder für die Lebenshaltung notwendige Eßware und gewiß ein Mittel ist, unseren Völkern das Tragen eines Teiles der durch den derzeitigen Krieg entstandenen außerordentlichen Ausgaben zu erleichtern.« Der König reservierte sich in dem Edikt das Privileg der Fabrikation und des Verkaufes des Tabaks, der nun auch in Frankreich an Pächter, als ersten an Jean Breton, vergeben und durch Colbert im Juli 1681 aufs genaueste geregelt wurde. Auch hier in Frankreich wurde es zu einer unerhört reich fließenden Geldquelle für König und Staat. Andere Länder beeilten sich, dem Beispiel zu folgen, und 1676 suchte ein gewisser Daniel Hartwich schon beim Großen Kurfürsten in der Mark Brandenburg um ein Privileg für den Tabakhandel nach. Friedrich Wilhelm, der selbst schnupfte und von dem noch heute eine silberne, als Muschel gestaltete Schnupftabaksdose vorhanden ist, gab am 18. Mai jenes Jahres den beiden Juden Nathan David und Daniel Hartwich gegen klingenden Pacht das Recht, auf zwölf Jahre »allein und sonst niemand« Tabak zu pflanzen, zu spinnen und zu verkaufen.[1]

In allen Ländern Europas begann die Verbotspolitik der Steuerpolitik zu weichen. Auch die Mächtigsten dieser Erde, die dem neuen Gebrauch ablehnend gegenüberstanden, wie der nach der Hinrichtung Karls I. zum Diktator über England emporgestiegene Oliver Cromwell, konnte wohl gegen die Anpflanzungen im Mutterlande, die er als einen Mißbrauch des

1 Mylius, Corpus constitutionum marchicarum, Band V, 2. Abt., S. 482. Siehe auch E. P. Reimann, Das Tabaksmonopol Friedrichs des Großen. München und Leipzig 1913, S. 10.

heimischen Bodens ansah, ankämpfen; aber er hütete sich, einen allgemeinen Kampf zu entfesseln, der ihm nur Widersacher in Menge erweckt hätte und in dem er sicher nicht der Sieger geblieben wäre wie über die Stuarts.

Nach wie vor kam der meiste Tabak, der in England verbraucht wurde, aus Virginia und aus den allmählich rund um dieses entstehenden englischen Kolonien Nordamerikas. Der Tabakbau, der in Virginien so große Erfolge erzielt hatte und zu einer Quelle ständigen Reichtums für die Einwohner wurde, veranlaßte viele unternehmungslustige Aristokraten, sich von Karl II. Freibriefe zu erbitten, um ähnliche Kolonien gründen zu können. So entstand unter anderem die Niederlassung, die zu Ehren des Königs »Karolina« genannt wurde. Die vor den Glaubensverfolgungen aus England Flüchtenden vermehrten die Zahl der Kolonisten, und es entstanden an der Küste von Neuengland eine ganze Reihe kleiner Ansiedlungen. Jedoch die neuentstandenen Staaten und Kolonien nördlich und südlich Virginiens wurden hier und da durch vereinzelte fremde Niederlassungen von Holländern und Schweden unterbrochen. Wenn auch die Schweden bald in den Holländern aufgingen, so bildeten sie doch insbesondere mit ihrer Gründung Neu-Amsterdam an der Stelle, wo der Hudson sich in den Atlantischen Ozean ergießt, einen Fremdkörper innerhalb der angelsächsischen Kolonien. Die Einwohner der Kolonie Virginia und der übrigen britischen Niederlassungen sahen mit besonderem Ärger auf diesen Dorn in ihrem Fleische, weil der Schmuggelhandel mit Tabak aus jener holländischen Niederlassung die Erfolge und Gewinne der Virginischen Tabakpflanzer ganz bedenklich schmälerte.[1] Da kam der Karl II. vom Parlament aufgedrängte Krieg mit Holland sehr gelegen. Die

1 Siehe Näheres bei Felix Salomon, Engl. Geschichte. Leipzig 1923, S. 122.

Virginischen Tabakpflanzer hatten ihren ganzen Einfluß im Parlament aufgewendet, um ein Einschreiten gegen die Kolonie Neu-Amsterdam zu erreichen. Nun ergab sich eine Gelegenheit dazu, und eines Tages erschien eine aus nur vier Schiffen bestehende britische Flottenabteilung vor der holländischen Kolonie, worüber deren Gouverneur derartig erschrak, daß er die Niederlassung kampflos den Engländern übergab. Der König, in dessen Besitz sie 1667 im Frieden von Breda überging, schenkte sie seinem Bruder, dem Herzog von York, dem nachmaligen König Jakob II. Daraufhin wurde Neu-Amsterdam in New York umgetauft und erhielt damit den Namen der heutigen Weltstadt. Nun war auch dieses Hindernis, das den Tabakpflanzern und Tabakhändlern so viel geschadet hatte, hinweggeräumt, und die Kolonisierung nahm ihren Fortgang.

Dabei mußten sich die stets mehr nach Westen ins Landesinnere vordringenden Kolonisten entweder mit Gewalt oder friedlich mit den dort hausenden Indianerstämmen auseinandersetzen, die sämtlich trotz aller Dürftigkeit ihres Lebens leidenschaftlich rauchten. Da kam es denn neben blutigen Kämpfen oft auch zu langen Beratungen, in denen die Friedenspfeife, das sogenannte Calumet, eine Rolle spielte, und auch zu Verträgen, in denen ein ungleicher Handel über Abtretung von Gebieten geschlossen wurde. Bei der Naivität der Indianer, die anfangs die Folgen ihrer Nachgiebigkeit nicht übersahen, spielten freilich Geschenke, deren Wert im Verhältnis zum abgetretenen Land lächerlich war, eine große Rolle. Darunter befanden sich fast immer Tabak und Pfeifen. So waren unter den Artikeln, welche am 10. September 1677 gegen ein indianisches Landgebiet zwischen Rankokas Creek und Timbercreek in New Jersey in Tausch gegeben wurden, hundertzwanzig Pfeifen und hundert Maultrommeln.[1]

Auch die Quäker, eine religiöse Sekte, die in England wegen Verweigerung des Kriegsdienstes und des Schwures nicht geduldet wurde, siedelten sich auf ehemals holländischem Gebiete in Nordamerika an. William Penn – der Sohn eines britischen Vizeadmirals, der seinem Vaterlande große Dienste geleistet hatte – erbte von seinem Vater eine Forderung an den englischen Staat. Er war schon als Student in Oxford für die Sekte der Quäker gewonnen worden. Nun schenkte ihm König Karl II. als Ausgleich für diese Forderung ein Landgebiet zwischen New York und New Jersey einerseits und Maryland andererseits. Penn beschloß, in diesem Gebiet einen Staat zu gründen, in dem Glaubensfreiheit herrschen und jeder Unterschied der Stände verbannt sein sollte.

Auch er hatte sich natürlich mit den Indianerstämmen zu verständigen, die im dortigen, nach ihm später Pennsylvania genannten Waldlande ansässig waren. Da kam es häufig vor, daß er mit den Häuptlingen dieser Stämme die Friedenspfeife rauchen mußte. Sie kamen ihm mit dem Calumet entgegen, welches aus einem großen polierten Pfeifenkopf von rotem Stein und einem langen, mit schönen Federn verzierten Rohr bestand. Die Häuptlinge rauchten zuerst ausgesuchten Tabak aus der Pfeife, bliesen die ersten Züge des Rauches gegen die Sonne, in der nach ihrer Meinung der Große Geist, der Herr des Lebens, wohnte, und riefen ihn um Hilfe für die Weisheit ihrer Entschlüsse an. Der Große Geist beriet sie damals schlecht, denn als ein letztes gemeinsames Rauchen mit Penn den Handel wegen Ankaufs von Land beschloß, war abgemacht, daß auch hier

1 Samuel Smith, History of the Colony of Nova Caesaria, or New Jersey. Burlington 1765.

fast wertloses Zeug, darunter dreihundert Tabakpfeifen, hundert Körbe Tabak, zwanzig Tabakdosen und hundert Maultrommeln für das unbeschreiblich kostbare Gebiet eingetauscht wurden. Aber in einem fanden sich Ureinwohner und Kolonisten, Eroberer und Besiegte, Puritaner, Quäker und Sonnenanbeter: sie rauchten alle Tabak in mehr oder weniger verschiedener Form und waren und blieben ihm verfallen. Nur einzelne, darunter Penn selbst, fanden keinen Geschmack daran, begrüßten aber freudig den Gewinn aus dem Handel mit Tabak für sich oder ihre Gemeinden.

In England ging indessen der große politische Kampf weiter. Kaum war Cromwells Sohn zurückgetreten und dank General Monk die alte Stuartdynastie 1660 mit Karl II. wieder auf den Thron gekommen, da wurde noch im selben Jahr die Steuer auf Tabak erhöht und genau bestimmt. Sie erschien auch in diesem Jahr zum erstenmal im Statutebook. Auch gegen den Anbau in England wandte sich der König, da der eingeführte virginische Tabak steuertechnisch besser zu erfassen war.

Der Monarch betonte in seinem Erlaß, daß er durch den Anbau im Mutterlande eines bedeutenden Teils seines Einkommens beraubt sei. Weil überdies die amerikanischen Pflanzer in ihrem Wohlwollen wesentlich vom Tabakverkaufe abhingen, müsse er schon in deren Interesse den Anbau in England und Irland gänzlich verbieten. Karl II. war ehrlich; er schob nicht allein die Virginier vor, sondern sagte auch offen, daß es sich um seinen eigenen Säckel handle.

Aber diese Verfügungen Karls II. über die Nichtanpflanzung von Tabak in England wurden nicht eingehalten, und schon im Jahre 1670 sah sich Karl II. genötigt, ein Gesetz[1] zu

1 Tobacco acts of Parlament 1670 to 1869. Act to prevent the planting of Tobacco in England and for regulation of the plantation trade. 1670.

erlassen, das den Offizieren seiner Armee die Vollmacht gab, alle irgendwo in England oder Irland angebauten Tabakpflanzen auszurotten, zu zerstören und nur die in den Gärten der Ärzte gezogenen zu schonen, damit Seiner Majestät Pflanzungen jenseits der See nicht Schaden litten. Infolge dieser Verfügung kam es vor, daß Kavallerieregimenter im Galopp über solch unerlaubte Tabakfelder gejagt wurden, wodurch, wie man sich denken kann, die Anpflanzungen völlig zugrunde gingen.

Es war wichtig, rechtzeitig Vorkehrungen zur Sicherung des finanziellen Ertrages zu treffen, denn in den folgenden Jahren kam in steigendem Maße das Schnupfen von Frankreich herüber, eroberte die höheren Klassen der Gesellschaft und vermehrte den Gebrauch der Pflanze. Macaulay[1] schildert in seiner Geschichte Englands die eleganten Kaffeehäuser Londons in der Nähe von St. James' Park. »Die Atmosphäre ähnelte der eines Parfümerieladens. Tabak in einer anderen Form als in jener eines reichlich parfümierten Schnupftabaks war hier verbannt. Wenn irgendein Spaßvogel, der die Sitten dieses Hauses nicht kannte, um eine Pfeife bat, überzeugten ihn das Hohngelächter der ganzen Versammlung und die kurzen Antworten der Kellner, daß er gut daran täte, anderswohin zu gehen.« Freilich hatte er nicht weit zu gehen, denn die Räume der Kaffeehäuser waren im allgemeinen gleich Wachstuben vom Tabakrauch erfüllt, und Fremde äußerten manchmal ihre Überraschung, daß so viele Leute ihren guten Platz am heimischen Herd verließen, um sich mitten in ewigen Nebel und Gestank zu setzen. Die finanziellen Einkünfte daraus wollte man freilich nicht missen, und schon 1685 wurde der Einfuhrzoll neuerdings auf den Vorschlag eines Vorläufers des berühm-

1 Th. B. Macaulay, The History of England from the accession of James the Second. Vol. 1, chapter 3.

ten Vertreters des wirtschaftlichen Liberalismus und Freihandels, Adam Smith, durchgesetzt. Auch in der glorreichen Revolution, welche 1688 die Stuarts vom englischen Throne hinwegfegte, um Wilhelm von Oranien hinaufzuführen, spielten die aus der Tabaksteuer gezogenen Gelder eine bedeutende Rolle. Die Eingänge aus dem Tabak wurden nämlich am 15. November 1688 der holländischen Regierung als Anzahlung für die zur Fortführung der Revolution vorgeschossenen Gelder in Pacht gegeben. Schon begannen also die Eingänge aus der Besteuerung der Rauchsitte auch in der hohen Politik eine bedeutende Rolle zu spielen. Entsprechend der aus eigennützigen Gründen allmählich abebbenden feindseligen Haltung der Obrigkeiten zeigte es sich, daß die Literatur der letzten Jahrzehnte des 17. Jahrhunderts zum Unterschied von dessen zweitem Drittel dem Rauchen und dem Tabak nicht nur freundlich gesinnt zu werden begann, sondern sich, wie einst in den schönen Zeiten der Überschätzung der Heilkraft, in Hymnen und Lobpreisungen erging. Der Professor an der Universität von Pavia, Magnenus[1], ein Gelehrter und berühmter Arzt, widmete der Pflanze eine höchst ausführliche Arbeit, die alle medizinischen und sonstigen Methoden des Tabakgebrauches in ihre Betrachtung zieht. Eine alte Schrift H. Bernsteins erschien 1673 unter dem neuen, vielsagenden Titel: »Miraculum tabaci oder Tabakswunderkraut.«[2] Ein gewisser Baillard schrieb schon 1667 eine Geschichte des Tabaks und berücksichtigte, entsprechend der in vornehmen Kreisen von Paris sich immer mehr ausbreitenden Schnupfsitte, vornehmlich den pulverisierten Schnupftabak.[3] Höchst bezeichnend ist aber für das

1 Magnenus, De tobacco. Paviae 1669.
2 Erfurt 1673.
3 Baillard, Histoire du tabac. Paris 1677.

1. König Sethos I., vor Osiris und Horus räuchernd. Um 1300 v. Chr.

2. *Mayatempel in der Ruinenstadt von Palenque.*

3. Rauchender Mayapriester.
Relief am Tempel von Palenque.

4. *Rauchender Mayapriester (Mitte rechts).*

5. Nordamerikanischer »Mound«. Oben: Äußere Ansicht.
Mitte: Ansicht eines abgedeckten »Mound« mit Steingräbern und Skeletten.
Unten: Eine darin gefundene Pfeife mit Menschenkopf.

6. Darstellungen aus einer aztekischen Bilderhandschrift.

7. Indianische Tomahawkpfeife. Aus ›Americae Partes‹. 1590.

8. Erste Landung des Kolumbus.
Aus ›Americae Partes‹. Frankfurt am Main 1590.

9. Gegabeltes Rauchrohr und Hengematte.
Aus Oviedo.

10. Phantastische Raucherabbildung. 1621.

11. Krankenbehandlung mit Rauch. Aus ›Americae Partes‹. 1590.

12. Jean Nicot. Nach einem Gemälde von Henry Goltzius.

13. Erste Abbildung einer Tabakpflanze
mit dem Vorgang des Rauchens. 1576.

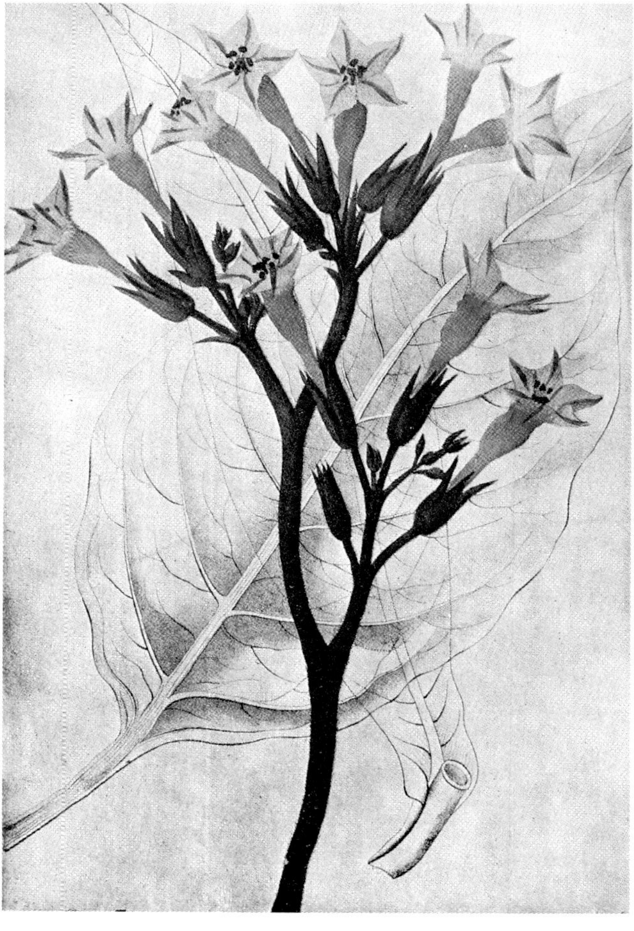

14. *Blühende Tabakpflanze.*

15. Sir Walter Raleigh. 1552–1618.

16. Inneres einer Tabagie in London.
Aus der Zeit der Stuarts.

17. *Jakob I., König von England.*
1603-1625.

18. Titelbild des Werkes »Richard Brathwait, Das Rauchzeitalter«. London 1617.

19. Der rauchende Verschwender. London 1620.

20. *Innenraum aus der Zeit der Stuarts in England.*

21. Karl I., König von England. 1625-1649.

22. Pfeifenraucher aus der Zeit vor dem Dreißigjährigen Kriege.

23. David Teniers. 1610-1690.
Darstellung eines Rauchers und der
Schwierigkeit des Anzündens.

24. Johannes Neander aus Bremen.

25. *Rauchender Landsknecht.*
Gemälde von Jacob Toorenvliet.

26. Flugblatt zum Lobe des Tabaks.
Aus der Zeit nach dem Westfälischen Frieden.

27. Trink- und Rauchgelage in Amsterdam. Anfang des 17. Jahrhunderts.

28. David Teniers, Inneres einer holländischen Tabagie.

29. Flugblatt über die Vorzüge des Tabaks. Aus der Zeit des Dreißigjährigen Krieges.

30. David Teniers, Das Rauchen als Hauptvergnügen in Holland um 1650.

31. *Der teutsche Tabacktrincker. Einblattdruck aus dem 17. Jahrhundert.*

Zeldzaam
Prentje over het
gebruik der Tabak
17e eeuw. Zie ook
keerzijde

Wie zijt ghy, lieve vrient? soudt ghy wel Bacchus wesen
Van alle man bemint, van yder een gepresen?
Van Jupiter geteelt? neen, die en zijtje niet,
Gelijck men aen u verw en al u wesen siet.
Ghy zijt van quaden reuck, en uwe dampen stincken,
O! 't is een ander nat daer van de Goden drincken,
Dat heeft een frisschen geur, en vry al beter smaeck,
My dunckt ick word een Godt als ick het vocht genaeck.
Voorwaer ghy zijt geteelt daer noyt geen druyf en groeyde,
En daer noyt acker-man haer gulle rancken snoeyde,
Ghy kreeght u wesen niet uyt 's wijngaerts edel hout,
Maer uyt een brouwers kuyp, en vunstigh gersten-mout;

Van den Taback.

Het XX. Capittel.

De Taback-blaser spreeckt.

WAt macher eenig volk sieck, vleet, of hammē wenschen,
Al dat maeckt drabbig bloet, en onvermeuge menschen,
Voor my ick weet een spijs die ick al beter houw,
Die draegh ick in mijn sack, of in mijn wijde mouw.

Z

Koom

32. *Holländische Tabagie im 17. Jahrhundert.*

Die
Truckene
Trunkenheit.
Eine / aus
JACOBI BALDE
P. Soc. J.
Lateinischem gedeutschte
SATYRA oder Straff-
Rede
wider den
Mißbrauch des Tabaks.
Samt einem DISCURS
Von dem Nahmen / Ankunfft / Na-
tur / Krafft und Würkung dieses
Krauts.

NÜRNBERG /
Gedrükt und verlegt durch Mi-
chael Endter / 1658.

33. Jakob Baldes Satire gegen den Mißbrauch des Tabaks. 1658. Titelbild und Titel.

34. Papst Urban VIII. 1623-1644.

35. Sultan Murad IV. 1623-1640.

36. Moskauer Straßen mit feuergefährlichen Holzbauten zur Zeit des ersten Romanow.

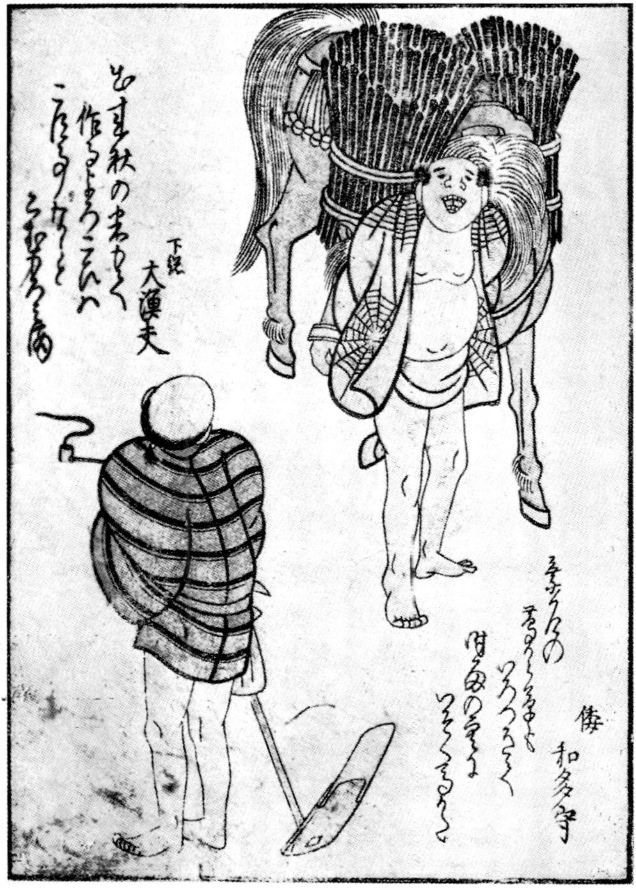

37. Rauchender Handwerker.
Altjapanischer Holzschnitt.

38. Rauchende Geisha.
Altjapanischer Holzschnitt.

39. Altchinesisches Interieur mit rauchender Dame.

40. Elisabeth Charlotte von Orleans.
Nach einem Gemälde um 1682.

41. *Schnupferin aus der Zeit um 1715.*

42. *Adelige Rauchgesellschaft. Um 1720.*

43. Das Tabakskollegium unter Friedrich I. von Preußen.

44. Das Tabakskollegium König Friedrich Wilhelm I. von Preußen.

45. *Zurichtung des Tabaks. Um 1750.*

46. Ernte des Tabaks. Um 1750.

47. Silhouette eines Pfeifenrauchers.
Zeichnung von Daniel Chodowiecki.

48. Tabatiere Friedrichs des Großen.

49. Pfeifenrauchender Soldat.
Aus der Zeit Friedrichs des Großen.

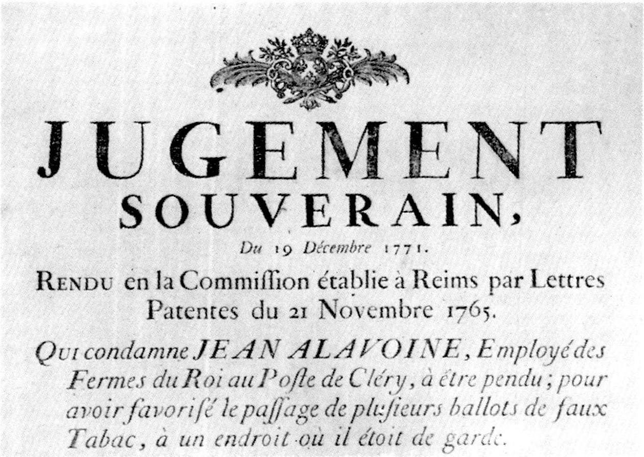

JUGEMENT SOUVERAIN,

Du 19 Décembre 1771.

RENDU en la Commiſſion établie à Reims par Lettres Patentes du 21 Novembre 1765.

QUI condamne JEAN ALAVOINE, Employé des Fermes du Roi au Poſte de Cléry, à être pendu; pour avoir favoriſé le paſſage de pluſieurs ballots de faux Tabac, à un endroit où il étoit de garde.

50. Todesurteil wegen Übertretung des Tabakmonopols.

51. Madame Vigée de Brun.
(Angebliches) Selbstporträt.

52. Moderne nächtliche Unterhaltung. Aquarell von William Hogarth.

53. *Rauchklub in England, zur Zeit der Französischen Revolution.* 1792.

54. Tabakverpackung mit einem Porträt Napoleon Bonapartes. 1799.

55. *Feldmarschall Fürst Blücher von Wahlstatt.*
Einer der eifrigsten Raucher der Napoleonischen Zeit.

56. Johann Gottfried Herder.
Silhouette um 1780.

57. *Federzeichnung Goethes. 1812.*

58. J. Chr. Reinhard, Schiller in Karlsbad. 1791.

59. *Karikatur über die Mode des Rauchens. 1827.*

60. Verbreitung des Zigarrenrauchens in London. 1827.

61. Der Herzog von Reichstadt als Pfeifenraucher.

62. *Eine der ältesten Darstellungen des Zigarettenrauchens.*

63. Tabakpflanzung in den Tropen.

64. Faksimile der Niederschrift des Liedes »Die Tabakpfeife« von J. S. Bach.

Interesse, das die Staaten nunmehr an der Steigerung des Tabakkonsums um des geldlichen Gewinns willen hatten, daß Ludwig XIV., der persönlich dem Rauchen sowohl wie dem Schnupfen ablehnend gegenüberstand, am 29. April 1677 dem Marquis de Prade das privilège du roi zum Druck und Vertrieb eines gänzlich zugunsten des Tabaks geschriebenen Büchleins im ganzen Königreiche erteilte.[1]

Sehr viel trug auch zur Verhimmelung des Tabaks die Meinung bei, daß er bei ansteckenden Krankheiten Schutz gewähre. Gerade in den letzten Dezennien des 17. Jahrhunderts war ganz Europa bald da, bald dort durch die Pest in Schrecken versetzt worden. Besonders die großen Städte wurden von der Krankheit schauerlich heimgesucht, so im Juni 1665 London. Die Ärzte standen dem furchtbaren Sterben machtlos gegenüber. Um aber doch etwas zu tun, empfahlen sie vornehmlich, die Tabakpflanze zu riechen und zu kauen oder auch ununterbrochen zu rauchen. Die in Eton studierenden Knaben mußten jeden Morgen als Vorbeugungsmaßregel rauchen. Insbesondere jene Leute, die um die Pflege der Erkrankten bemüht waren oder die die Leichen der Opfer auf Karren aus der Stadt zu schleppen hatten, rauchten ununterbrochen, um sich vor der Ansteckung zu schützen. Die Ärzte, darunter auch der zu jener Zeit berühmte Richard Barker, empfahlen den Tabak wärmstens, weil er und andere bemerkt haben wollten, daß bei früheren Heimsuchungen die Tabakverkäufer in Tabakgeschäften verschont geblieben waren. Ein Zeitgenosse, Samuel Pepys, gibt uns in seinem Tagebuch eine Bestätigung dieser Vorgänge. In der Zeit der Pestplage, am 7. Juni 1665, einem furchtbar heißen Tage, mußte er gegen seinen Willen Geschäfte halber dringend durch Drury Lane im Lon-

1 De Prade, Histoire du tabac. Paris 1677.

doner Westend gehen und sah an zwei oder drei Häusern, in denen die Pest reiche Ernte gehalten hatte, große rote Kreuze an den Toren und die Inschrift: »Herr, Gott, erbarme dich unser!« Diese Zeichen sollten davor warnen, solche Häuser zu betreten. Samuel Pepys schildert nun, wie er sich beim Anblick dieser Kreuze plötzlich unwohl fühlte und sich eiligst eine Rolle Tabak kaufte, um daran zu riechen und zu kauen. Als er es getan, schwand jedes Unwohlsein, er verlor die Furcht und kehrte heil zurück. Mag auch die Einbildung sehr viel dabei mitgespielt haben, so ist es doch nicht ausgeschlossen, daß eine Desinfektionswirkung durch Tabakrauch tatsächlich in geringem Maße erzielt wurde, die freilich lange nicht den Hoffnungen entsprach, die man auf sie setzte.[1]

Auch Wien wurde besonders im Jahre 1679 in furchtbarer Weise von der Pest ergriffen. Wir besitzen eine Erinnerung daran in den Bußreden des berühmten kaiserlichen Predigers und reformierten Augustiner-»Barfüßer«-Mönches, des Pater Abraham a Santa Clara, die in einem Büchlein unter dem Titel »Mercks Wienn | Deß wütenden Todts Eine umständige Beschreibung |« gesammelt sind.[2] »Die kaiserliche Residenzstadt in Oesterreich«, schreibt er, »hat von uralten Zeiten her den Namen Wienn, dessen erster Buchstab ein W ist, wer anjetzo will Wienn schreiben, muß es schreiben mit einem großen W, aller Maßen ein großes und abergroßes W und Wehklagen in, an und um Wienn (herrscht).« So groß war der Jammer in der

1 Die Gelehrten scheinen sich auch heute noch über die Frage, ob der Tabak desinfizierend wirkt oder nicht, uneinig zu sein. In dem Werke »Tobacco and Physical Efficiency, A Digest of Clinical Data. New York 1927, von Pierre Schrumpf-Pierron«, das sich mit den medizinischen Eigenschaften des Tabaks beschäftigt und dessen Hauptvorzug eine ausgezeichnete Bibliographie ist, behandelt das Kapitel 12 die Frage der desinfizierenden Wirkung und führt annähernd ebenso viele Ärzte auf, die die Desinfektionskraft behaupten, wie solche, die sie vollkommen in Abrede stellen.

2 Gedruckt zu Wien 1680.

Stadt, daß der Mönch schreibt: »Wer Anno 1679 in der Wienerstadt in dem Monat September hat gelebt, der muß es hoch beteuern, daß solches Elend allen Malern zu entwerfen unmöglich scheine, denn der Tod solcher Gestalten gewütet, daß vielen vorkommen, es sei der allgemeine Weltschluß. In der Herrengassen hat der Tod geherrscht . . . in der Singerstraßen hat der Tod vielen das Requiem gesungen, in der Himmelpfortgassen hat manchen der Tod in den Himmel geschickt . . . auf dem Graben hat der Tod nichts als eingraben! . . . auf der Brandstatt hat der Tod viel abgebrannt, daß sie sind zu Staub und Asche worden . . . Summa, es ist keine Gassen noch Straßen, ob auch ihre Namen nicht alle hie beigefüget, sowohl in Wien, als in deren Vorstädten, welche der rasende Tod nicht hätte durchstrichen. Man sahe das ganze Monat in Wien und um Wien nichts als Tote tragen, Tote führen, Tote schleifen und Tote begraben«, und schließlich fand man die Leute nicht mehr, die so traurige und gefährliche Arbeit machen wollten. In dieser Bedrängnis spricht auch Abraham a Santa Clara von der Schutzwirkung des »Toback, der Soldaten gewöhnliches Konfekt«. Er schreibt: »Mich wundert nur, daß bei den hunderterlei Namen dieses Krautes es keiner herba militaris oder Soldaten-Kraut nennet, zumalen es bei niemand so gewöhnlich als bei diesen, soviel man aber von Erfahrnis bishero wahrgenommen, hat dieses Kraut eine sehr heilsame Wirkung auch wider die Pest, wie man dann . . . vermerket, daß Weinrauthen und Toback in Wein eine Stunde geweicht, und mit Citroni-Saft den Pest-Süchtigen sei gegeben worden, nicht ohne Nutzen; absonderlich sei dienlich bei dieser Zeit der Tobackrauch wider den vergiften Luft, diesen haben die guten Soldaten allhier mehr als sonst nach Gewohnheit gebraucht, und er mutmaßlich vielen ein bewährtes Mittel gewest, viel aber sind gleichwohl von dem tobenden Tod hingerissen worden, als zeuge er, daß er keinen Stand unangefochten lassen wolle. Der Tod tät übersteigen, durchsuchen alle Basteien und Festungs-Werk dieser Stadt, wo er etwan einen Soldaten möchte erhaschen.«

Sicher ist, daß die Pest, die Europa heimsuchte, viele Leute zum Rauchen bekehrt hat, denn was zuerst als von den Ärzten gebotene Medizin und als Schutzmittel gebraucht wurde, wurde zur Gewohnheit, die auch dann, als die Pestgefahr verschwunden war, mit Genuß fortgesetzt wurde und dem Rauchen eine große Anzahl neuer Anhänger warb. Dementsprechend stieg das Ansehen und die Würdigung des Tabaks, was sich auch in der Literatur der Zeit in erhöhtem Maße ausdrückte. Nur die Agrarier alten Schlages sahen mit Besorgnis, wie dieses Kraut vieler Orten die Kultur der Brotfrucht verdrängte, und wandten sich da und dort gegen das Übermaß der Anpflanzung. So schreibt ein solcher im Jahre 1682, es sei sehr zweifelhaft, »ob der jetziger Zeit in Teutschland an vielen Orten gewöhnliche Tabac Anbau mehr Schaden als Nutzen bringe; es geschiehet meist darum, weil das gemeine Bauren Gesind bey langwührig gehabten Kriegs-Läufften von den Soldaten das Tabac-sauffen dermaßen in eine hartnäckige Gewohnheit gebracht haben . . . Zudem die Felder durch dieses Kraut sehr abgeödet und daher zum Korn und Waitzen Bau desto undienlicher sind; und wäre zu wünschen eine Landesfürstliche Obrigkeit möchte diesen übermäßigen Mißbrauch des Tabac Baues wo nicht gar verbieten, dennoch im gewisse Maß einschrencken . . . Es ist zwar ein heilsam und fürtreffliches Kraut so in der Arzney . . . nützlich zu gebrauchen; allein daß man ganze Aecker damit mehr zum mutwilligen schnupfen und sauffen als zur Gesundheit verderbet, ist nicht zu loben«.[1]

1 Hohberg, Georgica curiosa 1682. II. Teil, S. 68 f.

Um dieselbe Zeit hegte man auch in Österreich Besorgnis, daß die neu einsetzende Tabakkultur die Getreidefrüchte verdrängen würde.

Die Hofkammer unterließ nicht, sich dieser vorgefaßten Meinung im Kampfe gegen den unbefugten Tabakbau anzuschließen: »Der grobe Pöbel«, schrieb sie, »eignet sich die Tabakpflanzung gleichsam als ein unverweigerliches Recht zu und gibt an, daß diese als der kostbarste Fruchtbau den Einwohnern behufs Leistung und Landesumlagen nicht verwehrt werden könne; das Volk der Bauern überlegt ›in seiner plumpen Art‹ nicht, daß der Tabak nur durch den Appalto, durch Mauten und Spesen in so hohem Wert gestiegen sei, da doch sonst der Zentner kaum sechs Gulden kosten würde . . .«

Einer der begeistertsten Lobredner des Tabaks dagegen war der etwa um dieselbe Zeit schreibende Cornelius Bontekoe, ein seinerzeit in Holland hochberühmter Arzt, der in seinem Werk »Kurze Abhandlung über des Menschen Leben, Gesundheit, Krankheit und Tod« den Gebrauch des Tabaks in den Himmel hebt und »an alle Liebhaber ihres Lebens und ihrer Gesundheit« empfiehlt.[1] Er erneuert die einstige Lehre von der Panazee, dem Allheilmittel, erklärt den Tabak als den sichersten Weg, das Leben zu verlängern, und als ein Mittel, das täglich gebraucht werden soll: »Noch ist nichts so gut, nichts so sehr zu beachten, noch dem Leben und der Gesundheit so nützlich und nötig, als der Rauch des Tabaks, jenes königlichen Gewächses, das die Könige selbst sich zu rauchen nicht scheuen.« Bontekoe sieht in drei Dingen die Hauptertungenschaften seines Zeitalters: In der Entdeckung der Blutzirkulation, des »Umb-

1 Cornelius Bontekoe, Kurze Abhandlung über des Menschen Leben, Gesundheit, Krankheit und Tod. Über die Mittel, um das Leben und die Gesundheit zu bewahren und zu verlängern. Gravenhagen 1685.

lauffs« des Geblütes, dann im Umlauf um den Erdboden durch die Schiffahrt, die das dritte Gut, das nie satt gepriesene Rauchkraut aus fernen Ländern nach Europa gebracht habe.

Ein anderer Lobredner und Schwärmer war Beintema von Peima, der schon im Titel seines Werkes »Panacea oder das allgemeine Hilfsmittel oder Lob des Tabaks«[1] seine begeisterte Einstellung zeigte. Er schloß sein Büchlein mit dem Wunsche, man möge alle Männer und Frauen zum Tabakrauchen ermutigen, damit sie sich eines langen und vergnügten Lebens erfreuen könnten. Daneben verhallten die Stimmen von einzelnen Geistlichen, die sich mit diesem Wunsch immer noch nicht befreunden konnten, wie z. B. des Predigers Kaspar Hoffmann, Pfarrers in Quedlinburg im Harz, der 1684 in seinen leidenschaftlichen Ansprachen das Tabakrauchen immer noch ein Werk des Teufels nannte. Besonders in der Schweiz hielt sich die Gegnerschaft am hartnäckigsten. In der Bevölkerung und insbesondere unter den Händlern war die Widersetzlichkeit gegen all die behördlichen Verbote im Wachsen, und im März des Jahres 1686 ließen sich Kaufleute, die eine Buße entrichten sollten, rund heraus »vernemmen, daß Sie gar nit gesinnet die buß zu entrichten«. Den Krämern aller Welt stände es neuerdings frei, sich mit dem Tabakhandel zu befassen, und sie wollten daher auch hier »alle für einen mann stehen und trachten, daß dieses Tabakverbott wiederumb aufgehoben werde«.

Noch wollte der Rat der Stadt Zürich solch »unverhofftter Widersetzlichkeit« mit strengen Mitteln begegnen.[2] Den eigenen Bürgern gegenüber konnte man noch scharf vorgehen, was

1 Leipzig 1691.

2 Aus der Weisung zum Sittenmandat der Reformationskammer der Stadt Zürich vom 9. März 1686. Zürich, Staatsarchiv.

aber sollte man mit den unzähligen, aus Piemont gekommenen Flüchtlingen machen, die hier vor den Zuständen in ihrer Heimat Schutz suchten? Das waren alle starke Raucher, bedrohten nach Meinung des Rats die Feuersicherheit der Stadt und gaben ein schlechtes Beispiel. Langsam begann man im Rate der Stadt Zürich einzusehen, daß es Leute gebe, die sich schon so sehr an das Rauchen gewöhnt hätten, daß sie es einfach nicht mehr lassen konnten. So gab die Stadt für diese piemontesischen Emigranten eine schon auf einen versöhnlicheren Ton gestimmte Weisung heraus. »Sie sollen sich hüten«, hieß es dort[1], »in den öffentlichen Gaststätten . . . und auf offener Straße zu rauchen, und wenn einige von ihnen nicht imstande wären, sich einfach dieses Lasters zu enthalten, so mögen sie ihre Gelüste in der Einsamkeit und außerhalb der Mauern ihrer Stadt befriedigen, damit diejenigen, die von Natur aus gegen die häßliche Gewohnheit eine Abneigung haben, nicht belästigt würden.«

Schon drang langsam auch im Schweizerischen die Idee durch, daß man wenigstens einen finanziellen Gewinn aus der Rauchsitte ziehen solle, wenn man schon durch Verbote der Sache nicht Herr werden könnte. Der Rat der Stadt Zürich, deren Obrigkeiten zwar höchst ungern, widerwillig und zögernd, aber doch notgedrungen nachzugeben begannen, und der Landvogt der Stadt Baden schlugen vor, man solle statt der bisherigen Verbote »jeden so Tabak trinke mit einer gewissen Buß belegen, dieses Geld zusammenlegen« und »nach und nach Kriegsgewehr daraus erkauffen«, um im Fall der Not »solche den armen Untertanen aufteilen zu können«.[2]

1 Aus einem Erkenntnis der Stadt Zürich an die »Piemontesischen Exulanten« vom 10. November 1687. Zürich, Staatsarchiv.

2 Dies wurde im Badener Abscheid vom 2. Juli 1702 ad referendum genommen. Zürich, Staatsarchiv.

Bern blieb am längsten dem Rauchen vollkommen feindlich gesinnt und erließ noch im Jahre 1693[1] ein Tabakmandat, in dem es sich beklagte, daß all die Verbote so gar nicht beachtet würden, und worin neuerdings jedes »Räucken und Käuen« des Tabaks mit schwerer Strafe bedroht wurde. Auch der Pipen- wie Tabakverkauf blieb verboten, und die Ware sollte im Übertretungsfalle »durch die Weibel auf einem Platz öffentlich verbrennt und die Pipen zerbrochen werden«.

Die folgenden Jahre waren in der Schweiz noch mit heftigem Widerstreit der Meinungen über das Tabakrauchen ausgefüllt, in welchem allerdings die Befürworter des Rauchens langsam, aber um so sicherer das Übergewicht gewannen, als die obrigkeitlichen Personen selbst vielfach der neuen Gewohnheit unterlagen. Schon im Jahre 1702 schlug der Kommerzienrat offiziell vor, im Lande das Tabakkraut anbauen zu lassen, damit nicht so viel Geld für die Blätter aus dem Lande gehe. 1705 fragte Freiburg beim tabakfeindlichen Bern an, ob es nicht bei einem neuen, allgemeinen Tabakverbot mithelfen wolle; doch waren die Frager selbst nicht mehr überzeugt, es ganz durchsetzen zu können, denn »die Kommission zur Hindertreibung der Excessen« wurde um ein Gutachten mit dem Beisatz angegangen, »wiewohl nit zu völligem Verbot, das Meine gnädigen Herren gleichsam unmöglich halten, sondern nur zu etwelcher Einschränkung des Rauchens«.

Aus den Mandaten von 1706 erkennt man schon den schrittweise erfolgenden Rückzug der Stadtobrigkeiten, die bei aller sich gleichbleibenden Antipathie gegen das Rauchen doch schon die Feuergefährlichkeit in den Vordergrund rücken und kein absolutes Verbot mehr erlassen. Das Tabaktrinken wird

1 Neues Tabakmandat der großen Ratsversammlung der Stadt Bern vom 20. März 1693.

darin zwar noch als »unnütz, liederlich und zwecklos« bezeichnet und bemerkt, daß es bei der nachlässigen Sorglosigkeit der Menschen nur der »gnädigen Obsicht Gottes« zu danken sei, wenn nicht alle Häuser, Dörfer und Städte abbrennen, aber doch die Geldstrafe nur noch für Tabaktrinken an feuergefährlichen Orten angedroht.

Im Februar 1709 schaffte der kleine Rat das hochobrigkeitliche Tabakverbot ab, da er einsah, daß es einfach nicht mehr aufrechtzuerhalten war, und am 25. April 1710 wurde eine Tabakauflage von siebeneinhalb Batzen für jeden Raucher und Schnupfer beschlossen.[1] Aber kaum einen Monat später wurde dieser Beschluß des hohen Rates aufgehoben, denn die freien Schweizer ließen sich das nicht so gefallen wie anderwärts. In Stadt und Land, unter Bürgern und Bauern zeigte sich große Unzufriedenheit mit dieser Steuer.

»Under der Burgerschaft eräugnen sich unterschiedliche bedenkliche Bewegungen und kommunizieren sich gar biß in die Landgerichten«, hieß es in einem der Berichte aus der Zeit, und die Regierung hatte keine Lust, sich einer Revolution auszusetzen. Darum gab sie in Angelegenheit des Rauchens auf der ganzen Linie nach, »daß diese böse Zundel bey Zeiten gelöschen werde, damit nicht ein gefährlich Feüwer aufbreche«. Damit war die Kapitulation in der Schweiz entschieden. Man traute sich nicht einmal, finanziellen Gewinn daraus zu ziehen wie in anderen Ländern, und bald folgten auch Verfügungen über die Anpflanzung von Tabak im Lande. Jetzt gewann das Rauchen freie Bahn.

Der Widerstreit der Meinungen ging indes weiter. Am köstlichsten war wohl die Streitfrage, an der sich mehrere Geistliche und Ärzte beteiligten und bei der behauptet wurde,

1 Milliet, a.a.O., S. 388 f.

daß sich die Gehirne der Raucher allmählich mit einer schwarzen Rinde überzögen, was man bei der Sektion verstorbener starker Raucher konstatiert haben wollte. Schon Neander war damals bei seiner Rundfrage an berühmte Ärzte auf diese Sage zurückgekommen und hatte seine Kollegen gefragt, was sie davon hielten. Während die meisten eine solche Schwarzräucherung des Gehirns ablehnten, war Hadrianus Falckenburgius der Meinung, daß ebensogut wie bei einem Ofen die Züge, beim Menschen das Gehirn verruße. Verschiedene bei der Sektion von hingerichteten Verbrechern gemachte Erfahrungen hätten dies bestätigt.[1] Mehrere, darunter Kaspar Hoffmann und die Ärzte Paw und Rolfink, glaubten die Sache allen Ernstes und wollten es sogar mit eigenen Augen gesehen haben. Man nahm diese Behauptung auch in gelehrten Kreisen so ernst, daß sich ein Jenaer Arzt veranlaßt fühlte, in der Neubearbeitung einer im Jahre 1667 herausgegebenen Tabacologie[2], 1690, ein eigenes Kapitel einzufügen, welches sich mit der Geschichte dieses köstlichen Streites beschäftigt und eingehend darlegt, daß der Rauch keine solche schwarze Kruste über das Gehirn legt. Die ganze Sache war offenbar von Feinden des Tabakrauchens erfunden, um in der Bevölkerung Schrecken vor den Folgen dieser neuen Gewohnheit zu erwecken.

Was aber nützten all diese einzelnen Anfeindungen, wenn das Rauchen allmählich auch die regierenden und die gekrönten Häupter erfaßte! Ihr Machtwort war in der damaligen Zeit des Absolutismus von solchem Einfluß auf den Gang der Dinge in der Welt, daß natürlich die Annahme einer neuen Sitte durch das Staatsoberhaupt mehr oder weniger freie Bahn

1 Epistolae et Judicia Clarissimorum aliquot Medicorum. De Tabaco. Ultrajecti 1644.
2 Adam Hahn, Tabacologia sive de tabaco 1667. In Ausgabe 1690 ein eigenes Kapitel, ob »fumus tabaci crustam nigram in cerebro gignat«.

für diese auch unter den Untertanen bedeutete. Dies geht am sinnfälligsten aus der Entwicklung der Dinge in Rußland hervor, wo mit dem Ende des 17. Jahrhunderts die Selbstherr-schaft Peters des Großen in ihren Wirkungen fühlbar zu wer-den begann. Seit dem Jahre 1689 war diese originellste Persön-lichkeit, die je auf einem Thron gesessen, mit ihrem Lern- und Lehrdurst in Rußland zur Alleinherrschaft gelangt. Mit einem Male wollte Zar Peter nachholen, was in Rußland durch Jahrhunderte versäumt wurde, sein Volk aus dem Tiefstand zu Kultur und Macht erheben und es lehren, sich die Vorteile fremder Fortschritte zu eigen zu machen. Von allem Anfang an hatte er sich an kulturell höherstehende, in Moskau lebende Ausländer, wie den vielseitig gebildeten Schotten Gordon und den Genfer Lefort, angeschlossen und war durch sie auch mit den übrigen Ausländern, die die deutsche Vorstadt von Mos-kau, die Sloboda, bewohnten, in Berührung gekommen. Dort herrschte reges geistiges Leben, man lag den Wissenschaften und Künsten ob und beschäftigte sich mit Mathematik und Astronomie ebenso, wie man die einfachen Handwerke und das Kunsthandwerk betrieb. Neben Deutschen wohnten dort auch viele Engländer und Holländer. Von wahrem Wissens-durst und Hunger nach neuen Erfindungen beseelt, verfiel der neue Zar in steigendem Maße den dort auf ihn wirkenden Einflüssen, wobei ihn sein persönliches, ungebundenes, mit übermäßigem Trinken und Ausschweifungen aller Art ver-brachtes Privatleben in keiner Weise störte. Diese Lebensauffas-sung brachte ihn bald in schärfsten Gegensatz zum Patriarchen, dem obersten Herrn der orthodoxen Kirche, die als Staat im Staate bisher die höchsten Sonderrechte genoß. Der Patriarch Joachim versuchte 1690, die Fremden aus der Nähe des Zaren zu verbannen, und verbot z. B. dem Heiden Gordon, im Kreml beim Zaren zu speisen. Vermaß sich doch dieser Fremdling zu allem Überfluß gleich den anderen Ausländern, das strenge Rauchverbot des Patriarchen zu mißachten und sogar dem Zaren gegenüber, der allem Neuen nur allzu zugänglich war, die Vorzüge und Genüsse, die diese neue Unsitte angeblich bieten sollte, zu rühmen. Noch fühlte sich Peter der Große nicht stark genug, sich augenblicklich dem Patriarchen auf der ganzen Linie zu widersetzen, aber das sollte nicht mehr lange dauern. Er kümmerte sich keinen Deut darum, daß sein Verkehr mit den Ausländern und sein ungebundenes Leben dem Kirchenfürsten nicht behagte, er verkehrte nach wie vor, mit wem er wollte. Auf seinen Reisen nach Archangelsk, dem Einfuhrhafen für alle aus Westeuropa kommenden Waren, trat er mit Kaufleuten und Matrosen aus England und Holland in engen Verkehr und ließ sich bei seiner Passion für die Schiffahrt im Schiffbau und in der Navigation unterrichten. Bei dieser Gelegenheit sah er alle Fremden die Pfeife rauchen, wie er dies schon bei Gordon und andern in Moskau lebenden Ausländern beobachtet hatte. In Kürze gewöhnte er sich selbst das Rauchen an, und die halblange holländische Pfeife, die damals allgemein gebräuchlich war, wurde von nun ab der unzertrennliche Begleiter des Zaren. Er kümmerte sich nicht um den Patriarchen und gestattete das Rauchen zu dessen großer Empörung über dessen Kopf hinweg sogar seinen Untertanen. In der Folge sollten die Patriarchen von Moskau bald merken, daß ihre Sonderstellung bei solch eigenwilligem Herrscher auch in anderen und wichtigeren Dingen nicht aufrechtzuerhalten war; die Kirche wurde zu einer Einrichtung des Staates, während sie früher ein Staat im Staate gewesen war. Bald konnte man in Archangelsk den Zaren Peter im Gewande eines holländischen Kapitäns in den Hafenkneipen mit seiner Pfeife im Munde trinken und rauchen sehen, während der Hafenpilot Timofei Antip[1] mit ihm über die neuesten Schiffsmodelle sprach.

1697 unternahm dann Peter seine berühmte Reise nach Westeuropa, deren hauptsächliches Ziel es war, alle neuen Errungenschaften, insbesondere auf technischem Gebiete und jenem der Seeschiffahrt, dort, wo sie die größte Entfaltung gefunden, zu studieren. Holland war das nächste Ziel, und in Zaandam arbeitete er als einfacher Zimmermann auf der Schiffswerft. Auch da kam er natürlich in erster Linie mit Matrosen und Seeoffizieren zusammen, und wenn er nicht schon von Archangelsk her ein eifriger Raucher gewesen wäre, so wäre er es hier und in England, das er nach Holland besuchte, zweifellos geworden. Wilhelm von Oranien, der neue Herrscher Englands, sah dem Tun und Treiben und vor allem den ungehobelten Sitten seines kaiserlichen Gastes aus dem Osten mit Kopfschütteln zu. Zwar hörte er es gern, wenn Peter angesichts der englischen Flotte meinte, wenn er nicht Herrscher Rußlands wäre, so möchte er Admiral der englischen Flotte sein; aber anderseits sah er, wie das dem Zaren angewiesene schöne Palais von den Russen in Kürze in einen wahren Stall verwandelt wurde, in dem der Zar, wie ein Arbeiter gekleidet mit der Pfeife im Munde, zu den unmöglichsten Stunden aß und schlief und zuweilen auch Orgien veranstaltete. Als man das bemerkte, teilte man dem ungeschlachten Gast einen Admiral, Earl of Danby, späteren Marquis de Caermarthen, zu, von dem die Sage ging, daß er mindestens so trinkfest wäre wie der stets nach Branntwein duftende Großfürst von Moskau und Kaiser. Der Marquis war gleichfalls ein ganz seltenes Original, und so verstanden sich die beiden ausgezeichnet. Danby ging auf die bizarrsten Ideen Peters ein, befriedigte

1 Georges Oudard, La vie de Pierre le Grand. Paris 1929.

dabei aber nicht nur die Gelüste Peters nach schönen Frauen und Trinkgelagen, sondern führte ihn, um seinen Wissensdurst zu stillen, auch in die Fabriken, Spitäler, Apotheken, Schiffswerften, kurz überallhin, wo es etwas zu sehen und zu lernen gab. Einen lernbegierigeren Schüler als den Zaren gab es in der ganzen Welt nicht mehr. In England sah Peter jedermann, hoch und niedrig, rauchen und wurde dadurch in der Meinung bestärkt, daß das von der Geistlichkeit in Rußland vertretene Rauchverbot eine zwecklose Belästigung der Bevölkerung darstellte. Die Kaufleute Englands, die den Neuerungsdrang und die moderneren Ideen des jungen Herrschers erkannten, beschlossen daraus Vorteil zu ziehen. Eines Tages erschien eine Deputation von ihnen in Peters Haus in London und bat den Zaren in Anwesenheit seines Begleiters, des Admirals Caermarthen, er möge die Einfuhr von Tabak in Rußland gestatten. Peter sah darin eine Möglichkeit für seinen Staat, gleich anderen Nationen und Herrschern Gewinne zu erzielen, und gab die Erlaubnis zur Einfuhr gegen einen entsprechenden Zoll. Der Admiral äußerte seine Besorgnis, daß der Patriarch von Moskau gegen die Einführung des Tabaks auftreten werde, worauf Peter antwortete, er erlaube nicht, daß Geistliche, die sich mit Gott zu beschäftigen hätten, in weltlichen Dingen mitredeten. Der Patriarch sei kein Zollinspektor und solle sich um das Seelenheil der ihm anvertrauten Herde kümmern.[1] Im weiteren Verlauf schloß dann Peter am 2. April 1698 einen Vertrag mit seinem »Bärenführer« ab, wodurch diesem zunächst allein zugebilligt wurde, alljährlich zehntausend Hogsheads[2] Tabak nach Rußland einzuführen, wofür jedesmal zweitausend Pfund an den Zaren zu zahlen waren. Damit erzielte Peter ein Drei-

1 Erich Müller, Peter der Große und sein Hof, München 1926, S. 27.

2 Ein Hogshead etwa 140 l.

faches: Einmal ermöglichte er den englischen Tabakhändlern, ihre Ware nach Rußland zu verfrachten, dann gab er dadurch, daß er den Admiral Caermarthen in den Vertrag verflocht, diesem die Möglichkeit, mit Tabakhandel nach Rußland Geld zu verdienen, und endlich bekam er selbst die große Summe des Pachtschillings, die ihm wie vom Himmel herabgeschneit zufiel. Als er dann nach Rußland zurückkehrte, bestätigte er die Erlaubnis zur Tabakeinfuhr und zum Rauchen in seinen Landen durch Einführung des Tabakmonopols, das er dann seinem Günstling und einstigen Spielgenossen, dem vom Pastetenbäcker zum Freunde des Zaren emporgestiegenen Menschikow, in Pacht gab.

All dies geschah dem auf seinem Rauchverbot beharrenden geistlichen Fürsten von Moskau zu Hohn und Trotz. Der Patriarch Joachim hatte sich schon auf anderen Gebieten vom Zaren hohnvollen Spott bieten lassen müssen. So hatte er einst den Gläubigen angedroht, sie zu exkommunizieren, wenn sie sich, wie es damals in England in Mode kam, statt Bärte zu tragen, glatt rasieren ließen. Nun kam der Zar aus jenem Lande selbst rasiert heim, zog, als die versammelten Bojaren, Generale und hohen Würdenträger ihn im Palais begrüßten, plötzlich eine Schere aus der Tasche und schnitt dem Generalissimus und dem Vizekönig von Moskau sowie anderen Großen kurzweg mit einem raschen Schnitt die Bärte vor der Geistlichkeit ab. Aber es sollte noch viel schlimmer kommen. In wüsten, bacchantischen Gelagen verhöhnte der Zar durch einen komisch wirkenden »Hohenpriester des Bacchus« den obersten Chef der Geistlichkeit, indem er ihm brennenden Tabak zum Opfer darbrachte und ihm mit seinen betrunkenen Genossen den Rauch aus den Pfeifen ins Gesicht blies. Es war jedem klar, wer da mit dem bacchantischen Papst verhöhnt werden sollte. Nun scheute sich Peter der Große gar nicht mehr, sich auch öffentlich über das Verbot hinwegzusetzen und auf der Straße wie bei Festen ungeniert zu rauchen. Es war gleichsam eine sinnfällige Betonung seiner Unabhängigkeit gegenüber der sonst im Moskowiter Reiche so allmächtigen Geistlichkeit. Rauchend empfing er deswegen besonders gern die ausländischen Gesandten, die ganz genau den Sachverhalt dieses Kampfes kannten. In diesen scheinbaren Kleinigkeiten, dem Durchsetzen des Rauchens und dem Abschneiden der Bärte, lag Sinn und System. Auch ein Mann mit einem Bart erschien Peter als das Sinnbild des Althergebrachten und Reaktionären und wurde daher von ihm bekämpft. Peter der Große war also, wie für so viele andere Dinge im moskowitischen Reiche, auch für das Rauchen bahnbrechend, und von Stund an nahm dieses, wie überall, auch hier in ganz unglaublichem Maße zu.

Die Rauchlust war nun in der ganzen Welt bereits so stark verbreitet, daß selbst, wenn umgekehrt an der Spitze eines absolutistisch regierten Staates ein Monarch stand, der die Sitte persönlich mit Abneigung betrachtete, die Bevölkerung in der Befriedigung dieses Genusses kaum mehr gestört wurde. Auch in Frankreich herrschte Absolutismus in reinster Form unter dem Sonnenkönig Ludwig XIV., der diese Herrschaftsform nur äußerlich mit feineren, aber nicht moralischeren Lebensformen zu höchster Blüte ausbildete. Er war nicht nur der mächtigste, sondern auch der schönste und eleganteste unter den damaligen Herrschern. Die Verschwendung, die Prunksucht und der Luxus des Versailler Hofes, aber auch die Sittenlosigkeit waren einzig in ihrer Art. Selbstverständlich hatte sich die damalige französische Gesellschaft ebenso wie das Volk der Rauch- und Schnupfsitte in reichstem Maße ergeben. Auch die höchsten Geister Frankreichs scheuten sich nicht, dem neuen

Genusse zu frönen und ihn in ihren geistigen Erzeugnissen zu preisen.

1665 erschien in Paris Molières Komödie »Don Juan«, in welcher der Dichter den Sganarelle folgendes sagen läßt: »Was auch immer Aristoteles und die ganze Philosophie sagen mögen, es gibt nichts, was dem Tabak gleicht: es ist die Leidenschaft der anständigen Leute, und wer ohne Tabak lebt, ist nicht wert zu leben. Er erfreut und reinigt nicht nur die menschlichen Gehirne, sondern er führt überdies die Seelen der Tugend zu, und man lernt durch ihn, ein honetter Mensch zu werden. Sehen sie nicht . . . wie gern man (den Tabak) nach links und nach rechts anbietet, wo immer man sich befindet? Man wartet nicht erst darauf, daß man ihn verlangt, und kommt dem Wunsche der Leute danach zuvor: so wahr ist es, daß der Tabak ehren- und tugendhafte Gefühle bei all denen auslöst, die ihn nehmen.«

Diese Worte hat Thomas Corneille, der weniger begabte, jedoch auch dichterisch tätige und sehr fruchtbare Bruder des großen Dramatikers, als er jene Komödie Molières im Jahre 1677 in Verse goß und unter dem Titel »Festin de Pierre« herausgab, wie folgt in Reime gekleidet:

»Quoi qu'en dise Aristote et sa docte cabale
Le tabac est divin, il n'est rien qui l'égale
Et par les fainéants pour fuir l'oisiveté
Jamais amusement fut mieux inventé.«

\- -

»C'est dans la médecine un remède nouveau:
Il purge, réjouit, conforte le cerveau;
De toute noire humeur promptement le délivre;
Et qui vit sans tabac n'est pas digne de vivre.
O tabac, o tabac, mes plus chères amours!«

Das klang aus dem Munde so bedeutender Dichter wohl sehr verführerisch, aber Ludwig XIV. ließ seinen Geschmack in dieser Richtung nicht beeinflussen, er brachte dem Tabak und seinem Genuß in jeder beliebigen Form eine ausgesprochene Antipathie entgegen, die sich nur deshalb nicht in scharfen Verboten äußerte, weil das finanzielle Interesse ihn davon abhielt. Er für seine Person aber zog dem Rauchen das gute Essen vor. Der König entwickelte wohl den größten Appetit aller Bewohner seines Reiches. Wir wissen von dem scharfen Beobachter der Zeit, dem Herzog von Saint-Simon, daß es gar nichts Außergewöhnliches war, wenn der König bei einer Mahlzeit vier Teller voll der verschiedensten Suppen, einen ganzen Fasan, ein Rebhuhn, eine Schüssel Salat, zwei mächtige Schnitten Schinken, Hammelbraten in Knoblauchsuppe, einen Teller voll Gebäck, endlich Früchte und dazu noch als Abschluß harte Eier verzehrte. Da er das Rauchen auch in seiner Umgebung nicht litt, so mußte der sonst so leichtfertige Hof das heimlich tun. Das war noch das geringste Laster, dem sich die Hofleute Ludwigs XIV. ergaben. Das ausschweifende Beispiel, das der Monarch in Liebesdingen gab, wurde von seiner Umgebung nicht nur nachgeahmt, sondern auch ins Perverse verkehrt. Den besten Einblick in die Hofsitten der damaligen Zeit geben die Schilderungen der weltberühmten Pfälzer Kurfürstentochter Liselotte[1], die 1671 an den eigentlich den Frauen abgeneigten Bruder des Königs, Philipp von Orleans, vermählt worden war. Sie kam in ihrer natürlichen und einfachen Art an den kompliziertesten Hof, den man sich denken konnte, und verblüffte ihn durch ihre einzig dastehende Originalität. Sie war

1 Herzogin Elisabeth Charlotte von Orleans, geb. Pfalzgräfin, Hof und Gesellschaft in Frankreich am Anfang des 18. Jahrhunderts. Ausgewählte Briefe von Paul Volkmar. Stuttgart, S. 34. An die Kurfürstin Sophie, Marly, 1. Juli 1706.

es von jeher nicht gewöhnt, sich »ein Blatt vors Maul zu nehmen«, wie sie selbst in ihrer derben, aber frischen Art sagte. Mit ihrem Mann, der kaum lesen und schreiben konnte, der mit kurzen Ausnahmen stets nur faul und träge dem Spiel oblag und die tollsten Summen vergeudete, konnte sie nicht viel anfangen, aber um so klareren Blickes betrachtete sie die Sitten am französischen Hof, die sie ebenso wie das Rauchen auf das tiefste verachtete.

»Alle Weiber zu Paris«, schrieb sie einmal an ihre Tante, die Kurfürstin Sophie von Hannover, »sind debrailliert (d. h. sie tragen Hals und Brust entblößt), daß mirs recht ekelt, man sucht ihnen schier den Nabel; toller, als sie nun daher gehen, hat mans nie gesehen; sie sehen alle aus, als wenn sie aus dem Tollhaus kämen. Wenn sie es mit Fleiß täten, um sich abscheulich zu machen, könnte es nicht ärger sein. Mich wundert nicht mehr, daß die Mannsleute die Weiber verachten und sich untereinander lieben; die Weiber sind gar zu verachtliche Kreaturen itzunder mit ihrer Tracht, mit ihrem Saufen und mit ihrem Tabak, welches sie gräßlich stinkend macht.« Ein andermal wendet sie sich noch schärfer gegen die Sitte des Rauchens und Schnupfens[1]: »Es ist eine abscheuliche Sach mit dem Tabak, ich hoffe, daß Ihr keinen nehmt, liebe Luise! Es ärgert mich recht, wenn ich hier alle Weibsleute mit den schmutzigen Nasen, als wenn sie sie in Dreck, mit Verlaub, gerieben hätten, daher kommen und die Finger in alle der Männer tabattière stecken sehe, dann muß ich gleich speien, so ekelt es mir.«

Ganz empört zeigt sie sich endlich in einem andern Briefe an ihre Stiefschwester, die Raugräfin Luise: »Nichts in der weldt eckelt mich mehr, alß der schnupfftapack; er macht heßliche naßen, durch die naß reden undt abscheulich stincken. Ich

1 Detto, a.a.O., S. 335. Liselotte an die Raugräfin Luise, Marly, 6. August 1713.

habe leutte hir gesehen, so den süßten ahtem von der welt gehabt haben, undt nachdem sie sich dem tapack ergeben, seindt sie in sechs monden stinckendt geworden wie böcke. Ich finde nichts heßlicher, als tapack nehmen undt die naßen zu haben, alß wen sie, mitt verlaub, im dreck gefahlen wehren ... Unßer König liebt es ohne vergleichung ebensowenig, jedoch so nehmens alß seine kinder undt kindtskinder, ohnahngesehen, daß es dem König mißfelt. Es ist beßer, gar keinen nehmen, alß wenig; den es ist gewiß, wer wenig nimbt, nimbt baldt viel, den drumb heist mans l'herbe enchantée, weill es die es nehmen, so ahn sich zicht, daß sie nicht mehr, ohne es zu brauchen, dawern; drumb habt acht auff Euch, liebe Louisse!«[1]

Man muß nach solchen Proben wirklich sagen, daß sich Liselotte kein Blatt vor »das Maul« nahm, denn einem zarten Frauenmund konnte man solche Ausdrücke kaum zutrauen. Dabei war das alles eitel Honig gegen andere Ausfälle, die sie sich in ihren Briefen, insbesondere gegen ihre bittere Feindin Madame de Maintenon leistete, die sie »alte Zott«, »alte Rompompel«, »Teuflisches Weib« nannte. Dies geschah aus einer gewissen Eifersucht heraus, da sie Ludwig XIV. wohl in allen Ehren, aber doch tief verehrte. Das Köstliche dabei war, daß der König der einzige war, der in diesen Briefen stets gut wegkam, während alle anderen in schonungsloser Weise verrissen wurden, und der diese Schreiben durch seinen Polizeiminister zur Kenntnis bekam. Er amüsierte sich eine Zeitlang über deren Impulsivität. Außerdem fühlte er sich geschmeichelt, daß er noch so gut wegkam. Der Monarch unterhielt sich darüber, daß Liselotte die gleichen Ansichten über das Rauchen und Schnupfen hegte wie er; später kam es wegen Eroberung und

1 Briefe der Herzogin Elisabeth Charlotte von Orleans. Herausgegeben von Hans F. Helmolt. Insel-Verlag, Leipzig 1924, S. 335.

Verwüstung der Pfalz, der Heimat Liselottens, zu furchtbaren Differenzen, und sie zog überdies allzu scharf über die Mätresse und bald auch Gemahlin Ludwigs XIV., die Maintenon, her. Eines Tages erzählte der König seiner Frau von diesen Briefen, und in der Folge entbrannte ein heftiger Kampf zwischen den beiden Damen, der bei der Neigung des Königs zur Maintenon freilich höchst ungleich war.

In der Abneigung gegen Rauchen und Schnupfen aber blieben der König und seine Schwägerin allein. Selbst die ganze andere königliche Familie, ja auch die Töchter des Königs, hielten sich nicht im entferntesten für verpflichtet, die gleiche Abneigung kundzutun. Eines Tages spielte der König noch spät im Salon. Als Philipp von Orleans sich in seine Gemächer begeben wollte, spürte er den Geruch von Rauch, der aus einem Salon herausdrang. Er trat ein und fand die Töchter des Königs aus Pfeifen rauchend vor, die sie sich aus der Wachtstube der Schweizer Garde hatten kommen lassen. Er empfahl ihnen zwar, sofort aufzuhören, da ihm der König auf dem Fuße folge, aber der Rauch war nicht so schnell wegzubringen, und Ludwig XIV. gab seinen Töchtern am nächsten Tage eine ernste Rüge.[1]

Die Großwürdenträger des Reiches, die dem Rauchen oder Schnupfen sehr ergeben waren und oft viele Stunden mit dem König konferieren mußten, litten unter dieser Abneigung ihres Königs. Insbesondere der Marschall von Frankreich, Graf d'Harcourt[2], ein sehr fähiger und bei seinen Untergebenen beliebter Soldat, der sich mit der Maintenon gut stellte und es ausgezeichnet verstand, mit Geschmack den Ton des Kriegs-

1 Mémoires complets et authentiques du Duc de Saint-Simon sur le siècle de Louis XIV. et la régence. Paris 1829, I/328.

2 Saint-Simon, Mémoires, a.a.O., III/47.

mannes mit jenem des Hofes zu vereinen, war ein leidenschaftlicher Anhänger des Tabaks. Allerdings schnupfte er ihn reinlicher als der Marschall d'Huxelles, dessen Anzug und Krawatte, gleichwie bei vielen anderen Hofleuten, stets mit Tabak besudelt waren. Harcourt merkte, wenn er beim König war, daß der Tabakgeruch dem Monarchen höchst unsympathisch war. Er fürchtete, daß dieser Widerwille einmal unangenehme Folgen für ihn haben und seine ehrgeizigen Hoffnungen in empfindlicher Weise stören könnte. Energisch, wie er war, entschloß er sich demnach, dieser Gewohnheit von heute auf morgen zu entsagen. Er erlitt bald darauf einen Gehirnschlag, der seinen Körper teilweise lähmte. Die Ärzte ließen ihn darauf sofort wieder rauchen und schnupfen, weil sie die Krankheit auf das plötzliche Aufhören des Rauchens zurückführten; aber es nützte nichts mehr, und der Marschall starb kurz darauf eines qualvollen Todes.

Die tolle Ausgelassenheit, die unter den Hofleuten Ludwigs XIV. herrschte, gab sich zuweilen auch in dummen Streichen kund, die oft einen tragischen Ausgang nahmen. Da kam der Domherr Jean de Santeul häufig zu Hofe, ein in der Wissenschaft und der Gesellschaft wohlbekannter neulateinischer Dichter, der ein famoser, witziger Kopf und daher gern gesehener Gast war. Eines Tages im Jahre 1697 hatte ihn der Herzog von Condé in Chantilly zu Gast. Es ging hoch her, und der Hausherr sowie seine Gäste hatten im Champagnertrinken schon zuviel des Guten getan. Der Herzog nötigte Santeul, fortwährend zu trinken, schüttete schließlich, als die allgemeine Ausgelassenheit ihren Höhepunkt erreicht hatte, seine volle Schnupftabaksdose in ein großes Weinglas und zwang Santeul, das Glas auszutrinken, um zu sehen, was sich ereignen würde. Der Dichter wurde sofort von ärgstem Unwohlsein gepackt und starb innerhalb achtundvierzig Stunden unter Vergiftungserscheinungen und furchtbaren Schmerzen. Solche Dinge konnten Ludwig XIV. aufs höchste erbosen, aber der sonst so allmächtige Sonnenkönig, den die ganze Welt fürchtete, war gegen alles, was mit dem Rauchen zusammenhing, mehr oder weniger machtlos und das um so mehr, als er sich ja selbst gern die Hände band, wenn sein Finanzminister Colbert bei ihm erschien und ihm meldete, welch günstigen Ertrag das in Pacht gegebene Tabaksmonopol eintrug. Ja, im Gegenteil, der König mußte trotz seiner Antipathie Gesetze unterzeichnen, welche dem Schutze der Tabakpächter dienten. Auch nach dem Tode Colberts wurde die Politik, den Tabak zu einer ergiebigen Einnahmequelle für die königlichen Finanzen zu machen, fortgesetzt. Indessen hatte sich der Mißbrauch eingenistet, daß Soldaten und Seeleute mit Umgehung des teuren Monopoltabaks Rauchwaren aus dem Auslande einschmuggelten. Daher wurde am 13. Oktober 1688 eine königliche Verordnung erlassen, die den Soldaten bei Gefängnisstrafe für das erste Mal und Gassenlaufen für den Rückfall verbot, anderen Tabak als solchen aus den Tabakverkaufsstellen zu rauchen. Wenn aber auch das finanzielle Interesse vorging, die Antipathie des Königs blieb zeit seines Lebens bestehen, und wenn er irgendwo erschien, verschwanden die Tabatieren in den Taschen, und die Pfeifen wurden versteckt. Nur ein Mann am Hofe war noch ein leidenschaftlicher Gegner, dem man allerdings nachsagte, daß er dies hauptsächlich war, um seinem königlichen Herrn angenehm zu sein: der Leibarzt Ludwigs XIV., Fagon. Die 1666 gegründete Akademie der Wissenschaften in Paris beschäftigte sich drei Jahre später mit der Frage, ob denn wirklich der immer mehr zunehmende Gebrauch des Tabaks dem Gehirne schade. De Courtigi, ein Akademiker jener Zeit, verfocht die These, daß das Rauchen dem Gehirne nicht nur nicht schade, sondern im Gegenteil geradezu nütze. Sein eifrigster und leidenschaftlichster Gegner wurde der königliche Leibarzt Fabon, ein kleiner, verwachsener Mann, der sich kaum auf seinen mageren Beinen im Gleichgewicht halten konnte. Er war stets leidend, hustete immer, war aber gut aufgelegt und witzig, lebte mehr als achtzig Jahre und hatte einen ungeheuren Einfluß auf Ludwig XIV.

Wenn der Tabak auch die ganze Welt erobert hatte, Fagon war wie sein König uneinnehmbar geblieben, und er beantwortete vor versammelter Akademie die von de Courtigi aufgeworfene Frage mit dem Ergebnis seiner Erfahrungen, die dahin gingen, daß der häufige Gebrauch des Tabaks das Leben abkürze. Die Frage wurde am 26. März 1699 auch in der Pariser Schule für Medizin erörtert, der Fagon als Präsident vorstand. »Das durch die Spanier besiegte Amerika«, führte Fagon aus[1], »triumphierte über den Hochmut seiner Eroberer und pflanzte ihnen die eigenen Sitten ein; es beschleunigte den Tod seiner neuen Herren durch das Geschenk der venerischen Krankheiten und der Tabakpflanze. Es wäre zu wünschen, daß diese Pflanze überhaupt vollkommen unbekannt geblieben wäre. Ein Mann von Geist, der Erziehung, Höflichkeit und Gesundheit besitzt, der von Gott gute Gaben erhalten hat und die Weisheit sein eigen nennt, sie wohl anzuwenden, muß den täuschenden Reiz sorgfältig vermeiden und darf niemals seinen Mund mit dem Gestank einer Pfeife entweihen.«

»Wer war der furchtlose Mann«, fährt Fagon fort[2], »der als erster ein Gift versucht hat, das gefährlicher ist als der Schier-

1 Siehe E. Cardon, Le musée du fumeur. Paris 1866.

2 Nicolas Andy, De la génération des vers dans le corps de l'homme. Amsterdam 1701, S. 235. Im Anhang dieses sonst ein anderes Thema behandelnden Buches findet sich die Rede Fagons.

ling, schrecklicher als der Mohn . . .? Als er seine Tabatiere aufmachte, wußte er nicht, daß er die Büchse der Pandora öffnete, aus der tausend Übel, eines grausamer als das andere, entspringen sollten, und wirklich, sowie wir ihn zum ersten Male nehmen, spüren wir ein Unbehagen, das uns die Anwesenheit eines Giftes kündet, das wir soeben genommen.« Fagon schilderte mit starker Übertreibung die Übelkeit, das Erbrechen und den Schwindel, ja das Fieber und Herzklopfen, das der erste Versuch mit dem Tabak hervorruft. »Wenn er unglücklicherweise«, fuhr er fort, »trotz aller Ratschläge in diese gefährliche Gewohnheit verfällt, dann sind alle Anstrengungen der Vernunft, alle Warnungen umsonst. Er kann sich dieses Feindes nicht mehr erwehren . . . Alle übrigen Vergnügungen bringen eine Sättigung mit sich, die sie in ihrer Wirkung abschwächt, nur der Tabak allein wird zu einem unglücklichen, nie stillbaren Bedürfnis. Man sagt, daß die Liebe bloß ein kurzer epileptischer Vorgang ist, das Rauchen aber ist eine fortdauernde Epilepsie.«

Fagon gibt zwar bei aller Strenge wohl auch einzelne Vorzüge des Tabaks zu, aber nur, um zu sagen, daß man die Feinde besonders fürchten muß, wenn sie Geschenke bringen. Seine Ausführungen erregten trotz der Einstellung des Königs manchen Widerspruch in der Versammlung der Gelehrten. Am besten ist aber deren allgemeine Einstellung durch die Anekdote gekennzeichnet, die noch zu Lebzeiten des Leibarztes aufkam, wonach er mitten in seiner flammenden Philippika in seiner Zerstreutheit selbst nach einer Tabaksdose gegriffen und zum allgemeinen Gelächter eine Prise genommen habe. In Wirklichkeit scheint sich die Sache so abgespielt zu haben, daß Fagon einmal bei einer Sitzung, wo wieder über diese Frage debattiert wurde, am Kommen verhindert war und einem seiner

Assistenten, der ihn vertreten sollte und selbst schnupfte, eine Schrift zur Verlesung mitgab, die seinen bekannten Ansichten entsprechend abgefaßt war. Diesem ist dann die später Fagon selbst zugeschriebene Geschichte zugestoßen. Trotz alledem war das Rauchen und Schnupfen nicht mehr auszurotten. Auch in Frankreich wie überall in der Welt breitete es sich in überraschendem Maße aus, wie der allerwärts steigende Ertrag der darauf gelegten Steuern und der Monopolpachtungen am besten bewies.

ACHTES KAPITEL

Das Rauchen im 18. Jahrhundert und sein Kampf mit einer neuen Mode

Zu Beginn des achtzehnten Jahrhunderts hatte die Welt vor dem Wunderkraute Tabak kapituliert. Alles rauchte, und die geharnischten Verbote des vergangenen Jahrhunderts verebbten schließlich in Einschränkungen, die das Rauchen an gefährlichen Orten wegen Feuersgefahr und aus Gründen des Anstandes in der Öffentlichkeit untersagten. Es konnte auch gar nicht anders sein, denn die Obrigkeiten und Monarchen, welche diese Verbote hätten erlassen müssen, wurden der neuen Sitte untertan und frönten selbst dem Rauchen. Bis zu dieser Zeit hatte man in ganz Europa aus den halblangen holländischen Tonpfeifen geraucht, und für die Vornehmsten waren zu diesem Zwecke schon Kunstwerke keramischer Natur geschaffen worden. Nun aber begann von Frankreich aus das Schnupfen Mode zu werden, das sich von dort und von Spanien her in der westlichen Hälfte Europas unter dem vornehmeren Teil der Bevölkerung immer mehr verbreitete. Diese Sitte bemächtigte sich so sehr der Höfe in Frankreich und England und damit der regierenden Klasse des Adels und der Geistlichkeit, daß sie in diesen Kreisen der Bevölkerung das Rauchen fast gänzlich zu verdrängen begann. Hier wurde das Schnupfen fashionable Mode und das Rauchen in den dritten Stand, die Bauern und die ganz niederen Bevölkerungsklassen, abgedrängt. Der Tabak behielt zwar in den hohen Kreisen seine Herrschaft, nur übte er sie in einer anderen Form aus, wie der Italiener Baruffaldi[1]

1 Baruffaldi, La tabaccheide. 1714, S. 104.

bemerkt, der auch in seinen Landen das Schnupfen sich zusehends verbreiten sah und dabei den Tabak die Nahrung des Geistes und des Gehirns nennt. In England war das Schnupfen durch die Hofleute und Offiziere eingeführt worden, welche den nachmaligen König Karl II. auf seiner Flucht vor Cromwell nach Frankreich begleitet hatten. Als nun nach beendigter Revolution der Stuart 1660 von General Monck im Triumph nach London eingeholt wurde und die Restaurationsperiode begann, da hielt auch die französische Schnupfsitte ihren Einzug in die hohen Kreise Englands. Unter den beiden Stuarts der Restauration, dann unter Wilhelm von Oranien und der letzten Herrscherin Englands aus dem Hause der Stuart, der Königin Anna, war allein Schnupfen fashionable, und die eleganten Tabaksdosen glänzten in den Händen der Hofdamen und Kavaliere. Ein sozialer Bann[1] lag über dem Rauchen, was aber die anderen Klassen nicht hinderte, ihm nach wie vor treu zu bleiben. Auch nach Deutschland brachten zu Ende des 17. Jahrhunderts aus Frankreich einwandernde Hugenotten die Sitte des Schnupfens. So trafen, wie Boerner[2] berichtet, die ersten Händler mit Schnupftabak und vor allem dessen Fabrikanten, wie man aus den Namen erkennen kann, fast sämtlich aus französisch sprechenden Gebieten in Köln ein, einer Stadt, die in Kürze zum Zentrum des Handels mit Rauch- sowohl wie mit Schnupftabak wurde.

In deutschen Landen, wo das Rauchen verhältnismäßig noch jung war, brauchte das Schnupfen jedoch noch einige Jahrzehnte, bis es unter der vornehmen Gesellschaft gebräuchlich wurde, weil insbesondere die Könige Friedrich I. und Friedrich Wilhelm I. dem Pfeifenrauchen sehr ergeben waren

1 Apperson, a.a.O., S. 99.
2 Boerner, a.a.O., S. 25.

und sich die adelige Gesellschaft im großen ganzen an das Beispiel des Hofes hielt. Eben hatte in Brandenburg 1701 der Kurfürst Friedrich III. den Königstitel als Friedrich I. von Preußen angenommen. Am neuen königlichen Hofe spielte das Rauchen eine große Rolle, wenn es auch noch von höfischer Etikette umgeben blieb, die dann unter Friedrich Wilhelm I. einfach beseitigt wurde. König Friedrich I. führte als erster sogenannte Tabaksgesellschaften ein, zu denen hohe Würdenträger und ihre Damen in vollem Staatskleide erschienen und bei denen die Etikette herrschte. Die beigegebene Abbildung (Nr. 43) eines solchen Tabakskollegiums zeigt, wie die Königin in stattlichem Kopfputz, im Schleppkleid und Hermelin dem mit allen Orden geschmückten König die lange Tonpfeife mit dem Fidibus entzündet. Ringsum sitzen im Tabaksqualm die mit Wolkenperücken bedeckten Generale und Minister in großer Staatsuniform nach streng abgemessener Rangordnung; Pagen und Diener besorgen den Tisch. Es waren also große offizielle Gastereien, die nur deswegen den Namen Tabakskollegien erhielten, weil der König, um selbst rauchen zu können, den Gästen die sonst an einem Hof bei Tisch durchaus ungebührliche Gewohnheit des Tabakrauchens freigab. Mit dem Charakter seines Nachfolgers, des herrischen, eigenwilligen, wenig rücksichtsvollen, vielmehr energisch harten, bürgerlich einfachen und soldatisch strengen Herrschers Friedrich Wilhelm I. (1713–1740) bahnte sich auch ein völliger Umschwung im Wesen des Tabakskollegiums an. Es ging dabei viel ungezwungener zu.[1] Wo immer gerade der König war, ob in Berlin, Potsdam oder Wusterhausen, versammelte sich täglich, wenn es die amtlichen Festlichkeiten zuließen, um fünf Uhr abends eine Gesellschaft um ihn, die zunächst aus sechs bis

1 Friedrich Förster, Friedrich Wilhelm I., König von Preußen. Potsdam 1834.

acht Personen, meist Generalen und Stabsoffizieren seines Gefolges, bestand. Dieses Kollegium versammelte sich in Potsdam entweder in einem Zimmer des königlichen Schlosses oder in einem Gartensalon; in Wusterhausen bei schönem Wetter auch zuweilen im Freien unter einem türkischen Zelt, das nahe dem alten Schlosse auf einer kleinen Insel aufgeschlagen war. Es hieß Tabakskollegium, weil jeder, der daran teilnahm, Tabak rauchte oder, wenn er kein Raucher war, wenigstens so tun mußte, als rauchte er. Allmählich erweiterte der König den Kreis der geladenen Gäste, da ihm, obwohl er von seiner Garde und ihren »großen und starken Kerlen« sehr gerne sprach, doch ausschließlich militärische Gespräche langweilig wurden. So lud er langsam auch gelehrte Personen, durchreisende Fremde, Gesandte fremder Mächte, die ihm sympathisch waren, sowie Possenreißer und lustige Trinkkumpane ein. Der König war ein starker Esser, hatte aber einen noch viel stärkeren Durst, und der herrlichste Rheinwein und schäumendes Bier waren stets an seiner Tafel zu finden. Im Tabakskollegium aber erhielt jeder nur Bier und seine kurze, niederländische Tonpfeife ordinärster Sorte. Die des Königs war mit Silber beschlagen. Der Tabak, leichte holländische Blätter, stand in geflochtenen Körbchen auf der Tafel, dabei kleine Pfannen mit glimmendem Torf zum Anzünden der Pfeife. Damit die Gesellschaft ungehindert und ungeniert alles besprechen und nach Herzenslust Tollheit und Witz betreiben konnte, war es der Dienerschaft nach Herrichtung des Saales verboten, den Raum zu betreten, solange das Tabakskollegium tagte. Vor jedem Gast standen ein gewaltig großer, weißer Krug mit Bier und ein Glas und auf einem Tische zur Seite Butterbrot, Käse und kaltes Fleisch. Jeder mußte sich selbst bedienen und selbst abschneiden. Zuweilen bereitete der König höchsteigenhändig vor den Augen der

Gäste ein Fischgericht und machte den Salat persönlich an. Die Hauptsache aber war das Rauchen, und der König soll zuweilen, z. B. bei der Anwesenheit seines Freundes, des früheren Königs Stanislaus von Polen, mit dem er 1735 im Tabakskollegium um die Wette rauchte, von fünf Uhr nachmittags bis zwei Uhr früh dreißig bis zweiunddreißig Pfeifen geraucht haben. Friedrich Wilhelm I., dessen Gesundheit recht zu wünschen übrig ließ, beneidete den König Stanislaus, dessen »Maulleder« von früh bis in die späteste Nacht das Rauchen vertrug. Beim König dagegen hatte der kaiserliche Gesandte Graf Seckendorf wiederholt »Gelegenheit genommen, Ihm wegen Seiner Gesundheit eine mäßigere Lebensarth anzurathen. Wie Er dann selbst zu begreifen scheint, daß sonderlich das viele Tabackrauchen Ihm schädlich, dahero Er auch etliche Tage sich davon enthalten: Und wäre zu wünschen, daß dergleichen mit dem starcken Getränck auch geschehete«.[1]

Bei solch unmäßigem Rauchen war es freilich für Teilnehmer an dieser Gesellschaft, die keine Raucher waren, eine rechte Qual, in diesem Qualm auszuharren. Der alte Dessauer[2], der es nicht über sich bringen konnte zu rauchen, saß mit der unangezündeten Pfeife im Mund im Kreise der Gäste, neben ihm der kaiserliche Gesandte Graf Seckendorf, ein fleißiger Teilnehmer am Tabakskollegium. Oft wurden wichtige politische Fragen mit ihnen behandelt. Beide gaben sich, um der vom König eingeführten Ordnung Genüge zu tun, durch geschicktes Blasen mit den Lippen das Ansehen tüchtiger Raucher. Der König wollte in dieser Gesellschaft als Privatmann erscheinen, hatte sich jede zeremonielle Begrüßung verbeten, und es durfte sich selbst dann niemand erheben, wenn er in die Versammlung

1 Seckendorf an Prinz Eugen, 23. Februar 1731. Wien, Staatsarchiv.
2 Der Feldmarschall Leopold I., Fürst von Anhalt-Dessau.

trat. Die königlichen Prinzen kamen gewöhnlich des Abends in das Tabakskollegium, um dem Vater gute Nacht zu sagen. Sie fanden bald einen solchen Spaß daran, daß es schwer hielt, sie nach den Gemächern der Königin zurückzubringen, in denen sie nicht so ausgelassen toben durften. Manchmal ging es dort wahrhaft toll zu. Insbesondere mit einem Original, dem Historiker Gundling, der leicht zu tief ins Glas sah, trieben der König und seine Rauchgäste übermütige Scherze. Neben losen Streichen wurden im Tabakskollegium auch die wichtigsten Haupt- und Staatsaktionen besprochen, und die einzelnen Teilnehmer dieser Zusammenkünfte, in denen »viel freyer raisonniert« wurde, versuchten den König für ihre Zwecke und Ziele zu gewinnen. Es war zu der Zeit, da zwischen dem regierenden Monarchen und dem Kronprinzen Friedrich die Gegensätze sich insbesondere in der Heiratsfrage zugespitzt hatten. Zwei Parteien kämpften um den Einfluß am preußischen Hofe. Die englisch-hannoverische und die kaiserliche, wovon jede den Preußenkönig zu sich hinüberzuziehen suchte.

Die Königin Sophie Dorothea, eine Cousine der Prinzessin Karoline von Hannover, deren Sohn einst König von England werden sollte, und die englische Partei planten durch eine Doppelheirat Preußens Interessen mit den hannoverisch-britischen zu verbinden. Der Prinz von Wales sollte nämlich die ältere Schwester des Kronprinzen von Preußen, Friederike Sophie Wilhelmine, die spätere Markgräfin von Bayreuth, heiraten und der Kronprinz die Prinzessin Amalie von Hannover. Von dem kaiserlichen Hofe zu Wien dagegen wurde versucht, diese Pläne, mit denen die Absicht verbunden war, den Kronprinzen Friedrich als englischen Statthalter nach Hannover zu verpflanzen, mit allen Mitteln zu durchkreuzen. Dazu hatte man im Juni 1726 den dem König von Preußen schon bekannten Grafen von Seckendorf zum kaiserlichen Gesandten in Berlin bestellt und ihn mit großen Geldmitteln ausgestattet. Der Graf erwarb sich durch sein liebenswürdiges Wesen und Auftreten sehr schnell das Wohlwollen des Königs und wurde, was eine der höchsten Auszeichnungen und ein Beweis für seine bevorzugte Stellung war, auch als ständiger Teilnehmer am Tabakskollegium zugelassen. Seckendorf hatte sich auch den Vertrauten des Königs und ständigen Teilnehmer am Tabakskollegium, den General von Grumbkow, verpflichtet, ließ ihm eine kaiserliche Pension zukommen und versicherte sich seiner Mitarbeit bei der Bekämpfung der britischen Heiratspläne. Drei Monate nach des kaiserlichen Gesandten Eintreffen machte sich auch schon eine Wendung in der Angelegenheit geltend; der König Friedrich Wilhelm schien den hannöverischen Vertrag fallen zu lassen und sich dem Kaiser zu nähern. Noch aber war das lange nicht entschieden, und in den folgenden Jahren wurde diese wichtige Frage im Tabakskollegium oder, wie Carlyle es nennt, dem »Rauchparlament«, heftig debattiert. Die Berichte Seckendorfs an seinen Kaiser und an den Prinzen Eugen geben ein Bild davon, wie diese Unterhaltungsstätte zum Tummelplatz politischer Intrigen wurde, wie Grumbkow den Grafen unterstützte und ihm an Tagen[1], wo Seckendorf an der Teilnahme verhindert war, genaue schriftliche Berichte über die Vorgänge in der Tabagie erstattete. Immerhin gelang es nicht so leicht, den König ganz in seine Gewalt zu bringen, wie Seckendorf selbst zugesteht. In einem seiner Berichte an den Prinzen Eugen[2] gibt er näheren Einblick in diese Verhältnisse. Er meldet: »Aus allen Relationen ist zu ersehen, daß ich die beständige Resolution Seiner kgl. Majestät

1 Z. B. am 6. Dezember 1732 und an vielen anderen Tagen.
2 Graf von Seckendorf an Prinz Eugen, 19. Januar 1727. Wien, Staatsarchiv.

von Preußen sich mit Seiner kaiser- und königlichen Majestät in genaue alliance und freundschafft einzulassen, nach denen mir mündlich und schriftlich gegebenen Versicherungen und bisherigen Bezeugungen stets verfolgt habe: Es ist aber dieser König von einem solchen verborgenen, falschen und variablen Gemüthe, daß es unmöglich ist seine veritablen Absichten nur entfernt zu errathen, folglich bloß auf Mutmaßung bauen muß . . .«

»Bei der Tabaksgesellschaft«, heißt es weiter in Seckendorfs Bericht, »wird noch nachdrücklicher gesprochen und da noch jüngst der General Major von Marwitz und Obrist Tokkum in faveur der Hannovraner etwas freyer bey ein wenig zu viel eingenommenen Wein sprachen, so deklarierte der König denjenigen von Preußen vor einen Coujon der gut Hannoverisch wäre . . .«

All die erwähnten Reden hörte der beim Tabakskollegium anwesende Kronprinz mit an, meldete sie seiner Mutter, und die ganze Heiratsangelegenheit endete bekanntlich mit der versuchten Flucht des Kronprinzen.

Bei seiner persönlichen Neigung für das Rauchen war König Friedrich Wilhelm der letzte, der seinen Untertanen in irgendeiner Weise ein Hindernis in den Weg zu legen wünschte, doch wollte er dabei gewiß nicht auf die reichen Einkünfte verzichten. In der Volkswirtschaft nennt ihn Carlyle ein Genie, und die Ersparungsmaßnahmen, Steuersysteme und sonstigen Maßnahmen, die die Regierung Friedrich Wilhelms im Gegensatz zu seinem prunkliebenden und verschwenderischen Vater kennzeichnen, waren für die damalige Zeit vorbildlich zu nennen. Nur in der Vergebung des Tabakmonopols, das einen harten Schlag für die bis zum Jahre 1719 frei mit Tabak handelnde Kaufmannschaft bedeutete, ging er keine neuen

Wege, sondern erteilte am 14. August 1719 den beiden jüdischen »Hofkriegsfaktoren« Moses und Elias Gompertz die Konzession auf zwölf Jahre zur alleinigen Fabrikation jener Rauchtabake, die bisher vom Auslande bezogen worden waren. Dafür ließ er sich zweitausend Taler für die Rekrutenkasse zahlen und einen seiner geliebten großen Grenadiere stellen, den die beiden Juden mit dreizehnhundert Talern bewerteten. Das galt aber nur für den ausländischen Tabak, und im übrigen ließ es der König »jedem Landmann und Hauswirt nach wie vor frey, die Tobacksplantagen in Unseren Landen zu kontinuieren und nach Belieben zu vermehren«.[1]

In der Folge versuchte der König in richtiger Erkenntnis seines Vorteils, dies Unternehmen den Pächtern wegzunehmen und es zu verstaatlichen; aber seine Beamten hatten den weiten Blick nicht und rieten ab, so daß es vorläufig nicht dazu kam. Einer der Hauptabnehmer für die Rauchware war nach wie vor die Rauchgesellschaft des Königs.

Bis in die letzten Lebenstage konnte sich der König von diesem geliebten Tabakskollegium nicht trennen. Im Jahre 1740, wenige Wochen vor seinem Tode, erschienen die Teilnehmer im großen Saale des Schlosses, erhielten auch dort ihre Pfeifen und ihren Tabak, aber es wurde von allen Anwesenden als ein schlimmes Zeichen betrachtet, daß der König, der stärkste Raucher unter allen, keine Pfeife anrührte. Alles saß, ähnlich wie im Tabakskollegium, in einem großen Kreise, da trat etwas verspätet der Kronprinz ein, der von der Inspizierung eines seiner Regimenter zurückkehrte. Sobald der Kronprinz erschien, standen sämtliche Anwesenden auf und machten eine Verbeugung in der Meinung, daß das Gesetz des Königs, in der

1 S. E. T. Reimann, Das Tabaksmonopol Friedrichs des Großen, S. 20. Edikt des Königs. Berlin, 14. August 1719.

Tabagie niemand zu begrüßen, für die Gemächer des königlichen Schlosses nicht gelte. Das erregte die höchste Entrüstung und den Zorn Friedrich Wilhelms; erbost rief er, man bete jetzt die aufgehende Sonne an, er werde aber zeigen, daß er noch lebe und immer noch der Herr sei, und entließ die Anwesenden mit allen Anzeichen höchster Ungnade. Erst nach einiger Zeit wurden die Gäste wieder im Schlosse zugelassen, aber sie hatten nicht mehr lange Gelegenheit, diese Sitzungen abzuhalten, denn am 31. Mai starb der König, der einer der leidenschaftlichsten Raucher seiner Zeit gewesen war. Friedrich II., der von jeher am Tabakskollegium keinen Geschmack gefunden hatte, schaffte diese Einrichtung ab.

Indessen hatte im übrigen Europa das Rauchen und allmählich auch das Schnupfen weitere Verbreitung gewonnen; die Monopole in den verschiedenen Ländern wurden ausgestaltet und verbessert. Kaiser Leopold I. hatte schon am 20. Mai 1701 in einem Patente, das sein landesfürstliches Vorrecht sowie seine Macht und Hoheit über das Tabaksmonopol bekräftigte[1], das Rauchen eine »eingeschlichene, schier universale Gewohnheit« genannt.

Noch herrschte das Appaltsystem in Österreich, und Kaiser Karl VI., der die gewaltige, im Tabakverbrauch ruhende Steuerkraft klar erkannte, versuchte schon in den Jahren 1723 bis 1726 den privaten Appalt in staatliche Regie zu überführen. Das scheiterte an mangelnder Organisation, was aber nicht zu verwundern war, wenn man bedenkt, daß man einem kaiserlichen Kammerdiener die Fähigkeit zumutete, die Stellung eines leitenden Direktors der Regie zu bekleiden.[2] Man kehrte also zu

1 Monopolspatent des Kaisers Leopold I. Vom 20. Mai 1701. Codex Austriacus.

2 Siehe fachliche Mitteilungen der österreichischen Tabakregie, Jahrgang 1912, S. 86. Die Monopolgesetze und die Besteuerung des Tabakskonsums von 1683 bis 1783.

den Verträgen mit den Privatpächtern zurück, die natürlich ihr Recht in drückender Weise zum Schaden der Verbraucher und zu eigener Bereicherung ausnützten.

Von allen Seiten kamen Klagen; der Unmut der Bevölkerung tat sich oft auch in gewalttätiger Weise, so auch einmal im Angriff einer wütenden Volksmenge gegen das Wiener Appaltohaus, kund. Heftige Klagen besonders aus Böhmen liefen im Kameralamt zu Wien ein, daß »derley Appaltisten das ganze Burgerliche Gewerb oder wenigstens dessen ersten und besten Gewinn in Ihrer Klawen percipiren und ex consequentia necessaria, alle die andere bürgerlichen Negotianten zu Boden halten . . .«[1]

Die Pächter suchten sich vor Tabakschwärzung und unbefugtem Handel durch Revisoren und Aufpasser zu schützen, was in der Bevölkerung Empörung hervorrief. Der steiermärkische Landesausschuß erklärte im Jahre 1751 namens der Landbevölkerung, daß allerhuldreichst erkannt werden müsse, »wie grausam und sozusagen unchristlich der arme Insasse und Bauersmann von den aufgestellten Revisoren immerfort traktiert . . . auch wohl gar um Hab und Gut gebracht werde«.[2]

Die zahllosen Klagen der innerösterreichischen Untertanen wider die Bedrückungen durch die Gefällsorgane[3], die selbst gegen leichtere Vergehungen »exorbitante Leibes- und Geldstrafen« zu verhängen pflegten, klingen in die Warnung aus, das Volk nicht durch die Pflege einer willkürlichen Gefällsjustiz in die Gefahr eines allgemeinen Aufstandes zu stürzen.

1 Historisch, Politisch, Juridisch und Cameralische reflexiones über die dermahlige Landes Verfassung des Reiches Böheimb. 1718.

2 Dr. Franz Wieser, Zur Geschichte des Tabakgefälles und der Tabakkultur in Dalmatien 1700–1884, S. 145 f.

3 Ausführende Organe der Pächter.

Die Rauchverbote ebbten jedoch überall ab. Nur »an denen örthern / wo durch Unachtsamkeit großer Schaden verursacht werden kann«[1], bleiben sie aufrecht. Verschiedentlich fand man auch, daß die Arbeit darunter leide, weswegen z. B. der Rat der freien Reichsstadt Köln[2] den Handwerksleuten den Tabakgebrauch bei der Arbeit sowie auf öffentlichen Straßen und Gebäuden verbot, weil sie »mit immer anhaltendem Tabak-Rauchen viele Exzesse begehen / wodurch nicht allein die kostbare Zeit unnützlich verschwindet / sondern auch offt Brandt und Unglück zu befahren« sei.

Solche Verbote ergingen vielfach und in zahllosen Städten des damaligen Europa und waren bei der noch vorherrschenden Verwendung von Holz als Baumaterial nur zu begreiflich. In den meisten Städten und Ortschaften war es verboten, auf freier Straße zu rauchen, und die Schildwachen wurden angewiesen, dagegen einzuschreiten. Überhaupt galt das Rauchen in der Öffentlichkeit damals noch als ein Verstoß gegen die guten Sitten. Die Feuergefährlichkeit konnte aber dem Schnupfen, bei dem man kein schwieriges Gebaren mit Feuerschwamm und Feuerstein brauchte, nicht nachgesagt werden, und auch das trug viel zur Verbreitung des Schnupfens bei.

Da nun einmal die Frage des Anstandes aufgeworfen war, beschäftigte sich die Literatur der Zeit auch mit der Frage, wie es denn mit dem Rauchen der Frauen in Gesellschaft gehalten werden solle. Im Jahre 1715 schrieb eine offenbar sehr emanzipierte Dame[3], die den Tabak für ein Mittel hielt, sich ein langes Leben zu erhalten, ein Büchlein zugunsten des Rauchens der Frauen, das den anmutigen Titel führt:

1 Erlaß des Domkapitels von Köln, vom 1. September 1710.
2 Rat der freien Reichsstadt Köln, Erlaß vom 7. Juni 1717.
3 Madame Leucoranden, Lindenstadt 1715.

»Gründlicher und anmutiger Beweis, daß ein honnetes Frauenzimmer ohne einige Verletzung ihres Renomee Bißweilen bey den Caffée-Schmäußgen erscheinen könne,

Ja sie möge und solle auch
Eine Pfeiffe Taback
darzu schmauchen
Worinnen auch zugleich dargethan
Warum die
Weiber obenan gehen
und die
Männer Bärthe haben.
Alles aufs kürtzeste und anmuthigste
bewiesen, Und mit unumstößlichen Gründen behauptet.«

Aber nicht nur Frauen traten für das Recht zu rauchen ein, sondern auch einige Männer, deren Hörigkeitsverhältnis gegenüber dem weiblichen Geschlecht man allerdings nicht mehr näher untersuchen kann. So stellt Dr. J. J. W. Beintema, vielleicht ein Nachkomme jenes Tabakenthusiasten gleichen Namens, der 1690 eine den Tabak verhimmelnde Tabacologie schrieb, eine »Vernünftige Untersuchung«[1] über die Frage an, ob »Galanten und anderen Frauenzimmern nicht ebensowohl, als denen Mannes Personen Taback zu rauchen erlaubt, und ihrer Gesundheit nützlich sey?« Der Doktor fand, »daß der Toback unschätzbar sei, dahero er diejenigen, welche noch ohne denselben ein elendes Leben führen müßten, zu beklagen habe. Zum Voraus will ich nur so viel erinnern, daß es ein recht löbliches Unterfangen sei, wenn sich das Frauenzimmer das Herz nimmt, ein Pfeifgen Toback zu rauchen. Es hat dieses artige Geschlecht mit dem Mannsvolck gleiches Recht.«

Man sieht, zu welch fortschrittlichen Erwägungen der Tabak

1 Frankfurt und Leipzig 1743.

schon damals anregte. Das allmähliche Überhandnehmen des Schnupfens fand auch in der Literatur seinen Widerhall. Da fand sich einer, der satirische Gedanken über die »Sehnsucht der lüsternen Nase« niederschrieb.[1] Sie geben einen Begriff davon, welch starke Konkurrenz dem Rauchen durch das Schnupfen erwuchs. Es heißt da:

»Die Welt hat eine possierliche Mode angenommen. Das ist der unmäßige Gebrauch des Schnupff-Tabacks. Taback schnupffen alle Nationen. Taback schnupfft man in allen Ständen, vom höchsten bis zum niedrigsten. Ich habe bißweilen mit Verwunderung gesehen, wie große Herren und ihre Laquayen, die vornehme Leute und die vom gemeinen Pöbel, Holzhacker und Handlanger, Besenbinder und Bettel-Voigte ihre Tabatiere mit sonderlicher Grandezza heraus nehmen, und damit handthieren. Taback schnupffet beyderley Geschlecht, denn es ist nunmehro auch unter das Frauenzimmer kommen; die Damen machten den Anfang und von denen allergeringsten Wäscher-Mägden wird es jetzo nachgethan. Toback schnupfft man so häuffig, daß die Nase im Gesicht mehr einem heimlichen Gemach, als einer Nase ähnlich siehet, so unvernünfftig, daß man den Staub um Nase und Mund vor einen Zierrath hält, da doch, solange die Welt gestanden hat, alle vernünfftigen Menschen ein besudeltes Angesicht vor schädlich gehalten haben, so unsinnig, daß auch die Kraft zu riechen und die Gesundheit des Leibes muß verloren gehen. Toback schnupfft man ohne Noth, zu allen Zeiten, an allen Orten, ohn Unterlaß, als wenn alle Lust und alles Glück, als wenn Ehre und Reputation, Leben und Gesundheit, ja die zeitliche und ewige Glückseligkeit

1 Johann Heinrich Cohausen, Satyrische Gedancken, von der Pica nasi oder der Sehnsucht der lüsternen Nase, das ist von dem heutigen Mißbrauch und schädlichen Effekt des Schnupfftabacks. Leipzig 1720.

darauf bestünde. – Man gebe nur achtung, was die Toback Schnupffer vor stolze Minen machen, wie desperat die ganze Figur erscheinet, wie sie recht, nach dem Tackt, in die Dose greiffen, die Nase hoch stehen lassen, den Mund, die Augen und alle Linien im Gesichte zu einer seriösen Grandezza schicken, und wie sie, bey dem hochwichtigsten Acte des Toback Schnupffens aussehen, als wenn sie entweder die ganze Welt verachten, oder etwas unternehmen wollten, dabey sie, wie Bouflet, sprechen könnten: Je ferai trembler le monde.

Ich habe aus gewissen Proben erfahren, daß solche Menschen in den Gedancken stehen, als wenn sie den Augenblick, sobald sie den Taback spiritum in die Nase geschnuppert, gleich begeistert oder auch in große Könige und Fürsten verwandelt, zum wenigsten mit einem königlichen und fürstlichen Hertze begabet würden . . .«

Auch unter der Geistlichkeit, die immer mehr dem Zauber verfiel, den ein gleichzeitiges Diagramm in die Worte faßt: »Die Losung ist Taback, der jetzt die Welt regieret«, fand neben dem Rauchen auch das Schnupfen weiteste Verbreitung. Das Exkommunikationsedikt, mit dem Innozenz X. im Jahre 1650 die Raucher in der Peterskirche bedroht hatte, war einfach nicht mehr aufrechtzuerhalten. Der Papst Benedikt XIII. aus dem Hause Orsini, ganz in den Händen des unwürdigen Kardinals Coscia, der ihn in viele, die Würde des Papsttums schädigende Streitigkeiten verwickelte, war selbst vom Rauchen zum Schnupfen übergegangen und ein eifriger Verehrer des Tabaks geworden.

Der Papst mußte tagtäglich feststellen, daß Geistliche mitten in der heiligen Handlung den Chor verließen und so die Andacht störten. Sie konnten sich des nunmehr allgemein gewordenen Gebrauches nicht mehr enthalten. Infolgedessen richtete der Heilige Vater ein Schreiben an den Kardinal-Erzpriester der Vatikanischen Basilika.[1] Er erlaube infolge der Sachlage und der Ratschläge der Ärzte nunmehr in der genannten Kirche in allen ihren Teilen den Gebrauch des Tabaks und hebe die betreffenden Exkommunikationsbullen früherer Zeiten auf. Der Papst sprach dabei die Hoffnung aus, daß es trotz dieser Erlaubnis niemand an Respekt und der schuldigen Ehrfurcht fehlen lassen werde, der dieser in der ganzen katholischen Welt hochberühmten Basilika gebühre, zu der alle Völker der Erde auch aus den entferntesten Weltteilen wallfahrten, um die heiligen Körper der glorreichen Apostel Petrus und Paulus zu verehren. Demgemäß wurde die Bulle Innozenz' X. »widerrufen, ausgelöscht und so gänzlich zurückgezogen, als wäre sie nie erlassen und veröffentlicht worden«. Der Kardinal, der diese Verordnung[2] weiterzugeben hatte, ermahnte den »gesamten Klerus des erwähnten Domes ausdrücklich im Namen des Herrn, daß man nicht nur in der Kirche selbst, auf ihrem Chore oder in ihrem Allerheiligsten den Tabak so vorsichtig zu sich zu nehmen habe, daß keinem der Besucher ein Anlaß zu Ärgernis und Skandal geboten werde, sondern auch, daß kein Raucher, zumal wenn er die heiligen Zeremonieen verrichtet, sein Kästchen oder Döschen, in dem er den ›Nikotinstaub‹ aufbewahrt, etwa anderen in der Umgebung oder im Umkreis offen oder heimlich darzubieten wage«.

Aber das Rauchen in der Peterskirche war dennoch freige-

1 Verordnung Papst Benedikts XIII. vom 10. Januar 1725. Ex. Bull. Basilicae Vaticanae Tom. 3, pag. 293–294. Benedictus XIII. Excommunicationis poenam, qua Innocentius X. innodaverat Nicotiano utentes pulvere in nostra Basilica, eius atrio et sacrario anno 1650, eripit cessante jam abuso et scandalo, quae Innocentium ad id moverunt. Ex Autogr. Arch. Bas. Vatic. Caps. 18 Fasc. 302.

2 Erlaß des Kardinals des hl. Clemens, Kämmerer und Erzbischof der Vatikanischen Kirche, Hannibal. Literae Executoriales Chirographi. Rom, 15. I. 1725, Ex Autogr. in Arch. Basil. vat. Caps. 12. Fasc. 277.

geben. So fiel eine Schranke nach der anderen, und der Sieg des Tabaks und seines doppelten Gebrauches konnte der Menschheit durch nichts anderes sinnfälliger gemacht werden als dadurch, daß der oberste Hirte der Christenheit ihm selbst verfiel und in der Peterskirche, dem Zentrum der katholischen Kirche, den Genuß des einst so verfemten Krautes Geistlichen und Laien gestattete.

Die Aufhebung dieses Verbotes wirkte weit über den Bereich der Freigabe auf die ganze Welt gleichsam wie eine Billigung der Sitte und wurde auch in Deutschland als solche aufgefaßt. Seit hier 1740 Friedrich II., der der Große werden sollte, an die Regierung gekommen war, hatte in den vornehmen Kreisen mit anderen französischen Kultureinflüssen auch das Schnupfen Verbreitung gewonnen. Friedrich II., dessen Hinneigung für französische Sprache und Sitte ja genugsam bekannt ist, gab überdies ein Beispiel, das die Entwicklung beförderte. Er rauchte nicht, ergab sich aber dafür um so mehr dem Genusse des Schnupfens. Übereinstimmende Berichte seiner Zeitgenossen besagen, daß man ihn sehr häufig im Gesicht und auf der Kleidung mit Tabakstaub oder Tabakflecken beschmutzt sehen konnte. Obwohl manche behaupten, daß er den Schnupftabak sogar lose in der Tasche mit sich geführt habe, ist unter ihm die übernommene französische Sitte, künstlerisch ausgeführte Tabaksdosen zu tragen und zu verschenken, zur höchsten Blüte gekommen. Nur zu oft stellte eine solche, mit prachtvollen Brillanten verzierte Tabaksdose aus purem Gold, die man etwa dem Gesandten einer fremden Macht verehrte, eine elegant eingekleidete Bestechung dar, die zu damaliger Zeit in Beamten- und Diplomatenkreisen aller Nationen nichts Außergewöhnliches war. Zeitgenossen behaupteten sogar, man habe von einigen Ministern die Worte gebraucht, sie kosteten zwei, drei oder mehr Tabatieren. In allen Museen der Welt finden sich davon Prachtstücke vom Hofe der letzten Ludwige in Frankreich, vom Zaren Peter, Friedrich dem Großen[1] und anderen. Wollten Potentaten einen verdienten Mann ehren oder bestechen, so schenkten sie ihm ihr Bild in Email auf einer herrlichen Tabatiere mit den Initialen in Brillanten. Diese schönen Dosen bildeten damals auch ein beliebtes Sammelobjekt. So soll der im Jahre 1776 verstorbene Prinz Louis Ferdinand von Bourbon Conti deren achthundert hinterlassen haben. Auch Friedrich der Große brachte eine umfangreiche Sammlung herrlicher Stücke zusammen. Der König hat, obgleich er selbst nicht rauchte, auch dieser Art des Tabakgebrauches in seinen Staaten aus geldlichen Gründen keinen Stein in den Weg gelegt; nur gegen das unvorsichtige Rauchen in Stadt und Land wandte er sich in einem scharfen Edikt.[2] Da leicht ein Funke in Frucht und Scheune gelangen könnte, werde das Tabakrauchen beim Einbringen der Ernte mit vierwöchiger Festungsarbeit bei Wasser und Brot bestraft. Trotz aller ungeheuren Verbreitung des Rauchens und Schnupfens gab es immer noch Leute, welche mit Sorge die maßlose Entwicklung begleiteten, die der Tabakgebrauch in den einzelnen Staaten nahm. Ein damals sehr verbreitetes Buch landwirtschaftlicher Natur, das im Titel die Worte »Allgemein kluger und rechtsverständiger Haus-Vatter«[3] trug, wandte sich zwar nicht gegen den Gebrauch überhaupt, sondern gegen die Übertreibungen.

1 Siehe einige solche herrliche Stücke bei Martin Klar, Die Tabatieren Friedrichs des Großen. Berlin, o. J.

2 Edikt König Friedrichs II. von Preußen, »Wider das unvorsichtige und gefährliche Tobackrauchen«. Berlin, 20. Oktober 1742.

3 Franciscus Philippus Florinus, Oeconomus prudens et legalis oder Allgemeiner kluger und rechtsverständiger Haus-Vatter. Nürnberg, Frankfurt, Leipzig 1750, III. Buch, S. 604.

»Es wäre zu wünschen gewesen«, heißt es da, »daß die teutsche Nation die von den Indianern übernommenen Früchte und Kräuter mit Maß gebraucht und einen Unterschied machte, zwischen dem Gebrauch und Mißbrauch einer Sache. Allein es ist (Gott erbarm es) so weit gekommen . . . daß wir arme Leute der alten Welt etwas aus der neuen Welt holen, welches uns fein bald spediret oder fortschicket in die andere Welt. Darunter gehöret nun absonderlich das liebe Kraut Toback, ein herrlich aber jämmerlich bei uns mißbrauchtes Gewächs . . .«

Immer wieder wagte sich in Deutschland das Rauchen an die Öffentlichkeit, obwohl es in den meisten deutschen Staaten untersagt blieb. Doch stellte es sich bald heraus, daß eine wirkliche Verfolgung, die alle auf offener Straße rauchenden Missetäter erfaßte, undurchführbar war. Trotzdem blieb es verboten, und wir finden im ganzen 18. Jahrhundert und bis zur Revolution im Jahre 1848 unzählige, von den verschiedensten Obrigkeiten erlassene Weisungen, die das Rauchen an öffentlichen Orten untersagten oder wenigstens einschränken wollten. So lesen wir z. B. in einem Exerzier-Reglement der Bürgergarde Hamburgs von 1752[1], wie die Offiziere genau achthaben müßten, daß die Leute beim Marschieren keine Tabakspfeife im Munde trügen. Am 24. April 1750 erneuerte der kommandierende General von Hamburg den Befehl an alle Wachen, daß kein Posten irgend jemand auf den Brücken, an den Toren und in der Nähe von Bäumen »Tobackrauchen und mit brennender Pfeife« verweilen lassen dürfe. Noch schärfer wurde dies in dem nahegelegenen Altona gehandhabt, und kein Einwohner durfte zu jener Zeit wagen, dort auch nur mit der Pfeife im Mund zum Fenster herauszusehen, ohne sofort einer Geldstrafe zu verfallen.

1 W. Nathanson, Aus Hamburgs alten Tagen. Hamburg 1893.

Diese Verbote waren zunächst wegen Feuergefährlichkeit ergangen. Immerhin bot diese oft einen Vorwand, um rauchfeindlichen Fürstlichkeiten Übergriffe gegen die Raucher zu erleichtern. So hat zum Beispiel der Fürst Leopold III. von Anhalt-Dessau, der von 1758 bis 1817 regierte, seinen Untertanen erlaubt, jedem, der auf der Straße mit der Pfeife erscheine, diese ungestraft »aus dem Maull« zu schlagen.

Doch all das war nicht imstande, der Verbreitung des Rauchens Abbruch zu tun. Im 18. Jahrhundert hatte diese Sitte besonders studentische Kreise erfaßt, und bald konnte man sich einen Hörer der Universität fast nicht mehr ohne Bierglas und Pfeife vorstellen. Damals kam auch der Ausdruck Knaster in Mode, der von dem spanischen Worte canastro, d. h. geflochtener Korb, herkommt, weil nämlich die Tabakblätter aus den spanischen Kolonien meist in solchen geflochtenen Körben transportiert wurden. Einmal in Europa angelangt, wurden diese Blätter allerdings zum Detailverkauf in kleine Packungen gefüllt, welche mit den verschiedensten Holzschnitten, Stichen und dem Namen der Firma geschmückt waren. Von dem rauchenden Indianer bis zum Kosakenknaster finden sich die mannigfaltigsten Abbildungen auf diesen Verpackungen.[1]

Friedrich der Große hatte sich in Finanzangelegenheiten einem jener berüchtigten Projekten- und Geldmacher[2], die in damaliger Zeit die Höfe unsicher machten, einem gewissen Gian Antonio di Calzabigi, verschrieben, der für die Tabakpacht einen Strohmann, einen gewissen François Roubeaud

1 Diese Verpackungen bildeten auch ein beliebtes Sammelobjekt. In dem von Josef Feinhals herausgegebenen »Historischen Braunbuch Tabakanekdoten«, das allen Liebhabern und Verächtern des Tabaks gewidmet ist (Köln 1914), finden sich neben vielen heiteren Anekdoten zahlreiche Abbildungen solcher historischer Packungen.

2 Siehe ausführlicher bei E. P. Reimann, Das Tabaksmonopol Friedrichs des Großen. München und Leipzig 1913.

namhaft machte. Mit diesem, einem bankbrüchigen Kaufmann aus Marseille, unterzeichnete Friedrich der Große am 4. Mai 1765 einen Pachtvertrag über das Tabaksmonopol für sämtliche Lande des Königs, das dann im Edikt vom 17. Juli desselben Jahres veröffentlicht wurde. Das war naturgemäß mit schweren Belästigungen der Bevölkerung durch die Aufseher der Pacht, die sogenannten »Tabakausreuter«, verbunden. Gegen diese Leute wandte sich vor allem die Empörung der Bevölkerung, und die Landesdirektoren und Landräte der Kur- und Neumark Brandenburg baten in einer ziemlich freimütigen Eingabe, man möge ihnen allein die Durchführung des königlichen Edikts überlassen. »Die Last der Tabakspolizei möge[1] durch Kreisbeamte, Schulzen und Krüger ersetzt werden, was auch billiger sei als die vielen hundert Aufpasser zu Pferde und zu Fuß. Sie protestierten gegen die Visitationen ohne Vorwissen ... Dergleichen könnten so wenig Seine Kgl. Majestät als die Landeskollegia zugeben, weil jedermann in seinen vier Pfählen sicher wohnen und ein jeder vor Überfall und eigenmächtigen Untersuchungen in seinen Gebäuden sonderlich vor fremden, nicht in kgl. Eidespflichten stehenden Soldaten gesichert sein müsse. Das Vorgehen der Tabakspolizei sei ein Bruch des Landfriedens. Der Adel werde sich nimmermehr der Jurisdiktion der Tabaksozietät submittieren, sondern Gewalt mit Gewalt vertreiben ... Der meiste Tabak würde auf adligen und Aemter-Fluren und Feld-Marken gewonnen ... Der Adel sei auch nicht der Jurisdiktion der Steuerräte unterworfen, und was wären das für unerhörte Dinge, wenn die Tabaksreuter sich unterstehen sollten, bei einem vom Adel oder Beamten ... alles durchzuvisitieren ... und würde der auf dem Lande wohnende Adel wohl gar endlich sich genötigt sehen, aus Furcht

1 Ebenda, a.a.O., S. 83.

vor diesen mit Ober- und Untergewehr bewaffneten Schreckgeistern, um vor dergleichen Überfall gesichert zu sein, in den Städten Zuflucht zu nehmen und das Land zu verlassen.«

Das Experiment des Königs mit den beiden Fremden endete schlecht. Sie wurden reich, und Friedrichs des Großen Land mußte die Kosten bezahlen. Das führte zum völligen Bruche mit diesen Pächtern und zur Einführung des in staatlicher Regie betriebenen Tabaksmonopols. Ein solches versuchte der König auch über die Grenzen des Landes nach Dänemark und Schweden auszudehnen. In Schweden kam es 1786 auch tatsächlich zustande. König Friedrich hatte bei der Betreibung dieser Angelegenheiten eine Kabinettsorder erlassen[1], die besonders bezeichnend ist für die Art, wie er einen möglichst großen Ertrag aus dem Tabaksmonopol ziehen wollte.

»Auf Euren anderweitigen Bericht wegen des nach Schweden entamierenden Tobakscommercii melde ich Euch in Antwort, wie wir nun erst sehen werden, wie das zum Besten sich wird arrangieren lassen, und glaube ich, daß Ihr auf die Art mit der Sache recht gut durchkommen könnt, zumal wenn wir dem König von Schweden etwas Geld abgeben; denn der tut alles vors Geld. Hiernächst kömmt es darauf an zu wissen, wo die Schweden jetzt ihren Tobak herkriegen und was das vor Art ist, und welche Sorten sie am mehrsten lieben; und dann glaube ich, daß der Tobak, den wir nach Schweden schicken werden, vorzüglich in Stettin fabriziert werden muß, und wenn Virginische Blätter nötig sind, Ihr solche gleich geraden Weges dahin gehen lasset ... Wenn wir den Schweden den Tobak etwas wohlfeiler verkaufen als andere, so werden wir den ganzen Debit an uns ziehen ...«

1 Entwurf der Kabinettsorder des Königs vom 2. Oktober 1785 an Graf Schulenburg. Reimann, a.a.O., S. 225.

Das Monopol brachte für Preußen eine Verdoppelung des Preises für den schlechtesten und eine starke Erhöhung für den teuersten Tabak. Gegen Schluß der Regierung Friedrichs ergingen keine Verbotsedikte mehr, selbst nicht einmal wegen Feuergefährlichkeit, sondern es wurden sogar Prämien für den Anbau des Tabakes gegeben, der allerdings dann der Monopolverwaltung verkauft werden mußte. Der König zeigte in dieser ganzen Angelegenheit schon das moderne Bestreben, den Tabakverbrauch durch allen denkbaren Anreiz zugunsten des höheren Ertrags der Staatsfinanzen zu heben.

Die große Feindin Friedrichs des Großen, Maria Theresia, war entsprechend ihrer gesamten Lebenseinstellung auch eine persönliche Gegnerin des Rauchens und Schnupfens, aber da auch unter ihr das in den österreichischen Landen wechselnd in Pacht gegebene Monopol sehr viel eintrug, konnte sie schon aus diesem Grunde und weil ihr Staatskanzler Fürst Kaunitz ein leidenschaftlicher Schnupfer war, nicht ebenso strenge Maßnahmen gegen den Tabak ergreifen, wie in moralischer Beziehung mit der berüchtigten Keuschheitskommission. Es waren auch hier meistenteils jüdische Pächter, welche das Tabakgefäll, wie es genannt wurde, vom Staate in Pacht nahmen. Erst Kaiser Joseph II. hat dann in Verfolg seiner großangelegten Neuerungen das Monopol den Privathänden entwunden und am 14. Januar 1783 in staatliche Regie übernommen, woraus dann das gewaltige Unternehmen geworden ist, das eine der reichst fließenden Geldquellen auch des so klein gewordenen heutigen Österreich bildet.

Die Ergebnisse des Tabaksmonopols und der Tabaksteuer in allen Ländern waren ungeheuer groß, und man benutzte die daraus fließenden Gelder schon mehrfach zur Finanzierung politischer, weitreichender Pläne. Als die Staaten der heutigen nordamerikanischen Union ihren Unabhängigkeitskrieg begannen, fanden sie in Frankreich starke, wenn auch mehr oder weniger inoffizielle Sympathien. 1777 ging Benjamin Franklin, der die Unabhängigkeitserklärung von 1776 mitverfaßt hatte, als Gesandter der neuen Republik nach Frankreich, und es gelang ihm, Geld für die Zwecke des Freiheitskrieges bei jenen Generalpächtern zu erlangen, welche das Tabaksmonopol in Frankreich in Händen hielten. In dem vom 24. März 1777 datierten Vertrage versprach Franklin die Lieferung von virginischem Tabak gegen die sofortige Auszahlung einer Million Livres durch die Generalpächter und bedang sich eine weitere Million nach Eintreffen des Tabaks aus. Die Lieferung zog sich in die Länge, und das Geschäft konnte mit den Generalpächtern nicht mehr ganz abgewickelt werden, denn sie waren inzwischen durch die Stürme der Französischen Revolution hinweggefegt worden. Die noch nicht ausgeglichene Summe wurde später der in die Rechte der Generalpächter eingetretenen neuen französischen Regierung zurückbezahlt, aber die Feststellung bleibt bemerkenswert, daß die aus der Leidenschaft des Rauchens und Schnupfens gezogenen Gelder zum Befreiungskampf der nordamerikanischen Kolonien beitrugen.

Das Schnupfen nahm indes gegen Mitte des 18. Jahrhunderts überall derartig überhand, daß es schon Leute gab, die dem Rauchen überhaupt das Zügenglöcklein läuten wollten. Der englische Schriftsteller und Lexikograph Samuel Johnson meinte im Jahre 1773 einmal: »Das Rauchen stirbt aus, und sicherlich ist es shocking, Rauch aus unserem Munde in Mund, Nasen und Augen anderer zu blasen und dasselbe über sich ergehen lassen zu müssen.«[1]

Um 1786 war es auch noch in Cambridge, selbst unter den

1 Apperson, a.a.O., S. 119.

jungen Studenten, »out of fashion« zu rauchen. Johnson übertrug da wohl die Sitten seines Standes und der höheren Gesellschaft zu sehr auf die Allgemeinheit, aber wie man auch aus dem Verhältnis des Schnupf- zum Rauchtabak in allen Ländern sieht, überwog der Verbrauch des Schnupftabaks um diese Zeit so gewaltig, daß ernstlich von einem Sterben des Rauchens hatte gesprochen werden können. Da trat jedoch mit Ende des 18. Jahrhunderts aus Amerika und Spanien eine auch auf das sonstige Europa übergreifende neue Form des Rauchens in die Schranken. Bisher hatte man in Europa allgemein nur den Tabak aus einer halblangen Pfeife geraucht. Wir sahen, daß schon in den allerältesten Zeiten im Antillengebiet und im Mexikanischen eine Art Zigarre geraucht wurde, die aus einer mit Tabak gefüllten Hülle von Palmblättern oder dergleichen bestand. Während Europa nach der Entdeckung Amerikas die Verwendung des Tabaks der Form nach mehr oder weniger selbständig ausgestaltete, entwickelte sich in Amerika die Urform der Zigarre schließlich zu einem Gebilde, das keinerlei sonstige Zutaten als höchstens in der Mitte einen Strohhalm enthielt und schon völlig aus Tabakblättern gewickelt war. Im spanischen Amerika nannte man diese Tabakrollen Cigarros, im angelsächsischen »Segars«, und um die Mitte und gegen Ende des 18. Jahrhunderts nahm das Rauchen solcher Rollen im spanischen wie im anderssprachigen Amerika außerordentlich zu. Vereinzelt wurde es, so im Jahre 1785, wegen Feuergefährlichkeit verboten, doch hielt das nicht lange an. Aus dem Spanisch sprechenden Amerika kam das Zigarrenrauchen nach Spanien, von wo es dann gegen Ende des 18. Jahrhunderts langsam, aber sicher in alle übrigen Gebiete Europas vordrang. 1779 erhielt der deutsche Peter Wendler von der päpstlichen Regierung für fünf Jahre das ausschließliche Recht, in seiner

Tabakfabrik mit einer besonderen Presse »Tabak in Stabform« (bastoni die Tabacco) herzustellen. Der gute Mann wußte sich geschickt umzustellen. Er war ursprünglich als Maler nach Rom gekommen und wurde, da diese Kunst infolge der großen Konkurrenz in Rom zu wenig eintrug, zum Pionier der Zigarre, die er damals dort noch konkurrenzlos herstellen konnte. Auch Frankreich begann vereinzelt die Zigarre kennenzulernen, und die Fabriken, die Material für diese wiedererstandene Rauchart lieferten, nahmen sich die spanischen zum Vorbild. Im Jahre 1788 wurde von einem gewissen Hans Heinz Schlottmann die erste Zigarrenfabrik in Hamburg nach spanischem Muster errichtet. Anfangs wollte sich das neue Fabrikat nicht einbürgern, worauf Schlottmann diese deutschen Zigarren sechs Stunden weit nach Cuxhaven fahren und wieder als »echte Importen« zurückführen ließ. Dann erst fanden sie Anerkennung. Er hatte damals noch keine Ahnung, daß die Zigarre in den nun folgenden hundert Jahren das Schnupfen und die Pfeife fast völlig in den Hintergrund drängen und bis ins zweite Drittel des 19. Jahrhunderts hinein die Vorherrschaft über alle anderen Raucharten bewahren würde, bis auch sie wieder einer neuen Rauchweise, der Zigarette, den Vorrang abtreten mußte.

NEUNTES KAPITEL

Die Napoleonische Periode und das Zeitalter der Zigarre

Indessen hatte sich in Frankreich der Sturm vorbereitet, der 1789 losbrach und in seinen welterschütternden Folgen den ganzen europäischen Kontinent in ein Vierteljahrhundert fast ununterbrochener Kriege stürzen sollte. Einer der wesentlichsten Gründe für die Französische Revolution war in wirtschaftlichen Ursachen zu suchen. Während der Hof und die höheren Stände in ihrer Lebenshaltung eine wahnwitzige Verschwendung übten, mußten die Gelder dafür wie auch für die kostspielige auswärtige Politik gerade von den ärmeren und rechtlosen Teilen der Bevölkerung aufgebracht werden. Sie wurden mit furchtbar drückenden Steuern belastet, deren Erhebungssystem durch private Generalpächter aufreizend wirkte. Insbesondere die sogenannten fünf großen Fermes, nämlich die Salz-, Getränke-, Zoll- und Marktsteuer, wozu als fünfte die besonders unbeliebte Tabaksteuer kam, lasteten schwer auf der Bevölkerung. Die Generalpächter gebrauchten bei der Erhebung die ihnen vom Staate zugebilligten Gewaltmittel und zogen sich damit den Haß der Bevölkerung zu, die nun im Augenblick der Revolution natürlich in allererster Linie diese Schranken zerstörte. Besonders beim Tabak war der hohe Preis scheinbar leicht niedriger zu gestalten, indem man einfach den erst im Verlauf der letzten Kriege zu Frankreich hinzugetretenen tabakbauenden Provinzen, wie zum Beispiel dem Elsaß, das nicht dem Monopolgebiet unterstand, die Einfuhr des dort gebauten Tabaks in das übrige Königreich gestattete. In Kürze wurde das ganze Generalpachtsystem durch Aufhebung der inneren Marktzollinien und durch Widersetzlichkeit gegen die Regiebeamten, die immer noch den freien Verkauf behindern wollten, an allen Orten über den Haufen geworfen. Damit war natürlich auch die gewaltige Steuerquelle für den Staat, deren Ertrag im Verlaufe von hundertfünfzig Jahren seit Einführung der Pachtregie von vier Millionen Livres auf nicht weniger als zweiunddreißig Millionen Livres gestiegen war, auf das schwerste gefährdet. Das Volk glaubte auch hier durch radikale Vernichtung alles Bestehenden und Aufhebung aller Verbote und Beschränkungen die für die Befriedigung seiner Rauch- und Schnupfleidenschaft nötigen Tabakmengen billig und leicht bekommen zu können. Es sollte in Kürze eines anderen belehrt werden. Der Steuerertrag schwand; infolge der herrschenden Unsicherheit und Unordnung litt auch die Versorgung des französischen Volkes mit diesem schon längst unentbehrlichen Genußmittel, und das Kraut wurde selten und teuer. Mirabeau, der große Staatsmann und hervorragende Kopf unter den Männern der Revolution, hatte diese Entwicklung vorausgesehen. Die in Paris vereinigte Nationalversammlung, welche die zukünftigen Geschicke Frankreichs bestimmen sollte, mußte sich sofort mit dieser wichtigen Frage beschäftigen. Mannigfache Ideen wurden vorgebracht, wie man zwar das ganze Monopolsystem beseitigen, aber doch wenigstens einen Teil des Steuerertrages für den ebenso geldbedürftigen neuen Staat sichern sollte. Da wurde zum Beispiel[1] der Vorschlag gemacht, man solle genauso eine Gebühr für jeden Schnupfer, Raucher und Kauer von Tabak einfordern, wie man von jedermann, der sich mit gepuderter Perücke in der Öffentlichkeit zeigte, den Besitz

1 J. Creizenach, Die französische Tabakregie in ihrer Entwicklung, Organisation, finanziellen und volkswirtschaftlichen Bedeutung. Mainz 1868.

einer Karte verlangte, auf der verzeichnet war, daß er die hierfür entfallende, gleichfalls verpachtete Perückengebühr bezahlt habe. Diesem Vorschlag stellten sich jedoch unüberwindliche Schwierigkeiten entgegen. Mirabeau erkannte als einziger, daß es unter den bestehenden Verhältnissen in Frankreich sowohl im Interesse der Bevölkerung und ihrer ausreichenden Versorgung mit Tabak, als auch im Interesse des Staates liege, das ausschließliche Handels- und Fabrikatsmonopol in ganz Frankreich aufrechtzuerhalten und der Nation zu bewahren. Einzelne Bestimmungen freiheitlicher Natur sollten die Bedrückungen durch die Generalpächter vergessen lassen und der neuen Bewegung Rechnung tragen.

Mirabeau verfocht diese These am 29. Januar 1791 in einer großen Rede in der Nationalversammlung. Dagegen lehnte sich am 12. Februar 1791 der Deputierte M. Röderer auf. Er sprach von der Erde, die jetzt durch die Freiheit fruchtbar gemacht werde, von den Gewinnen der Industrie, die nur einzelnen Individuen zugute kommen und nicht denen, die die Arbeit geleistet. Die zweiunddreißig Millionen hätten nur in einem Lande der Knechtschaft erzielt werden, der Baum der Generalpacht, dessen Wurzeln vom Blut gedüngt wurden, nur unter der Verzweiflung einer Unzahl Unglücklicher emporwachsen können. Wohl werde unter dem neuen Regime das Monopol nicht mehr den gleichen Ertrag haben, aber in drei Jahren[1], erklärte der Abgeordnete leichten Sinnes, würden die finanziellen Verhältnisse des Landes so gefestigt sein, daß eine so große Summe nicht nötig sei. Daher schlage er vor, die Versammlung möge den Erlaß eines Dekrets beschließen, wonach jedermann in Frankreich in voller Freiheit Tabak bauen, fabrizieren und verkaufen könne.[2]

1 Also 1794.

2 Discours de M. Röderer sur la prohibition de la culture du tabac et le privilège exclusif de la fabrication et du débit; prononcé à la séance du 12 février 1791. Separatdruck in der Bibliothèque nationale in Paris.

Der Ausschuß der Nationalversammlung arbeitete auf Grund dieser zwei einander widersprechenden Anträge ein Kompromiß aus. Es war, wie Creizenach sehr richtig sagt, »ein unhaltbares, an Halbheiten jeder Art laborierendes System, welches alle Interessenten verletzte, während es allen Interessen Rechnung zu tragen vorgab.« Man wollte einen Zoll auflegen, der nach dem Voranschlag etwa zwölf Millionen tragen sollte. Die Folge war, daß in den nächsten Jahren in der Auswirkung des Gesetzes und unter den Stürmen der Revolutionskriege der Ertrag auf fünf Millionen Livres sank. Zu einer Zeit, da der Staat ganz anders, als Röderer es vorausgesehen, ungeheure finanzielle Lasten zu tragen hatte, war diese am billigsten und am leichtesten tragbare Steuer gänzlich entwertet. Erst Napoleon hat auch hier mit energischer Hand eingegriffen. Er rauchte persönlich nicht, nachdem er einmal damit eine sehr schlechte Erfahrung gemacht hatte. In Ägypten nämlich, wo alle Welt rauchte und man ihm während der im Heere auftretenden Pest die desinfizierenden Eigenschaften des Tabaks gerühmt hatte, wollte er es auch einmal versuchen. Eben hatte ihm ein persischer Botschafter eine reichgeschmückte Nargileh-Wasserpfeife geschenkt; mit Hilfe seines treuen Mamelucken machte er sich an das kühne Unternehmen. Dabei kam ihm aber der Rauch in die falsche Kehle und bewirkte einen heftigen Hustenausbruch, so daß er fast den Atem verlor. Er soll dabei ausgerufen haben: »Ôtez-moi cela! quelle infection! oh les cochons! le cœur me tourne!« Wenn dies auch nicht der einzige Versuch Napoleons geblieben sein mag, so steht dennoch fest, daß er nicht nur selbst die Gewohnheit des Rauchens niemals annahm, sondern auch zeitlebens Widerwillen gegen den Geruch des Tabakrauches empfand. Verschiedene feindselige Bemerkungen, so die, daß das Rauchen nur dazu gut sei, um die Nichtstuer zu zerstreuen[1], zeugen für diese Feststellung.

Beim Empfang deutscher Fürsten in Frankfurt im September des Jahres 1804[2] fragte der Kaiser den Erbprinzen von Hessen-Darmstadt, den er kurz vorher rauchen gesehen hatte, ob das seine ständige Gewohnheit sei. Der Prinz antwortete: »Jawohl, Sire.« »Nun«, erwiderte Napoleon, »wenn Sie nach Paris kommen und Ihre Kleider nach Rauch riechen, so wird Sie keine Frau ansehen.«

Wenn Napoleon auch fürs Rauchen nichts übrig hatte, so war er, und zwar von erster Jugend an, ein höchst eifriger Schnupfer. Er verbrauchte bis zu sieben Pfund Tabak im Monat. Masson[3] erzählt uns, daß der Kaiser seine Gemächer niemals ohne eine Lorgnette, eine Bonbonniere mit kleinen Pastillen aus einem Gemisch von Lakritzen und Anis und einer Schnupftabaksdose verlassen habe. Die Pastillen sollten ihm den Mund parfümieren und ihm einen frischen Geschmack vermitteln.

Napoleon besaß eine Unmenge Schnupftabaksdosen. Auf seinem Feldzuge in Italien 1796 benutzte er eine Tabatiere, deren Deckel mit dem Bilde seiner geliebten Josephine geschmückt war, und er war abergläubisch unangenehm berührt, als einmal das Deckelglas sprang. Als er diese Dose im Oktober 1796 verlor, gebärdete er sich ganz unglücklich und bat Josephine, ihm eine neue Dose zu senden, in die eine Locke ihres Haares eingefügt wäre. Außerdem benutzte Napoleon eine Tabatiere aus Schildpatt, in die vier silberne Medaillen mit den Profilen des Regulus, Sulla, Pompejus und Cäsar eingelassen waren.

1 Barthélemy, L'art de fumer ou la pipe et le cigare. Paris 1844, S. 83.

2 Bericht des Freiherrn von Wessenberg. Mainz, 30. September 1804, Wien, Staatsarchiv.

3 Frédéric Masson, Napoléon chez lui. Paris 1894, S. 102.

Das war eine höchst charakteristische Zusammenstellung von Vorbildern für ihren Besitzer. Überhaupt könnte man, wenn man alle Dosen Napoleons, die er nach und nach besessen, in einem Raume zusammenstellen und zeitlich ordnen könnte, geradezu ein Bilderbuch seines Lebens in Form von Tabatieren gewinnen. Als er später Marie Luise heiratete, erhielt er von österreichischer Seite gelegentlich der Hochzeit eine Tabatiere mit dem Porträt der Erzherzogin. Nach der Geburt seines Sohnes, des Königs von Rom, trug er lange Zeit eine Tabaksdose mit dessen entzückendem Miniaturbildnis von Isabey. Im übrigen besaß er eine Unzahl Tabaksdosen mit Medaillen, die andere große Führer ihrer Völker, Alexander den Großen, Augustus, Peter den Großen, Karl V., Karl XII. von Schweden, Friedrich den Großen, darstellten, wobei besonders solche aus dem Altertum bevorzugt wurden, die wie Mithridates, Demetrius Poliorketes oder Antiochos Dynastien begründet hatten. Nach den nicht immer ganz zuverlässigen Erzählungen des Kammerdieners des Kaisers[1] soll auf Napoleon, als er noch Erster Konsul war, ein Attentat mit Hilfe von Tabak versucht worden sein. In Malmaison, wo er damals hauste, waren nämlich Verbesserungen an den Kaminen in den inneren Gemächern nötig geworden, die von fremden Arbeitern durchgeführt wurden. Nach deren Weggang fand man auf dem Schreibtisch des Ersten Konsuls eine Schnupftabaksdose, die genauso aussah wie die, deren er sich damals für gewöhnlich bediente. Da Napoleon sie auf diesem Platz niemals liegen ließ, fiel dies seiner Umgebung auf; man kam auf den Gedanken, den darin befindlichen Tabak untersu-

1 Napoleon I. nach den Memoiren seines Kammerdieners Constant. D. Ü. Leipzig 1904. S. 9.

chen zu lassen, und soll festgestellt haben, daß dieser Tabak vergiftet war.[1]

Napoleons Feldzüge und die gewaltigen wirtschaftlichen Maßnahmen, wie die 1806 von Berlin aus erlassene Kontinentalsperre, waren für jeden Raucher von großem Einfluß. Zunächst wurde bei der Schwierigkeit, aus Übersee Tabak zu bekommen, dessen Preis sehr erhöht. Da die Nachfrage bestehen blieb, wurde in den von den Feldzügen weniger berührten Gebieten Europas der örtliche Anbau der Tabakpflanze gehoben. Auf der anderen Seite versuchte man, nach einem Ersatz zu greifen, und in England und auf dem Kontinent wurden Gräser aller Art, dann auch Blätter von Kirschbäumen zum Rauchen verwendet. Dabei gedachte Napoleon, der für seine fortwährenden Kriege Unsummen verbrauchte, bald die Rauch- und Schnupfleidenschaft in seinen Hoheitsgebieten wieder in vollem Maße den Staatszwecken dienstbar zu machen. Trotz gewaltig gestiegener Bevölkerungszahl und fortwährender Erhöhung der verschiedenen auf Tabak liegenden Steuern und Zölle war der Ertrag 1809 bloß mit etwa vierzehn Millionen Franken zu werten. Mirabeau hatte 1791 prophezeit, daß in kaum zwanzig Jahren das Tabaksmonopol wieder eingeführt sein würde. Für Napoleon war dies nicht nur eine Geldfrage, sondern auch eine unversiegbare Quelle für Gnadenbezeugungen durch Anstellung und Verwendung in einem solchen Riesenapparat. Der Kaiser bewies auch da seine Voraussicht, indem er seinem kopfschüttelnden Finanzminister erklärte, das Monopol werde dem Fiskus mit der Zeit ein Einkommen von nicht vierundzwanzig, sondern achtzig Mil-

1 Ich habe sonst nirgends eine Bemerkung darüber finden können, die nicht auf Constants Memoiren zurückgeht. Es ist sehr gut möglich, daß die Geschichte von Constant erfunden ist, um so seine Fürsorge für die Person des Kaisers in helleres Licht zu setzen.

lionen Franken abwerfen können, denn der Tabak sei eine Materie, die geeigneter sei, eine finanzielle Belastung zu ertragen als jede andere. Durch kaiserliches Dekret vom 29. Dezember 1810 wurde das Monopol in Frankreich wiederhergestellt. Wir werden sehen, daß diese Napoleonischen Erwägungen sich schon 1845 in vollem Umfange bestätigten und in unseren Tagen sich noch weit über alle Träume Napoleons hinaus bewährten.

Wenn der Kaiser auch nicht selbst rauchte, so war er dem Rauchen seiner Umgebung gegenüber weniger streng, als es seinerzeit Ludwig XIV. gewesen war. Viele seiner Marschälle, wie Vandamme, Lassalle und Oudinot, rauchten. Napoleon schenkte Oudinot nach einer schönen Waffentat eine mit kostbaren Steinen gezierte Pfeife im Werte von etwa zwölftausend Franken. Als der Kaiser später in Gefangenschaft in St. Helena war, blieb er nicht nur seiner Tabakschnupfleidenschaft treu, sondern die traurige Stimmung, die Beschäftigungslosigkeit führte in ihm, dem Tatmenschen ohnegleichen, eine innere Nervosität herbei, die ihn dazu brachte, noch mehr Tabak zu nehmen als in der Zeit seines Glückes. Am 9. November 1816 legte sich der Kaiser, was er sonst nicht tat, gleich nach dem Diner zu Bette, da er sehr stark hustete: »Ich werde zuviel Tabak genommen haben, ohne daran zu denken, daß ich ein Gewohnheitstier bin. Der angeregten Konversation halber werde ich nicht darauf achtgehabt haben. Sie, mein Lieber, sollten mir in einem solchen Falle die Tabatiere wegnehmen; so dient man denen, die man liebt.«[1]

Das war der Standpunkt des Heros des Krieges und der Politik. Der Held des Geistes, Goethe, war – man muß es um der historischen Wahrheit willen feststellen – einer der erbittert-

1 Las Cases, Mémorial de St.-Hélène. Paris 1823, Band 2, S. 410.

sten Gegner des Rauchens. Im Heimathause hatte Goethe keine Anleitung hierzu bekommen. Sein Vater war, soviel bekannt ist, dem Rauchen wie dem Schnupfen abgeneigt. Die Frau Rat war in ihrer Jugend und im ersten Jahrzehnt ihrer Ehe dem Schnupfen ergeben gewesen, hatte es dann aufgegeben und im Jahre 1807 wieder begonnen. So schreibt sie am 16. Mai 1807 an ihre Schwiegertochter Christiane: »Diesem langen wohlstilisirten Brief : wozu ich schon die zweyte Feder genommen habe : müßen Sie doch verschiedenes Ansehn. Erstlich daß Doctor Melber die Sache wieder in Ordnung gebracht und durch seine Kunst die Urgroßmutter wieder gut geflickt hat – zweytens, daß, da ich mir den Taback wieder habe angewöhnen müßen – derselbe seine Würckung . . . vortreflich thut – ohne eine prißgen Taback waren meine Briefe wie Stroh – wie Frachtbriefe – aber Jetz! das geht wie geschmirt – das Gleichnüß ist nicht sonderlich hübsch, aber es fält mir gerade kein anders ein.«[1] Der Sohn wollte aber von Jugend auf durchaus nichts davon wissen. Goethe hat sich wiederholt in allerschärfster Weise gegen das Rauchen ausgesprochen und den Tabak so ziemlich den abscheulichsten Dingen gleichgestellt, die es in der Welt gibt. So heißt es in den Venezianischen Epigrammen:

»Vieles kann ich ertragen. Die meisten beschwerlichen Dinge
duld ich mit ruhigem Mut, wie es ein Gott uns gebeut.
Wenige sind mir jedoch wie Gift und Schlange zuwider,
Viere: Rauch des Tabaks, Wanzen und Knoblauch und . . .«

Diese Auffassung mußte naturgemäß auch einen Einfluß auf die Haltung Goethes gegenüber seinen rauchenden oder nichtrauchenden Freunden haben. Scharf kam dies zum Beispiel in seinem Urteil über zwei Männer zum Ausdruck, den Begründer des Philanthropinismus, freireligiösen Pädagogen und Auf-

1 Die Briefe der Frau Rath Goethe. 6. Auflage. Leipzig, Insel-Verlag 1923. S. 155 f.

klärer Johann Basedow, und den wirklich aufgeklärten, äußerlich wie innerlich feinen Physiognomiker und theologischen Schriftsteller Lavater, mit denen er in Frankfurt zusammenkam und Reisen unternahm. Goethe interessierte sich zwar sehr für Basedows Pläne, konnte sich aber mit dessen Absichten nicht ganz befreunden. Da war es schon anders mit Lavater, der ihm auch persönlich viel sympathischer war. Der Vergleich, den Goethe in »Dichtung und Wahrheit«[1] zwischen beiden zieht, fällt durchaus zugunsten Lavaters aus. Dabei spielte gewiß auch das Rauchen eine bescheidene Rolle. »Welchen Unterschied empfand ich aber«, schreibt Goethe nach einigen wenig freundlichen Worten über Basedow, »wenn ich der Anmut gedachte, die von Lavatern ausging! Reinlich, wie er war, verschaffte er sich auch eine reinliche Umgebung. Man wird jungfräulich an seiner Seite, um ihn nicht mit etwas Widrigem zu berühren. Basedow hingegen, viel zu sehr in sich gedrängt, konnte nicht auf sein Äußeres merken. Schon daß er ununterbrochen schlechten Tabak rauchte, fiel äußerst lästig, um so mehr, als er einen unreinlich bereiteten, schnell Feuer fangenden, aber häßlich dunstenden Schwamm, nach ausgerauchter Pfeife, sogleich wieder aufschlug und jedesmal mit den ersten Zügen die Luft unerträglich verpestete. Ich nannte dieses Präparat Basedowschen Stinkschwamm und wollte ihn unter diesem Titel in der Naturgeschichte eingeführt wissen, woran er großen Spaß hatte, mir die widerliche Bereitung, recht zum Ekel, umständlich auseinandersetzte und mit großer Schadenfreude sich an meinem Abscheu behagte.«

Goethe fand, daß ein wahrhaft gebildeter Mann nicht rauchen könne, und mußte doch zusehen, wie sein ganzer Kreis, der Herzog Karl August, Schiller und fast alle seine Freunde,

1 Goethe, Aus meinem Leben, Dichtung und Wahrheit. 3. Teil, 14. Buch.

rauchten oder schnupften. Man schrieb von ihm, daß er sogleich darunter litt, wenn er in einem Zimmer sein mußte, wo Tabak und Pfeifen dampften.

In seiner »Italienischen Reise« findet sich, datiert Rom, 9. Februar 1788, eine Stelle, wo der Dichter sich über das Publikum im Verhältnis zu den Künstlern ausspricht und dabei das Unbehagen, das leichtsinniges und vorschnelles Urteilen in ihm hervorruft, mit dem ihm Unangenehmsten, der Einwirkung des Rauches, vergleicht. »Oh, wie finde ich«, heißt es da, »die Zuschauer so glücklich! die dünken sich so klug, sie finden sich was Rechts. So auch die Liebhaber, die Kenner. Du glaubst nicht, was das ein behägliches Volk, indes der gute Künstler immer kleinlaut bleibt. Ich habe aber auch neuerdings einen Ekel, jemanden urteilen zu hören, der nicht selbst arbeitet, daß ich es nicht ausdrücken kann. Wie der Tabaksdampf macht mich eine solche Rede auf der Stelle unbehäglich.«

Köstlich und bezeichnend ist eine kleine Episode, die uns Oskar Meister[1] vermittelt hat. Auch Goethe war der Jammer mit den Hausgehilfen nicht fremd geblieben. Er besaß eine Köchin, Charlotte Hoyer, der er, nachdem sie ihn zwei Jahre unsäglich geärgert und schlecht bedient hatte, mit eigener Hand ein ganz schonungsloses Dienstzeugnis schrieb. Die Polizei hatte nämlich gerade damals einen Erlaß herausgegeben, wonach man in Dienstzeugnissen die wirkliche Leistung beschreiben müsse und nicht nur schonende Worte gebrauchen solle. Daran hatte sich Goethe gehalten und in das Zeugnis geschrieben, »die Köchin habe sich widerspenstig, zudringlich, grob, unruhig und tückisch gezeigt und ihm das Leben sauer und zuletzt ganz unerträglich gemacht«. Die Köchin, die zu allem

1 Oskar Meister. Auch eine Goethehandschrift. Aus »Der getreue Eckart«. Wien, 2. Jahrgang 1925, 11. und 12. Heft.

Überfluß im geheimen eine Pfeife mit elendem Knaster rauche, hatte das Zeugnis dem Herrn Geheimrat zerrissen vor die Füße geworfen und dann wie eine Wilde im Hause getobt. »Als Goethe«, schreibt Meister, »darauf nach kurzer Abwesenheit mittags sein Arbeitszimmer betrat, kamen ihm dicke Schwaden beißenden Rauches entgegen. Die hatte ihm die Köchin, die heimlich dem Rauchlaster frönte, aus ihrer Bauernpfeife in den ernsten Raum geblasen, weil sie wußte, daß der Herr Geheimrat den Toback haßte und weder ›Tobackschmauchen noch Tobackschmaucher‹ ausstehen konnte.«

Goethe war ganz einer Meinung mit Alexander von Humboldt, der über den Tabak sagte: »Zwei Pflanzen von großer Bedeutung sind von Amerika zu uns herübergekommen, die eine zum *Segen*, die andere zum *Verderben*. Die Segenspflanze ist die Kartoffel, die Pflanze des Verderbens das Kräutlein Tabak.«

Goethe hat sich überdies gegenüber dem Dichter und Prinzenerzieher Major von Knebel in wiederholten Gesprächen über die Gründe zu dieser feindseligen Einstellung geäußert und hat sie in Form eines Gespräches mit dem Historiker Heinrich Luden ausführlich niedergelegt.

»Nun, so nehmen Sie doch eine Prise«, bot Knebel Luden seine Dose dar[1], »das ist erfrischend! Die Inschrift des Schneeberger Fluß-, Haupt- und Hirnpulvers ist so vortrefflich als wahr: es schärft den Verstand und stärkt das Gedächtnis. Ich rate Ihnen das Schnupfen an. Daß Sie nicht rauchen, ist gut; das Schnupfen aber ist erstaunlich heilsam, auch besonders für die Augen. Ich weiß das aus Erfahrung. (Goethe verwirft Rauchen und Schnupfen.) Wegen des Rauchens hat er recht; ich rauche auch täglich nur ein paar Pfeifen. ›Das Rauchen‹,

1 Wilhelm Bode, Stunden mit Goethe. Siehe auch Goethes Gespräche von Flodoard Freiherrn von Biedermann, Insel-Ausgabe, S. 196 f.

sagt er, ›macht dumm; es macht unfähig zum Denken und Dichten. Es ist auch nur für Müßiggänger, für Menschen, die Langeweile haben, die ein Drittel des Lebens verschlafen, ein Drittel mit Essen, Trinken und andern notwendigen oder überflüssigen Dingen hindudeln und alsdann nicht wissen, obgleich sie immer vita brevis sagen, was sie mit dem letzten Drittel anfangen sollen. Für solche faule Türken ist der liebevolle Verkehr mit den Pfeifen und der behagliche Augenblick der Dampfwolke, die sie in die Luft blasen, eine geistvolle Unterhaltung, weil sie ihnen über die Stunden hinweghilft. Zum Rauchen gehört auch das Biertrinken, damit der erhitzte Gaumen wieder abgekühlt werde. Das Bier macht das Blut dick und verstärkt zugleich die Berauschung durch den narkotischen Tabaksdampf. So werden die Nerven abgestumpft und das Blut bis zur Stockung verdickt. Wenn es so fortgehen sollte, wie es den Anschein hat, so wird man nach zwei oder drei Menschenaltern schon sehen, was die Bierbäuche und Schmauchlümmel aus Deutschland gemacht haben. An der Geistlosigkeit, Verkrüppelung und Armseligkeit unserer Literatur wird man es zuerst bemerken, und jene Gesellen werden dennoch diese Misere höchlich bewundern. Und was kostet der Greuel! Schon jetzt gehen fünfundzwanzig Millionen Taler in Deutschland in Tabaksrauch auf, die Summe kann auf vierzig, fünfzig, sechzig Millionen steigen. Und kein Hungriger wird gesättigt und kein Nackter gekleidet. Was könnte mit dem Gelde geschehen! Aber es liegt auch im Rauchen eine arge Unhöflichkeit, eine impertinente Ungeselligkeit. Die Raucher verpesten die Luft weit und breit und ersticken jeden honetten Menschen, der nicht zu seiner Verteidigung zu rauchen vermag. Wer ist denn imstande, in das Zimmer eines Rauchers zu treten, ohne Übelkeit zu empfinden? Wer kann darin verweilen, ohne umzukommen?‹ In all diesen Klagen hat Goethe recht; aber unrecht hat er wegen des Schnupfens. Er will immer was Apartes haben. Das Schnupfen hat er sich freilich nicht angewöhnt, aber dafür zieht er Eau de Cologne und anderes spirituoses Zeug in die Nase hinein. Nun unsereiner riecht wohl auch einmal gern, was gut riecht, aber wenn ich das kölnische Gebräu in die Nase hineinsaugen wollte, ich wäre des Todes. Er weiß auch nichts Gescheutes gegen das Schnupfen zu sagen. Es ist eine Schmutzerei, sagt er. Das aber ist Torheit. An jedem sinnlichen Genuß hängt sich eine Schmutzerei an, entweder im Anfang oder zum Schluß. Das erhöht nur den Reiz. Die größten Männer haben geschnupft und stark. Der Alte Fritz hatte die Westentasche immer voll Tabak, wenn er sich nicht gerade leer geschnupft hatte; und der andere da, der Dings, wie heißt er denn, Bonaparte, Napoleon, hält auch die Dose immer offen in der Hand. Es ist natürlich und notwendig! Sie würden vieles vergessen und oft in Verlegenheit sein, wenn die Prise nicht das Gedächtnis stärkte und den Verstand schärfte.«

Aus Knebels Worten spricht die parteiische Einstellung; weil er selbst Schnupftabak brauchte, durfte Goethe diesen nicht verurteilen, aber die Verdammung des Rauchens ließ er eher gelten. Für den Dichter aber war und blieb der Tabakrauch stets ein unangenehmes Lebensdetail, dem man einfach nicht entrinnen konnte. Er war manchmal verzweifelt, bei seinem großen Verkehr dem Rauche beim besten Willen nicht entgehen zu können, und hat dies in dem Verse, den er unter eine eigenhändige Zeichnung (Abbildung 57) setzte, auch ausgesprochen:

»Und wärst du auch am fernsten Ort
Zur kleinsten Hütte durchgedrungen,
Was hälf es dir? du findest dort
Taback und böse Zungen.«

Goethe befand sich hierin in vollem Gegensatz zu seinem Freunde Schiller. Dieser war ein Verehrer des Tabaks und gebrauchte ihn sowohl zum Rauchen als auch zum Schnupfen. Schnupfen aber sagte ihm unvergleichlich mehr zu. Auf der Militärakademie zu Stuttgart, wo Schiller an der medizinischen Fakultät studierte, war es streng untersagt, zu rauchen oder zu schnupfen. Der Tabak gehörte daher zu den verbotenen Früchten, die durch einen gutmütigen Bedienten eingeschmuggelt wurden. Solch verbotene Waren nannten die Zöglinge »Sünden«, und eine jede davon hatte eine bestimmte Nummer, deren Angabe genügte, um das Gewünschte zu erhalten. Der vorgesetzte Leutnant, der über die »properté« seiner Schützlinge zu wachen hatte, fand bald heraus, daß Schiller als Raucher und Schnupfer zu beiden Klassen von Verbrechern gehörte. Das trug ihm manch derbes Schimpfwort ein, aber es half nicht viel, und als wohlbestallter Regimentsmedikus war Schillers Zimmer stets von einer schweren Tabaksatmosphäre erfüllt. Später im neuen freien Dichterberufe blieb er der Gewohnheit treu. Während seines Aufenthaltes in Gohlis bei Leipzig im September 1785 fiel seinen Freunden der außerordentlich starke Schnupftabakverbrauch des Dichters auf, und es mag zwischen den beiden großen deutschen Dichtern gewiß zu mancher Kontroverse über die Nützlichkeit oder Schädlichkeit dieser Sitte gekommen sein. Dabei war zu jener Zeit der Bevölkerung der Genuß des Tabaks erleichtert und verbilligt worden, denn König Friedrich Wilhelm II. hatte sofort nach dem Tode Friedrichs des Großen das der Bevölkerung so verhaßte Tabaksmonopol abgeschafft. Als jedoch der Kampf gegen die Französische Revolution die Finanzen Preußens erschütterte, wurde es im Juni 1797 wieder eingeführt. Wenige Monate darauf, am 16. November, starb der König, und sein Nachfolger Friedrich

Wilhelm III. beseitigte das Monopol in Preußen am 15. Dezember 1797 neuerdings, worauf es für dieses Land und später auch für ganz Deutschland endgültig verschwand.

Die großen Kriege, welche in dieser Zeit über Europa hinwegbrausten, hatten das Rauchen ganz besondes gefördert, obwohl es schwieriger geworden war, sich Tabak zu verschaffen. Der Soldatendienst im Kriege, der vielfach mit Wachdienst und Warten verbunden ist, in unregelmäßigem Wechsel Zeit und Muße ebenso wie aufregende hastende Beschäftigung mit sich bringt, gab Gelegenheit und Anreiz dazu. Die hin und her ziehenden Truppen aller Nationen, die von einem Land ins andere kamen, brachten dabei die Rauchsitten ihrer Länder in ferne Gegenden. Britische und französische Truppen hatten auf spanischem Boden gegeneinander gekämpft und die Sitte des Zigarrenrauchens, die in ihren Heimatländern erst in ihren Anfängen lag, hier, wo sie schon stärker verbreitet war, näher kennengelernt und aufgenommen. Im Verlauf der Feldzüge brachten die Truppen die Zigarre auch in andere Länder, und langsam begann sich diese neue Rauchart in Europa zu verbreiten und Beifall zu finden. Neue Zigarrenfabriken entstanden, und im Laufe weniger Jahre verdrängte die Zigarre nicht nur die Pfeife, sondern auch das so sehr verbreitet gewesene Schnupfen. Die Pfeife hielt sich hartnäckiger, schon weil die Meerschaumköpfe und die schönen Porzellanpfeifen, an deren Herstellung sich Künstler wie Wedgewood beteiligten, in Mode waren. Man gewöhnte sich auch, die Köpfe bedeutender Männer, Ereignisse und Sprüche auf die Pfeifenköpfe zu malen. Dem Herzog von Reichstadt blieb es verboten, etwa aus einer Pfeife mit dem Bildnis seines Vaters zu rauchen, überhaupt mußte er dies bald verstohlen tun, da seine Mutter es nicht gern sah. »Der spanische Tabak«, schrieb sie an den Erzieher des

Prinzen, Graf Dietrichstein, »ist eine recht ekelhafte Sache. Ich möchte bloß wissen, ob mein Sohn dies aus Anglomanie tut oder um seinen verstorbenen Vater nachzuahmen.« Der frühe Tod des Prinzen zeigte allerdings, daß Mutter und Erzieher recht daran taten, wenn sie versuchten, den Prinzen von der ihm liebgewordenen Gewohnheit (Abb. 61) zurückzuhalten.[1] 1805 waren Zigarren in deutschen Landen noch eine Seltenheit. Als der spätere Feldmarschall Fürst Windischgrätz bei seinen mütterlichen Verwandten der Arenbergschen Familie weilte, erhielt er von einem spanischen Diplomaten Zigarren zum Geschenk, die er nach Österreich mitbrachte, wo sie wohl als die ersten dort erschienenen Zigarren anzusehen sind.

Im Brockhausschen Konversationslexikon vom Jahre 1809 wird die Zigarre als Neuheit beschrieben. Es heißt dort: »Einer besonderen Art des Tabakrauchens muß hier noch Erwähnung getan werden, nämlich der Cigarros: es sind dies Blätter, welche man zu fingerdicken, hohlen Zylindern zusammenrollt und die dann, an dem einen Ende angezündet, mit dem anderen in den Mund gesteckt und so geraucht werden. Diese Art, deren man sich statt der Pfeife im spanischen Amerika bedient, fängt an, auch in unseren Gegenden sehr gemein zu werden; ob dadurch den Rauchern der Geschmack veredelt oder verbessert werde, ist wohl nicht gut zu bestimmen, eben weil es – Sache des Geschmacks ist.«

Von da ab begann die Zigarre einen wahren Siegeszug über Europa und insbesondere über die von den Franzosen besetzten und verwalteten Gebiete des Kontinents. In einem guten Teil dieser Gebiete wurden den Rauchern von der französischen Verwaltung Zigarren der Regie zum Kaufe angeboten. In

1 Kaiserin Marie Luise an Grafen Moritz Dietrichstein. Piacenza, 21. Juli 1831. Nachlaß Dietrichstein.

Österreich erschienen sie zum ersten Male als »Zigari« im Verschleißtarif vom Jahre 1818.[1]

Die Zigarre fand bald in der Welt solche Aufnahme, daß sie zum Beispiel in England und Frankreich dem Rauchen, das schon gänzlich vor dem Schnupfen zu kapitulieren drohte, wieder zu sozialer Geltung verhalf. Im Britenreiche verleitete die 1829 verfügte Herabsetzung der Steuer auf die Zigarre manchen Engländer, diese neue Form des Rauchens zu versuchen, und bald gaben die Mitglieder des Unterhauses das Beispiel, indem sie eifrig dem Zigarrenrauchen huldigten. Dabei machte man dem gesellschaftlichen Anstand nur noch das Zugeständnis eigener Rauchräume (smoking rooms), wie ein solcher Ende der zwanziger Jahre im englischen Unterhause bereits bestand. Das Rauchen wurde auch weiter betrieben, obwohl im Jahre 1837 die jugendliche Königin Viktoria den Thron bestiegen hatte, die dem Tabak in allen seinen Formen, insbesondere aber dem Rauchen, völlig abgeneigt war und auch zeitlebens abgeneigt blieb. Für die Raucher am englischen Hofe kamen schwere Zeiten. Gäste im Schloß zu Windsor waren genötigt, in die Öfen hinein zu rauchen, damit der Qualm durch die Kamine abzöge. Die Königin fand in einer der stolzesten Stützen des Thrones, in dem Feldmarschall Herzog von Wellington, einen Bundesgenossen gegen das Rauchen. Noch im Jahre 1845 gab Wellington einen Erlaß heraus, der dem Rauchen innerhalb der Armee Schranken setzen sollte. »Der Oberstkommandierende ist dahin informiert worden, daß der

1 So wurden z. B. Ende Juni 1812 in den von den Franzosen unter Marschall Marmont besetzt gehaltenen illyrischen Provinzen des österreichischen Kaiserstaates den Rauchern zum ersten Male Zigarren, das Hundert zum Preise von 4 frcs. 25 cms., angeboten. Siehe Franz Wieser, Die Einrichtungen des französischen Tabaksmonopols in den illyrischen Provinzen 1809 bis 1830. Mitteilungen der österreichischen Tabakregie vom Oktober 1910, Heft 3.

Gebrauch des Rauchens mittels Pfeifen, Zigarren oder Manilazigarren unter den Offizieren des Heeres vorherrschend geworden ist; dies ergibt nicht nur der Natur der Sache nach eine durch den Rauch des Tabaks erzeugte Vergiftung, sondern liefert zweifellos für denjenigen, der die Gewohnheit annimmt, einen besonderen Anreiz, auch dem Trunke zu frönen.«[1] Wellington forderte die Regimentskommandeure auf, in den Messeräumen ihrer Regimenter und in den anschließenden Gemächern das Rauchen zu verhindern und die jüngeren Offiziere zu veranlassen, sich das Rauchen nicht erst anzugewöhnen.

Auf offener Straße und in öffentlichen Lokalen, die nicht direkte Tabagien waren, blieb das Rauchen immer noch unfashionable. In deutschen Landen war man noch viel strenger. In den meisten Staaten war da den Schildwachen und Polizisten aufgetragen, die auf offener Straße Rauchenden zu verfolgen. Es standen empfindliche Geldstrafen auf diesem Vergehen, und da das Verbot unaufhörlich übertreten wurde, so war dies Gesetz eine ständige Quelle von Konflikten der Bevölkerung mit den Behörden und vermehrte in nicht zu verachtender Weise den Widerstand gegen die absolutistische Fürstenherrschaft, unter der man seufzte.

Zur Zeit der Französischen Revolution waren in Preußen alte Erlasse gegen das Rauchen auf offener Straße in Städten und Ortschaften in Geltung. Das Edikt Friedrichs des Großen vom 19. Januar 1764, auf dem allgemeinen Landrecht[2] fußend, war noch in Kraft, wonach für feuergefährliches Tabakrauchen eine willkürliche Strafe angeordnet werden konnte und für den

1 Apperson, a.a.O., 176.

2 Das allgemeine Landrecht, Th. 2, Tit. 20, § 1550, verordnet, daß niemand in Scheunen, Ställen, Böden und anderen Behältnissen, wo Feuer fangende Sachen zu sein pflegen, bei Betten und Lagerstellen, in den Wäldern und in den Dorfstraßen und solchen Gegenden, wo leicht Feuer entstehen könnte, Tabak rauchen solle.

Denunzianten eine Prämie von nicht weniger als fünfundzwanzig Reichstaler ausgesetzt war. Friedrich Wilhelm III. handhabte dieses Gesetz viel schärfer als der große König, wenn er auch den Denunziantenanteil reichlich hoch bemessen fand. Insbesondere empörte es ihn, wenn jemand rauchend an einem Wachtposten vorüberging, weil er darin eine Mißachtung des königlichen Heeres erblickte.

»Jede Schildwache«, schrieb er darüber an einen seiner Generale[1], »ist als Meine eigene Person und in Meinem Namen auf ihrem Posten stehend zu erachten«, und da sollte es niemand wagen, in solcher Nähe zu rauchen.

Die Polizei und die Gendarmerie, die sich gern die hohen Anzeigeprämien verdienten, machten nun förmlich Jagd auf Leute, die an feuergefährlichen Orten rauchten. Vor allem die Tischler in Berlin hatten es nicht leicht, denn die Hobelspäne, die bei ihrer Arbeit abfielen, boten einen günstigen Vorwand, die Werkstätten als feuergefährlich zu erklären. Zahlreiche Anzeigen gegen Tischlergesellen und -meister liegen aus den letzten Jahren des 18. Jahrhunderts vor. Dabei wurde oft gerade das Gegenteil erreicht und die Feuergefahr eher heraufbeschworen. So meldete zum Beispiel am 7. November 1793 ein Polizeibeamter, er habe beim Tischler Lindemann in der Taubenstraße zu Berlin in einer Werkstätte, wo viele Späne herumlagen, einen Gesellen tobakrauchend vorgefunden. Der Mann warf gleich, nachdem er des Polizisten ansichtig geworden, die Pfeife hinter die Hobelbank und unter die Späne, was die Feuergefahr gewiß nur noch vermehrte.[2]

Man plante demgemäß ein allgemeines Verbot des Tabak-

1 König Friedrich Wilhelm III. an General der Infanterie von Möllendorf. Potsdam, 31. März 1792. Preußisches Geheimes Staatsarchiv, Berlin-Dahlem.

2 Solche Anzeigen der Polizeileute Böhme und Neuendorff vom 7. und 8. November 1793. Im Preußischen Geheimen Staatsarchiv, Berlin-Dahlem.

rauchens für alle Holzarbeiter. Aber dem Polizeidirektorium wurde eine dringende Gegenvorstellung mit dem Bemerken überreicht, daß vielen Gesellen das Rauchen bereits »zur anderen Natur« geworden sei, diese und die Meister bei der Arbeit gemeinschaftlich rauchten und die Gesellen sicher lieber auswandern würden, als sich diesem Verbot zu unterwerfen. Später, als die Franzosen unter Napoleon Berlin besetzten, kam das Rauchverbot auf den Straßen wieder ganz in Vergessenheit, weil sich das französische Militär während der Invasion nicht um die Verbote kümmerte. Kaum aber war die französische Besatzung im Dezember 1808 abgezogen, so wurden schon am 28. Mai 1809 die alten Verbote, nicht öffentlich zu rauchen, wiederum bekanntgemacht, damit das Publikum nicht etwa glaube, sie seien aufgehoben. Da Polizei und Gendarmerie nicht ausreichten, um dem Verbote Geltung zu verschaffen, wurde die Garnison aufgefordert, gleichfalls die Einhaltung dieses Befehles zu überwachen. Freilich mußte sie nebenher selbst ermahnt werden, keine Veranlassung zu Beschwerden wegen Rauchens zu geben. Einzelne Leute bei Polizei und Militär taten sich im Kampfe gegen die Rauchsitte auch aus persönlicher Antipathie besonders hervor. Da war vor allem ein Polizeibeamter von Eckert, der sich darüber aufregte, daß die Diener der öffentlichen Sicherheit nicht streng genug vorgingen und sich häufig damit begnügten, wenn die Leute die Pfeife angesichts der Amtsorgane aus dem Munde nahmen, während es doch »so nötig sei, daß man Bedacht darauf nehme, dies Unschickliche aus der Mode zu bringen«.[1]

»Es ist unbeschreiblich«, meldet er einige Zeit später[2], »wie

1 Polizeirapport Berlin vom 10. Juli 1809. Preußisches Geheimes Staatsarchiv, Berlin-Dahlem.

2 Polizeirapport Berlin vom 23. Juli 1809. Ebendort.

weit die Unsittlichkeit des öffentlichen Tabakrauchens geht; gestern abends saßen drei junge Leute auf der Promenade und rauchten ein jeder aus einer langen Pfeife; ich sandte den Polizeidiener Schulz hin, um sie zu korrigieren, sie entfernten sich aber, als sie seiner ansichtig wurden.«

Die Bevölkerung führte einen stillen und zähen Kampf gegen diese Verbotspolitik. Schließlich sah sich das königlich-preußische Polizeidirektorium am 28. Juli 1809 bemüßigt, die Verbote des Tabakrauchens auf den Straßen bei fünf Taler Geld- oder achttägiger Arreststrafe neuerdings durch Anschlag an den Ecken der Straßen Berlins zu wiederholen und in dem famosen »Berliner Intelligenz-Blatt zum Nutzen und Besten des Publici« zu veröffentlichen. Kurz darauf meldete schon ein Polizeirapport[1], daß das Verbot »zwar an allen Straßenecken angeschlagen, aber leider auch gleich am andern Tage überall durch Mutwillige wieder abgerissen worden« sei und man nach wie vor »diesem Unfug der Sittlichkeit entgegen exerciere«. Fortwährend gab es wegen des Rauchens Geplänkel zwischen Bevölkerung, Militär und Polizei, aber auch zwischen den beiden letztgenannten Stellen. Die Bürgersleute hielten sich darüber auf, daß die Soldaten ihnen oft auf den Straßen einfach die Tabakpfeife wegnahmen, andererseits kam es zum Beispiel am 22. Dezember 1809 zu einem Kampf zwischen vier auf der Straße rauchenden Husaren und den dies rügenden Polizeiagenten, die dem Militär gegenüber den kürzeren zogen.

Weil übereinstimmende Berichte das Überhandnehmen des Rauchens trotz allen Verboten feststellten, erließ der Polizeipräsident von Berlin am 8. Juni 1810 das nachfolgende Verbot[2]:

1 Berlin, 13. August 1809. Preußisches Geheimes Staatsarchiv, Berlin-Dahlem.

2 Erlaß des Polizeipräsidenten Gruner vom 8. Juni 1810. Preußisches Geheimes Staatsarchiv.

»Da das öffentliche Tabakrauchen auf den Straßen und Promenaden ebenso unanständig als gefährlich und dem Charakter gebildeter, ordnungsvoller Städte entgegen ist, so wird dasselbe nicht nur für Berlin, sondern auch für Charlottenburg und den Thiergarten hierdurch aufs strengste untersagt, und darf an letztgenannten beiden Orten nur vor den Thüren der Häuser . . . von dort sitzenden und stehenden statt finden. Wer sich hiergegen eine Übertretung erlaubt, wird angehalten, ihm die Pfeife abgenommen und er mit fünf Reichsthalern Geld oder verhältnismäßigem Gefängnis oder Leibstrafe bestraft werden. Wiederholungsfälle ziehen erhöhte Strafen und Widersetzlichkeiten augenblickliche Arretierung nach sich. Da das gegenwärtige, für die hiesige Residenz schon öfters ergangene Verbot häufig vernachlässigt worden, so wird jetzt mit aller Strenge darauf gehalten werden, und das hochlöbliche Gouvernement ist deshalb um militärische Unterstützung ersucht worden.«

Das zu Wächtern bestellte Militär hielt sich jedoch selbst so wenig an das Verbot, daß sich schließlich die bürgerlichen Leute auf jenes beriefen.

»Es ist den Bürgern nicht zu verdenken«, meldete endlich verzweifelt ein Polizeibeamter, »wenn er ein leidenschaftlicher Tabakraucher ist und auf der Straße raucht, weil das Militär diese Freyheit genießt und scharenweise . . . mit brennender Tabacks Pfeife herumläufft. Hat also der Soldat das Recht, so bin ich der Meinung, daß dem Bürger eben dasselbe Recht zukomme. Verbiete ich es dem Militär, so habe ich die größten Unannehmlichkeiten zu gewärtigen, die ich meist stillschweigend einstecken muß, weil das Militär keine Achtung vor der Polizei hat.«[1]

1 Polizeibeamter Hunnel an das Königliche Polizeipräsidium, 25. Februar 1812. Preußisches Geheimes Staatsarchiv, Berlin-Dahlem.

Als dann 1813 der Begeisterungstaumel des gemeinsamen Kampfes gegen die verhaßten Franzosen alle deutschen Lande erfaßte und jedermann, der halbwegs konnte, zu den Fahnen eilte, da wollte man schon gar nichts mehr von dem Rauchverbote wissen. So erzählt ein Polizeibericht vom 2. Mai 1813[1], daß ein Sergeant, der einem Manne auf der Straße das Rauchen untersagen wollte, im Nu von zusammengerottetem Pöbel umringt, beschimpft und mißhandelt wurde. Er hatte dem Manne die Pfeife wegnehmen wollen, sofort waren aber vier andere »Subjekte mit brennenden Pfeifen« auf ihn losgegangen. Die Leute gaben ihm die bösesten Reden, »die Polizei habe nichts zu sagen, denn jetzt rauche alles, und es wäre frey, denn es sei alles Soldat. Dann wären noch einige zwanzig Landwehr Männer dazugekommen, sämtlich mit Tabakspfeifen, die ihn derart schmähten und bedrohten«, daß er am Ende die Flucht ergreifen mußte. Die Polizeiagenten fühlten sich bloßgestellt und selbst an Leib und Leben bedroht; die bestehenden Gesetze wurden offenbar mißachtet, aber man gab nicht nach. Das Intelligenzblatt vom 25. August 1813 wiederholte das Verbot, wenn auch nur noch zwei Taler Geldstrafe angedroht wurden. König Friedrich Wilhelm III. bestätigte dies am 31. August 1815[2] und beschränkte gleichzeitig den Denunziantenanteil auf die Hälfte der eingehenden Geldstrafe. In der Folge stritt man sich darüber herum, wo außerhalb der Ringmauern Berlins das Rauchen beginnen dürfe und auf welchen Chausseen das Verbot noch zu gelten habe. Außerhalb Berlins war man in deutschen Landen wie auch überall sonst viel liberaler, doch ganz klar war es nicht, ob die Verbote nicht für alle Städte

1 Bericht des Polizeiinspektors Heinecke. Berlin, 2. Mai 1813. Preußisches Geheimes Staatsarchiv, Berlin-Dahlem.

2 Friedrich Wilhelm III. an den Staatsminister Fürsten zu Wittgenstein. Paris, 31. August 1815. Ebendort.

Preußens galten, was insbesondere der Bürgermeister von Magdeburg am 25. Februar 1825[1] eindeutig festgestellt wissen wollte. Er fand nämlich, »daß die mehrsten Straßen in Städten nicht zu den Orten gehören, wo durch Tabakrauchen leicht Feuer entstehen kann«. Er wagte sogar, diese Befehle als ungesetzlich und im Landrecht nicht begründet zu bezeichnen, doch polemisierte Berlin dagegen und brachte die Verbote neuerlich wieder in Erinnerung.

Der Wunsch nach Befreiung von so kleinlichen Beschränkungen half zusehends, die Sehnsucht nach politischer Freiheit im großen zu schüren. Das gelangte in Berlin schon 1830 zum Ausdruck, als es infolge der französischen Julirevolution auch hier zu allerdings planlosen Tumulten von Arbeitern, Schneidergesellen und Handwerksburschen kam[2], die man gemeinhin mit dem Namen »Schneiderrevolution« bezeichnet. Da drängte das Volk einige Abende auf den Schloßplatz, und aus der Mitte der Ansammlung drangen Rufe nach Erleichterung der Steuerlasten, nach Abschaffung der Miet- und Hundesteuer und nach Zulassung des Rauchens im Tiergarten.

Die so laut gewordenen Wünsche hatten jedoch zunächst weder politisch noch in bezug auf die Einschränkungen des Rauchens einen wesentlichen Erfolg.

Doch da fand sich im Sommer 1831 ein böser Gast in der Residenz ein; die Cholera war auch bis nach Berlin gelangt und hatte sich in der Stadt mit unheimlicher Schnelligkeit verbreitet. In einer Broschüre, die im Juni 1831 erschien, wurde das Tabakrauchen wieder als ein sehr wirksames Schutzmittel gegen die Krankheit empfohlen. Da man der Druckschrift von

1 Eingabe des Bürgermeisters von Magdeburg vom 25. Februar 1825 an das Königliche Polizeipräsidium zu Berlin. Ebendort.

2 Siehe Alfred Stern, Geschichte Europas von 1830 bis 1848. IV., S. 289.

Amts wegen nicht gleich entgegentrat, so glaubten viele, das Rauchen sei nun erlaubt und die Verbote seien zurückgezogen. Daraufhin machte das Polizeipräsidium bekannt, das Rauchen bleibe in der bisherigen Art verboten, und trat der Meinung entgegen, daß nur Feuergefährlichkeit allein den Grund für das Verbot bildete. Im Berliner Intelligenzblatt vom 15. Juni 1831 wurde hervorgehoben, daß auch andere Rücksichten dafür entscheidend seien. »Dahin gehört namentlich«, hieß es da, »die Aufrechterhaltung des öffentlichen Anstandes, mit der es, wie in dem Publikum selbst gewiß nur wenig Stimmen dagegen seyn dürften, für gebildetere, ordnungsvolle Städte, unter denen Berlin stets einen der ersten und ausgezeichnetsten Plätze sich zu sichern gewußt hat, völlig unvereinbar bleibt, das Tabakrauchen in den Straßen und auf öffentlichen Promenaden stattfinden zu lassen.«

Demgemäß bleibe das Verbot in voller Kraft. Dieser Erlaß war, wie gewöhnlich, vom Polizeipräsidenten, dann aber auch von dem königlich-preußischen Generalgouverneur von Tippelskirch unterzeichnet, der sich in der Folge als der erbittertste und hartnäckigste Gegner aller Raucher bewähren sollte. In der Bevölkerung erregte diese neuerliche offizielle Kundgebung wegen der Cholera besondere Empörung, die sich vorläufig in einer Flut von in allerdings sehr harmlosem Tone abgefaßten Briefen an das Polizeipräsidium Luft machte. Da ließ sich ein Berliner Bürger[1] angesichts des Übels, welches die Stadt bedrohte, vernehmen, wie überaus wünschenswert die Freigebung des öffentlichen Tabakrauchens wäre, denn nicht allein, »daß es klar zu Tage liegt, daß der Tabakrauch schlechte Luft verbessert, so liegt schon im Rauchen selbst eine große Beruhi-

1 Schreiben eines Herrn U. Berthold. Berlin, 2. August 1831. Preußisches Geheimes Staatsarchiv, Berlin-Dahlem.

gung gegen die Ansteckung bei dem größten Teil des Publikums . . .« »Was übrigens die vorgegebene Unschicklichkeit und das Gefährliche des Tabakrauchens betrifft«, führte er aus, »so zerfällt diese in sich selbst, wenn man . . . sieht, wie bei ansteckenden Krankheiten das öffentliche Rauchen überall frei gegeben ist . . . In Paris, Wien, Hamburg etc., wo doch gewiß Sitte und Anstand ebenfalls zu Hause sind, hat man schon lange keinen Anstoß am öffentlichen Tabakrauchen gefunden, so wenig wie in unseren anständigsten Privatfamilien.«

Ein anderer Bürger wandte sich mit einem fast gleichlautenden Gesuch an den König[1], der es an den Polizeipräsidenten weitergab. Aber die Bürokratie wollte nicht so schnell die Waffen strecken. Da gegen das Argument der Seuchenbekämpfung nicht so leicht aufzukommen war, wurde von polizeilicher Seite vorgeschlagen[2], während der Dauer der Seuche die geltenden Verordnungen gegen das Rauchen nicht mit bisheriger Strenge einzuhalten; doch war man ganz und gar gegen eine öffentliche Bekanntmachung, daß das Rauchen erlaubt sei, »weil das Publikum davon leicht die Berechtigung ableiten könnte, nun sei es überall erlaubt und selbst an feuergefährlichen und solchen Orten, wo es . . . selbst bei der statt findenden Cholera, wegen der damit verbundenen Gefahr der Verletzung des Anstandes und der Schicklichkeit verboten bleiben müßte«.

Doch in der Öffentlichkeit hielt man sich überhaupt nicht mehr an das Verbot. Am 9. September 1831 gab die Schloßhauptwache Berlin folgendes bekannt[3]: »Schildwachen und Patrouillen melden, daß sich der größte Teil des männlichen

1 Schreiben eines Herrn Reimann an das Berliner Polizeipräsidium vom 3. September 1831. Preußisches Geheimes Staatsarchiv, Berlin-Dahlem.

2 Vorschlag des Polizeiorgans Falkenberg vom 3. September 1831. Ebendort.

3 Leutnant von Gersdorff im Kaiser-Franz-Garde-Grenadier-Regiment; Kommandant der Schloßhauptwache an das Polizeipräsidium. Berlin, 9. September 1831. Ebendort.

Publikums heute Abend rauchend auf der Straße zeigt. Überdies finden hin und wieder in der Königstraße Zusammenrottierungen statt, wo aus den geführten Reden hervorgeht, daß sie sich wohl einem Verbote widersetzen würden.«

Das Polizeipräsidium fragte schließlich noch bei den Amtsärzten an, und diese traten für die Aufhebung des Rauchverbotes ein. Daraufhin entschloß sich der Polizeipräsident am 10. September 1831, beim Staatsminister des Innern, Freiherrn von Brenn, zeitweise die Aufhebung des Rauchverbotes zu beantragen, der daraufhin am 16. September anordnete, man solle, solange die Cholera herrsche, das Rauchen übersehen und nicht rügen. Dem Kommandanten von Berlin und großen Rauchfeind, General von Tippelskirch, war dies Vorgehen ein Dorn im Auge. Der Cholera wegen traute er sich doch nicht ganz dagegen aufzutreten und trat daher für die Veröffentlichung der Raucherlaubnis ein[1], beabsichtigte aber, in diese eine Bestimmung hineinzuschmuggeln, die die Wiederaufnahme des Verbotes für später in Aussicht nahm. Das gelang ihm auch, denn am 23. September 1831 erging in Berlin folgende Verordnung[2]: »Während der Dauer der jetzt herrschenden asiatischen Cholera ist seit Kurzem das Tabakrauchen auf öffentlichen Plätzen und Straßen, sowie im Thiergarten erlaubt worden, um denjenigen, welche darin ein Schutzmittel zu finden glauben, dasselbe nicht zu entziehen. Es versteht sich hiebei von selbst, daß an feuergefährlichen Orten und bey allen Wachen und Militärposten nicht geraucht werden darf. Nach Aufhören der Cholera aber bleiben die bisherigen Bestimmungen rücksichtlich des Tabakrauchens in voller Kraft!«

Die Verordnung rief in der Bevölkerung, je nachdem Rau-

1 Der Kommandant von Berlin von Tippelskirch an den Polizeipräsidenten, 22. September 1831. Preußisches Geheimes Staatsarchiv, Berlin-Dahlem.

2 Erlaß des Generalgouverneurs und Polizeipräsidenten. Berlin, 23. September 1831. Ebendort.

cher oder Nichtraucher in Frage kamen, geteilte Meinungen hervor. Am köstlichsten ist aber die praktische Auffassung, die sich in einem Briefe eines Anonymus an den Polizeipräsidenten von Berlin ausspricht[1]. Der Mann sagt darin, daß zum großen Mißfallen eines jeden Vernünftigen die Erlaubnis zum Tabakrauchen auf öffentlichen Straßen während der Cholera zu Mißbräuchen geführt habe, wie daß Knaben, Schusterbuben und Schneidergesellen mit »flackernden Zigarren oder ungedeckten Pfeifen« in den Straßen umherliefen. Man solle zwar auch nach Aufhören der Cholera dem Rauchen nicht mehr wehren, aber um obigen Mißbrauch zu steuern, von jedem, der auf offener Straße rauchen wolle, eine Steuer verlangen, aus der Choleraheilanstalten und Armenfonds gespeist werden könnten. Als Pächter dieser Steuer wäre aber niemand geeigneter als er, der Antragsteller selbst.

Kaum hatte die Cholera nachgelassen, meldete sich wieder General von Tippelskirch.[2] »Das Choleraübel ist zu Ende«, schrieb er einem Geheimrat des Polizeipräsidiums, »und wir müssen in der Haupt- und Residenzstadt die alte gute sittliche Ordnung wieder eintreten lassen.«

Von dorther kam ihm aber der Wink zu, sich zunächst mit dem Staatsminister Freiherrn von Brenn ins Einvernehmen zu setzen. Tippelskirch beeilte sich, das zu tun. »Mit dem Aufhören der Cholera in hiesiger Stadt«, so schrieb er ihm[3], »bin ich sogleich das Polizeipräsidium angegangen, damit das eckelhafte Tabakrauchen, das gegen alle Sitte verstößt, auf den Straßen

1 Ein Anonymus an den Polizeipräsidenten. Berlin, 14. September 1831. Preußisches Geheimes Staatsarchiv, Berlin-Dahlem.

2 Tippelskirch an Geheimrat Ritter von …, 12. Februar 1832. Preußisches Geheimes Staatsarchiv, Berlin-Dahlem.

3 General von Tippelskirch an Freiherrn von Brenn, Berlin, 12. Februar 1832. Preußisches Geheimes Staatsarchiv, Berlin-Dahlem.

und dem Thiergarten wieder aufhöre. Die überwiegende Mehrheit des Publicums ist hieran interessiert, und das überhaupt nichtrauchende hat die gerechtesten Ansprüche darauf, nicht molestiert zu werden.

Dringend bitte ich, das Polizeipräsidium eiligst zu bescheiden, denn das Nachsehen des Tabakrauchens hier, erschwert nachher die Wiedereinführung der guten alten Sitte ... Jetzt kann das Rauchen noch sehr leicht wieder abgeschafft werden, schweigt man aber deshalb auch nur einige Tage, so wird alles schwieriger, und ich kann nicht unbemerkt lassen, daß ich von oben her schon aufgefordert worden bin, das Tabakrauchen aufhören zu machen.«

Die Bemühungen Tippelskirchs hatten Erfolg. Insbesondere trug dazu seine deutliche Anspielung auf den König in dem eben zitierten Briefe bei. Am 13. Februar 1832 wurde, nachdem die Cholera erloschen war, das Rauchverbot in der Öffentlichkeit im gleichen Umfange wie früher erneuert.

Der König ging sogar noch weiter und erklärte in einer königlichen Kabinettsorder vom 9. Dezember 1832, daß er den Ortspolizeibehörden allgemein das Recht gebe, an bestimmten Plätzen das Rauchen unter Strafe von zehn Silbergroschen bis zu einem Reichstaler zugunsten der Ortsarmenkasse zu verbieten, da »auch das nicht feuergefährliche Tabakrauchen zur Belästigung des Publikums gereichen kann«. König Friedrich Wilhelm III. rauchte nicht und hatte infolgedessen für solche Wünsche seines Volkes wenig Verständnis. Das Rauchen im Freien wurde noch vielfach als eine demonstrative Auflehnung gegen die herrschende Staatsgewalt betrachtet. Ebenso wie jeder, der bei der damaligen Zylindermode einen Filzhut trug, sich schon einer revolutionären Gesinnung verdächtig machte[1], so witterte man auch in jedem Raucher auf der Straße einen

1 Max von Boehn, Biedermeier-Deutschland von 1815 bis 1847.

gefährlichen Demokraten. Diese wagten es am 27. Mai 1832 auf der Kestenburg bei Hambach, den Fluch über Deutschlands Fürsten, die Hochverräter seien, auszusprechen und den Wunsch nach Herrschaft des Volkswillens erschallen zu lassen. Dieses Fest ist für die Geschichte des jedem Raucher heute unentbehrlichen Zündhölzchens von Bedeutung. Anfangs hatte man sich nur mit Feuerstein, dann mit Stahl und Zunder als Feuerschwamm beholfen. Doch geriet das wieder in Vergessenheit. 1680 stellte Robert Boyle, der große englische Physiker, eine Masse aus Schwefelblüte und Phosphor her, die sich bei leichter Reibung entzündete. Anfang des 19. Jahrhunderts wurden nun wieder chemische Feueranzünder erfunden, und zwar in mehreren Ländern von verschiedenen Chemikern gleichzeitig. Anfangs war das ein komplizierter Apparat, in dem sich chlorsaures Kali, Zucker und Schwefelsäure unter Feuererscheinung verbanden, dann wurde es ein geschwefeltes Funkhölzchen, das man in ein Asbestfläschchen mit Schwefelsäure eintauchen mußte.

Nun hatte der Student der Chemie und begeisterte Demokrat I. F. Kammerer aus Ludwigsburg sich mit ähnlichen Studien beschäftigt. Als Teilnehmer am Hambacher Fest erhielt er ein halbes Jahr Festung, doch erlaubte ihm sein Kerkermeister, ein alter Oberst, seine chemischen Studien weiter zu betreiben. Damals erfand und verfertigte er ein Hölzchen, das sich bei einfacher Reibung entzündete. Da es noch kein Patentgesetz gab, so genoß diese Erfindung nicht nur keinen Schutz, sondern man verbot dem Erfinder, der nach seiner Freilassung die »Streichhölzer« im großen fabrizierte, Herstellung und Vertrieb dieser »gefährlichen Feuerzeugungsmittel«. Als er die Streichhölzer im geheimen herstellen wollte, wurde sein Betrieb verraten. Man zerstörte die Maschinen, belegte Kammerer mit schweren Strafen und zog sein Vermögen ein. Ja, der Bundestag in Frankfurt am Main erließ eine für alle Staaten Deutschlands geltende Verordnung, diese höchst gefährlichen Reibezündhölzer weder herzustellen noch zu gebrauchen. Inzwischen aber war die Idee in anderen Ländern neu aufgenommen oder neu erfunden worden, so vom englischen Apotheker Walter in Stockton und von anderen.

Die Reibhölzer begannen nun ihre Entwicklung bis zu dem heutigen Gipfelpunkt, dem schwedischen Zündholz, ohne das sich der moderne Mensch das Leben kaum mehr vorstellen kann. Kammerer jedoch wurde wahnsinnig und starb 1857 im Irrenhaus in Ludwigsburg.

Alle Klagen gegen die Rauchverbote in Preußen aus dem Kreise des Publikums nützten nichts, und auch der Brief jenes braven Schultze fiel unter den Tisch, der im Namen des größten Teils seiner Mitbürger an das Berliner Polizeipräsidium eine Eingabe nachfolgenden Inhaltes richtete[1]: »Indem ich von dem nach dem allgemeinen Landrechte jedem Bürger zustehenden Recht Gebrauch mache, Vorstellungen gegen nachteilige Gesetze selbst dem Monarchen machen zu dürfen, mache ich zum Besten meiner Mitbürger folgende:

Aus den Zeiten der Barbaren besteht noch gegenwärtig ein Gesetz, welches das Tabakrauchen auf den Straßen und öffentlichen Plätzen verbietet, obgleich dieses Vergnügen niemanden schädigt oder hinderlich ist, selbst der Vorwand, als wäre es dem Anstande zuwider, ist dadurch genugsam widerlegt, daß es in vielen großen Städten Deutschlands, selbst in dem gebildeten Frankreich keineswegs für unanständig gehalten wird, daß

1 Vorstellung des Bürgers Schultze aus der Neuen Friedrich Straße an das Berliner Polizeipräsidium, präsentiert am 25. Oktober 1832 und mit dem Vermerk ad acta versehen. Preußisches Geheimes Staatsarchiv, Berlin-Dahlem.

Spazierengehende sich dieses Genusses erfreuen . . . Wenn daher ein hochlöbliches Polizeipräsidium dieses Verbot zurücknehmen möchte, würde dasselbe bedeutend in der Achtung des Publikums gewinnen, wodurch es reichlich für die seiner Casse dadurch entgehenden Strafgelder entschädigt würde, und Unterschriebener würde den Thiergarten wieder besuchen können, den er, seitdem er dort nicht einmal ruhig seine Pfeife rauchen kann, gemieden hat.«

Doch das war verlorene Liebesmüh, der Brief wurde ad acta gelegt, und bis zum Jahre 1837, wo die Cholera wieder in Berlin auftrat, wurde das Rauchverbot alljährlich im alten Umfange neu publiziert. Solange Tippelskirch Generalgouverneur war, sorgte er schon dafür, daß es nicht vergessen wurde, und wenn er im Tiergarten ritt, war es seine Hauptbeschäftigung, nach Rauchern zu fahnden und sie durch seine Gendarmerie bei der Polizei zur Anzeige zu bringen. Er sorgte dafür, daß die Bellevuestraße und die Potsdamer Chaussee als zum Tiergarten gehörig bezeichnet wurden und auch dort das Rauchverbot Geltung erhielt.

Die verschiedenen Kundgebungen hatten der Polizei aber doch zu denken gegeben. Beim Polizeipräsidium war man dem Rauchen nicht so feindlich gesinnt wie der Herr Generalgouverneur und hätte gern die Last der Aufrechterhaltung dieses Verbotes von sich abgewälzt. Aber man war unsicher, wie sich des Königs Majestät dazu verhalten würde, und wollte um keinen Preis etwas tun, was etwa Allerhöchsten Ortes hätte Mißfallen erregen können. Nach der Kabinettsorder vom 9. Dezember 1832 war, außer in den Residenzen Berlin und Potsdam, das Rauchen an nicht feuergefährlichen Orten erlaubt, falls nicht besondere Gründe die Lokalbehörden zu speziellen Verboten veranlaßten. Das hätte also auch sinngemäß für Charlottenburg gelten müssen, doch da der König sehr oft dort weilte, erhob sich die Frage, ob eben nicht dieser Aufenthalt zu einem solch besonderen Verbot Anlaß geben sollte. Bisher war das Rauchen auch in Charlottenburg auf den Straßen nicht geduldet worden. Wenn man es aber jetzt gestatten wollte, so hätte möglicherweise eine Änderung des bisherigen Zustandes »Allerhöchsten Orts« ungnädig aufgenommen werden können. Das veranlaßte also den Polizeipräsidenten[1], am 27. April 1834 eine Anfrage an das königliche Staatsministerium des Innern zu richten. Damit sollte die Meinung des Königs erforscht werden, »denn«, schrieb der Polizeipräsident, »hierauf kann es indessen ganz allein ankommen, da des Königs Majestät so häufig in Charlottenburg anwesend sind und Allerhöchst dieselben für einen Theil des Sommers Ihre Sommer-Residenz dort nehmen, und da also dieselben Gründe, welche für Berlin und Potsdam eine Ausnahme von den allgemeinen Bestimmungen motiviert haben, für Charlottenburg ebenfalls vorzuwalten scheinen. Auf der anderen Seite haben des Königs Majestät die Berliner Straße zu Charlottenburg seit vielen Jahren durchfahren und dort die Wirthshaus-Gäste – wie ausnahmsweise gestattet worden ist – in den Vorgärten der Häuser rauchend gesehen, ohne darüber jemals ein Mißfallen zu erkennen zu geben, und es könnte daher wohl sein, daß Allerhöchst dieselben für den Vergnügungsort der Residenz-Bewohner eine Freiheit gestatten mögen, die der Residenz selbst aus anderen Rücksichten versagt werden mußte.« Dem Polizeipräsidium wurde daraufhin unter dem 11. Mai mitgeteilt, daß der König keine Veranlassung finde, das bisherige Verfahren wegen des Tabakrauchens in Charlottenburg abzuändern. Somit blieb alles beim alten.

1 Preußisches Geheimes Staatsarchiv, Berlin-Dahlem. Kabinettsakten.

Als aber die Cholera im Monat September 1837 in Berlin neuerlich größere Ausbreitung gewann, da erlangten wieder die Rauchfreunde die Oberhand, und Tippelskirch mußte mit sauersüßer Miene abermals seinen Namen unter eine einstweilige Aufhebung seines Verbotes setzen. Im November war die Krankheit wieder im Erlöschen, und man befürchtete allgemein ganz richtig, daß Tippelskirch schleunig dafür Sorge tragen werde, daß das Verbot wieder in Kraft trete. Da fand sich wieder einer aus dem Kreise der Berliner Bürger, der sich an den Polizeipräsidenten von Gerlach wandte[1] und ihn bat, wenn er sich die weitere Liebe und Erkenntlichkeit der Berliner sichern wolle, wenigstens des Abends und Morgens bei Dunkelheit das öffentliche Rauchen zu gestatten.

Diese Bitte war zu bescheiden vorgetragen, als daß sie auf Erfüllung rechnen konnte. Ein großes ad acta prangt auf dem Gesuch, und mit dem 11. Dezember 1837, sieben Uhr früh, trat das Verbot wieder in Kraft. Tippelskirch ergänzte das Verbot noch durch einen Parolebefehl an die Garnison[2]:

»Die Wachen und Patrouillen haben darauf zu sehen, daß dieser Anordnung, die der Anstand überhaupt und die Schicklichkeit gegen das große nicht rauchende Publikum schon so jedermann vorschreibt, überall nachgekommen werde.«

Niemand durfte mit brennender Pfeife an Posten vorübergehen oder in ihrer Nähe stehen bleiben, andererseits war es aber nur der Polizei gestattet, den Bürgern die Pfeifen wegzunehmen. Nach wie vor blieb Tippelskirch unermüdlich im Verfolgen der Raucher, obwohl ihrer trotzdem immer mehr wurden. Am 25. September 1839 mußte der Gouverneur dem Polizeipräsi-

1 Ein Einwohner Berlins an den Polizeipräsidenten von Gerlach. Der Brief ging am 12. November 1837 ad acta. Preußisches Geheimes Staatsarchiv, Berlin-Dahlem.

2 Parolebefehl vom 11. Dezember 1837. Preußisches Geheimes Staatsarchiv, Berlin-Dahlem.

denten schreiben, er habe die Bemerkung gemacht, daß seit einiger Zeit das Tabakrauchen auf den Straßen überaus zugenommen habe, und bitte, daß im Sinne der Allerhöchsten Kabinettsorder vom 9. Dezember 1832 dieser Unschicklichkeit auf das nachdrücklichste und mit aller Strenge gesteuert werde. Er war empört, daß man den im Tiergarten beschäftigten Arbeitern das Rauchen während der Arbeit gestattet habe, sorgte dafür, daß dort Rauchverbotstafeln angebracht wurden, und erneuerte, bis er im Jahre 1842 vom Generalgouvernement zurücktrat, alljährlich gemeinsam mit dem Polizeipräsidenten das Rauchverbot. Ab und zu kamen aus den Kreisen des Publikums wieder vereinzelte herzliche Bitten um Gewährung der Rauchfreiheit. So schrieb ein Maler Otto Gennerich am 14. Februar 1843 an den König[1]: »Aus großem kindlichen Vertrauen zum Landesvater, der uns das Geschenk ›öffentlicher Denkfreiheit‹ übergab und dadurch zu erkennen gibt, daß er die strenge geistige Grenzscheide zwischen Herren und Untertanen vor dem Bedürfnis einer fortschreiten wollenden Zeit aufgehoben wissen wollte, wage ich eine Bitte vorzutragen, die in vielen tausend Berlinern als Wunsch lebt.

In Italien ist das Tabakrauchen überall gestattet; nun halten mir Euer Majestät die Äußerung zu Gnaden, daß wir Berliner Raucher wohl auch ein ähnliches Compliment des Vertrauens seitens der Regierung beanspruchen möchten. Nun bitte ich, daß Eure Königliche Majestät im Vertrauen zu Allerhöchst Ihren treuen Untertanen das Tabakrauchen, wenn nicht in den Straßen Berlins, doch wenigstens im Tiergarten, als dem einzigen refugium zum Spazierengehen, in Allerhöchstdero Gnaden wieder gestatten mögen.«

Die Antwort war, daß am 15. Februar 1844 das alte Verbot,

1 Preußisches Geheimes Staatsarchiv, Berlin-Dahlem.

innerhalb der Ringmauern Berlins sowie im Tiergarten zu rauchen, auch von dem neuen Generalgouverneur von Lützow und vom neuen Polizeipräsidenten von Puttkammer erweitert wurde, daß nun auch die Lenné- und Schulgartenstraße zum Tiergarten zu rechnen und auch in der Potsdamer Straße und am Potsdamer Platz das Rauchen untersagt war. Aber alle Verbote halfen nichts. Das Rauchen nahm ununterbrochen zu, zum großen Mißvergnügen des Königs, der seinen Minister des Innern wiederholt darüber interpellierte. Dieser schrieb daher auch am 30. Januar 1846 an Puttkammer[1]: »Die durch gesetzliche Verordnungen verbotene und mit Strafe bedrohte Unsitte, in hiesiger Residenz auf öffentlicher Straße Tabak zu rauchen, hat nach unserer Wahrnehmung in neuerer Zeit unwiderleglich dergestalt überhand genommen, daß es nothwendig erscheint, derartigen Contraventionen geschärftere Aufmerksamkeit zuzuwenden.«

Der Minister forderte daher zur Beseitigung »dieses der polizeilichen Autorität hohnsprechenden Unwesens« geeignete Maßnahmen, die dem Gesetze die erforderliche Achtung verschaffen würden. Jeder Übertreter des Gebotes solle unnachsichtlich angezeigt und bestraft werden. In einem Schreiben vom 30. März 1846 erneuerte der Minister im Allerhöchsten Auftrage seine Mahnungen an den Polizeipräsidenten[2] und bemerkte, auch dem unbefangensten Beobachter zeige sich zu allen Tageszeiten die häufigste Wiederholung des Rauchvergehens.

»Im verflossenen Jahre«, schrieb er, »wurden nur dreitausendsiebenhundertundzwölf diesbezügliche Fälle angezeigt, wo

1 Der Minister des Innern an den Polizeipräsidenten von Puttkammer vom 30. Januar 1846. Preußisches Geheimes Staatsarchiv, Berlin-Dahlem.

2 Idem ad eundem. Berlin, 30. März 1846. Preußisches Geheimes Staatsarchiv, Berlin-Dahlem.

doch in jeder, nur einigermaßen belebten Straße in *einer* Stunde mehr als zehn Überschreitungen des Verbotes beobachtet werden können; so werde die Achtung gegen die vorgesetzte Behörde verletzt; man muß dem eingerissenen Unwesen nachdrücklich steuern, damit die Polizeiverwaltung von dem sehr gerechten Vorwurf befreit werde, durch *offene Toleranz* polizeilicher Contraventionen das Publikum an den Ungehorsam zu gewöhnen. Des Königs Majestät hat sich dieserhalb schon mehrmals und mit vollem Recht sehr ungnädig gegen mich geäußert; auch aus diesem Grunde darf ich erwarten, daß Euer Hochwohlgeboren die Mittel zu finden wissen werden, dem Mißbrauch zu steuern.«

Es nutzte der Berliner Bevölkerung nichts. Solange alles beim alten blieb und das Regime nicht durch einen gewaltsamen Eingriff grundlegend geändert werden konnte, mußten die Raucher auf freie Ausübung ihrer Leidenschaft verzichten. Erst das Revolutionsjahr 1848 sollte auch da die ersehnte Befreiung bringen.

Anderwärts war man viel liberaler. In der Lombardei und in Venetien z. B., wo man die österreichische Herrschaft als Knechtschaft und fremde Bedrückung empfand, war es schon längst jedermann gestattet gewesen, auf den Straßen zu rauchen, wie er wollte. Selbst der lange in Geltung gewesene Befehl an das Militär, in Uniform nicht zu rauchen, war um 1847 vom kommandierenden Feldmarschall Grafen Radetzky längst aufgehoben. Man rauchte sehr viel in der Lombardei, insbesondere die sogenannten Virginia-Zigarren der österreichischen Regie, die bei der Bevölkerung sehr beliebt waren. Diejenigen aber, die diese Tabakwaren herstellten und die Herren im Lande waren, liebte man weniger. Schon regte sich der nationale Gedanke mächtig in dem zerstückelten Italien. Seit Papst Pius IX. 1846 den Apostolischen Stuhl eingenommen und sich den Ruf größter Liberalität und nationaler Einstellung erworben hatte, erwartete man von ihm in übergroßem Optimismus Befreiung und Einigung Italiens. Vergessen waren alle unleugbaren Segnungen der Ära Maria Theresias und der Zeit, da die österreichische Verwaltung Schulwesen und Verkehrswege verbessert hatte; dafür empfand man um so schmerzhafter die politischen Verfolgungen, die Zensur, den polizeilichen Zwang und überhaupt die Herrschaft eines anderssprachigen, fremdnationalen Volkes. Schon konnte man in Mailand auf offenem Domplatz die Rufe »Nieder mit Österreich!« hören, während Pius IX. in jeder Weise offene Huldigungen zuteil wurden. Bis zum Jahr 1848 waren diese Gegensätze zu einem tödlichen Haß gegen die Österreicher oder »Tedeschi«, wie sie genannt wurden, gediehen. In den Theatern wurde jede Anspielung auf Fremdherrschaft selbst bei der Aufführung eines Balletts aus der Geschichte von Afghanistan[1] stürmisch bejubelt, und als eine Afghanerin in rotem Rock, weißer Bluse und grünem Hute erschien, brachten diese Farben die Anwesenden zur Raserei. Der Vizekönig Erzherzog Rainer, ein wenig energischer Mann, traute sich nicht mehr ins Theater. Er wagte auch nicht mehr, irgendein Mitglied der Aristokratie zu sich zum Essen zu laden, denn er erhielt unweigerlich eine Absage unter irgendeinem Vorwande. Alle einflußreichen Familien Mailands, die Borromeo, die Litta, die Visconti, die Trivulzi und andere, hatten sich an die Spitze der nationalen Partei gestellt und standen in Gegensatz zur österreichischen Herrschaft. »Sie zeigten ihre Gesinnung«, heißt es in einem gleichzeitigen Bericht[2], »mit einer geradezu unbegreiflichen Kühnheit.« Diese Einstellung

1 Graf Ficquelmont an Metternich. Mailand, 9. November 1847.
2 Geheimer Brief Ficquelmonts an Metternich. Mailand, 3. Dezember 1847.

gab Anlaß zu einer Maßnahme, die das Rauchen berührte. Schon im Jahre 1754 hatten die Mailänder sich gegen die Tabakpächter, die das Rauchmaterial nur verteuerten und verschlechterten, empört und die Absicht gehabt, den Gebrauch des Tabaks zum Schnupfen und Rauchen gänzlich aufzugeben, um durch solche Schädigung der Pächter einen Druck auf sie auszuüben zu können.[1] Jetzt kam plötzlich der Gedanke auf, in demonsrativer Weise das Rauchen zu unterlassen und so das Monopol des fremden, österreichischen Bedrückers zu schädigen. Der erste, dem dieser Gedanke einer Art Revolution der Raucher gekommen sein soll, war der Professor der Physik Johann Cantoni, der ihn gegen Ende des Jahres 1847 im Café del Duomo seinem Bruder und mehreren Gleichgesinnten entwickelte. Einer der Anwesenden, der Doktor Gerli, übernahm es, diese Anregung weiter zu verbreiten. Es wurde schleunigst ein Manifest aufgesetzt. In ihm wurde daran erinnert, daß die Zeitgenossen Washingtons, die von englischer Tyrannei bedrückt waren, sich einst in den Zeiten, die dem Unabhängigkeitskriege vorangingen, zusammentaten und den Tee von ihrem Tische verbannten, um nicht die Steuer zahlen zu müssen, die England ihnen dafür auferlegte. Diese erste Auflehnung führte dann in ihren letzten Auswirkungen zur Freiheit und Unabhängigkeit der Kolonien Nordamerikas. »Die Mitbürger Franklins haben sich alle des Teegenusses enthalten, ahmt sie heute nach und weist den österreichischen Tabak zurück. Dies sei nicht ein eitler Versuch, sondern eine Pflicht, ein Gewaltstreich und ein Zeichen der Einheit und Einigkeit. Ein Opfer muß gebracht werden. Es möge derjenige, der sich selbst helfen will, damit beginnen, fremde Unsitten abzulegen; der Rauch

1 Chronik des Mönches Benvenuti di San Ambrogio. Manuskript Bibliotheca Nazionale di Brera.

des Tabaks schadet dem Körper und paßt schlecht zu den süßen, beseligenden Düften der Blumen Italiens. Wer wird es wagen zu behaupten, daß dieser Gebrauch den Italienern ein unabweisbares Bedürfnis geworden ist: Für ein Volk, das sich erhebt, ist es nötig, daß es sein Vaterland liebt und ihm, so gut es eben geht, hilft.«[1]

Diese Idee verbreitete sich mit großer Schnelligkeit nicht nur in Mailand, sondern auch in den Provinzen. Überall folgte man dem Vorschlag mit Begeisterung. Der vornehme Klub »Dei Leoni« nahm den Gedanken auf, und alle seine Mitglieder folgten dem Gebote der Proklamation, dazu wurde gleichzeitig das Gerücht verbreitet[2], daß viele Zigarren von österreichischer Seite vergiftet worden seien.

Dies Gerücht sollte das Rauchen auch bei den weniger national Gesinnten verhindern. »Chi fuma per la via è tedesco o è spia«[3] hallte es durch die Straßen Mailands. Für den 1. Januar 1848 war der Beginn der Demonstration angesetzt, und wirklich wurden an diesem Tage zahlreichen Rauchenden auf der Straße die Zigarren und die Pfeifen aus dem Munde geschlagen. Die Polizei hatte schon zwei Wochen früher von dieser Absicht gehört, aber sie glaubte nicht, daß sich die Demonstration in wirklich gefährlicher Weise werde durchführen lassen. Es kam jedoch anders. Am Neujahrstage rotteten sich in der ganzen Stadt Haufen von Burschen zusammen und machten Jagd auf einzelne Raucher in den Straßen. Am 2. Januar war die Lage in Mailand schon ernster. Niemand konnte sich mehr in den Straßen rauchend zeigen, ohne Gefahr zu laufen, sofort attackiert und beschimpft zu werden. Eine

1 Vittore Ottolini, La rivoluzione lombarda del 1848 e 1849. Milano 1887, S. 25 f.

2 Joseph Freiherr von Helfert, Geschichte der österreichischen Revolution. Freiburg 1907, I., 192 f.

3 Wer auf der Straße raucht, ist ein Deutscher oder ein Spion.

Proklamation des Polizeipräfekten Torresani blieb wirkungslos; auch Soldaten, welche des Weges gingen und rauchten, wurden angegriffen, zogen sofort blank, und es gab viele Verwundete, ja auch Tote. Einzelne Offiziere glaubten nun gerade die Pflicht zu haben, mit der Zigarre im Munde auf der Straße zu paradieren. Auf dem Platze vor der Scala war z. B. der Geniemajor Graf Neipperg Arm in Arm mit dem Engländer Castle rauchend auf und ab gegangen, wobei ihm vor dem Café Cova die Zigarre aus dem Mund geschlagen wurde.

Der Feldmarschall Graf Radetzky war der Ansicht, daß die Ehre des Heeres gebiete, energische militärische Maßregeln zu treffen, und meldete dem schwankenden Erzherzog Rainer, daß er sich gezwungen sehe, einzugreifen, da mehrere Offiziere und Soldaten mit Zigarren im Munde vom Pöbel beschimpft und mißhandelt worden seien. Demgemäß wurden Infanterie- und Kavalleriepatrouillen in die Straßen der Stadt entsendet, gleichzeitig aber den Mannschaften, die außer Dienst waren, Zigarren verabfolgt und die Erlaubnis gegeben, auszugehen und zu rauchen, wenn sie dazu Lust hätten. Dabei wurde ihnen aber geraten, sich nicht einzeln herauszuwagen und niemals in geringerer Anzahl als zu dritt durch die Gassen zu gehen. Das geschah auch, aber bald sahen sich diese kleinen Gruppen einer stets wachsenden Menschenmenge gegenüber, die sie beschimpfte, auspfiff und am Rauchen zu verhindern suchte. Gegenüber dieser offensichtlichen Gefahr vereinigten sich die Einzelgruppen der Soldaten allmählich zu stärkeren Trupps. Bald flogen Steine, und die Soldaten gingen mit Säbel und Bajonett gegen die unbewaffnete Menge vor; es gab zahlreiche Opfer, darunter einige Tote. Es nützte nichts, daß sich daraufhin am Hofe des Vizekönigs ein Streit entspann, ob man die Leute so ohne Führung demonstrativ hätte ausgehen lassen sollen[1] und ob nicht Offizierspatrouillen geeigneter gewesen wären. Man hätte so einfachen Leuten, meinte man, die Beurteilung der Lage nicht überlassen sollen. Radetzky aber vertrat die Ansicht, das Rauchen sei das gute Recht der Soldaten, und es dürfe sich niemand erlauben, sie an der Ausübung dieses Rechtes zu hindern. Da sich auch am 3. Januar noch Soldaten und Zivilpersonen rauchend durch die Stadt bewegten, sah die Bevölkerung darin eine bewußte Provokation, und es verbreitete sich das Gerücht, der Vizekönig habe Verbrecher aus den Gefängnissen unter der Bedingung entlassen, daß sie rauchend durch die Straßen gingen. Das förderte natürlich die Empörung der Mailänder. Die Soldaten aber, diesmal schon gewarnt, schritten in Gruppen von zwanzig bis dreißig Mann am 3. Januar zur Offensive und drangen mit Zigarren im Munde in Cafés und Restaurants ein, verjagten die Gäste und bedrohten jedermann, der sich ihnen irgendwie mißliebig machte. Ernste Unruhen und Zusammenstöße auch an diesem Tage waren die Folge. In der Nacht zum vierten ließ der sehr energisch durchgreifende Feldmarschall die ganze Garnison alarmieren und in den Kasernen bereitstellen.

Diese Haltung machte auf die Bevölkerung Eindruck, und am nächsten Tag blieb es verhältnismäßig ruhig. Der Vizekönig Erzherzog Rainer aber war durch das drohende Verhalten der Bevölkerung sehr eingeschüchtert, ja äußerst niedergeschlagen.[2] Er und Ficquelmont neigten dem scharfen Feldmarschall gegenüber eher zum Nachgeben. Der Diplomat wagte es sogar, Radetzky nahezulegen, er solle den Befehl von Anno dazumal, daß Militär in Uniform auf den Straßen nicht rauchen dürfe,

1 Ein Unbekannter an Metternich, 14. Januar 1848. Wien, Staatsarchiv.

2 Hofsekretär Grimm aus Mailand, 14. Januar 1848. Privatbrief an einen Hofrat im Ministerium des Äußern. Wien, Staatsarchiv.

wieder aufleben lassen.[1] Begütigende Proklamationen des Erzherzogs Rainer wurden erlassen. Der Tabakkrieg blieb aber nicht auf Mailand allein beschränkt. Am 8. Januar war es in Pavia gleichfalls wegen Rauchens zwischen Studenten und Offizieren zu schweren Zusammenstößen gekommen, wobei zwei österreichische Offiziere getötet wurden. Der kommandierende Oberst von Benedek, der spätere Leidtragende von Königgrätz, hatte nach Einvernehmen mit dem Provinzialdelegaten[2] dem Militär das Rauchen auf der Straße untersagt, gleichzeitig aber an Radetzky Meldung über die Vorfälle gemacht. Daraufhin erstattete der Feldmarschall an den Erzherzog Rainer über die Vorfälle in Pavia Bericht. »Bei Empfang seiner Meldungen über die Auftritte in Pavia«, schrieb er, »hatte ich dem Oberst Benedek aufgetragen, mit Strenge darüber zu wachen, daß jede Reibung und Kollision zwischen Soldaten und Studenten vermieden werde, ihm aber auch zugleich erklärt, daß ich kein geheimes Gericht anerkennen und dulden werde, welches friedliche Raucher auf der Straße insultiere und angreife und eine gesetzwidrige Macht auszuüben wage. Ich muß noch beifügen, daß Oberst Benedek ausdrücklich das Rauchen auf der Straße verboten hat, wiewohl ein solches Gebot unter den obwaltenden Umständen eine nicht zu rechtfertigende Nachgiebigkeit und Unterordnung unter den Willen der Revolutionsfaction ist. Bei den fortdauernden meuchelmörderischen Angriffen auf vereinzelte Soldaten sehe ich kein anderes Mittel, ferneren blutigen Auftritten vorzubeugen, als durch Publicierung des Standrechtes auch in Pavia, wie dieses Euer Kaiserliche Hoheit bereits in Padua anzuordnen geruhten.«[3]

1 Ficquelmont an Metternich. Mailand, 7. Januar 1848. Wien, Staatsarchiv.

2 Auszug aus den Pavia betreffenden Akten. Wien, Staatsarchiv.

3 Bericht des Feldmarschalls Grafen Radetzky an den Vizekönig Erzherzog Rainer. Mailand, 12. Februar 1848. Wien, Staatsarchiv.

Auch in Padua hatten scharfe Zusammenstöße zwischen rauchenden Offizieren, Soldaten und Studenten der Universität stattgefunden. Diese hatten aus den Kaffeehäusern tretenden Mannschaften zugerufen: »Abasso i Cigari porchi ungharesi!« Einer der Soldaten fragte: »Chi ha detto questo?« worauf ein Student tapfer vortrat und sagte: »Io.« Sofort zog der Soldat das Bajonett und hieb den jungen Mann über den Kopf, so daß er blutüberströmt zusammensank.[1] Ähnliche Zusammenstöße waren an der Tagesordnung.

Von Padua breitete sich die Bewegung auch nach Venedig aus, wo sich, dem Zigarrenboykott entsprechend, riesige Vorräte in der dortigen Zigarrenfabrik zu stauen begannen. Der oberste Kanzler, Graf Inzaghi, meldete in seinem Vortrag an den Kaiser vom 29. Januar 1848, »daß der Zigarrenunfug nun auch in Venedig einreißen zu wollen scheine und nur bedauert werde, daß bei der Wichtigkeit der Zigarrenfrage die Virginier Zigarre gerade jetzt in der dortigen Tabakfabrik in der allerschlechtesten und ungenießbarsten Qualität erzeugt wird.«[2]

In Wien hatte man den Ereignissen anfangs zu wenig Bedeutung beigelegt. Nun begann man bedenklicher zu werden. Der Erzherzog Ludwig, der neben Metternich anstelle des unfähigen Kaisers Ferdinand die Regierungsgeschäfte leitete, beurteilte in einem Brief an Metternich die Angelegenheit: »Diese Zigarrengeschichte ist eigentlich, wie Sie mit Recht sagen, eine Büberey; allein es ist ein Versuch der Parthey, ob sie den Pöbel in Bewegung setzen könne, und als dieß nicht so ganz gleichgültig und, wenn man gezwungen war Waffen zu gebrauchen, heut zu Tage, wo in den Zeitungen alles im gehässigsten Lichte dargestellt wird, höchst unangenehm.«[3]

1 Bericht über die Unruhen in Padua, 10. Februar 1848. Wien, Staatsarchiv.

2 Vortrag des obersten Kanzlers Grafen Inzaghi an den Kaiser Ferdinand vom 29. Januar 1848. Wien, Staatsarchiv.

3 Erzherzog Ludwig an Metternich. Wien, 8. Januar 1848. Staatsarchiv.

Metternich selbst war mit der Haltung des Vizekönigs in Mailand nicht einverstanden. Er schrieb dem Erzherzog auch nach den ersten Meldungen von den Mailänder Unruhen in seiner moralisierenden Art einen Brief, der seine Unzufriedenheit ziemlich deutlich merken ließ. Vor allem müsse das lombardisch-venezianische Königreich der Krone unbedingt erhalten werden. »Nun ist es«, schrieb er, »von einer Krankheit befallen, welche einen endemischen und einen epidemischen Charakter hat. Endemisch ist der geschichtliche Haß gegen die Fremden, und epidemisch der revolutionäre Geist, als ein bis zur Verrücktheit gesteigerter Modeartikel.«

Die materielle militärische Hilfe könne nicht alles tun, warum sei man nicht gleich gegen den Klub der »Leoni« eingeschritten. »Der Club verbietet das Zigarrenrauchen«, schrieb er. »Hat er hiezu das Recht? Hierum kümmert er sich nicht, weil ihm daran nichts liegt. Das, was er wollte, ist eine unvermeidliche Resistenz der nicht unter seinen Befehlen stehenden, ihrer Freiheit bewußten Liebhaber des Rauchens hervorzurufen, um sie sodann als die Urheber des Krawalls zu bezeichnen. Ich, mein gnädiger Herr, hätte ich zu befehlen gehabt, würde den Club ... augenblicklich haben schließen lassen; denn ein Club hat nichts zu *befehlen*.«

Gleichzeitig schrieb Metternich an Ficquelmont ungefähr dasselbe, nur in viel schärferen Worten.[1] Die höchste Stelle in der Lombardei brauche doch nicht erst Befehle des Kaisers, um einen Klub aufzulösen, der den öffentlichen Frieden durch ein Zigarren-Rauchverbot zu stören sich vermesse. Es sei ein ganzes Gewebe von Fehlern, in das sich die örtliche Regierung der Lombardei verstrickt habe. Erzherzog Rainer aber, der an Ort und Stelle die Dinge viel besser beurteilen konnte, schrieb,

1 Metternich an Ficquelmont. Wien, 8. Januar 1848. Wien, Staatsarchiv.

obwohl seit den Ereignissen der ersten Januartage ziemlich vollkommene Ruhe eingetreten war, dennoch höchst pessimistisch an den Erzherzog Ludwig: »Die Stimmung der höheren Stände, einige rechtschaffene Männer ausgenommen, ist sehr schlecht. Haß gegen die Regierung und Vertreibung der Österreicher ist ihr Losungswort.«[1]

Und wirklich war die Rauchrevolution, die an den ersten drei Tagen des Jahres 1848 in Mailand zutage trat, der Auftakt zu den viel ernsteren Ereignissen, die nach dem Sturze Metternichs in der Lombardei und Venetien zum Ausbruch kamen und zum großen Aufstand und schließlich zum Kriege mit Piemont führten.

Anfangs war Radetzky, der sich für zu schwach hielt, gezwungen, Mailand zu räumen und die Stadt den Aufständischen preiszugeben. Man rauchte daher wieder auf offener Straße, aber die erbeuteten österreichischen Zigarren, für die man nicht bezahlte. Doch es dauerte nicht lange, und die Siege des Feldmarschalls Radetzky stellten den alten Zustand wieder her. Die aufständischen Provinzen und Piemont zogen daraus die Lehre, die sie dann 1859 beherzigten, daß ihre Befreiung nur im Bunde mit einer anderen Großmacht möglich war.

Die Pariser Februarrevolution und die Wiener Erhebung vom 13. März 1848, die zum Sturze Metternichs führten, fanden ihre Fortsetzung in Berlin, wo die Einwohner noch immer unter dem strikten, von der Polizei und dem Militär streng durchgeführten Verbote des Rauchens auf offener Straße litten. Nach wie vor galt die Zigarre dort gegenüber der altüberlieferten konservativ-philiströsen Tabakspfeife, die man nur in seinem Heim rauchen durfte, als eine ungebührliche Neuerung, eine

1 Erzherzog Rainer an Erzherzog Ludwig. Mailand, am 17. Januar 1848. Wien, Staatsarchiv.

liberale Dreistigkeit und ein demokratisches Symbol für Volksverhetzer und Wühler, und wurde daher dauernd verfolgt. Nun aber, beim Ausbruch der Revolution, da das Volk in den Märztagen vor das königliche Schloß zog, wurde das gebieterische Verlangen laut, diese stete Belästigung zugleich mit der Zubilligung vieler anderer wichtiger Forderungen wie Steuererleichterung, Zensur- und Preßfreiheit usw. zu beseitigen.

Noch waren die Verbote alle in Geltung, und am 16. März 1848 hatte ein Gendarm einen französischen Professor, J. Hutier, der auf der Straße eine Zigarre rauchte, mit den Worten angehalten: »Mein Herr, wissen Sie nicht, daß es von unserem König ausdrücklich verboten ist, Tabak zu rauchen?«

»Nein, ich weiß nicht, ob unser König es selbst verboten hat.«

»Sie sind Franzose, wohnen aber schon lange hier und müssen also die Gesetze kennen; es lebe unser König.«[1]

Während der Gendarm Hutiers Personalien feststellte, sah dieser, wie Hunderte von rauchenden Leuten vorbeigingen, empörte sich und glaubte, er sei nur angehalten worden, weil er Franzose sei. In Wahrheit aber trauten sich die Polizisten nur noch in einzelnen Fällen zu einer Amtshandlung. Schon regte sich die revolutionäre Bewegung in der Hauptstadt, die in den folgenden Tagen zum Ausbruche kam.

Werner von Siemens erzählt uns in seinen Lebenserinnerungen, daß er dabei war, als am 19. März 1848 die aufständischen Bürger die gefallenen Barrikadenkämpfer auf den Schloßplatz brachten, damit König und Königin sie sehen sollten. Mitten im Trubel, als man sich anschicken wollte, das Schloß zu stürmen, weil inzwischen das Militär aus der Stadt zurückge-

1 Klage Professor J. Hutiers an das Berliner Polizeipräsidium vom 16. März 1848. Preußisches Geheimes Staatsarchiv, Berlin-Dahlem.

zogen worden war, bestieg ein junger Fürst Lichnowsky einen Tisch, um die Volksmenge mit lauter Stimme anzureden.[1] Er sagte, Seine Majestät der König habe in seiner großen Gnade und Güte dem Kampfe ein Ende gemacht, indem er alles Militär zurückgezogen und sich ganz dem Schutze der Bürger anvertraut habe. Alle Forderungen seien bewilligt, und man möge nur ruhig nach Hause gehen. Auf die Frage aus dem Volke, ob auch wirklich alles bewilligt sei, antwortete er: »Ja, alles, meine Herren.« »Ooch det Roochen?« erscholl eine andere Stimme. – »Ja, auch das Rauchen«, war die Antwort. – »Ooch im Tiergarten?« wurde weiter gefragt. – »Ja, auch im Tiergarten darf geraucht werden, meine Herren.« Das schlug durch. »Na, denn können wir ja zu Hause jehen«, hieß es überall, und in kurzer Zeit räumte die heiter gestimmte Menge den Platz.

Wenn auch Siemens in seiner Schilderung die Wirkung dieser Ansprache überschätzte, so war es doch bezeichnend, daß in einem solchen Augenblicke eine derartige Forderung geltend gemacht wurde. Sicher ist, daß niemand diese Erlaubnis erteilt oder den Fürsten Lichnowsky bevollmächtigt hatte, eine solche Erklärung abzugeben. Die Erlaubnis des freien Rauchens auf den Straßen der Stadt und im Tiergarten war in geistesgegenwärtiger Weise von dem jungen Fürsten auf eigene Verantwortung hin erteilt worden.

Dabei fanden sich immer noch »ruhe- und friedliebende« Bürger, die alles nicht auf revolutionärem Wege, sondern legal bewilligt haben wollten. So wandte sich einer, der sich selbst so bezeichnet, am 23. März 1848 an den Polizeipräsidenten von Minutoli:

»Euer Hochwohlgeboren wird es gewiß nicht unbekannt sein, daß von jeher der sehnlichste Wunsch der Berliner Auf-

1 Werner von Siemens, Lebenserinnerungen. Berlin 1892, S. 48 f.

hebung des Verbotes des Tabakrauchens auf den Straßen war; seit einigen Tagen ist zwar ohne polizeiliche Erlaubnis Rauchfreiheit eingetreten, aber gerade durch Aufhebung dieses höchst lästigen Verbotes könnten Sie sich den dauerndsten Grund zu einer enthusiastischen Liebe der Berliner legen.

Wenn Euer Hochwohlgeboren übrigens berücksichtigen, daß ein derartiges Verbot nicht nur in allen übrigen Städten der preußischen Monarchie, sondern auch in allen Residenzstädten des Auslandes (sogar in Wien) längst aufgehoben ist, und daß wir Berliner wegen dieser Beschränkung von den . . . Ausländern nur bedauert und verspottet werden, so können Hochdieselben den sich jetzt mächtig regenden Wunsch der Berliner nach Rauchfreiheit unmöglich länger unberücksichtigt lassen.«

Dieser von dem Siege der Revolution in den Straßen Berlins begleitete Brief fiel mit dem Erfolge zusammen, daß auf Allerhöchste Anordnung des Königs bereits am 25. März 1848 folgende Bekanntmachung erging: »Das Verbot des nicht feuergefährlichen Tabakrauchens in den Straßen der hiesigen Residenz und der Vorstädte ist aufgehoben.«[1]

Damit war einer der täglichen Nadelstiche aus dem Leben der Berliner Stadtbevölkerung beseitigt; der Kleinkrieg gegen Gendarmen und Wachen, der mit dem Rauchen im Freien verbunden war, hörte auf, und von Stund an konnten nur noch Mode, Sitte und Vorsorge für die persönliche Sicherheit der Bevölkerung, nicht aber ein allgemeines, behördliches Verbot Einschränkungen für das Rauchen der Bevölkerung mit sich bringen.

Von nun an durfte jedermann ungehindert mit brennender Pfeife oder Zigarre spazierengehen, wodurch der Tabakver-

1 Erlaß des königlichen Polizeipräsidenten von Minutoli, Berlin, 23. März 1848. Preußisches Geheimes Staatsarchiv, Berlin-Dahlem.

brauch in Berlin ungeheuer zunahm. Das Tabakschnupfen ging zurück, das Rauchen aus den Pfeifen auf den Straßen war unbequem, und man griff daher zu der Zigarre, die damit ihren Siegeszug auch in Deutschland aufnahm, wo sie sich bis zu dem heutigen Tage gegenüber der Zigarette besser behauptet hat als in anderen Ländern.

Nicht alle aber waren mit der nunmehrigen Rauchfreiheit einverstanden. Während das Polizeipräsidium früher mit Bitten um Freigabe bestürmt wurde, erhielt es nun aus den Reihen der Nichtraucher erboste Zuschriften, die das alte Verbot wieder eingeführt zu sehen wünschten. Ein gewisser C. Schartmann wandte sich »im Interesse der öffentlichen Schicklichkeit, Gesittung und des allgemeinen Wohles« am 22. Dezember 1851 an den preußischen Minister des Innern mit der Bitte, »die seit dem Jahre 1848 so maßlos überhandnehmende Consumption des Tabaks, wie überhaupt den Anbau desselben hochgeneigt hemmen oder wenigstens in die früheren Schranken zurückzuführen und das Verbot von 1848 für Berlin zu erneuern«.[1] Es sei unerhört, daß eine Unsitte öffentlichen Schutz genieße und daß der ihr nicht Verfallene gezwungen sei, sie über sich ergehen zu lassen.

Der Ton des Briefes wird gegen Schluß immer schärfer. Jedes Schicklichkeitsgefühl, jede ehrbare und ehrhafte Scheu werde in der Allgemeinheit ertötet und alle Gesittung durch das Rauchen unterhöhlt. Die Kräfte des Erdbodens würden mißbraucht, um Tabak hervorzubringen, welcher der von wilden Horden entlehnten Unsitte diene. Dieses elende Kraut werde statt der Brotfrucht gepflanzt, um es auf eine nur der Blödsinnigkeit würdige, meist geckenhafte Weise als stinkenden Qualm

1 C. Schartmann an den Minister des Innern. 22. Dezember 1851. Preußisches Geheimes Staatsarchiv, Berlin-Dahlem.

zu verpaffen und damit auch die erfrischende und belebende reine Gottesluft, als naturgemäßes Bedürfnis, zu verkümmern. Ein anderer »Particulier« war der gleichen Meinung und betonte, daß die unglückliche Revolution von 1848 mit ihren traurigen Folgen des Ungehorsams, Unglaubens und der Gesetzlosigkeit auch die »malheureuse« Freigabe der gegen jeden Anstand verstoßenden Sitte des Rauchens mit sich gebracht habe.[1]

»Die Nichtraucher«, schloß der Briefschreiber seine Epistel, »erhoffen von Ihnen, Herr Polizeipräsident, die Wiedereinführung des Rauchverbotes, und das nichtrauchende Publikum würde Ihnen einen stillen, tiefgefühlten Dank für den Genuß reiner, frischer Luft wissen.«

Das ist wohl auch heute noch vielen Nichtrauchern aus der Seele gesprochen. Das oben angeführte Beispiel des Schicksals des Rauchens in Berlin zeigt deutlich, wie schwer, ja wie unmöglich es für eine Behörde ist, den einander widersprechenden Wünschen der Bevölkerung gerecht zu werden.

1 J. Pustan an das Polizeipräsidium. Berlin, 19. März 1852. Preußisches Geheimes Staatsarchiv, Berlin-Dahlem.

ZEHNTES KAPITEL

Das Aufkommen der Zigarette in der zweiten Hälfte des 19. Jahrhunderts und die ungeheure Zunahme des Rauchens

Mit den Revolutionen des Jahres 1848 fielen so ziemlich die letzten Beschränkungen, die dem Rauchen bis dahin auferlegt waren. Obwohl die Porzellanpfeifen mit ihren Abbildungen berühmter Politiker und hervorragender Männer immer noch sehr beliebt waren, unter anderen der bei der Revolution in Wien erschossene Robert Blum und der in Paris emporgekommene Louis Napoleon darauf erschienen, befand sich das Pfeifenrauchen und das Schnupfen gegenüber der Zigarre in fortwährendem Rückzug. Nicht nur die Einschränkungen des Rauchens waren gefallen, im Gegenteil, die Regierungen, die Monopole innehatten oder Steuern aus dem Tabakverbrauch zogen – und das waren so ziemlich alle –, förderten dieser Steuern wegen in jeder Weise den Verbrauch der Pflanze. Schon längst war der Tabak in allen Ländern zu einer unerhört reich fließenden Einnahmequelle geworden, und dies konnte durch nichts sinnfälliger gemacht werden als durch die Verordnung, die der Kardinalstaatssekretär Giacomo Antonelli im Jahre 1851 im Kirchenstaate erließ. Er führte darin aus, das Tabakrauchen solle von niemandem und in keiner Weise behindert werden, und die Verbreitung von Schriften, welche sich gegen das Rauchen wendeten, würde sogar mit Zuchthaus bestraft werden. Die Meinung der führenden Staatsmänner hatte sich vollkommen gewandelt, das finanzielle Interesse überwog alle anderen Bedenken um so mehr, als man mit der Zeit die Erfahrung gemacht hatte, daß mäßiges Rauchen im allgemeinen kaum gesundheitsschädlich sei. Die sich in allen Staaten siegreich durchsetzende Zigarre wurde in vielen Millionen verbraucht, und der Bedarf nahm immer noch zu, obwohl schon eine neue Form des Rauchens aufzutauchen begann. Sie bestand darin, Tabak in feine Papierhülsen zu schütten, das so entstandene Gebilde anzuzünden und zu rauchen.

Diese Art, das Zigarettenrauchen, war nach den Berichten von Missionaren und Reisenden bereits in der Mitte des 18. Jahrhunderts in Südamerika, besonders in Brasilien, bekannt; dort nannte man die Zigaretten Papelitos. Aus dem spanisch sprechenden Amerika war dieser Gebrauch nach Spanien gekommen und zunächst von den vornehmen Kreisen aufgenommen worden. Giacomo Casanova, der berühmte Genießer, dessen Memoiren durch die ganze Welt gegangen sind, hat als einer der ersten Nichtspanier die Zigarette während seines Aufenthaltes auf der Iberischen Halbinsel kennengelernt und diese Merkwürdigkeit bei der Schilderung eines Herbergswirtes sowie bei einem Abenteuer mit einer Brasilianerin erwähnt, deren von Zigarettenrauch erfüllter Atem ihn abstieß. Vom Wirte hieß es da: »Der gute Mann rauchte nachlässig seinen Sigarito von brasilianischem Tabak in einem zusammengerollten Stückchen Papier und stieß mit würdevoller Miene dicke Rauchwolken aus.«[1]

Langsam gelangte diese neue Art des Rauchens auch in die angrenzenden Länder, so nach Frankreich, wo die Zigarette schon im Jahre 1844 hergestellt wurde, und nach Italien, wo durch die österreichische Tabakregie im selben Jahre eine Art Mittelding zwischen Zigarre und Zigarette, die mit geschnittenem Knastertabak gefüllte sogenannte Papierzigarre zum Ver-

1 Casanova, Memoire VI, S. 328.

kauf gebracht wurde. In ausgiebigem Maße breitete sich die Zigarette jedoch in den Ländern Europas erst nach dem Krimkriege 1856 aus. Dabei kamen türkische, englische, französische und piemontesische Truppen miteinander in Berührung und lernten voneinander den Gebrauch der Zigarette, die den Vorteil hatte, daß man sie sich aus Papier selbst machen konnte und somit ein billigeres Rauchmittel bekam als die fertig in den Handel gebrachte Zigarre. Die heimkehrenden Offiziere und Mannschaften verbreiteten dann das praktische Zigarettenrauchen in ihren Heimatländern. Der inzwischen zum Kaiser der Franzosen emporgestiegene Louis Napoleon gewann Geschmack an der Zigarette und wurde deren leidenschaftlicher und begeisterter Verehrer. Man kann buchstäblich sagen, daß mit ihm die Zigarette in Frankreich auf den Thron gekommen ist. Auch darin verstand er sich nicht mit seinem großen Gegner Victor Hugo, der das Rauchen in jeder Form genauso haßte wie den Emporkömmling aus napoleonischem Stamme.

Die britischen Offiziere führten das Zigarettenrauchen in die Londoner Klubs ein. Anfangs fanden die Zigaretten, wie stets alles Neue, sehr viele Widersacher, die Zigarettenraucher wurden als überelegante Snobs verlacht, und das Publikum hatte wenig Gefallen daran. Aber seit den sechziger Jahren wurden sie schon aus gutem Tabak und feinem Papier gemacht, so daß sie bald in allen Staaten Europas Anklang fanden und gegen die damals alleinherrschende Zigarre in den Konkurrenzkampf treten konnten. In Österreich wurde im Jahre 1865 die erste wirkliche Zigarette, die sogenannte ordinäre »Doppelzigarette«, von der Tabakregie erzeugt, die ungefähr dreimal so lang war als die heutige, an beiden Seiten ein Mundstück trug und vor dem Gebrauch erst in der Mitte entzweigebrochen werden mußte. Der Verbrauch stieg in allen Ländern. Im Jahre 1865 wurden in Österreich drei Millionen, 1866 bereits sechzehn Millionen solcher Doppelzigaretten verkauft, die aber bald den feinen Einzelzigaretten Platz machten. Immerhin behauptete die Zigarre, darunter besonders die Virginiazigarre, bis in die achtziger Jahre hinein den vornehmsten Platz, da auch Kaiser Franz Joseph sie lange Zeit und mit Vorliebe rauchte. In Deutschland hatte es die Zigarette am schwersten, denn die Zigarren sagten den Deutschen mehr zu als den Bewohnern aller anderen Länder. In England dagegen wurden die Zigaretten bald Mode, und wenn ein Ding in einem großen Staate einmal Mode geworden ist, dann folgen die anderen Völker unweigerlich nach. Das Rauchen der Londoner wurde in Nordamerika nachgeahmt, und in Kürze wurde die Herstellung und der Handel mit Zigaretten einer der wichtigsten Erwerbszweige der Vereinigten Staaten. So war die Zigarette vom Süden Amerikas ausgegangen und auf dem Umwege über Europa nach dem Norden des Kontinents der Monroedoktrin zurückgekehrt.

Auch da brachte ein Krieg, der Sezessionskrieg, das Rauchen in Nordamerika in noch weitere Kreise, als es schon der Fall war. Meistens rauchte man noch die Zigarre. Der Zufall wollte es, daß von den einander gegenüberstehenden Generalen Grant von den Nordstaaten ein starker Zigarrenraucher war, während General Lee, der Führer der Südstaaten, niemals rauchte. Dem General Grant wurde 1862 nach der Einnahme von Fort Donelson aus allen Teilen der Union ein Geschenk von 11 000 Zigarren[1] gespendet, und die Anhänger des Rauchens bemerkten scherzend, daß das Rauchen den Geist so schärfe, daß es sogar den Sieg im Felde erringen helfe. Mit der Zeit ergab sich, entsprechend dem Weltbedarf, eine ungeheure Produktionssteigerung nicht nur in den Zentren und der Ur-

1 A. E. Hamilton, This smoking world. New York, London. S. 143.

heimat des Tabaks in Kuba, Havanna und den Antillen, sondern auch im übrigen Amerika, insbesondere in Virginien und Maryland. Nach beendetem Sezessionskriege begann ein Export, der viele Millionen Dollars betrug. Auch der Verbrauch im Lande stieg in kaum vorstellbarem Umfang. Napoleon III. führte damals sein verunglücktes Experiment mit dem Kaisertum in Mexiko, wo alles rauchte, aus. Auch dieses Unternehmen förderte die Weiterverbreitung der Rauchgewohnheit im französischen Heere. Bei Louis Napoleon war das viele Zigarettenrauchen fast zu einer nervösen Manie geworden, und 1859, am Tage von Solferino, fiel es seiner ganzen Umgebung auf, wie er eine Zigarette an der anderen anzündete und vor sich hin murmelte: »Die armen Leute, die armen Leute, was ist der Krieg doch für ein schrecklich Ding.« Mehr als fünfzig Zigaretten soll er an jenem Tage geraucht haben, für damals eine sehr hohe Ziffer.[1] Seine großen Gegner, Moltke und Bismarck, waren gleichfalls starke Raucher, doch bevorzugten beide die Zigarre. Moltke, der in den Jahren 1835 bis 1839 als Instruktor des türkischen Heeres in Konstantinopel geweilt hatte, fragte sich, nachdem er eine Weile dort gelebt, wie denn die Türken überhaupt einst hätten leben können, ehe die wichtige Erfindung der Pfeife gemacht wurde. Dort in der Türkei gewöhnte er sich das Rauchen gründlich an. Bismarck war von Jugend auf ein starker Raucher und hatte diese Gewohnheit im Jahre 1851, als er preußischer Gesandter in Frankfurt wurde, zu einer politischen Demonstration benutzt. Die diplomatische Niederlage Preußens zu Olmütz brannte in seiner Seele, und obwohl Österreich unbestreitbar den formellen Vorrang in Frankfurt bewahrte, wollte Bismarck um so entschiedener über die Interessen Preußens wachen und zeigen, daß er diesen Vorrang nicht anerkannte.

1 Siehe Guedalla, The second empire. London 1927. S. 285.

Vor der Ankunft Bismarcks hatte der österreichische Präsidialgesandte Graf Thun den Vorsitz geführt, wobei er als einziger während der Verhandlungen rauchte. Seine Sonderstellung wurde stillschweigend von den anderen Staaten anerkannt, und niemand von den Gesandten rauchte während der Sitzungen. Jedoch Bismarck kümmerte sich um dies ungeschriebene Gesetz nicht und zündete sich während der Verhandlungen ruhig eine Zigarre an. Andere Diplomaten folgten seinem Beispiel, und man schrieb der Sitte eine solche Bedeutung zu, daß der bayrische Gesandte, der den Tabak haßte, eines Tages trotzdem rauchte, aus Angst, daß sein Nichtrauchen eine mißverständliche Auffassung finden könnte.

Moritz Busch läßt Bismarck selber darüber erzählen[1]: »Bei den Sitzungen der Militärkommission hatte, als Rochow Preußen im Bundestage vertrat, Österreich allein geraucht. Rochow hätte es als leidenschaftlicher Raucher gewiß auch gerne getan, getraute sich aber nicht. Als ich nun hinkam, gelüstete michs ebenfalls nach einer Zigarre, und da ich nicht einsah, warum nicht, ließ ich mir von der Präsidialmacht[2] Feuer geben, was von ihr und den anderen Herren mit Erstaunen und Mißvergnügen bemerkt zu werden schien. Es war offenbar für sie ein Ereignis. Für diesmal rauchten nun bloß Österreich und Preußen. Aber die anderen Herren hielten das augenscheinlich für so wichtig, daß sie darüber nach Hause berichteten und um Verhaltungsbefehle baten. Die ließen auf sich warten. Die Sache erforderte reifliche Überlegung, und es dauerte wohl ein halbes Jahr, daß nur die beiden Großmächte rauchten. Darauf begann auch Schrenkh, der bayrische Gesandte, die Würde seiner Stellung durch Rauchen zu wahren. Der Sachse Nostitz

1 Moritz Busch, Tagebuchblätter. Leipzig 1899. I/232.
2 Dem Gesandten Grafen Thun.

hatte gewiß auch große Lust dazu, aber wohl noch keine Erlaubnis von seinem Minister. Als er indes das nächste Mal sah, daß der Hannoveraner Bothmer sich eine genehmigte, muß er, der eifrig österreichisch war – er hatte dort Söhne in der Armee –, sich mit Rechberg verständigt haben, denn er zog jetzt ebenfalls vom Leder und dampfte. Nun waren nur noch der Württemberger und der Darmstädter übrig, und die rauchten überhaupt nicht.[1] Aber die Ehre und die Bedeutung ihrer Staaten erforderte es gebieterich, und so langte richtig das folgende Mal der Württemberger eine Zigarre heraus – ich sehe sie noch, es war ein langes, dünnes, hellgelbes Ding, Couleur Roggenstroh – und rauchte sie als Brandopfer für das Vaterland wenigstens halb. Nur Hessen-Darmstadt enthielt sich, wahrscheinlich in dem Bewußtsein, zur Rivalität noch nicht groß genug zu sein.«

In den Zeiten hoher Spannung, wie in den Kriegen von 1866 und 1870/71, rauchte Bismarck, wohl um seine Nerven zu beruhigen, besonders viel, und während des letzteren Feldzuges schickten ihm seine begeisterten Volksgenossen von allen Seiten die herrlichsten Zigarren. Sein weniger glücklicher Gegner Napoleon III. suchte gleichfalls seine Nerven während der Feldzüge durch unzählige Zigaretten zu beruhigen, und es entspann sich später zwischen seinen Gegnern und den dem Kaiser treu Gebliebenen ein heftiger Streit darüber, ob er auch am Tage von Sedan so viel geraucht habe, wie manche berichteten. Bismarck sprach sich über das Rauchen in den Tagen des Triumphes ausführlich aus, als Jules Favre im deutschen Hauptquartier vor Paris beim Kanzler erschien, um mit ihm den Frieden zu besprechen. Als der französische Staatsmann

1 Der Württemberger hieß von Reinhard, der Darmstädter von Münch-Bellinghausen, beide sehr entschiedene Gegner Preußens.

eintrat und die ersten Begrüßungsformalitäten beendet waren, bot der Kanzler seinem Gast eine Zigarre an und fragte ihn dabei, ob er rauche. Favre verneigte sich dankend und erklärte, er rauche nicht. Darauf Bismarck: »Sie haben unrecht. Wenn man eine Unterredung beginnt, die manches Mal heiße Debatten herbeiführen kann, die in Heftigkeit münden könnten, ist es besser, man raucht, wenn man spricht. Sehen Sie«, meinte er, »wenn man raucht«, und er zündete sich seine Havanna an, »pariert die Zigarre, die man in der Hand hält und dreht und die man nicht fallen lassen will, die physischen Bewegungen. Moralisch beruhigt sie uns leicht, ohne uns in irgendeiner Art unserer geistigen Fähigkeiten zu berauben. Die Zigarre ist eine Ablenkung, dieser blaue Rauch, der in Spiralen aufsteigt und dem man ganz unwillkürlich mit den Augen folgt, betört Sie und macht Sie entgegenkommender; man ist glücklicher. Das Auge ist beschäftigt, die Hand zurückgehalten, Geruch- und Geschmacksinn befriedigt, man ist eher geneigt, sich wechselseitige Konzessionen zu machen, und für uns Diplomaten ist es nun einmal unser Brot, ununterbrochen gegenseitige Konzessionen zu machen. Sie als Nichtraucher haben mir als Raucher gegenüber einen Vorteil. Sie sind wacher und aufmerksamer als ich. Aber auch einen Nachteil, Sie sind eher geneigt aufzufahren, dem ersten Impuls zu folgen.«[1] Als im Verlaufe der Unterredung Jules Favre entschiedener für Garibaldi eintrat, der auf Seite der französischen Armee gegen die Deutschen gekämpft hatte, wurde Bismarck erregter, legte die Zigarre weg, schlug auf den Tisch und rief: »Und ich muß ihn doch haben; ich will ihn in Berlin herumführen lassen mit der Inschrift auf dem Rücken: Das ist die Dankbarkeit Italiens.« In diesem

1 Journal d'un officier d'ordonnance. Juillet 1870–février 1871, par le Comte d'Hérisson, S. 343.

Augenblick reichte Jules Favres Adjutant Graf d'Hérisson dem Zürnenden mit halb lächelndem, halb bittendem Ausdruck die Zigarrenkiste hin. Zuerst sah Bismarck erstaunt auf, dann verstand er die Anspielung und sagte ruhig: »Sie haben recht, Herr Graf; es ist überflüssig, sich zu ärgern, das führt zu nichts. Im Gegenteil!«

Bismarck hat neben den glänzenden Erfolgen und Siegen seines Lebens im Verlaufe seiner Laufbahn zwei schwere Niederlagen erlitten; die eine im Kampf gegen den Katholizismus, im sogenannten Kulturkampf, und die andere im Feldzuge gegen die Raucher seines Landes und damit gegen sich selbst, als er sich nämlich vermaß, nach dem Muster der Staaten rings umher auch im Deutschen Reiche das Tabaksmonopol einführen zu wollen. Bei der Erwägung einer solchen Maßnahme mußte in Rechnung gezogen werden, daß dadurch die Existenz vieler Industrieller und Angestellter bedroht war. Man hatte als Abfindung für diese Leute den Betrag von 257 Millionen Mark vorgesehen, der viel zu niedrig erschien, da andere den Bedarf für Ersatz der entstehenden Schäden auf doppelt soviel und noch mehr einschätzten. Fürst Bismarck setzte sich mit dem ganzen Gewicht seiner Persönlichkeit für die Vorlage ein, und ihm sekundierte der bekannte Nationalökonom Adolf Wagner, der dem Reichstage entwickelte, daß mit dem daraus für das Reich zu erwartenden Ertrage die Kosten der großzügigen sozialen Gesetzgebung bestritten werden könnten, die Kaiser Wilhelm I. eben damals ins Auge faßte. Er dachte sich, daß mit dem Gelde gerade dem ärmsten Teil der Bevölkerung in ausreichender Weise geholfen werden könnte.[1]

1 Die deutsche Tabaksteuergesetzgebung der folgenden Zeit ist kurz und übersichtlich zusammengefaßt von Jakob Wolf, Der Tabak, Leipzig 1918, in der Sammlung »Aus Natur und Geisteswelt«.

Der Reichstag lehnte aber 1882 die gegen Entschädigung geplante Übernahme aller Tabakbetriebe und Monopolisierung des Tabakhandels durch das Reich ab. Nach außen hin, weil ihm der Versuch zu unsicher erschien und er den ungeheuren Eingriff in die privaten Erwerbsverhältnisse grundsätzlich für bedenklich hielt. Doch mögen den zahlreichen rauchenden Abgeordneten die Klagen der Bevölkerung, die sich vor Verteuerung ihres liebsten Genusses fürchtete, verständlicher gewesen und mehr zu Herzen gegangen sein, als wenn sie Nichtraucher gewesen wären. So ist bis zum heutigen Tage das Deutsche Reich vom Tabaksmonopol verschont geblieben.

Die weitere Entwicklung des Rauchens führte zum Rückgang der Zigarre und dem geradezu unerhörten Aufstieg der Zigarette. Die leichtere, bekömmlichere Art des Rauchens und die Eleganz, vor allem endlich die Mode trugen dazu bei. Der Verbrauch der Zigarette erreichte phantastische Ziffern, die in den letzten Jahrzehnten vor dem Weltkriege relativ auf Kosten der Zigarre, aber auch absolut in unglaublicher Weise anschwollen. Während man z. B. in den Vereinigten Staaten im Jahre 1913 15 Milliarden Zigaretten brauchte, waren es im Jahre 1927 60 Milliarden und heute etwa 104, so daß auf die 120 Millionen Einwohner der Vereinigten Staaten jährlich etwa 800 Zigaretten auf den Kopf entfallen. In Europa ist die Entwicklung, wenn auch nicht so riesenhaft, so doch ähnlich, und in Deutschland entfallen auf den Kopf der Bevölkerung etwa 600 Zigaretten, wobei jedoch der Zigarrenverbrauch gegen die letzten Jahrzehnte etwas zurückgegangen ist, aber doch noch immer etwa hundert Zigarren auf den Kopf kommen.[1] Diese

1 Im Deutschen Reiche wurden vom 1. April 1927 bis 31. März 1928 $32^1/_2$ Milliarden Stück Zigaretten, $6^1/_2$ Milliarden Zigarren, $3^8/_{10}$ Millionen Kilogramm Pfeifentabak und $2^3/_{10}$ Millionen Kilogramm Schnupftabak verbraucht. In der kleinen Republik Österreich mit ihren $6^1/_2$ Millionen Einwohnern wurden 1928 4,6 Milliarden Zigaretten (gegen 4,55

wenigen Ziffern, die man für die ganze Welt noch viel eindrucksvoller gestalten könnte, wenn die Statistik überhaupt durchführbar wäre, zeigen zur Genüge, wie weit sich die Menschheit dem Rauchen ergeben hat. Freilich, Gegner fanden und finden sich immer wieder, und zwar theoretische, die in der Praxis selbst rauchen, ebenso wie praktische, die, wie Goethe, leidenschaftlichen Haß und Abscheu gegen das Rauchen hegen. Zu den ersten gehörte auch der große Kant, der den Genuß des Tabaks in seiner Anthropologie wie folgt etwas wegwerfend streift: »Das gemeinste Mittel der Reizung der Sinnesempfindungen ist der Tabak, es sei ihn zu schnupfen, oder durch Pfeifenrohre, oder wie ... spanische Frauenzimmer ... einen angezündeten Cigarro zu rauchen.« Nichtsdestoweniger schnupfte er selbst sehr stark und rauchte auch zuweilen die Pfeife. In dieselbe Kategorie der Theoretiker gehört Ludwig Anzengruber, dessen Urteil vernichtend lautete: »Das Tabakrauchen ist ein abscheuliches, stänkriges Laster; welche Erkenntnis mich nicht abhält, dem Genuß der Zigarre leidenschaftlich besonders beim Schreiben und in müßigen Stunden zu frönen.«[1] Auch Heine war dem Rauchen abgeneigt, er hielt es darin mit Goethe und verachtete es auch praktisch.

In allerneuester Zeit finden wir Vertreter aller großen Berufe verschiedenster Richtung, die oft sehr harte Worte gegen das Rauchen finden. So schrieb Haeckel, der berühmte Naturphilosoph, darüber: »Ich habe in meinem Leben den Tabak nur als Botaniker, aber niemals durch Gebrauch als Genußmittel ken-

im Jahre 1927) und 201 (gegen fast 206 im Jahre 1927) Millionen Zigarren verbraucht, was auf den Kopf der Bevölkerung jährlich 719 Zigaretten und 31 Zigarren bedeutet. Hierzu kommt noch auf den Kopf 731 g offener Tabak und 19 g Schnupftabak. Daten nach Jahresbericht der österreichischen Tabakregie für das Jahr 1928. Wien 1929.

1 Dr. Gustav Lewinstein, Redakteur der deutschen Tabakzeitung, in »Für und Wider den Tabak«. Berlin 1890.

nen gelernt. Ich habe aus Prinzip (oder Eigensinn!) niemals geraucht oder auch nur den Versuch hierzu gemacht; auch mein Vater war absoluter Nichtraucher. Da unser Kulturleben uns ohnehin mit einem Übermaß von Bedürfnissen belastet, scheint es mir ein Vorteil im Kampf ums Dasein, ein großes Bedürfnis (wie den Tabakgenuß) *überhaupt* nicht zu kennen.«

Der berühmte und in der ganzen Welt anerkannte Chirurg Professor Dr. Theodor Billroth erklärte 1889 das Rauchen als ein gesundheitsschädliches »ekelhaftes Laster«, das viele Rauchen als das Produkt des Müßigganges und der Langeweile. »Die Gesellschaft«, sagte er, »werde immer nervenschwächer, was bloß auf das gewohnheitsmäßige Nehmen von Alkohol und Tabak zurückzuführen ist.«

Zwiespältig ist Tolstois Meinung darüber. Er selbst war ein gewaltiger Raucher, obwohl er erklärte, die Gewohnheit sei ungesund und ein Luxus, man solle lieber Gerste anstatt Tabak anpflanzen und so den Hungrigen helfen. Darum entschloß er sich, das Rauchen aufzugeben und seinen Ansichten entsprechend zu leben, aber es fiel ihm ungeheuer schwer. Seine große Willenskraft reichte doch nicht dazu aus, völlig und auf immer zu entsagen. Wie ein Schuljunge hob er, nach dem Bericht einer Erzieherin, die sechs Jahre im Hause Tolstois lebte, hie und da heimlich ein Stümpfchen auf, machte, voller Angst, ertappt zu werden, einen Zug oder sog den Rauch begehrlich ein, wenn in seiner Gegenwart geraucht wurde.[1] Der große Dichter hat dann in einer eigenen kleinen Studie »L'alcool et le tabac«, die in der deutschen Ausgabe den willkürlich gewählten Titel »Lasterhafte Genüsse« führt, eine Erklärung für die ungeheure Verbreitung und Beliebtheit des Rauchens gesucht und glaubte sie darin gefunden zu haben, daß die Menschen sich selbst die

1 Siehe deutsche Tabakzeitung vom 25. Juli 1895.

Stimme des Gewissens verheimlichen müßten. Tolstoi meint, »die Erstarrung des Gehirns durch das Nikotin« lösche das Gewissen aus. Er erzählt eine schaurige Geschichte von einem Koch, der seine alte Dienstgeberin mit dem Messer angefallen und schwer verletzt habe, aber doch im letzten Augenblick davor zurückgeschreckt sei, sie ganz zu töten. Er sei dann in einen anderen Raum des Hauses gegangen und habe dort, um seine Nerven zu beruhigen, erst zwei Zigarren geraucht. Sein Gehirn sei jedoch durch den Rauch so in Erstarrung gebracht worden, daß er hinging und die Frau vollends tötete. Tolstoi erzählt, er habe, sooft er selbst im Leben Fehler gemacht habe, zu rauchen begonnen, um sich zu betäuben. »Warum«, schreibt er, »können die Männer, welche rauchen, diese Gewohnheit aufgeben, wenn sie eine höhere Stufe der moralischen Entwicklung erreicht haben, während andere wieder zu rauchen beginnen, wenn sie sich in einer geringwertigen Umgebung befinden, welche dieses Laster begünstigt. In Wirklichkeit ist ein Mensch zugleich ein Tier und ein geistiges Wesen. Die Heilung dieser schrecklichen Krankheit des Menschengeschlechts (gewohnheitsmäßiger Gebrauch geistiger Getränke und des Tabaks) wird eine neue Ära im Dasein der Menschheit bezeichnen.«

Um eine richtige Distanz zu diesem Urteil Tolstois über geistige Getränke und Tabak zu gewinnen, muß man ein anderes Urteil des Dichters hierher setzen, das weit über das Ziel schießt und das heikelste Problem des Menschenlebens betrifft. »Ein Christ«, heißt es da, »kann die geschlechtlichen Beziehungen nur als eine Abweichung von der Lehre Christi ansehen, als eine wirkliche Sünde; demzufolge wird ein wahrer Christ auch die Ehe niemals wünschen, sondern sie immer meiden.«[1]

1 Graf Leo Tolstoi, Lasterhafte Genüsse (L'alcool et le tabac). Aus dem Russischen, o. J., S. 73.

Tolstoi hat zeitlebens gegen das Rauchen ebenso angekämpft wie gegen alle anderen Versuchungen, die an einen Menschen herantreten. Er ist wieder gefallen und seinen Grundsätzen auf kurze Zeit untreu geworden, aber nur vereinzelte Male und nur vorübergehend; zum ständigen Raucher ist er seit jenem Entschluß angeblich nicht wieder geworden.

Um nun die Reihe der Gegner noch mit einem Manne aus einem ganz anderen Lager zu vervollständigen, möge aus dem Reiche der Industrie Henry Ford genannt werden. Dieser Mann hat seine Betriebe nicht zuletzt durch seinen leidenschaftlichen und fanatischen Willen zur Arbeit und zur Leistung so hoch gebracht. Mit demselben Fanatismus ist Ford ein Gegner des Rauchens, das er am liebsten auch seinen Arbeitern verbieten möchte, wenn er nicht die Unmöglichkeit einer solchen Maßregel einsähe.

Diesen Gegnern steht das Heer derjenigen gegenüber, die, selbst dem Rauchen leidenschaftlich ergeben, darin einen der höchsten menschlichen Genüsse sehen und beteuern, daß das Rauchen insbesondere die geistige Arbeit fördere und befruchte. Männer und Frauen, Dichter und Monarchen, Vertreter aller Berufe und aller Fachkreise sind sich über die Vorzüge des Rauchens einig. Lord Byron hat dem »sublime tobacco« in seinem »The Island« unsterbliche Dichterworte gewidmet, die auf Seite 7 dieses Buches stehen; Ärzte und Männer der Wissenschaft haben die Wirkung des Tabaks auf den menschlichen Geist in gelehrten Abhandlungen erörtert.[1]

Auch Lenau, ein großer Rauchfreund, hat seiner Pfeife ein dankbar bewunderndes Gedicht geweiht, und Thackeray hat die »tollen sozialen Vorurteile gegen das Rauchen« in satirischer Weise gegeißelt. Unter den großen Musikern hat das Rauchen gleichfalls viele Anhänger gefunden. So z. B. war Johann

1 Z. B. O'Shea M. V., Tobacco and mental efficiency. Chicago 1923.

Sebastian Bach ein leidenschaftlicher Pfeifenraucher, der auch in seiner Musik dem Tabak ein unsterbliches Monument gesetzt hat. Es ist dies das berühmte Lied »Die Tabakspfeife«, dessen Text im Anhang wiedergegeben ist.

Ebenso soll Beethoven nach seinen Biographen Schindler und Holz zeitweise, allerdings nur im Wirtshause und nie zu Hause oder auf der Gasse, die Pfeife, in seinen letzten Lebensjahren auch zeitweilig Cigarros geraucht haben. Geschnupft hat er nur selten. Jedenfalls hat er zu Lebzeiten verschiedene mehr oder weniger kostbare Tabaksdosen besessen, die er teils zum Geschenk erhielt, teils sich selbst zu täglichem Gebrauche gekauft hatte.[1]

Mit dem Tode der großen Rauchgegnerin, der Königin Viktoria von England, kam in Eduard VII. ein leidenschaftlicher Freund des Rauchens auf den Thron, der schon längst die bittere Zeit seiner Minderjährigkeit vergessen hatte, als ihn einst die Königin Viktoria in den Gemächern des Buckingham-Palastes zu London beim Rauchen ertappte und empfindlich strafte. Der unglücklichen schönen Kaiserin Elisabeth von Österreich, die überhaupt unter den Fesseln der Etikette litt, konnte diese vollends unerträglich werden, wenn sie dadurch genötigt wurde, ihrer geliebten Zigarette entsagen zu müssen. In den ersten Jahren ihrer Ehe hatte die zart besaitete, nervöse, schöne Frau im Verein mit ihrem Manne selbst Virginia-Zigarren fleißig geraucht.

Edison, dem wir die elektrische Lampe und unzählige umstürzende technische Erfindungen verdanken, ist auch einer von denen, die dem Tabak und seiner wohltätig anregenden Wirkung einen kleinen Anteil am Erfolge ihrer geistigen Arbeit einräumen. Nur eines macht sie alle bedenklich, daß nämlich das Rauchen in all den Jahrhunderten, seit es die Menschheit

1 Dr. Theodor Frimmel in der »Neuen freien Presse«, Wien.

kennt, immer während und nach den Kriegen an Aufschwung und Intensität maßlos zugenommen hat. Der Dreißigjährige Krieg hat das Rauchen im Nu über ganz Europa verbreitet, und nach ihm begann es Gemeingut aller Welt zu werden. Die Napoleonischen Kriege haben das Rauchen, das einige Jahrzehnte vom Schnupfen bedenklich in den Hintergrund gedrängt war und von vielen schon totgesagt wurde, in der neuen Form des Zigarrenrauchens wieder eingeführt. Der Krimkrieg hat die Zigarette gefördert, und nach dem Weltkrieg endlich hat das Rauchen in allen Landen in unerhörtem Maße zugenommen. Das ist auch natürlich, denn wer von den Kriegern aller beteiligten Staaten noch nicht Raucher war, wurde es mit geringen Ausnahmen im Felde. Die unerhörten psychischen und physischen Anstrengungen in Schlachten, Gefechten und im Schützengraben, die stete Gefahr, in der der einzelne schwebte, andererseits die Unmöglichkeit, lange Pausen und ruhige Zeiten an erstarrten Fronten mit anregender Beschäftigung auszufüllen, boten einen gewaltigen Anreiz zum Rauchen, um so mehr, als jedem Soldaten neben der Menage auch sein Rauchdeputat zustand. Wenn auch der Gang der Kriegsereignisse, Unregelmäßigkeit und Mangel zeitweise den Nachschub empfindlich störten, so waren doch alle Oberkommandierenden im Kriege bestrebt, die Leute ausreichend mit Tabak zu versorgen, denn sie sahen darin ein Nervenbetäubungsmittel, das die Soldaten über die Furchtbarkeit des Geschehens etwas hinwegtäuschen sollte. Am klarsten hat dies General Pershing, der Oberkommandierende des in Frankreich kämpfenden amerikanischen Kontingents, erkannt. Er kabelte einmal nach Washington: »Tabak ist ebenso notwendig wie die tägliche Nahrung. Wir brauchen sofort tausend Tonnen davon.«[1]

1 A. E. Hamilton, This smoking world. New York 1927. S. 11.

Die zahllosen Männer, welche während des Krieges zu Rauchern geworden waren, blieben nach seiner Beendigung ihrer neuerworbenen Gewohnheit treu und vermehrten das unendliche Heer der Raucher. Die Zunahme des Verbrauchs in allen vom Krieg betroffenen Ländern war außerordentlich. Während die Weltproduktion des Tabaks vor dem Kriege, soweit die Schätzungen gehen, nahezu anderthalb Milliarden Kilogramm betrug, beträgt sie heute, zehn Jahre nach dem Weltkriege, etwa zweieinhalb Milliarden.[1]

Gegner und Anbeter des Tabaks bekämpfen sich nach wie vor in stets wechselndem Widerspiel, aber wie die Ziffern der Statistik in ihrer trockenen Sprache zeigen, sind die Gegner eine verschwindende, machtlose Minderzahl. Ihr Kampf ist schon deshalb ein Streit gegen Titanenmacht, weil alle Staaten und ihre Regierungen, welche Herrschaftsform immer sie aufweisen,

1 Nach einer amtlichen Statistik, die für das Jahr 1927 zusammengestellt wurde und für 1928 nur unvollständig vorliegt, rauchten im Durchschnitt auf den Kopf der Bevölkerung:

	Zigarren Vor d. Kriege	Zigarren 1927	Zigarren 1928	Zigaretten Vor d. Kriege	Zigaretten 1927	Zigaretten 1928
Deutschland	119	103	103	195	502	499
England*	12	4	–	201	811	–
Frankreich	16	10	10	96	248	326
Holland	–	157	–	–	341	–
Italien	34	39	–	104	372	–
Schweden	38	33	33	115	233	–
Vereinigte Staaten**	90	62	–	143	798	840

* Der starke Rückgang der Zigarre gegenüber der Zigarette ist hier besonders bemerkenswert, doch muß berücksichtigt werden, daß in England auch noch sehr viel kurze Pfeife geraucht wird.

** Im ganzen wurden in den Vereinigten Staaten von Nordamerika im Jahre 1927 97 Milliarden und im Jahre 1928 106 Milliarden Zigaretten geraucht. Aus dieser Tabelle ist im allgemeinen der Sieg der Zigarette über die Zigarre ersichtlich, nur in Deutschland ist der Zigarrenverbrauch noch sehr hoch, obwohl er auch da zurückgegangen ist. Der Verbrauch von Pfeifentabak folgt in sehr weitem Abstande, und das Schnupfen scheint im Aussterben zu sein, obgleich, absolut genommen, immer noch in allen Ländern ziemliche Mengen Schnupftabaks erzeugt und verbraucht werden.

Die vorstehenden Daten verdanke ich vornehmlich Herrn Regierungsrat Dr. Flügler, dem Syndikus der Deutschen Zigarettenindustrie.

die Rauchleidenschaft ihrer Bevölkerung schon um des Staatssäckels willen in jeder nur denkbaren Weise ermutigen und fördern. Die Staaten, die Monopole betreiben, überstürzen sich in der Herstellung und Erfindung immer neuer lockender Erzeugnisse, und dort, wo keine solchen Gesetze bestehen und nur Steuern auf dem Tabak liegen, überbieten sich die einzelnen Privatfirmen in dem gleichen Bestreben.

Hier und dort, besonders in Amerika, das das große Experiment des Alkoholverbotes mit schwerer Mühe aufrechterhält, ist auch das Schlagwort »Smoking prohibition« aufgeflattert, und einzelne Staaten haben diese Bewegung, die in Amerika hauptsächlich von der »Womens Christian Temperance Union« ausging, aufnehmen wollen. Eine Zeitlang sah man in den Vereinigten Staaten an allen Straßenecken ein Plakat, das eine Mutter darstellt, die eine Zigarette raucht und dabei ein Baby im Arme hält. Das Plakat war ohne Text und sollte durch sich selbst abschreckend wirken, aber die Antitobacco-Leagues, die in verschiedenen Formen auf der ganzen Welt bestehen und zu einer mehr oder weniger traurigen Rolle verurteilt sind, mußten es erleben, daß die Länder, in denen Einschränkungen für das Rauchen herrschten, vor der Verbreitung der Sitte und dem Widerstand der Bevölkerung kapitulierten. In zwölf Staaten der Union war z. B. der Zigarettenverkauf verboten, doch wurden alle diese Verordnungen aufgehoben. Im Jahre 1927 hob Kansas als letzter Staat seine Antizigarettengesetze auf, und die Schmuggler verloren ihr Betätigungsfeld.[1] Heute sind nur noch in einzelnen Staaten der Union Gesetze in Kraft, welche die Minderjährigen vor Schädigung durch das Rauchen bewahren sollen. Hier und da blieb nur noch die Zeitungspropaganda für das Rauchen verwehrt. In europäischen Staaten hat

1 A. E. Hamilton, This smoking world. New York 1927, S. 216.

in neuerer Zeit aus den erwähnten Gründen niemand ernstlich an ein Verbot des Rauchens gedacht. Wenn das Alkoholverbot in den Vereinigten Staaten auch unter Aufgebot eines ungeheuren Apparates zur Not aufrechterhalten werden kann, so dürfte eine Rauchprohibition eine Bewegung auslösen, die im Nu die Männer auf der Regierungsbank, die solches versuchen wollten, hinwegfegen würde. Das gilt in erweitertem Maße so ziemlich für alle Länder der Welt. Wer das unternehmen wollte, kann an dem Beispiel der Großen, die in dieser Schrift an uns vorübergezogen sind und die absolute Herrschgewalt ganz anders ausübten, als es je wieder einem Regenten in der Welt gegeben sein wird, sehen, daß er mit seinen Bestrebungen, die sich etwa gegen die riesenhaft emporgewachsene Rauchsitte wenden würden, armselig scheitern müßte.

1. *Aus des Jesuitenpaters Jakob Balde »Truckener Trunkenheit«*

Aus dem Lateinischen gedeutschte Satyra oder Straffrede wider den Missbrauch des Tabaks. Samt einem Discurs von dem Nahmen / Ankunfft / Natur / Krafft und Würkung dieses Krauts.

Jakob Balde ergeht sich in scharfen Worten gegen die Raucher: »Fliehet / fliehet diese Feuerwürmer / wie eine Taube den Habicht / wann ihr vieler Gefahr entfliehen wollet. Kehret um / und lasset diese Pest euch nicht anhauchen; es sey dann / dass ihr mit der Hand die Nase darwider vermauert. Ihr möcht drehen die Nase: unterdessen hören sie nicht auf / zu blasen. Diese stinkende Wollustbegierde / ist bey ihnen in Platz der Vernunfft getretten. Sagt ihnen süss oder sauer vor: es wird soviel seyn / als hättet ihr mit stummen Mäusen und tauben Mauern geredet. Ihre Weise gefället ihnen nur allzuwohl: sie lassen sich nicht weissen. Einer stärkt den andern / in dieser Unsinnigkeit. Sagt ihnen darwider was ihr wollet: es muss geblasen / es muss geraset seyn. Ihr werdet leichter / einem bösen Kind seine Puppen / als ihnen die Pipen / aus der Hand reden. Zwar / sie sind / in diesem Wesen / mehr zu bebeyleidigen / als mit Straffworten zubeleidigen. Diese schwartze Niesswurtz hat sie dermassen liebverzaubert / dass sie weder Mittags noch Abends davor essen können. Schickt Holland ihnen nur Tabak / so mag Westfalen immerhin seine Schinken behalten. Decket ihnen eine lange Tafel / und setzet sie voll der köstlichste Speissen / dass sie sich biegen möchte: sie werden lieber beym Tabaktische sitzen bleiben. Lasset Birkhühner / Fasanen / Schnepfen und ander Federwildbret / ihnen gebraten vor das Maul fliegen: sie werden die Pipe so lang nit können absetzen / damit sie ihnen vollends möchten in den Hals fliegen ...

Wer ein Bildniss von dieser Geschicht sehen will / der verfüge sich als ein anderer Eneas / in eine Holländische Tabakkellerklufft: Da werden ihm / in einem schwartzen stinkenden Rauch-Nebel / zu Gesicht kommen / Centaurische Halb-Menschen ... da und dort kriechende Tabakschlangen / und andere Schrecklarven und Gespänster ... Er wird ihm einbilden / als sähe er Plutons / des Höllen-Gottes / Hof-Capelle: Dann / ein jeder hat eine Pfeiffe im Maul / und bläset; und immer einer nach dem andern / gibt den Tact darzu / mit dem Finger / wann er an der Pipe den Tabak nachstopffet. Doch ist dieses eine sonder- und wunderbare Musik: dann / sie kan nicht mit den Ohren gehöret / sondern sie muss mit der Nase gerochen werden ...

Ein schwartzes langes Trumm Tabak / man möchte sagen / eine hässliche Schlange / wird hervorgelanget. Ein Kraut ist es: aber eine Schlange ligt unter diesem Kraut verborgen / welche wohl zehenfach sich empor windet und aufschneckelt. Und wer wolte zweiffeln / dass es eine Schlange sey? sie ist ja aus den Brasilischen heissen Feldern hervor gekrochen ...

Aber was hat Meister Rauchbart ferner zu thun? Er nimme den Tabak / den armen Märtyrer / und zerhauet ihn unbarmherziglich zu kurzen Stücken: oder er zerschneidet ihn in dünne Plätzlein / welche zwischen den Händen aufreibend / er ihm die Gestalt eines Kraut-Salats giebet. Nach diesem füllet er eine Pipe mit diesem Gehäck und Geschleck / zündet an / und überreichts dem Lehrling. Hierbey gibt er ihm eine und andre gute Lehr und Weiss.

»Sihe! (wird man ihn sagen hören) / also must du / die Pipe ansetzen / das Maul auf- und zuthun / mit dem Liecht den Tabak anzünden / den Rauch anziehen / und wieder auslassen. Von nun an solst du unsers Volks seyn / und in unsre Gesellschafft tretten. Hiermit erhebe und setze ich dich in den Orden der Rauchpfeiffer und Feuersäuffer ...

Diese truckene / sind Affen der nassen / Zechbrüder / und wollen es ihnen in allem nachthun. Demnach lassen sie auch ihre Pipen / gleichwie jene / die Gläser / in der Runde herumgehen / und trinken selbige / mit Schmäuchwettstreit / einander dutzetweiss zu / nicht auf Gesundheit ihrer Liebsten / (dann diese Stänker haben keinen Platz beym Frauenzimmer) sondern auf glückliche Ankunfft irgend eines Englischen oder Spanischen Schiffs / das / mit Tabak beladen / unterwegs ist ...

Eine thörichte Eitelkeit / dass man auch im Rauch eine Wollust sucht! / doch ist es eben darum eine eitle und kurze Wollust / weil sie in vergänglichem Rauche bestehet / und dannenhero bald verwehet. Der Schlämmer Filoxenus / dessen einige Freude gewesen / seinen Wanst zu mästen und die Gurgel zu zwagē / soll eben auch über die Verkürzung dieser seiner Wollust sich beklaget / und deswegen ihm einen Kranichshals gewünschet haben / damit er die Süssigkeit des Speissgeschleckes und Weingeleckes desto länger kosten möchte. Unsre Tabakbrüder sind / auch da zurissen. Die gemeynen Pipen / sind viel zu klein und änge ihrem langen Verlangen ein genügen zuthun. Daher möchte mancher ihm eine wünschen / in der grösse und weite / wie ein Elefanten-Risel. Ja / wann er könde / er verwandelte sich selber in einen Elefanten: Dann solchergestalt würde sein Maul wie ein Schornstein seyn / und der Rauch sich fein lange darinn aufhalten / ehedann er zum Schlot wieder hinausführe ...

Sie wären wohl billicher zubetrauren / dass sie von einer so elenden Wollust bezaubert worden / von deren sie nichts / als Rauch / Gestank / Schmutz / Unflat / Schand und Schaden haben. Der Rauch / verfinstert ihr gutes Gerüchte. Der Gestank / macht ihr Lob stinkend / und dass jederman vor ihnen fliehet / und die Nase zuhält. Der Schmutz beflecket zugleich ihre Leiber / und ihren Leymund. Der Unflat / macht sie zu Unflätern / und dass man die Augen von ihnen abwendet. Aber sie führen hierbey so ein Kefernäcksches Wesen / dass man sich nit enthalten kan / ihrer zu lachen. Einen solte dünken / als wann sie / auch schlafend und im Traum / schmäuchten; Dann / wann alles an ihnen entschlaffen ist / so wachet doch das Ding / das ihnen mitten im Gesicht stehet / welches dermassen schnarchet und schnauffet / dass ein leichter Kerl / der bey ihrer einem schlieffe / wohl dadurch möchte aus dem Bette geblasen werden. Der Tabakrauch / so die Feuchtigkeiten des Leibs an sich zu ziehen pfleget / hat die Lufftlöcher ihrer Nasen verschleimet: Daher sie so schwerlich Lufft ziehet / gleich als wann sie selber eine verstopffte Pipe wäre . . .

Eine truckne / wohl eine abenteuerliche / Trinksucht! wer pflegt zu trinken / damit er durstig werde? und wen pflegt zu dürsten / dass er Feuer trinke / da er zuvor Hitze hat / die ihn dürstig machet? Also hätte man vordessen / ehe dieses tolle Getränke Weltbekandt worden / fragen mögen. Itzund aber / sind solcher unartigen Säuffer alle Winkel voll. Sonsten zwar pfleget man / die Hitze der Leber mit einem frischen Trunk Bier oder Wasser abzukühlen / und das dürre Feld der Lippen / mit einem Becher voll kühles Weins zuerfrischen und anzufeuchten. Aber die Tabakschmäucher / wann sie ihren Durst löschen wollen / fordern sie Feuer und Rauch: gleich als wann sie wolten Feuer mit Feuer löschen. Also führen nun diese elende Schwelger ein Höllen-Leben / wie der unselige Tantalus . . .

Die Seuche ist so ungezämt / und so weit eingerissen / dass sie auch das Weibliche Geschlecht vergifftet. Man findet Frauen-Menscher / die / nicht allein / anstat des Nadelohrs oder der Spindel / sich mit einer Tabakbüchse tragen; sondern auch so gar die Pipe ansetzen / und ihren glatten Mäulern / mit dem Tabakrauch / einen Bart anrussen und anschmutzen . . .

Es mag seyn / dass die Aerzte / etlichen Kranken / das Tabaktrinken / als eine Arzney / rahten und zulassen. Aber / was gehet diss die Gesunden an? und worzu sonst nutzt es ihnen / als dass sie sich auch Krank sauffen / und folgbar den Aerzten in die Hände / endlich gar der Hölle in den Rachen / kommen? Wie dass sie / noch vor der Zeit / und ehe sie Einwohner des Orkus werden / den Himmel mit höllischen Rauch anblasen und anstänkern? dergleichen der Verdammten ewige Verrichtung seyn wird . . . Sie werden leider! früh genug an den Ort einkehren / von dannen kein Widerkehren ist; allwo sie der stockfinstren Nächte / des Rauchs und Schmauchs / nur werden allzusatt werden /

Dann es der Orten nit mangeln wird an bösen Kräutern / die da brennen und rauchen / und die Augen übergehen machen. Ja sie selber / werden dergleichen glühende und schmauchende Höllenbrände seyn / und dermassen gebraten und geräuchert werden / dass ein gantzes Meer Trehnen ihnen unaufhörlich / nicht nur aus den Augen / sondern aus allen Gliedern / dringen / und doch kein einziges Fünklein Höllenglut nimmermehr wird auslöschen können . . . Jene / schmäuchen / diese / schnupfen Tabak: urtheilet nun / welche von diesen beyden (bey der Uebermass) die grössten Thoren sind? Doch scheinet es von den letztern / als wann sie etwas höflichere Tabakstänker seyen / und / sich scheuend / fremde Nasen mit dessen Rauch zu beleidigen / lieber ihre eigene mit dessen Staub belästigen und beunflätigen. Was ist aber das vor ein neu seltsamer Gebrauch / mit der Nase schlecken und schlucken / und ihr des Mundes Ampt mit auftragen? . . .

Sie / scheuen sich nicht zu sagen / wie dass in diesem Kraut etwas Göttlichs / und die Quintessentz des Wassers aus dem Musenbrunnen / verborgen sey. Daher dann / welcher den Rauch desselben an sich ziehe / von stundan gantz voller Geist und Feuers werde. Da beginne die Poesy-Ader zu fliessen / und die Verse sich herbeyzudrängen / nie anderst / als wie die Lanzknechte zu ihrem Fähnlein / wann Alarm geschlagen wird . . .

Also auch / ist dieser Tabakmartyrer Gewohnheit / geplagt zu seyn. Sie müssen im Rauch hangen / wie die Schinken: sonst würden sie verwurmen und verderben. Und wo sie schon gerne davon liessen / so können sie doch nicht. Sie müssen schmäuchen / wollen sie anderst leben.«

II

Der Lyriker *Johann Christian Günther*, der vom Jahre 1695 bis nur 1723 lebte, war ein begeisterter Anhänger des Weines sowie des Rauchens. Beides hat er in seinen Gedichten verherrlicht, konnte sich aber auch in beidem nicht mäßigen, so daß seine Gesundheit ernsten Schaden litt und er schon im 28. Lebensjahre starb. Goethe urteilt über ihn in »Dichtung und Wahrheit«: »Er wußte sich nicht zu zähmen, und darum zerrann ihm sein Leben wie sein Dichten.« Er schrieb nachfolgendes Gedicht:

LOB DES KNASTER-TOBACKS

Nahrung edler Geister,
Aller Sorgen Meister,
Du mein Element
Was man jetzo Knaster nennt;
Komm und lass die müden Sinnen
Wieder Ruh gewinnen!

Auf dem Erden-Creise
Kommet deinem Preise
Kein Geträncke gleich;
Auch der Aerzte drittes Reich
Flieht dich deiner Kraft zum Lohne
Um Hygäens Crone.

Nach den Lorbeer-Reisern,
Die vor allen Kaysern
Unsern Carl erhöhn,
Sollst du über alles gehn,
Was aus Erd und Wurtzel steiget,
Und den Gipfel neiget.

Deine Kraft und Stärcke
Macht durch Wunder-Wercke
Allen Kummer zahm;
Missgunst, Furcht, Verdruss und Gram
Fliehn, so bald ich dich empfinde,
Schneller als die Winde.

Deine Tugend heilet,
Deine Macht ertheilet
Und gebiehrt die Ruh;
Will der Schlaf nicht bald herzu,
Kan ich ihn mit deinen Waffen
Bald ins Zimmer schaffen.

Kommt der lichte Morgen,
Bringt der Tag die Sorgen,
Macht der Mittag warm
Stütz ich ruhig Kopf und Arm,
Und gebrauche deiner Kräfte
Edle Nectar-Säfte.

Die dich nicht vertragen,
Und zum Schimpfe sagen:
Du verderbst die Luft;
Mögen in des Schinders Gruft
Ja zum Teufel selber kriechen,
Und was bessers riechen.

Kommt ein junges Hässgen
Mit dem weissen Nässgen,
Dass nach Biesem stinckt,
Soll es, wenn es dich verdringt,
In den aufgerollten Haaren
Glut und Dampf erfahren.

Wer dich gar nicht brauchet,
Und nicht stündlich schmauchet,
Ist des Mauls nicht werth,

Weil er die Natur verkehrt,
Und die Gaben, die dich zieren,
Niemals will probieren.

Lass die Cantzeln schmehlen!
Ihre Diener fehlen,
Und betrügen sich,
Wenn sie, theurer Knaster, dich,
Da sie dich nicht brauchen können,
Teufels Abbiss nennen.

Andre mögen sitzen,
Und die Lippen spitzen,
Bis ihr Mägdgen will!
Gelt, du hälst mir immer still,
Und vermehrest meine Plagen
Durch kein Hörner tragen.

Lass den eckeln Frauen
Vor dem Dampffe grauen!
Die, so klüger sind,
Sprechen: Allerliebstes Kind!
Mich ergetzet deine Pfeife,
Die ich selbst ergreife.

Rom verbrannte Leichen
Auf den Zimmet-Sträuchen;
Muss ich von der Welt,
Hab ich schon voraus bestellt,
Dass die Lauge deiner Asche
Meinen Cörper wasche.

Held! vor dessen Schwerdte
Stambol rückwärts kehrte,
Ewiger Eugen!
Will dein Blitz durch Ungarn gehn,
Ey, so lass doch nur der Bohnen
Und des Knasters schonen!

Pursche fangen Grillen;
Aber wenn sie füllen,
Und die Pfeifen glühn,
Muss der Schmertz so weit entfliehn,
Als die Span'sche Degen-Klinge
Vor dem tapfern Binge.

Rossmarin und Nelcken
Schwinden, wenn sie welcken,
An Gefälligkeit:
Du gefällst zu jederzeit,
Denn dein Ruhm gedörrter Blätter
Grünt durch alle Wetter.

Sind uns unsre Waaren
An den Felss gefahren,
Und ins Meer versenckt;
Brüder! lasst euch ungekränckt!
Blätter, die die Mohren rösten,
Können wieder trösten.

Epheu crönt Poeten;
Doch um meine Flöthen
Soll Tobacks-Kraut blühn:

Brüder macht euch zum Camin,
Und verjagt mit diesem Pfeile
Eure lange Weile.

Hört den Winter rasen,
Hört den Nord-Wind blasen!
Hört, er pfeift und fährt,
Kommt wir wollen um den Herd
Seinem kalt- und stoltzen Wüten
Ruhig Trotz gebiethen.

Wolt ihr Ländern rathen,
So verpflügt die Saaten,
Haut die Wälder aus,
Macht uns ein Tobacks-Feld draus!
Und verzäunt es mit den Reben,
Die uns Freude geben.

Top! es leben alle,
Die bey diesem Falle
Der Toback ergetzt!
Drum ihr Brüder! raucht und netzt,
Bis der Blick vom andern Tage
Uns zu Bette jage.

Junge! schneide Knaster!
Dieses Lebens Pflaster
Ist ein Polychrest.
Dem, der uns nicht rauchen lässt,
Soll anstatt der Nerv und Flachsen
Ein Tobacks-Strunck wachsen.

III

Aus dem Notenbuche der *Anna Magdalena Bach*. Text zu dem auf der beifolgenden Tafel wiedergegebenen Faksimile der Noten *Johann Sebastian Bachs*.

DIE TABAKSPFEIFE

Sooft ich meine Tabakspfeife,
mit gutem Knaster angefüllt,
zu Lust und Zeitvertreib ergreife,
so gibt sie mir ein Trauerbild
|: und füget diese Lehre bei,
daß ich derselben ähnlich sei. :|

Die Pfeife stammt von Ton und Erde;
auch ich bin gleichfalls draus gemacht,
auch ich muß einst zur Erde werden,
sie fällt und bricht, eh ichs gedacht,
|: mir oftmals in der Hand entzwei;
mein Schicksal ist auch einerlei. :|

Wenn nun die Pfeife angezündet,
so sieht man, wie im Augenblick
der Rauch in freier Luft verschwindet,
nichts als die Asche bleibt zurück;
|: so wird des Menschen Ruhm verzehrt
und dessen Leib in Staub verkehrt. :|

Ich kann bei so gestalten Sachen
mir bei dem Tabak jederzeit

erbauliche Gedanken machen.
Drum schmauch ich voll Zufriedenheit
|: zu Land, zu Wasser und zu Haus
mein Pfeifchen stets in Andacht aus. :|

IV

Einer der eifrigsten Raucher in der Dichterwelt war *Nikolaus von Lenau*. Er hat dieser Leidenschaft in einem Gedicht Ausdruck gegeben, das er im Jahre 1835 in Hütteldorf bei Wien für den Deutschen Musenalmanach verfaßt hat und das den Titel »Mein Türkenkopf« führt. Seine Vorliebe für das Rauchen hatte ihn schon als Student mit seinem Lehrer A. Stein in Konflikt gebracht, der 1829 ein sehr übertriebenes Haß- und Streitgedicht gegen die Raucher unter dem Titel »Amor capnophilus« veröffentlichte.

Lenaus Gedicht lautet wie folgt:

Mein Pfeifchen traut, mir ist dein Rauch,
Voll duftender Narkose,
Noch lieber als der süße Hauch
der aufgeblühten Rose.

Und hält die Rose Streit mit dir,
Von beiden schöner welche?
Bist du die schönre Rose mir
Mit deinem Glutenkelche.

Denn wie die Rose duftend blüht
Im Grün der Frühlingsbäume,

Also mein Pfeifchen duftend glüht
Zum Frühling meiner Träume.

Weckt mir der Rose Freudenstrahl
Ein schmerzlich Angedenken,
Hilfst du zu kurzer Rast einmal
Was ich verlor – versenken.

Und wenn dein blauer Wolkenzug
Die Stirne mir umsponnen,
Umkreist mich gern der rasche Flug
Von dichterischen Wonnen.

Wenn dann die Qual versank in Ruh,
So dünket mich, mir wehte
Ein heilend Lüftchen Nebel zu
Vom stillen Tal des Lethe.

Drum Pfeifchen traut, ist mir dein Rauch,
Voll duftender Narkose,
Noch lieber als der süße Hauch
Der aufgeblühten Rose!

Grillparzer war der Vorzug, den Lenau dem Tabak vor der Rose, der Verkörperung aller Poesie, gab, denn doch zu weitgehend, und er spottete im Jahre 1839 darüber in den Versen:

Ich begreife,
Daß du vorziehst deine Pfeife
Rosendüften zart und sanft.
Jeder liebt, wie er empfindet;

Deine Glut, sie wärmt und zündet –
Aber auch, mein Freund, sie dampft.

BIBLIOGRAPHIE

Die Literatur über Rauchen und Tabak ist gewaltig. Seit der Entdeckung Amerikas haben sich Gelehrte und Schriftsteller ebenso wie Laien mit dem Thema in mannigfachster Art abgegeben. Die nachfolgende Bibliographie soll jedermann, der sich mit einschlägigen Arbeiten beschäftigt, die Möglichkeit geben, sich rasch und gründlich über die Flut der Erscheinungen zu orientieren. Vor allem sind die Bibliographien zu nennen, von denen jede in ihrer speziellen Art wertvolles Titelmaterial zusammengetragen hat. Von den gedruckten Bibliographien stehen an der Spitze in englischer Sprache: William Bragge, »Bibliotheca Nicotiana«, a first class catalogue of books about tobacco. Privately printed 1874. 46 S. In deutscher Sprache: O. Verlage, im »Neuen Anzeiger für Bibliographie und Bibliothekswissenschaft«, 1875, und zwar im Aprilheft Nr. 4, S. 132 bis 139, und im August-Septemberheft Nr. 8 und 9, S. 262 bis 269. Diese Bibliographie enthält Bücherangaben, die sich jedoch nur bis zum Jahre 1810 erstrecken.

Erstere Bibliographie berücksichtigt natürlich vornehmlich die Erscheinungen in englischer Sprache, während die in fremden Sprachen sehr lückenhaft aufgenommen sind. Beide Bibliographien sind veraltet. In neuester Zeit hat als eine wahre Lebensarbeit der Österreicher Johann Maria Schranka in emsigster Weise eine sehr reichhaltige Bibliographie zusammengestellt, deren Manuskript sich heute im Besitze der Generaldirektion der österreichischen Tabakregie, Wien IX, Porzellangasse, befindet, wo ich es einsehen konnte.

Man begann diese bisher vollständigste Bibliographie zu drucken, und die mit den Buchstaben A–C beginnenden

Werke sind in den fachlichen Mitteilungen der österreichischen Tabakregie, Jahrgang 1919/20, Wien 1920, auf nicht weniger als 54 Seiten abgedruckt.

Da Schranka sehr genau auf Bragges Katalog, der 163 Titel enthält, eingeht und auch über O. Verlages Zusammenstellungen spricht, die Bragge scharf kritisieren, erübrigt sich hier dieser Hinweis auf Schrankas für jeden in diesem Fach Interessierten unentbehrlichen Aufsatz »Bibliographie der tabacologischen Literatur« in dem genannten Heft der österreichischen Tabakregie. Leider ist bisher die Fortsetzung dieser Bibliographie noch nicht im Druck erschienen, doch ist zu hoffen, daß dies künftighin noch geschehen wird. Außerdem ist in Wilfred Partingtons Buch »In Smoke Rings and Roundelays« eine recht gute, moderne, englische Bibliographie enthalten, die viele Titel enthält, die ich sonst nirgends gefunden habe. Endlich ist für jene, welche die medizinische Literatur über den Tabak besonders interessiert, die ausgezeichnete Spezialbibliographie in Pierre Schrumpf-Pierrons »Tobacco and Physical Efficiency. New York 1927«, zu nennen.

In der Folge werden nur die Werke aufgeführt, aus denen sich kulturhistorische Daten über den Tabak schöpfen lassen, und zwar solche allgemeinen Inhalts, welche das gesamte historische Gebiet umfassen, und solche, die Daten und Nachrichten über ein bestimmtes Jahrhundert enthalten. Demgemäß ist auch die nachfolgende Literatur eingeteilt und gruppiert.

ALLGEMEINE LITERATUR

Account: a short ~ of the tobacco monopoly in Japan 1905. Historique de la loi concernant le monopole du tabac en Japon 1902.

Antz, C. C., Tabaci historia. Berolini 1836.

Apperson, The social history of smoking. London 1914.

Barbier, C., Histoire du tabac. Les persécutions. Paris 1861.

Bibra, Die narkotischen Genußmittel. 1855.

Blondel, Le livre des Fumeurs. 1891.

Capilupi, Noticie sul tobacco coltivato anticamente nell'alto Mantovano. In Boll. Com. Agr. Mantova 1891.

Cardon, E., Le musée du fumeur. Paris 1866.

Code des tabacs, Sammlung aller französischen königlichen Verordnungen über den Tabak. 6 Bände.

Columbus, J., Das Buch von Tabak. Wien 1846.

Comes, O., Histoire géographie, statistique du Tabac. Neapel 1900.

Creizenach, Die französische Tabakregie. Mainz 1868.

Cudell, R., Das Buch vom Tabak. Verlag Neuerburg 1927.

Demoor, V. P., Du tabac. Description historique etc. Paris et Bruxelles 1858.

Denis, Ferd., Lettre sur l'introduction du tabac. Paris 1851.

Denis, Jules, Le tabac. Son histoire, sa production. Genève et Paris.

Deyack, D. M., Geschichtliche Darstellung der ungarischen Tabakkultur. Pest 1822.

Dietz, A., Frankfurter Handelsgeschichte. Frankfurt 1910-1925.

Fairholt, Tobacco. London 1859.

Feinhals, Josef, Der Tabak in Kunst und Kultur. Köln.

Fermond, Monographie du Tabac. 1857.

Ferraris, Bibliotheca canonica. Siehe Moroni »Dizionario«, tom. 72, fol. 176/179.

Goffard, Du tabac, son histoire, ses propriétés. Paris et Limoges 1872.

Grafe, Victor, Handbuch der organischen Warenkunde. Narkotische Genußmittel. Band 14. Stuttgart 1930.

Hamilton, A. E., This smoking world. New York, London.

Hammer-Purgstall, Geschichte des Osmanischen Reiches. Pest 1827 bis 1835.

Hartwich, C., Die menschlichen Genußmittel. Leipzig 1911.

Hellwald, Naturgeschichte der Menschen. Stuttgart 1882.

Henrieck, Ga., Du Tabac, son histoire. Paris 1864.

Hoffmann von Fallersleben, Der Tabak in der deutschen Literatur.
Hornstein, Anton, Der Tabak in historischer Beziehung. Brünn 1828.
Hull, Clark, The influence of Tobacco smoking on mental and motor efficiency. Princeton 1924.
Humboldt, A. v., Voyage aux régions équinoctiales. Paris 1814/1825. 3 Tomes.
Hutchinson, G. William, Lyra nicotiana. Poems and Verses concerning Tobacco. London.
Iger, Arthur, Das Tabakskollegium. Deutsche Tabakzeitung vom 17. 11. 1904.
Jaucent, Henri, Le tabac, étude historique. Paris 1900.
Juch, K. Wilh., Dr., Über den Tabak und dessen Geschicht. Augsburg 1821.
Larbalétrier, Albert, Étude historique. Paris 1891.
Lefèbvre, J., Du Tabac. Paris 1866.
Lewinstein, Gustav, Dr., Redakteur der deutschen Tabakzeitung in »Für und Wider den Tabak«. Berlin 1890.
Liebaut, E., Recherches sur le tabac, son histoire. Paris 1851.
Macaulay, Th. B., The History of England from the accession of James II. Vol. I, chapter 3.
Manuscrits de la Bibliothèque nationale. Table et règlements concernants le tabac, plusieurs tomes (1629–1691).
Mauro, Monografia del tabacco. 1866.
Meller, Henry J., Nicotiana or the smokers and snuff takers comparison, containing the history of tobacco with an essay in its defence . . . Poetry and anecdotes. London 1833.
Micheler, Josef, Das Tabakwesen in Bayern. Stuttgart 1887.
Milliet, E. W., in der »Schweizerischen Zeitschrift für Gemeinnützigkeit«, 38. Jahr. Zürich 1899.
Müller, Joh., Dr., Der Tabak in geschichtlicher usw. Hinsicht. Emmerich 1842.
Munnoz, Juan Baptista, Historia del nuovo mundo. Madrid 1793.
Näche, P., Dr. med., Der Tabak in der Ätiologie der Psychosen. Kleine Rundschau. Wien 1909, Nr. 48-50.
Nadaillac, Marquis de, Les pipes et le tabac. Paris 1886.
–, Matériaux pour l'histoire primitive et naturelle de l'homme. 15. année, 3. série, tome II. 1885.
Nitsche, Johann Ambros, Geschichte des Tabaks und seiner Schicksale seit der Entdeckung Amerikas bis auf unsere Zeiten. Prag 1845.

Oppel, Alwin, Dr., Der Tabak im Wirtschaftsleben und der Sittengeschichte der Völker. Bremen 1890.

Parbalétrier, Le Tabac. Paris 1891.

Pezzolato, Monografia delle Nicoziane. 1886.

Pilz, Hermann, Der Tabak und das Rauchen. Ernstes und Heiteres aus der Culturgeschiche. Leipzig, Gustav Weigel 1899.

Pritchett, T. R., Smokiana. London 1890.

Reichenbach, G. B., Dr., Der Tabak und seine Verbreitung. Kulturgeschichtliche und naturhistorische Beschaffenheit. Berlin 1866.

Rogers, J. S., An Essay on tobacco, history of the plant. New York 1836.

Rouillard, A., Effets du tabac sur l'intelligence. Paris 1886.

Salomon, Felix, Englische Geschichte. Leipzig 1923.

Schosserer, Guido v., Das österreichische Tabakmonopol. 1908.

–, Deutsche Tabak-Zeitung vom 6. 10. 1876. Das Tabaktrinken.

Schranka, M. E., Tabakanekdoten. I. Feinhals, Köln 1914.

Schrumpf-Pierron, Pierre, Tobacco and physical efficiency. A Digest of Clinical Data (with annotated Bibliography). New York 1927.

Schultz, Das häusliche Leben der europäischen Kulturvölker vom Mittelalter bis zur zweiten Hälfte des 18. Jahrhunderts. München 1903.

Sebillot, P., Le tabac dans les traditions, les superstitions et les coutumes. Paris 1893.

Stein, Lorenz, Lehrbuch der Finanzwissenschaft. Leipzig 1871.

Steinhausen, G., Geschichte der deutschen Kultur. Leipzig 1904.

Steinmetz, Andrew, Tobacco. Its history etc. London 1857.

Steinmetz, A., The smokers' Guide. London 1878.

Stern, Alfred, Geschichte Europas von 1830 bis 1848. Stuttgart und Berlin 1919-24.

Tabaks Collegium: Das ~ des alten Schmauchers Muff. Weimar und Berlin 1842.

Tabakzeichen, Alte. Berlin 1924.

Tidswell, H. H., The tobacco habit – its history and pathology. London 1912.

Tiedemann, Geschichte des Tabaks. Frankfurt 1854.

Tobacco acts of Parlament 1670 to 1869. Act to prevent the planting of tobacco in England and for regulation of the plantation trade. 1570.

Tobacco duty, Official history of the. Library of the corporation of London at the Guild Hall. Proceedings in the House of Commons. 18. April 1821.

Tobacco, talk and smokers gossip. – An amusing miscellany of fact and

anecdote relating to the great plant in all its forms and uses including a selection from nicotian literature. London 1884.
Tolstoi, Graf Leo, Lasterhafte Genüsse (L'alcool et le tabac). Aus dem Russischen.
Vehse, Geschichte der deutschen Höfe. 23. Bd., 4. Abt., I. Teil. 1853.
Wagner, Tabakkultur, Tabak und Zigarrenfabriken. Weimar 1888.
Weber, Carl Julius, Demokritos. VI. Cap. Die Tabakslust. Stuttgart.
Wolf, J., Der Tabak und die Tabakfabrikate. Leipzig 1912.

Literatur bis zum 16. Jahrhundert

Assal, Nachrichten über die frühesten Einwohner in Nord-Amerika und ihre Denkmäler. Von Prof. Mone. Heidelberg 1827.
Becker, Lothar, Der Bauerntabak, eine Pflanze der alten Welt. Breslau 1875.
–, Ein Rechenexempel für diejenigen, welche der alten Welt den Tabak vor 1492 nach Christi abstreiten. Deutsche Tabaks-Zeitung 1891. Nr. 3.
Benzoni, Girolamo, Storia del nuovo mundo. Venedig 1565.
Bonstetten, G., Recueil d'antiquités. Lausanne 1864.
Brasseur de Bourbourg, Monuments anciens du Mexique. Paris 1866.
Brasseur, Manuscrit Troano, Étude sur le système graphique de la langue des Mayas. Paris 1869/70.
Bry de, Brevis narratio. Frankfurt 1591.
Casas, Bartholomé de las, Histoire des Indes. 1520-1559.
Colombe: Relations des 4 voyages entreprises par ~, traduites de l'Espagnol de Navarrete. Paris 1828.
Cooper, T. P., The story of the tobacco pipe. Scientific American Supplement Nr. 1693 v. 13. 6. 1908.
Fellenberg, Das Gräberfeld bei Elsried. Zürich 1866.
Fritze, Hans v., Das Rauchen bei den Griechen. 1894.
Guire, D. Mc., Pipes and smoking customs of the American aborigines in the report of the U.S.A. National Museum for 1897, S. 351 bis 645. Washington 1899.
Hariot, A brief and true report of the new found land of Virginia 1588.
Herodotos, Historiae. Um 450 vor Christi.
Huber, E., Hat man im Altertum Tabak geraucht? In der »Umschau« 33. Jg., H. 56. 1929.

Löhr, Max, Das Rauchesopfer im Alten Testament.
Mela Pomponius, De situ orbis. Liber II., ca. 40 n. Chr.
Michelin et Ramé, Relation originale du voyage de Jacques Cartier au Canada en 1534 (1867).
Oviedo y Valdes, Historia general y natural de las Indias. Toledo 1526. Italien. Ausgabe Venedig 1556, neue Ausgabe Madrid 1853.
Pane, Romano, De insularium ritibus. 1497.
Plinius, Naturalis Historia, liber XXVI. 79 n. Chr.
Plutarch, Fragmenta et spuria III./3 Ausg. Paris 1855.
Quinquerez, Les forges primitives du Jure. Mitteilungen der antiquarischen Gesellschaft. Zürich 1871.
Radin, Paul, The story of the American Indian. London.
Reber, B., Les pipes antiques de la Suisse. Im »Anzeiger für Schweiz. Altertumskunde« 1914, Heft 4, und 1915, Heft 1.
Report, 12th annual, of the bureau of Ethnology in the United States 1889-1890.
Report of the U.S.A. National Museum for 1897. Washington 1899.
Thevet, André, Cosmographie universelle 1571
–, France antarctique. Anvers 1558.

Literatur für das 16. Jahrhundert

Acosta, Historia natural y moral de las Indias. Paris 1616.
–, Trattato della historia e virtù delle droghe medicinali. Venetia 1585.
Blanchard, Histoire des maîtres de requêtes. Article Nicot.
Bry, de, Historia Brasiliana 1590.
Canotius, Thimoteus, Tractatus de tabacco indico.
Dodonäus, Lambert, Cruydebock. Antwerpen 1563. Mit Abbildung der Tabakpflanze.
Drake, The world encompassed. London 1628.
Études économiques sur l'Amérique méridionale, tome II: Lettres sur l'introduction du tabac en France par Ferdinand Denis. Paris. Guillaumin 1851.
Everartus, A., De herba panacea seu medicina tabaci universalis. Antwerpen 1581.
–, Ägidius, De panacea herba quam alii tabacum . . . vocant. Antwerpen 1587.

Falgairolle, Edmond, Jean Nicot, ambassadeur de France en Portugal au XVIième siècle. Paris 1897.

Gesneri, Conradi, Epistolarum medicinalium, Philosophi et Medici Tigurini Libri tres. Zürich 1577.

Gesner, Hortus germanicus. 1560.

Gohory, Jacques, Instruction sur l'herbe petum. Paris 1872.

Hall, Josef, Satyres, book IV, Sat. 4, book V, Sat. 2. 1597.

Historia medicinal de las cosas que sirven al uso de Medicina. Sevilla 1565.

Introduction of tobacco into Japan. Yokohama 1878. Mit Bild.

Liebault, Charles Étienne et Jean, L'agriculture et la maison rustique. Paris 1572.

Lobel, Mathia de, und Petro Pena, Nuova stirpium adversaria. Antwerpen 1576.

Michel, E., Jean Nicot et sa famille. Toulouse 1897.

Monardes, Nicolò, Herba Tabacco d'India. Genua 1578.

–, Simplicium medicamentorum ex novo orbe delatorum, quorum in medicina usus est, historia. Antwerpen 1579. Französische Ausgabe Lyon 1602.

Pena, Petro, siehe Mathia de Lobel.

Raleigh, Sir W.: The life of ~. London 1868.

Schmidt und Schönn, Geschichte des Tabakgefälls. Wien 1818.

Tysler, The life of Sir W. Raleigh. London 1833.

Wieser, Franz, Dr., Über die Produktion, den Konsum und die Besteuerung des Tabaks im Kronland Salzburg usw. Fachliche Mitteilungen der österreichischen Tabakregie, 8. Jahrgang, Heft 1. März 1908.

Witchcraft: Discovery of ~. 1584.

Literatur für das 17. Jahrhundert

Albin, Bernhard, Dissertatione de tabaco. 1695.

Andy, Nicolas, De la génération des vers dans le corps de l'homme. Amsterdam 1701. Im Anhange dieses sonst ein anderes Thema behandelnden Buches findet sich die Rede Fagons, des Leibarztes Ludwigs XIV.

Aubrey, John, Letters written by eminent persons. 1669.

Bacon, Francis, Historia vitae et mortis. London 1623.

Baillard, Edmond, Histoire du tabac. Paris 1677.

Balde, Jakob, Die truckene Trunkenheit . . . Satyra oder Straffrede wider den

Mißbrauch des Tabacks. Nürnberg 1658. Satyra contra abusum tabaci. Monacho 1657.

Barclay, William, Nepenthes or the virtues of tobacco. Edinburgh 1614.

Baumann, De tabaci virtute, usu et abusu. Basel 1629.

Beitema v. Peima, Panacea oder das allgemeine Hilfsmittel oder Lob des Tabacks. Leipzig 1691.

–, Vernünftige Untersuchungen über die Frage, ob galanten und anderen Frauenzimmern nicht ebensowohl als denen Mannes Personen Taback zu rauchen erlaubt, und ihrer Gesundheit nützlich sey. Frankfurt und Leipzig 1743.

–, Tabacologia. Haag 1690.

Bontekoe, Cornelius, Kurze Abhandlung über des Menschen Leben, Gesundheit, Krankheit und Tod. Gravenhagen 1685.

Boerner, August, Kölner Tabakhandel und Tabakgewerbe 1628 bis 1910. Essen a. d. Ruhr 1912.

Bushell, A work for chimney-sweepers, or a warning to tobacconists.

Clauderus, Gabriel, De herba Nicotiana curiosa quaedam. 1668. Miscell. naturae curiosor. germ. Dec. II. ann. 3.

Codex austriacus. Band III-VI unter Tabak.

Disraeli, Inquiry into the literary and political character of James I. London 1816.

Fagon, Ergo e tabaci usu vita brevior. Paris 1699.

Franck, M. Johannis, De praeclaris herbae nicotianae sive tabaci virtutibus disputatio. Upsala 1633.

Franken, Johann, Dissertatio de praeclaris herbae nicotianae virtutibus. Upsala 1633.

Gardiner, Edmond, The trial of tobacco. 1610.

Grimmelshausen, Hans Jacob Christian von, Satirischer Pilgram. 1667.

Hahn, Adam, Tabacologia sive de tabaco 1667. In Ausgabe 1690 eigenes Kapitel darüber, ob der Rauch »crustam nigram in cerebro gignat«?

Hohberg, Georgica curiosa. 1682.

Jacob I. von England, Misocapnus sive de abusu Tobacci lusus regius. Londini 1603.

Karl I., König v. England, Proklamation, De herba nicotiana, 1625.

Lauremberg, Flugschrift, Bericht vom Tabak, woher er komme. 1678.

Leyra, Francesco de y Aguilar, Desengaño contra el maluso del tabacco. Cordova 1633.

Magnenus, Joh. Chrysost., Exercitationes de Tabaco. Ticini Regii 1648.
Magnenus, De tobacco. Paviae 1669.
Mander, Carlol, Poema de pulvere tabaci. Hahn 1661.
Micheler, Josef, Das Tabakwesen in Bayern vor dem Bekanntwerden des Tabaks bis zur Einführung eines Herdstättengeldes. 1717. Doktordissertation. Stuttgart 1887.
Moscherosch, J. M., Wunderliche Gesichte Philanders von Sittewald. 1650.
Müller, Erich, Peter der Große und sein Hof. München 1926.
Neander, Joh. Br., Tabacologia ... Lugd. Bat. 1622.
Olearius, Adam, Reisebeschreibungen bestehend in den nach Musskau und Persien. Hamburg 1696.
Oudard, Georges, La vie de Pierre le Grand. Paris 1929.
Ordinance: An ~ of the Lords and Commons assembled in parlament for the regulating of the rates on the customes and exercise of Tabacco. London 1643, 4. März.
–, London 1644.
Orleans, Herzogin Elisabeth Charlotte von, geb. Pfalzgräfin, Hof und Gesellschaft in Frankreich am Anfang des 18. Jahrhunderts. Ausgewählte Briefe von Paul Volkmar.
–, Briefe der ~. Herausgegeben von Hans Helmolt. Leipzig, Insel-Verlag 1924.
Pepys, Samuel: Diary of ~.
Prade, de, Histoire du tabac. Paris 1677.
Redi, Francesco, Esperienze intorno a diverse cose naturali e particolarmente a quelle, che ci son portate dalle Indie. Firenze 1686.
Retzer, Josef von, Die Tabakpachtungen in den österreichischen Ländern von 1670 bis 1783. Wien 1784.
Rusdorff, Johann Joachim v., Metamorphosis Europae. 1627.
Saint-Simon, Duc de: Mémoires complètes et authentiques du ~ sur le siècle de Louis XIV et la régence. Paris 1829.
Santorini, Alessandro, Polvere schernito ovvero invettiva contro il tabacco. Firenze 1654.
Satow, E., The introduction of tobacco into Japan. (Vgl. tansact. Asiat. Soc. of Japan VI. I.)
Saturnalia, seu de usu et abusu tabaci. Harlem 1628.
Scriverio, Pietro, Saturnalia seu de usu et abusu tabaci. Harlem 1628.
Simon, Paullus, Commentarius de abusu Tabaci ... Argentor. 1665.

Smith, Samuel, History of the Colony of Nova Caesaria, or New Jersey. Burlington 1765.

Smoking age: The ~ or the man in the mist with the life and death of tobacco. London 1617.

Stella, B., Il tabacco, nella quale si tratta dell' origine, historia etc. Roma 1617.

Sylvester, Joshua, Tobacco battered and the pipes shattered by a volley of holy shot, thundered from mount Helicon. London 1615.

Tabaco: De ~ Epistolae et judicia clarissimorum aliquot medicorum. Utrecht 1644.

Tappius, Oratio de tabaco ejusque hodierno abusu. Helmstedt 1653.

Taschenbuch für Tabakraucher. Regensburg 1800.

Thorius, Hymnus tabaci. Leyden 1622.

Tieck, Johann Ludwig, Phantasus. 1816.

Tobacco: Triumph of ~ over sack and ale. Wit's Recreations 1640.

Vaughan, Sir William, Natural and artificial directions for health. Section 11, Chap. 8. 1602.

Venner, A brief and accurate treatise concerning the taking of the fume of Tobacco, which very many in these days do too licenciously use. London 1637.

–, Via recta ad vitam longam. 1650.

Vitagliani, Antonio, De abusu tabaci. Roma 1650.

Wieser, Dr. Franz, Über die Produktion, den Konsum und die Besteuerung des Tabaks im Kronlande Salzburg von 1657 bis zur Einführung des Tabakgefälles im Jahre 1817. Fachliche Mitteilungen der österreichischen Tabakregie, 8. Jahrg., Heft 1, März 1908.

–, Zur Geschichte der Tabakproduktion in Tirol. Fachliche Mitteilungen der österreichischen Tabakregie, 5. Jahr, 3. Heft, Oktober 1905.

Zavora, M., Abuso del Tabacco dei nostri tempi. Bologna 1650.

Ziegler, Johann Jacob, Arzt, Tabak oder von dem gar heilsamen Wunderkraute Nicotiana. Zürich 1616.

Amaranthes, Frauenzimmerlexikon 1715. Schlagwort »Tabak« und »Schnupftabakdose«.

Anonymus, Auserlesene Ergötzlichkeiten vom Tabak nebst Kestners »Recht des Tabaks«. Leipzig 1715.

Arenth, Geschichte Maria Theresias. 1863-79.

Barthélemy, L'art de fumer ou la pipe et le cigare. Paris 1844.

Baruffaldi, Girolamo, La tabaccheide. Ferrara 1714.

Benedikt, H., Dr., Das Königreich Neapel unter Kaiser Karl VI. Wien 1927.

Beweis: Gründlicher und anmutiger ~, dass ein honetes Frauenzimmer ohne einige Verletzung ihres Renomee bissweilen by den Caffée-Schmäussgen erscheinen könne. Lindenstadt 1715.

Blei, Franz, Die Sitten des Rokoko.

Buchoz, Dissertation sur le tabac. Paris 1787.

Bullario: Ex ~ Basilicae vaticanae, tom. 3, pag. 265. Collectionis bullarum ... basilicae Vaticanae tomus tertius. Romae 1752.

Carl VI., deutscher Kaiser, Erlaß betreffs Besteuerung des Tabaks. Wien 1714.

Carlyle, Friedrich der Große.

Casanova, Memoiren.

Cohausen, Heinrich Johann, Satyrische Gedancken von der Pica nasi oder Der Sehnsucht der lüsternen Nase, d. i. von dem heutigen Missbrauch und schädlichen Effekt des Schnupftabacks. Leipzig 1720.

Déclaration du roy contre les fraudes des droits de la ferme du tabac, donné le 18. sept. 1703. Paris 1703.

Déclaration du roy concernant la ferme du tabac, donnée à Paris le 17. octobre 1720. Lille 1720.

– du roy portant règlement général pour le tabac, donnée à Paris le 1. août. Paris 1721.

Declaration des Edikts vom 28. April 1723 wider das unvorsichtige und gefährliche Tabakrauchen. Königsberg 1742.

Dreger, Moritz, Baugeschichte der k.k. Hofburg in Wien. Wien 1914.

Erneuerung und Verschärfung der Edicte wider das verbotene Feueranmachen und Tobakrauchen. Stettin 1744.

Fachliche Mitteilungen der österreichischen Tabakregie. Jahrgang 1912, S. 86. Die Monopolgesetze und die Besteuerung des Tabakkonsums von 1683 bis 1783.

Feissler, G., Deliciae historicae etc. Jena 1707.
Florinus, Franciscus Philippus, Hausvatter. Nürnberg, Frankfurt und Leipzig 1750.
Förster, Dr. Friedrich, Friedrich Wilhelm I., König von Preußen. Potsdam 1834.
Franz, Otto, Aus dem Tabakskollegium und der Zopfzeit. Leipzig 1872.
Gavelli, Nicolò, Storia distinta del tabaco. Pesaro 1758.
Gundling, Leben und Taten des Freiherrn Jacob Paul von G., Hofnarr im Tabakkollegium. Berlin 1795.
Hainisch, Dr. Michael, Das österreichische Tabakmonopol im 18. Jahrhundert. Wien.
Hoffinger, Joh. Georg, Dr. med., Sendschreiben über den Gebrauch des Tobaks. Schemnitz 1790.
Isambert, Recueil général des anciennes lois françaises. Paris 1829. Bd. 16, Nr. 169.
Klar, Martin, Die Tabatièren Friedrichs des Großen. Berlin.
Krüger, Gedanken vom Café, Thee, Tabak. 1743.
Leucorande, Beweiss, dass ein honettes Frauenzimmer bei den Caffé Schmausgen erscheinen und eine Pfeife Toback dazu schmauchen könne. Meissen 1715.
Manara, Camill, De tabaci usu in Europeis. Madrid 1702.
Maury, Abbé, Opinion sur l'impôt du tabac, prononcée dans l'assemblée nationale. Paris 1790.
Mirabeau aîné, Développement de l'opinion concernant le revenu public à établir sur la consommation du tabac. Paris 1790.
Mylius, Corpus constitutionum marchicarum, Bd. 5, 2. Abt.
Nathansen, W., Aus Hamburgs alten Tagen. Hamburg 1893.
Niccolicchia, Del uso ed abuso de tabacco. Palermo 1712.
Nicotianische errauchte Polizei- oder Tabaksordnung etc. Fumarius, Schmauchbuch. Köln 1719.
Ordonnance du roy concernant la distribution du tabac de cantine aux troupes. Lille 1748, 12. juin.
Pasetti, Tommaso, Il monopolio del tabacco in Italia. Portici 1906.
Preuß, Lebensgeschichte Friedrich Wilhelms I. Berlin 1832.
Puisieux, L'impôt du tabac sous l'ancien régime. Paris 1906.
Rapport fait au nom du comité de l'imposition concernant le revenu public provenant de la vente exclusive du tabac, Paris 1790.

Rapport et discours à l'Assemblée constituante, sur la prohibition de la culture du tabac et le privilège exclusif de la fabrication et du débit par P. L. Röderer 1791.

Reflexiones: Historische, Politische, Juridische und Cameralische ~ über die dermahlige Landes Verfassung des Königreiches Böheimb. 1718.

Reimann, E. P., Das Tabaksmonopol Friedrichs des Großen. München und Leipzig 1913.

Sanderson, Robert, Rymerifoedera. London 1726.

Tabacco: Storia distinta e curiosa del ~. Ferrara 1758.

Toback: Das geliebte und gelobte Kräutlein oder historische Merkwürdigkeiten vom Ursprung. Chemnitz 1719.

Verbotsedikt, wodurch das unachtsame Rauchen in denen Scheunen, Ställen, Wäldern und auf denen Strassen verboten wird. Potsdam 14. 10. 1753. Breslau 1753.

Wieser, Dr. Franz, Zur Geschichte des Tabakgefälles und der Tabakkultur in Dalmatien 1700-1884.

Literatur für das 19. Jahrhundert

Almanach des fumeurs pour 1849. Paris 1849.

– des fumeurs et priseurs. Paris 1858.

Blismon, A., Manuel historique et anecdotique du fumeur et priseur. Paris. Dasselbe Buch auch unter dem Titel »Tabacographia«. Paris 1856.

Bode, Dr. Wilhelm, Stunden mit Goethe. Leipzig 1909.

Boehn, Max von, Biedermeier-Deutschland von 1815 bis 1847.

Bourienne, Mr. de: Mémoires de ~ sur Napoléon. Tome III.

Caillot, Mémoires sur les mœurs et les usages des Français.

Casati, Carlo, Nuove rivelazioni sui fatti di Milano 1848. Milano 1885, 2 vol.

Casati, Carlo, Storia dell risorgimento italiano, Milano.

Casas, las, Mémorial de Ste Hélène, Bd. 2.

Cattaneo, L'insurrection de Milan.

Ferrari, Vittorio, Cartegio Casati-Castagnetto. Milano 1909.

Fleury, Maurice, Des effets du tabac sur la santé des gens de lettres, de son influence sur l'avenir de la littérature française. 1889. Preisgekrönt von der Société contre l'abus du tabac.

Goethe, Aus meinem Leben, Dichtung und Wahrheit. 3. Teil, 14. Buch.

Goethe, Frau Rath: Die Briefe der ~. 6. Auflage. Leipzig, Insel-Verlag 1923.
Helfert, Joseph Freiherr von, Geschichte der österreichischen Revolution. Freiburg 1907.
d'Hérisson, etc., Journal d'un officier d'ordonnance, du juillet 1870 au février 1871. Paris.
Jahresbericht der Österreichischen Tabakregie für das Jahr 1928.
Masson, Frédérique, Napoléon chez soi. Paris.
Meister, Oskar, Auch eine Goethehandschrift. Aus »Der getreue Eckart«, Wien, 2. Jahrg. 1925, II, 11. u. 12. Heft.
Monopolio del tabacco in Italia: Cenni storico statistici sul ~. Rom 1900.
Ottolini, La rivoluzione lombarda del 1848 e 1849. Milano 1887.
Pasetti, Tommaso, Monopolio del tabacco in Italia. Portici 1906.
Rapport concernant la fabrication et la vente exclusives du tabac, suivi des comptes relatifs à cette branche de revenue pour l'année 1835. Paris 1835.
Rechert, Dr. Emil, Rauchringe.
Stein, A., Amor capnophilus. Wien 1829.
Wieser, Dr. Franz, Die Einrichtungen des französischen Tabakmonopols in den illyrischen Provinzen 1809 bis 1830. Mitteilungen der österreichischen Tabakregie vom Oktober 1910, Heft 3.

Zeitungen, Zeitschriften und Lexika

Copés, Tobacco plant, London 1877-1884.
Deutsche Tabakzeitung: Artikel daraus, Berlin seit 1868: Ausbreitung der Zigarre in Europa 22. 11., 6. 12. 1872, 18. 4., 25. 4. 1873; Über den Ursprung des Wortes Tabak, 7. Jahrg. 1874, Nr. 8 a ff.; Über den Namen Tabak 1876, Nr. 23 f.; Geschichtsschreibung und der Tabak vor 1492,
10. Jahrg. 1877 Nr. 15 ff.,
12. Jahrg. 1879 Nr. 48 ff.,
14. Jahrg. 1881 Nr. 47 ff.,
15. Jahrg. 1882 Nr. 30 ff.,
16. Jahrg. 1883 Nr. 16, 17, 18,
17. Jahrg. 1884 Nr. 19,
24. Jahrg. 1891 Nr. 3 und ff.
Dictionnaire des sciences médicales 1819. Tome 54.
Dr. Eberty, Zur Geschichte des Tabaks und seine Besteuerung. Berlin 24. 3.,

Nr. 4, 22. Jänner 1891; Romagen in der D.T.Z., 1904, Nr. 14 und 15 vom 7. und 14. 4.; Nap. Tabakmonopol, 4. 10. 1894.

Fachliche Mitteilungen der österreichischen Tabakregie:

1902 Heft 1, S. 20-24,

1908 Heft 1, 2, 3,

1911 Heft 1,

1912 Heft 1, 2.

Figaro, Wien 1907, Nr. 52.

Frankfurter Zeitung, 18. 3. 1888.

Fremdenblatt, 25. 12. 1909, 13. 3. 1910, 15. 5. 1910.

Gartenlaube, Zur Geschichte der Tabakspfeife, 1894, Heft 7, S. 208.

Globus, 29. Bd., pag. 251 ff., 266 ff., 284 ff., 644 ff.

Guckkasten, Der, 7, 1912, Nr. 12.

Illustration française, 23. Juli 1892, le IV. centenaire de la découverte du tabac.

Internationale Sammlerzeitung Wien, 4. Jahrg. 1912, Nr. 10, 15, 16, 21 u. 22; 5. Jahrg. 1913, Nr. 2.

Kölnische Zeitung, Juli 1911.

Landgraf, J., Zur Geschichte und Bedeutung der deutschen Cigarrenindustrie, »Bürgerliches Industrie- und Handelsblatt«, 3. Jahrg. 1897, Nr. 24.

Leipziger Tageblatt, 21. 2. 1888.

Lewinstein, Gustav, Die deutsche Tabakindustrie, Nr. 142 und 143 des Heftes der volkswirtschaftlichen Gesellschaft in Berlin 1897.

Ménage, Dictionnaire étymologique de la langue française, tome II, page 247.

Moniteur, 16. 6. 1867. Le tabac en France par Marfoy.

Monopol, Unser Kaiser als Raucher, 27. 1. 1914; Der Tabak im Dialekt, 21. 2. 1914; Der Tabak und Napoleon, 15. 3. und 1. 5. 1914.

Natur, 1880, Halle, G. Schwetschke, Bd. 30, 1881, Nr. 38 (17. 9.), S. 459; Nr. 39 (24. 9.), S. 469.

Neue Freie Presse, Nr. 16 754, 13. 4. 1911; Nr. 10 129, 4. 11. 1892.

Nord und Süd, Jahrg. 1909/10, Dr. Vlenten, Äußerungen bedeutender Männer über den Zusammenhang von Tabakgenuß und geistiger Arbeit.

Östereichische Enzyclopädie, 5. Bd. (1836), S. 267-280.

Österreichisches landwirtschaftliches Wochenblatt, 1879: 13. 9. S. 391, 11. 10. S. 431, 15. 11. S. 475, 13. 12. S. 507; 1880: 20. 3. S. 93, 31. 1. S. 35-36, 10. 4. S. 117, 8. 5. S. 149, 29. 5. S. 173, 25. 9. S. 319. (Ist unter dem Pseudonym »Csermelymenti, Gesammelte Aufsätze« in Buchform vereint.)

Revue: La ~ internationale des tabacs. Paris seit 1924.

Revue: La ~ des tabacs. Paris seit 1925.

Schranka, Dr. Eduard Maria: Artikel des ~ in Zeitschriften: Der Tabak und die Liebe, Deutsche Tabakzeitung, 21. 7. 1881; Der Tabak in der osmanischen Poesie, Deutsche Tabakzeitung, 17. 2., 3. 3. 1882; Der Tabak im Sprichwort, Stein der Weisen, 23. Jahrg. 1910, Heft 13; Der Tabak als heraldische Pflanze, Deutsche Tabakzeitung, 22. 6. 1882; Der Tabak im Bilde, Deutsche Tabakzeitung, 25. 6. 1903; Einführung des Tabaks in verschiedenen Ländern der Erde, Tabelle, Tabakzeitung, Prag, 15. 7. 1903; Zündhölzchen, Deutsche Tabakzeitung, 25. 2. 1904; Schiller und der Tabak, Deutsche Tabakzeitung, 9. 11. 1905; Bismarck und der Tabak, Ostdeutsche Rundschau, 23. 4. 1910; Der Tabak und die Religion, Fachliche Mitteilungen der österreichischen Tabakregie, 11. Jahrg. (1911), Heft 11.

Socrates, Jahrg. 1918, Anhang XLIV. S. 47 f.

Tabacco: Il ~, Roma seit 1897.

Tabakpatenteverzeichnis, 23. Bd. der Sections-Schriften, 420-428.

Temesvárer Zeitung: Meerschau, Feuilleton der ~, 25. 6. 1908.

Tobacco, A weekly trade review. New York seit 1886.

Tobacco, London.

Veröffentlichungen der historisch-statistischen Section Mährens: 15. Bd., Zur Kulturgeschichte Mährens und Schlesiens, 1. T.; Notizenblatt der historischen Section 1857, S. 91, Nr. 4, 5; Geschichte des Monopols in Mähren und Schlesien, Brünner Zeitung 1851, Nr. 106, 110, 15. Bd. Sections-Schrift S. 593.

Westermanns Monatshefte, Juni 1913.

Woche: Die ~ 1913, Nr. 26.

Zedlers Universal-Lexikon, 1740, Schlagwort »Nicotiana«.

*

Der Text der vorliegenden Taschenbuch-Ausgabe von Egon Caesar Conte Cortis Geschichte des Rauchens »Die trockene Trunkenheit« (einschließlich Bibliographie, Zeittafel, Erklärung der Abbildungen, Namensregister) folgt der unter diesem Titel 1930 im Insel Verlag, Leipzig, erschienenen Originalausgabe dieses Buches.

ZEITTAFEL

Schon um 3000 v. Chr.: Opferung von Wohlgerüchen und Räucherwerk bei den Ägyptern.

Im 7. oder 6. Jahrhundert v. Chr.: Beginn der Weihrauchopfer bei den Griechen.

Um 450 v. Chr.: Nachrichten über Hanfrauch bei den Skythen.

Die letzten Jahrhunderte vor und die ersten n. Chr.: Weihrauchopfer bei den Römern und Benutzung von Rauch zu medizinischen Zwecken.

Erste Jahrhunderte n. Chr.: Das Rauchen kommt in Amerika bei den Mayas wahrscheinlich im Gebiete von Tabasco in Mexiko infolge von Kulthandlungen auf.

470-620 n. Chr.: Höhepunkt der Mayakultur.

Folgende Jahrhunderte: Verbreitung der Rauchsitte unter den Völkerschaften im Gebiete des heutigen Mexiko und den Antillen und Wanderung durch das Mississippital nach Norden und zur See nach Brasilien.

1492: Kolumbus entdeckt die Antillen und das Rauchen der Tabakpflanze.

1497: Die erste Nachricht über das Rauchen dringt durch Ramon Pane nach Europa.

1519: Cortez entdeckt das Rauchen auch bei den Azteken.

1519: Oviedo bringt die ersten Tabakblätter nach Europa.

1526: Oviedo gibt Europa nähere Nachrichten über das Rauchen.

1556: Der erste Tabaksamen aus Brasilien gelangt nach Frankreich.

1559: Jean Nicot, Gesandter Frankreichs in Portugal, erhält und pflanzt Tabaksamen aus der Neuen Welt. Er sendet ihn an den Pariser Hof.

Um 1560: Die Pflanze wandert von Frankreich nach Holland.

Um 1560: Die Rauchsitte gelangt nach England.

Um 1561 gelangt die Tabakpflanze nach Rom.

1565: Monardes preist die Heilkräfte des Tabaks.

Um 1570: Die Tabakpflanze wandert vereinzelt nach Deutschland und in die Schweiz, als Heilpflanze nach Österreich und Ungarn.

1575: Verbot des Tabakgebrauchs in den Kirchen Spanisch-Amerikas.

Um 1580: Die ersten Tabakblätter gelangen nach der Türkei und nach Polen.

Um 1585: Die Rolle Sir Walter Raleighs und die Kolonie Virginia.

Ende des 16. Jahrhunderts: Portugiesen bringen das Rauchen nach Indien, Ostasien und Japan.

1603: Streitschrift König Jakobs I. von England gegen das Rauchen.
1605: Die königliche Disputation zu Oxford.
1636: Pest in Holland.
1618-1648: Ausbreitung der Rauchsitte durch den Dreißigjährigen Krieg.
1630: Die Schweden lernen den Tabak kennen.
Ab 1622: Die Tabakpflanze wird in der Literatur als Panazee gepriesen.
Nach 1648: Zahllose Rauchverbote. Die Literatur wird feindlich.
Seit 1616: Das Rauchen in der Schweiz.
Seit 1657: Rauchverbote in der Schweiz.
Seit 1650: Verbreitung des Rauchens in Österreich.
30. I. 1642: Bulle Papst Urbans VIII. gegen das Rauchen in den Kirchen Sevillas.
8. I. 1650: Bulle Innozenz' X. gegen das Rauchen in der Peterskirche.
1633: Grausame Rauchverbote Sultan Murads IV.
1613-1689: Rauchverbote in Rußland unter den ersten Romanows.
Um 1620: Rauchverbote in Japan.
1627: Verleihung des ersten Verkaufsmonopols an einen Pächter in Mantua.
17. XI. 1929: Richelieu legt eine Steuer auf das Rauchen.
1659: Erstes Tabakappalto in Venedig.
1670: Das Graf Khevenhillersche Tabakappalto in Österreich.
1665: Pest in London.
1679: Abraham a Santa Clara und die Pest in Wien
1706: Die Rauchverbote in der Schweiz ebben ab.
1689-1725: Eintreten Peters des Großen für das Rauchen.
1699: Ludwigs XIV. Leibarzt Fagon wie sein König gegen das Rauchen.
Ende des 17. Jahrhunderts: Das Schnupfen breitet sich aus.
1701-1740: Die Tabakskollegien Friedrichs I. und Friedrich Wilhelms I.
10. I. 1725: Verordnung Papst Benedikts XIII., die das Rauchen auch in der Peterskirche freigibt.
20. X. 1742: Edikt Friedrichs II., des Großen, wider das feuergefährliche Tabakrauchen.
Ende des 18. Jahrhunderts: Die Zigarre kommt auf und verdrängt das Schnupfen. Die Napoleonischen Kriege verbreiten sie über Europa.
1848: Die letzten Rauchverbote in Berlin fallen.
1856: Beginn der größeren Verbreitung der Zigarette im Verfolg des Krimkrieges.

ERKLÄRUNG DER ABBILDUNGEN

1. *König Sethos I. vor Osiris und Horus räuchernd.*
Aus einem Tempel in Abydos. Um 1300 v. Chr.
2. *Mayatempel in der Ruinenstadt von Palenque.*
Aus Abbé Brasseur de Bourbourg, Recherches sur les ruines de Palenque et sur les origines de la civilisation du Mexique, Paris 1866. Planche 18. Gelegentlich der mexikanischen Expedition Napoleons III. wurden Gelehrte, darunter besagter Brasseur, beauftragt, die Ruinenstädte der Mayas, vor denen die Eingeborenen eine heilige Scheu besaßen und die vom Urwald überwuchert waren, zu untersuchen. Die Aufnahme zeigt die Ansicht eines Tempels aus der Ruinenstadt Palenque. Die zwei darauf sichtbaren Steinreliefs bezeichnen die Art und Weise des Rauchens, wie auch die Reliefplatte (Abbildung 3) mit der Darstellung eines rauchenden Mayapriesters, die an den Bauten angebracht waren.
3. *Rauchender Mayapriester.*
Das Relief aus Stein an dem linken Pfeiler des Tempels von Palenque in Mexiko. Aus Abbé Brasseur de Bourbourg, Recherches sur les ruines de Palenque et sur les origines de la civilisation du Mexique. Paris 1866. Planche 24.
4. *Rauchender Mayapriester.*
Aus der Mayabilderhandschrift »Troano«, Étude sur le système graphique et la langue des Mayas. Paris 1869/70. Tafel 25. Auf dem Bilde ist in der mittleren Kolonne, rechte Figur, ein sitzender Mayapriester zu sehen, der die damals übliche Rauchweise ausübt, wie sie auch auf dem Steinrelief von Palenque ersichtlich ist.
5. *Nordamerikanischer »Mound«.*
Oben: Äußere Ansicht. (Troyville mounds, Catahoula parish.)
Mitte: Ansicht eines abgedeckten Mounds mit Steingräbern und Skeletten. (Nelson Mound, Caldwell county, North Carolina.)
Unten: Ansicht einer in den Mounds gefundenen Pfeife mit Menschenkopf. Aus Cyrus Thomas, Report on the Mound exploration of the bureau of Ethnology. In the twelfth Annual Report of the bureau of Ethnology in the United States 1889-1890. S. 334.
6. *Darstellungen aus einer aztekischen Bilderhandschrift, in denen die Figuren pfeifenartige Gebilde im Munde haben.*

Aus dem Codex Vindobonensis Mexic. I, Faksimileausgabe der Mexikanischen Bilderhandschrift der Nationalbibliothek in Wien. Wien 1929.

7. *Indianische Tomahawkpfeife.*

Eine bei mehreren Indianerstämmen Nordamerikas eingeführte merkwürdige Kombination ihres Tomahawks (Streitaxt) mit einer Tabakpfeife. Der Stiel ist hohl, und gegenüber der Schneide der Axt befindet sich ein metallener Pfeifenkopf.

8. *Erste Landung des Kolumbus.*

Kupferstich aus dem Buche »Americae Partes«. Frankfurt am Main (1590-1592).

9. *Gegabeltes Rauchrohr und Hängematte.*

Aus Gonzalo Fernandez de Oviedo y Valdés, Historia general y natural de las Indias. Madrid 1851. Auf der Abbildung ist rechts oben das gegabelte Rauchrohr zu sehen, von dem Oviedo spricht, und unten ist die von ihm beschriebene Hängematte dargestellt, in der die Eingeborenen nachts, aber auch tagsüber nach Genuß des Tabakrauches auszuruhen pflegten.

10. *Phantastische Raucherabbildung. 1621.*

Aus des Paters Buellius Catalonius, Nova Typis Transacta Navigatio, Novi Orbis Indiae Occidentalis. Monacho 1621. Die übrigen Abbildungen des Buches wimmeln von Fabelwesen aller Art, so daß auch die vorliegende Abbildung der Phantasie des Zeichners viel verdanken dürfte. So vor allem die Länge des Rauchrohres, die ja fast der Größe des rauchenden Mannes entspricht.

11. *Krankenbehandlung mit Rauch.*

Aus »Americae Partes« (1590-1592). Auf der Abbildung sieht man die Art und Weise, wie die Indianer in den neu entdeckten Gebieten die Krankheiten zu behandeln pflegen. Unter der Abbildung steht folgende Legende: »Sie fertigen, wie dies auf dem beiliegenden Bilde betrachtet werden kann, große, längliche Bänke, auf die sie die Kranken nach der Natur der Krankheit, von der sie ergriffen worden sind, nach vorne geneigt oder zurückgebeugt legen; dann durchbohren sie mit einer vorne zugespitzten Austernschale die Gesichtshaut, saugen mit dem Munde das Blut aus und lassen es andauernd in eine Tonvase zurückgleiten. Frauen, die ihre kleinen Knäblein nähren oder etwa schwanger sind, kommen dorthin, um dieses Blut, zumal das eines robusten Jünglings, zu trinken, damit dadurch ihre Muttermilch vorzüglicher werde und die damit aufgezogenen Knaben sich kühner und kräftiger entwickeln. Andere, die auf dem Bauche liegen, erhalten Rauch zum Einatmen, nachdem man einige Körner auf glühende

Kohlen geworfen hat: denn der Rauch, der mit dem Munde und durch die Nasenlöcher eingezogen wird, verteilt sich im gesamten Körper, ruft Erbrechen hervor und überwältigt und beseitigt die Ursache des Leidens. Man hat dort auch eine Pflanze, deren ursprünglicher Name verloren gegangen ist und die die Brasilianer ›Petum‹, die Spanier ›Tabak‹ benennen: Man versieht einen breiteren Teil eines Röhrchens mit den sorgfältig getrockneten Blättern dieser Pflanze, und nachdem man sie in Brand gesetzt und den engeren Teil des Röhrchens dem Munde genähert hat, zieht man den Rauch so kräftig ein, daß er wieder aus dem Munde und den Nasenlöchern hervorkommt und bei dieser Tätigkeit auch genügend Feuchtigkeit erzeugt. Überdies sind diese Dämpfe auch der venerischen Lues sehr schädlich, zu deren Heilung sie dort auch ihre eigenen Heilmittel besitzen, welche die Natur ihnen selbst dargeboten hat.«

12. *Jean Nicot.*

Der Gesandte Frankreichs in Portugal Jean Nicot, dem gleichsam die Entdeckung der Pflanze für Europa zu danken ist. Er war 1530 zu Nîmes geboren, 1559 als Gesandter nach Portugal gekommen, wo er bis 1561 verblieb. Gemälde von Henry Goltzius.

13. *Erste Abbildung einer Tabakpflanze mit dem Vorgang des Rauchens.*

Aus Petro Pena et Matthia de Lobel (Medici), Nova stirpium adversaria. Antwerpiae 1576. Neben der Pflanze ist, wohl sehr von der Phantasie des Kupferstechers beeinflußt, ein rauchender Kopf zu sehen, neben dem folgende Inschrift steht: Nicotiana inserta in fundibulo ex quo hauriunt fumum Indi et naucleri. (Die Nicotiana ist in einer Art Wurfrohr, aus dem die Indianer und Schiffsherrn den Rauch ausschlürfen.)

14. *Blühende Tabakpflanze.*

Ihrer Schönheit wegen wurde sie von Anfang an in den Gärten als Zierpflanze gezogen.

15. *Sir Walter Raleigh.*

Geb. 1552, hingerichtet 29. Oktober 1618 zu London. Bildnis eines unbekannten Malers. National Portrait Gallery, London.

16. *Inneres einer Tabagie in London. Aus der Zeit der Stuarts.*

Federzeichnung British Museum, London.

17. *Jakob I., König von England (1603–1625).*

Der große Feind des Rauchens. Stich von A. Böner.

18. *Titelbild des Werkes: Richard Brathwait, Das Rauchzeitalter oder Der Mann im Nebel, mit dem Leben und Tode des Tabaks. London 1617.*

British Museum, London.

19. *Der rauchende Verschwender. London 1620.*

Abbildung aus Roxburghs Sammlung von Balladen, II, 372: Ballade von dem noblen Verschwender oder von dem jungen Erben, der neu in sein ererbtes Gebiet kommt. Etwa um 1620. Bezeichnenderweise ist als äußeres Zeichen der Verschwendung der junge Erbe rauchend und aufgeputzt dargestellt. British Museum, London.

20. *Innenraum aus der Zeit der Stuarts in England.*

Aus einer Satire auf den Sir John Suckling. Betitelt: The Sucklington Faction oder Suckling's Roaring Boys. British Museum, London.

21. *Porträt des hingerichteten Königs Karl I. von England (1625-1649).*

Kupferstich. Nationalbibliothek, Wien.

22. *Pfeifenraucher aus der Zeit vor dem Dreißigjährigen Kriege.*

Aus dem Buche: Tabac von dem gar heilsam Wundkraut getruckt zu Zürich bei Johann Rodolff Wolffen 1616.

23. *David Teniers (1610-1690), Darstellung eines Rauchers und der Schwierigkeit des Anzündens.*

Wie er sich seine Pfeife anzündet; mit einer kleinen eisernen Zange wurde aus dem Feuer ein kleines Stückchen glühender Kohle entnommen, mit der der Tabak in der Pfeife entzündet wurde.

24. *Johannes Neander aus Bremen.*

Einer der größten Lobredner des Tabaks, dessen Buch »Tabacologia« in Leyden 1626 bei Elzevir herauskam.

25. *Landsknecht auf Wache Pfeife rauchend.*

Gemälde von Jacob Toorenvliet.

26. *Flugblatt zum Lobe des Tabaks. Aus der Zeit nach dem Westfälischen Frieden.*

27. *Trink- und Rauchgelage in Amsterdam. Anfang des siebzehnten Jahrhunderts.*

Kupferstich aus »Bacchus Wonderwerken«. Amsterdam 1628.

28. *David Teniers (1610-1690), Inneres einer holländischen Tabagie.*

Man beachte die Rauchutensilien auf dem Tische, das Becken mit glühenden Kohlen zum Anzünden, das Papier, in das der Tabak verpackt war, und wie er vor Gebrauch an Ort und Stelle zugeschnitten wird.

29. *Flugblatt über die Vorzüge des Tabaks.*

Sowohl in Beziehung auf Heil- als auch Genußwirkung aus der Zeit des Dreißigjährigen Krieges. Sammlung Eugen L. Garbáty, Berlin.

30. *David Teniers, Das Rauchen als Hauptvergnügen in Holland um 1650.*

31. *Der teutsche Tabacktrincker. Einblattdruck aus dem 17. Jahrhundert.*

32. *Holländische Tabagie im 17. Jahrhundert.*

33. *Titel und Titelbild von Jakob Baldes Satire gegen den Mißbrauch des Tabaks. 1658.*

34. *Papst Urban VIII. (1623-1644) (Maffeo Barberini).*

35. *Sultan Murad IV.*
Nach einem Kupferstich aus der Nationalbibliothek in Wien.

36. *Moskauer Straßen mit feuergefährlichen Holzbauten, zur Zeit des ersten Romanow.*

37. *Rauchender Handwerker. Altjapanischer Holzschnitt.*

38. *Rauchende Geisha. Altjapanischer Holzschnitt.*

39. *Altchinesisches Interieur mit rauchender Dame.*
Aus: China, its scenery, architecture, social habits etc. Bd. II. Boudoir and Bedchamber of a Lady of rank.

40. *Elisabeth Charlotte von Orleans (Liselotte).*
Ölgemälde von Claude Lefèvre (etwa 1682). Nach der Kopie von Jos. Albrier.

41. *Schnupferin aus der Zeit um 1715.*
Die Worte sind die im Text zitierten Verse aus dem Festin de Pierre, das Thomas Corneille nach Molières Don Juan nachgedichtet hat. Kupferstich aus der Sammlung Eugen L. Garbáty, Berlin.

42. *Adelige Rauchgesellschaft. Um 1720.*

43. *Das Tabakskollegium unter Friedrich I. von Preußen (1701-1713).*
Im Berliner Schloß von P. C. Leygebe. Man beachte den gewaltigen Unterschied der geputzten und vornehmen Gesellschaft des Tabakskollegiums Friedrichs I. und die Einfachheit jenes Friedrich Wilhelms I.

44. *Das Tabakskollegium König Friedrich Wilhelms I. von Preußen (1713-1740).*
Der König sitzt an der Stirnseite des Tisches, dem Beschauer halb zugewandt. Zu seiner Rechten der damals etwa vierzehnjährige Kronprinz, spätere König Friedrich der Große. Am unteren Ende der Tafel sitzt einer der Lustigmacher, neben ihm ein zahmer Hase. Der Leibarzt und der Leibchirurg sitzen seitwärts an der Wand. Zwei jüngere Prinzen, die die gleiche blaue Uniform wie der König tragen, treten mit ihren dreieckigen Hüten in der Hand eben ein, um dem Vater gute Nacht zu sagen. Die Einrichtungsgegenstände, die auf dem Bilde zu sehen sind, sind ebenso wie dieses im Hohenzollern-Museum im Schloß Monbijou zu besichtigen; dort auch bei den Tabakskollegien benutzte Pfeifen und Gläser mit scherzhaften Anspielungen auf einzelne Teilnehmer.

45. *Zurichtung des Tabaks. Um 1750.*
Aus des Grafen Franciscus Philippus Florinus Oeconomus prudens et

legalis oder allgemeiner kluger und rechtsverständiger Hauss-Vatter. Nürnberg, Frankfurt, Leipzig 1750.

46. *Ernte des Tabaks. Um 1750.*
Aus des Grafen Franciscus Philippus Florinus Oeconomus prudens et legalis oder allgemeiner kluger und rechtsverständiger Hauss-Vatter. Nürnberg, Frankfurt, Leipzig 1750.

47. *Silhouette eines Pfeifenrauchers aus der Zeit Friedrichs des Großen. Zeichnung von Daniel Chodowiecki.*
Aus der Sammlung Eugen L. Garbáty, Berlin. Auch im Buche Hans Timotheus Kroebers, »Silhouetten aus Lichtenbergs Nachlaß von Daniel Chodowiecki«, abgebildet.

48. *Tabatiere Friedrichs des Großen.*
Im Hohenzollern-Museum im Schloß Monbijou. Siehe auch das Werk Martin Klars, Die Tabatièren Friedrichs des Großen.

49. *Pfeifenrauchender Soldat. Aus der Zeit Friedrichs des Großen.*
Zeichnung von Cocler.

50. *Todesurteil wegen Übertretung des Tabakmonopols.*
Ein königlicher Befehl, mit dem am 19. September 1771 ein Pachtangestellter, der fremden Tabak durchließ, zum Tode durch Erhängen verurteilt wurde, beweist, wie streng man in Frankreich auf die Durchführung des Monopols achtete.

51. *Madame Vigée Le Brun (1755-1842) rauchend. Angebliches Selbstporträt.*
Man beachte die verschiedenen vor ihr stehenden, für ihre Zeit charakteristischen Rauchutensilien.

52. *Moderne nächtliche Unterhaltung.*
Von William Hogarth (1697-1764), dem ironischen und satirischen Zeichner und Geißler der gesellschaftlichen Unsitten seiner Zeit.

53. *Rauchklub in England zur Zeit der Französischen Revolution 1792.*

54. *Tabakverpackung.*
Mit dem Bilde Napoleon Bonapartes als Erster Konsul im Jahre 1799, bekannt unter dem Namen »Napoleonsetikette«.

55. *Feldmarschall Fürst Blücher von Wahlstatt, einer der eifrigsten Raucher der Napoleonischen Zeit.*
Er ist fast immer mit der Pfeife dargestellt. Skizzen von Franz Rehberg, Juli 1814.

56. *Johann Gottfried Herder (1744-1803).*
Nach einer zeitgenössischen Silhouette.

57. *Federzeichnung Goethes. 1812.*

Auf blauem Papier, mit Sepia laviert und Weiß gehöht, darunter eigenhändiger Vierzeiler m. U. »G.«. Töplitz d. 20. Juli 1812. 14,5 : 9,5 cm. Widmungsblatt für die Gräfin O'Donell. Die Zeichnung stellt einen Felsen dar, den eine Kapelle krönt. Vermutlich ein Aussichtspunkt aus der Umgebung von Teplitz. Das Gedichtchen hat Goethe in die Abteilung »Sprichwörtlich« (Vers 95-98) seit der Ausgabe von 1815 aufgenommen.

58. *J. Chr. Reinhard, Schiller in Karlsbad 1791.*

Auf einem Esel reitend. Nach einem farbigen Stich.

59. *Karikatur über die Mode des Rauchens. 1827.*

Ein Beweis dafür, wie das Rauchen um diese Zeit in England im Schwange war. Die Inschrift in der rechten oberen Ecke besagt, es wäre besser, überhaupt »außerhalb der Welt zu stehen« (gar nicht auf der Welt zu sein), als die Mode nicht mitzumachen.

60. *Verbreitung des Zigarrenrauchens in London.*

Englischer Kupferstich aus dem Jahre 1827.

61. *Der Herzog von Reichstadt als Pfeifenraucher.*

Ungeachtet des für ihn gesundheitshalber geltenden Verbotes Pfeife rauchend. Scherenschnitt.

62. *Eine der ältesten Darstellungen des Zigarettenrauchens.*

Französischer Kupferstich, Ende des achtzehnten Jahrhunderts.

63. *Tabakpflanzung in den Tropen.*

64. *Faksimile der Niederschrift des Liedes »Die Tabakspfeife« von Johann Sebastian Bach.*

Aus dem Notenbuch der Anna Magdalena Bach. Preußische Staatsbibliothek, Berlin.

Umschlagabbildung: *Les Fumeurs.*

Farbige Lithographie von Boilly. Mit freundlicher Genehmigung der Tabakhistorischen Sammlung in Hamburg H. F. & Ph. F. Reemtsma.

NAMENREGISTER

Abraham a Santa Clara 178
Äskulap 81
Ahmed I., Sultan 140, 141
Ailworth 81
Alexander der Große 234
Alexander VI., Papst 31
Alexander VII., Papst 159
Alexei Romanow 148
Alfonso, Bischof von Saluzzo 59
Alkibiades 83
Almagros 112
Amadas, Kapitän 63
Amalie von Hannover 208
Anhalt-Dessau, Leopold I., Fürst von 207
Antip, Timofei 189
Antonelli, Giacomo 281
Anzengruber, Ludwig 291
Apaffy 59
Aretius 56
Ashworth, Henry 80, 81
Aubrey, John 88

Bach, Johann Sebastian 295, 311
Bacon, Francis 91
Baillard 176
Balde, Jakob 120, 122, 300
Barker, Richard 177
Barkley, William 86
Barlow 63
Barnstein, H. 119
Barré, Nicolas 44
Baruffaldi 206
Basedow, Johann 238
Báthory 59
Báthory, Stefan von 101
Becker, Lothar 17
Beethoven 295
Beintema von Peima 182, 215
Benedek, Oberst 272
Benedikt XIII., Papst 217
Benzoni, Girolamo 56, 57
Bernini 134
Bernstein, H. 176
Billroth, Professor Dr. 292
Bismarck 285-289
Boerner 204
Bontekoe, Cornelius 181
Bornemisza 59
Bothmer 287
Brathwaits, Richard 87
Brenn, Freiherr von 256, 257
Brosse, Chapelin 53
Burton, Robert 67
Busch, Moritz 286
Bushell, Dr. 84
Byron 294

Cabral 41
Caermarthen, Admiral 190 f.
Calzabigi, Gian Antonio di 222
Camden 65
Cantoni, Johann 268
Carlyle 209, 210
Cartier, Jacques 42
Casanova, Giacomo 282
Casas, Barthclomé de las siehe Las Casas

Castle 270
Cesalpinus, Botaniker 59
Cheynell, John 80, 82
Christian IV. von Dänemark 150
Christine von Piemont 158
Claudius, römischer Kaiser 16
Clusius, Karl 52
Colbert 170, 199
Condé, Herzog von 198
Constant 234, 235
Convertino, Fra Giuseppe da 138
Corneille, Thomas 193
Cortez 37-41, 43, 112
Coscia, Kardinal 217
Cosimo I., der Große 58
Courtigi, de 200
Creizenach 230, 232
Crescenzio, Kardinal 131
Cromwell, Oliver 94, 170, 174, 204

Dalmahoy, Thomas 92
Danby, Earl of 189
David, Nathan 170
Deacon 86
Diana, Pater 137
Diaz, Bartholomeo 26
Diaz, Bernal 39
Diemerbrook, Isbrand van 98
Dietrichstein, Graf 245
Disraeli 68
Donadoni 165
Drake 62, 65

Eckert, Polizeibeamter 249
Edison 295
Eduard VII. 295
Eleonore, Kaiserinwitwe von Österreich 161
Elisabeth von England 63, 65-68, 85, 87
Elisabeth von Österreich 295
Everard, holländ. Arzt 55

Fagon, Leibarzt Ludwigs XIV. 199-201
Falckenburgius, Hadrianus 105, 186
Favre, Jules 287, 288
Ferdinand III., Kaiser 110, 111
Ferdinand I., Kaiser von Österreich 273
Ferdinand, Karl, Erzherzog von Österreich 160, 161
Ferdinand Maria von Bayern 115, 168
Ferdinand von Aragonien 27, 33
Ficquelmont 271, 274
Ford, Henry 294
Franken, Arzt 102
Franklin, Benjamin 226
Franz I., König von Frankreich 50
Franz II., König von Frankreich 50, 53
Franz Joseph I. 284
Frey, Pater 169
Friedrich I. 204, 205
Friedrich II., der Große 208, 212, 219, 222, 224, 225, 234, 242, 243, 247
Friedrich III., Kurfürst von Brandenburg 205
Friedrich Wilhelm I. 205-212
Friedrich Wilhelm II. 243

Friedrich Wilhelm III. 244, 248, 252, 258
Friedrich Wilhelm, Kurfürst von Brandenburg 170
Funk, Johann 55, 56
Fürstenberg, Grafen von 161

Galenus 81, 103
Galliani, Graf 158
Gardiner, Edmund 84 f.
Gennerich, Otto 264
Gerlach, Polizeipräsident 262
Gerli, Dr. 268
Gesner, Konrad von 55, 56
Gifford 81
Goës, Damian de 48 f.
Goethe 236-243, 291
Goethe, Frau Rat 237
Gohorry 52, 53
Gompertz, Elias 211
–, Moses 212
Gondomar, span. Botschafter 79
Gordon 187, 188
Grant, General 284
Greenville, Sir Richard 63, 64
Grijalva, Juan de 36
Grillparzer 313
Grimmelshausen, Hans Jakob von 108
Grumbkow, General 209
Grundling 208
Günther, Johann Christian 305-310
Gustav Adolf von Schweden 101, 149
Gwyn 81

Haeckel 291
Hall, Josef, Bischof von Norwich 84
Harcourt, Graf de 198
Hariot, Thomas 64, 65
Hartwich, Daniel 170
Hawkins, Admiral 62
Heine 291
Heinrich der Seefahrer 46
Heinrich II. von Frankreich 47, 48
Henriette Adelaide, Kurfürstin von Bayern 168
Hentzner, Paul 67
Hérisson, Comte d' 288, 289
Hernandez de Toledo, Francisco 43
Herodot 16, 17
Hideyori 152
Hideyoshi, Kaiser Japans 152
Hippokrates 15, 81, 103
Hoffmann, Kaspar 186
Holz, Biograph Beethovens 295
Hoyer, Charlotte 239
Hugo, Victor 283
Humboldt, Alexander 67, 240
Hutier, J., Professor 276
Huxelles, Marschall de 198

Ibrahim, Sultan 145
Innozenz X. 135, 217, 218
Inzaghi, Graf 273
Isabella I., von Kastilien 27
Isabey 234

Jagiellonska, Anna 101
Jakob I., König von England 68-75, 79-93, 100

Jakob II., König von England 172
Jerez, Rodrigo de 30, 31, 43
Jeyasu, Shogun 153
Joachim, Patriarch 187, 190
Joachim III. von Portugal 28, 46
Johann Georg, Kurfürst von Sachsen 116
Johnson, Samuel 226
Joseph II. 225
Josephine, Gattin Napoleons 233
Juan, Don 33
Jülich-Berg, Fürst von 111

Kalvin 125
Kammerer, J. F. 259, 260
Kant 291
Karl I., König von England 91-94, 170
Karl II., König von England 171-174, 204
Karl V., Kaiser 46, 52, 234
Karl VI., Kaiser 212
Karl IX. von Frankreich 53
Karl XII. von Schweden 234
Karl August, Herzog 238
Karoline von Hannover 208
Kaunitz 225
Khevenhiller, Franz Christoph Graf von 162-165
Knebel, Major von 240, 242
Kolumbus 18, 25-33, 36, 43, 58, 61, 112
Königsegg, Grafen 165

Lane, Kapitän 63, 65
Las Casas, Bischof 34 f.
Lassalle 236
Lassenius, Johann 118
Lavater 238
Ledermann, Christel 119
Lee, General 284
Lefort 187
Lenau 294, 312
Leopold I. von Österreich 161-166, 212
Leopold III. von Anhalt-Dessau 222
Leslie, Sir James 92
Leyra y Aguilar, Francesco 103
Lichnowsky, Fürst 277
Liebault 54
Lindemann 248
Liselotte von der Pfalz 194, 196, 197
Lothringen, Grand Prieur Franz von 50, 51
–, Kardinal Franz von 50
Louis Ferdinand von Bourbon 220
Luden, Heinrich 240
Ludwig, Erzherzog von Österreich 273, 275
Ludwig XIII. 156
Ludwig XIV. 169, 177, 192-200, 236
Lützow, Generalgouverneur 265
Lugo, de, Kardinal 137
Luise, Raugräfin 195 f.

Macaulay, Th. B. 175
Magelhaens, Fernando 60
Magnenus, Professor 176
Maintenon, Madame de 196, 197
Marco Polo 26, 151
Maria Anna, Kurfürstin von Bayern 114

Maria Stuart 50, 68
Maria Theresia, Kaiserin von Österreich 225
Maria von England 61
Marie Luise 234
Martyr, Peter 43
Marwitz, von, Generalmajor 210
Masson 233
Max I. von Bayern 114
May, Gedeon 160, 161
Medici, Cosimo I. 58
–, Katharina von 51, 53
Meer, van der, Dr. Wilhelm 104
Mela, Pomponius 15
Melber, Dr. 237
Menschikow 191
Metternich 273-275
Minutoli, Polizeipräsident 277
Mirabeau 230, 231, 235
Mohamed IV. 145
Molière 193
Moltke 285
Monardes, Nicolò 51, 52, 55, 58
Monk, General 174, 204
Montezuma, Kaiser 24, 38 ff.
Montigny 49
Moscherosch, Johann Michael 111, 113
Murad III., Sultan 101
Murad IV., Sultan 141-144, 151

Napoleon I. 232-236, 242, 249
Napoleon III., Louis 282, 283, 285, 287
Neander, Johannes 102, 104, 138, 186
Neipperg, Graf 270
Nicot, Jean 47, 48-54, 58, 59
Nostitz 286

Occo, Adolf 55, 56
Olearius, Adam 146
Oudinot 236
Oviedo y Valdés 33, 34, 43

Pane, Ramon 31-33, 43
Pascializo, Kanonist 137
Pauli, Simon, Dr. 150
Paw, Arzt 186
Penn, William 173, 174
Pepys, Samuel 178
Pershing, General 296
Peter I., der Große 187-192, 220, 234
Philaret 146
Philipp II. 43, 61
Philipp von Orleans 194, 197
Pius IX. 266, 267
Pizarro, Francisco 40, 112
Plinius 15
Plutarch 16, 17
Puttkammer, Polizeipräsident 265

Race, Chirurg 53
Radetzky, Feldmarschall 266, 270, 272, 275
Radin 21, 23
Rainer, Erzherzog 267, 269-273
Raleigh 62-66, 87
Reber, B. 17
Rechberg 287
Reichstadt, Herzog von 244, 245
Richelieu 158
Rochow 285

Röderer 231, 232
Rolfink 185
Romanow, Michael Feodorowitsch 145, 146
Roubeaud, François 221
Ruffe, Gräfin 48
Rusdorff, von 96

Saint-Simon, Herzog von 194
Saka, Arzt aus Nagasaki 152
Sandys, Sir Edwin 89
Santa Croce, Prospero de, Monsignore 58
Santeul, Jean, Domherr 198
Sarnelli, Bischof 138
Satsuma, Daimyo von 151
Saulorini 140
Savonarola, Girolamo 31
Schartmann, C. 279
Schiller 238, 243
Schimper, Bartolomäus 120
Schindler, Biograph Beethovens 295
Schrenkh, bayrischer Gesandter 286
Schultze 260
Schulz 250
Scriverius 103
Sebastian von Portugal 46, 47
Seckendorf, Graf 207-209
Severus, Alexander 77
Shimatsu, Prinz 152
Siemens, Werner 266, 267
Simeoni, Freiherr von 168, 169
Smith, Adam 176
Sophie von Hannover 195
Sophie Dorothea, Königin 208
Spinelli, Pater 169
Stanislaus von Polen, König 207
Stefanus, Leibarzt Karls V. 52
Stroud, William 90
Stuart, Arabella 87
Suleiman II. 140
Sylvester, Joshua 86

Tappius 117
Tesauro 139
Thackeray 294
Thevet, André 44, 45
Thun, Graf 286
Tilly 101
Tippelskirch, General 256-258, 261-263
Tokkum, Obrist 210
Tolstoi, Leo 292-294
Tornabuoni, Alfonso 59
–, Nicolò 59
Torres, Luis de 30
Torresani, Polizeipräfekt 270
Toscanelli (Messer Paolo del Pozzo) 27
Tsung Cheng, letzter Herrscher der Mingdynastie 154
Tugnoni, Giovanni 158
Tut-anch-Amon 14
Tyrius 16

Uchénski 101
Urban VIII., Papst 133-135

Valois, Margarete von 48
Vandamme 236
Van Dyck 91
Vaughan, Sir William 85

Venner, Tobias 93
Verazzano, Giovanni 50
Vespucci, Amerigo 61
Viktoria, Königin 246, 295
Vittich, Johannes 102

Wallenstein 101
Walter, englischer Apotheker 260
Wanli, Herrscher Chinas 154
Warner, Dr. 83
Wedgewood 244
Wellington, Herzog 246, 247
Wendler, Peter 227
Wilhelm I. 289
Wilhelm von Oranien 176, 189, 204
Wilhelmine von Bayreuth 208
Windischgrätz, Fürst 245

Ziegler 102
Zumarraga, Bischof 22

INHALTSÜBERSICHT

Vorwort 9

I. Vor der Entdeckung Amerikas 13

Die ersten Kulthandlungen der Menschen. Heiliges Feuer, heiliger Rauch. Aufkommen des Weihrauchs. Rauch zu Heilzwecken bei Griechen und Römern. Die Skythen betäuben sich mit Rauch. Rauchen im heutigen Sinne im Altertum Europas unbekannt. Das wahre Rauchen und die Heimat der Tabakpflanze: Das Antillengebiet, Zentral- und Mittelamerika. Die Gottesverehrung mit Tabakrauch. Priester erkennen die narkotische Wirkung. Das Rauchen der Mayavölker. Das Steinbild von Palenque. Früheste Form der Pfeife. Wanderungen der Mayavölker. Tabak und Rauchen wandern mit. Nordamerika lernt das Rauchen. Die »Moundbuilders« und die Indianer. Die Friedenspfeife. Die Sitte im Lande der Azteken. Montezuma raucht. Die Kariben aus Südamerika. Die rauchende »Neue«, die nichtrauchende »Alte« Welt.

II. Kolumbus entdeckt Amerika. Die Tabakpflanze und das Rauchen 26

Portugiesische und spanische Entdeckungsfahrten. Kolumbus und die Kugelgestalt der Erde. Das Gutachten der Universität Salamanca. Die Landung des Kolumbus auf der Insel San Salvador. Die armseligen Geschenke der Eingeborenen. Trockene Blätter. Die Entdeckung Kubas. Wunderliches Gehaben der Eingeborenen. Sie stoßen Rauch aus Mund und Nase. Zuerst unbegreiflich, dann von den Eroberern selbst geübt. Neue Forschungsreisen nach Mexiko. Cortez' kühner Zug. Die Aztekenpriester und ihr Kaiser rauchen. Der Hof Montezumas. Tabak und Rauchrohre auf dem Markte der Stadt Mexiko. Die Entdeckung Brasiliens. Auch dort das Rauchen bekannt. Im übrigen Südamerika unbekannt. Tabakpflanze und Rauchsitte bei den Indianern Nordamerikas. Die ersten Nachrichten darüber gelangen nach Spanien und Portugal. Bald folgen Tabakblätter und der Samen. Zuerst nur Zier- und Arzneipflanzen. Thevet vermittelt deren Kenntnis von Brasilien nach Frankreich.

III. Von Amerika nach Europa 46

Portugals Weltstellung. Aller Reichtum und alles Neue in Lissabon. Das Zentrum der Handelswelt. Frankreichs Gesandter Jean Nicot. Sein Interesse für neuentdeckte Pflanzen und Dinge. Er wird mit dem Tabak als Heilpflanze bekannt. Anpflanzung in seinem Garten. Angeblich gelungene Heilkuren. Übersendung des Tabaks als Heilmittel an den königlichen Hof zu Paris. Der Grand Prieur und der Tabak. Des Monardes Schrift von den wunderbaren Eigenschaften des Tabaks. Tiefstand der ärztlichen Kunst. Der Tabak als Panazee oder Allheilmittel. Mißverständnis über das Wesen des Gebrauchs der Pflanze. Sie wird nur als Zier- und Heilpflanze verbreitet. Santa Croce sendet sie aus Lissabon nach Rom. Sie gelangt aus Paris zu Cosimo I. Medici. Weitere Ausbreitung als seltene Zier- und Heilpflanze nach Osten. Der Hochadel pflanzt in Ungarn Tabak. Der Tabak wandert nach Indien und den Philippinen. Portugiesen verbreiten ihn.

IV. Das Aufkommen des Rauchens in England 61

Englische Seeleute in Amerika. Raleigh gründet die Kolonie Virginia. Sie wird das Zentrum des Tabakbaus. Virginische Kolonisten bringen das Rauchen nach England. Der Eindruck in London. Königin Elisabeth versucht es. Rasche Verbreitung des Rauchens in England. Es wird fashionable. Jakob I. Stuart, ein Feind des Rauchens. Seine Schrift gegen die neue Sitte. Er eröffnet einen Kampf gegen das Rauchen. Seine Disputation auf der Universität Oxford. Pro und contra. Die Literatur folgt dem König. Theoretische Ablehnung des Rauchens bei praktischer Betätigung. Sir Walter Raleighs Hinrichtung. Entwicklung der Kolonie Virginien. Tabak statt Geld. Unterhausdebatte über Wert oder Unwert der Tabakpflanze. Karls I. Stellungnahme. Verächtliche Behandlung des Gefangenen. Cromwells Stellungnahme.

V. Übergreifen des Rauchens auf Mitteleuropa und beginnender Kampf dagegen 96

Von England nach Holland. Ein deutscher Beobachter im Haag. Die Pest in Holland. Rauchen als Schutzmittel. Über den Rhein nach Köln. Ausbreitung durch den Dreißigjährigen Krieg. Die Schweden lernen das Rauchen. Nach Konstantinopel, Polen und Rußland. Die Ärzte preisen den Tabak. Arzneikunst jener Zeit. Neanders Tabacologie. Urteile der berühmtesten Ärzte am Anfang des 17. Jahrhunderts. Allüberall erstehen Feinde. Geistliche Verbote im spanischen Amerika. Die Kritik Grimmelshausens. Der Kaiser beginnt sich zu interessieren. Verbote allerorten. In Köln 1649. Moscheroschs Satyre. Rauchverbote in Bayern und Sachsen. Professoren und Geistliche gegen das Rauchen. Die Bewunderer in der Minderzahl. Die Obrigkeiten verdammen das Rauchen, und die Literatur folgt ihnen. Der Jesuitenpater Balde und seine »Truckene Trunkenheit«.

VI. Verbreitung und Kampf gegen die Rauchsitte in Süd- und Osteuropa sowie im Fernen Osten 124

Das Rauchen kommt nach der Schweiz. Zahlreiche Verbote in Bern, Basel und Zürich. Scharfe Berichte über die »Rauchseuche«. Wanderung nach dem Österreichischen. Auch hier setzen Verbote ein. Nach Italien. Adel und Geistlichkeit werden Anhänger. Störung der heiligen Handlungen. Erste Bulle Papst Urbans VIII. 1642. Bulle Innozenz' X. von 1650. Verbot des Rauchens in der Peterskirche. Viele Anhänger innerhalb der Geistlichkeit. Einfluß auf Versuchungen. Die Literatur Italiens gegen das Rauchen. Nach der Levante. Murads IV. Schreckensherrschaft. Sein Toben gegen die Raucher; unzählige Hinrichtungen. Aufhebungen der Verbote unter Mohamed IV. Einführung in Rußland. Verfolgungen durch Zar Michael Romanow. Die Patriarchen gegen das Rauchen. Grausame Strafen. Auch in Rußland ist die Literatur feindlich. In Schweden und Norwegen keine ernsten Verbote. Nur in Dänemark Gegnerschaft. Nach Afrika und über Indien nach Asien. Erstes Aufkommen des Rauchens in Japan. Verbote und Kämpfe auch hier. Sieg des Rauchens. Über Korea nach China. Stellungnahme chinesischer Herrscher. Das Rauchen in Australien.

VII. Die Kapitulation der Obrigkeiten vor dem Tabakgebrauch und deren tieferer Sinn 156

Am Hofe Ludwigs XIII. Richelieus erste Steuer. Italienischer Ursprung des Monopolgedankens. Nachahmung in Österreich. Kaiser Leopolds Jagdgelüste. Ein Monopol für Graf Khevenhiller. Geschäft und Vergnügen. Die Rauchsitte als Goldquelle der Staaten. Bayerische Zustände. Die Verbotspolitik weicht der Steuerpolitik. In Virginien. Ein schlechter Tausch. Die Politik

Karls II. von England. Kavallerieregimenter über Tabakfelder. Die Literatur wird wieder freundlich. Rauchen Heilmittel gegen Pest. Abraham a Santa Claras Meinung. Aufruhr gegen Tabakpächter. Wieder »Panazee«. Das Rauchen in der Schweiz. Langsames Nachgeben der Behörden. Die Mär von der schwarzen Gehirnrinde. Peter der Große und das Rauchen in Rußland. Kampf mit dem Patriarchen. Peters Reise nach England. Freie Bahn in Rußland. Das Rauchen am Hofe von Versailles. Ludwigs XIV. Abneigung. Molières Urteil. Liselottes originelle Schilderungen. Der Leibarzt Ludwigs XIV. Sein Kampf gegen das Rauchen. Alles vergebens.

VIII. Das Rauchen im 18. Jahrhundert und sein Kampf mit einer neuen Mode 203

Die Welt kapituliert vor dem Tabak. In vornehmen Kreisen Frankreichs beginnt man zu schnupfen. Verbreitung nach England. In Deutschland raucht man am Hofe. Das vornehme Tabakskollegium Friedrichs I. und das etikettelose Friedrich Wilhelms I. Unfug und ernste Politik. Der Hofnarr Gundling. Seckendorfs Intrigen. Das »freie Räsonieren« im Tabakskollegium. Das Tabaksmonopol und die »großen Grenadiere«. Die »eingeschlichene, schier universale« Gewohnheit. Das Monopol in Österreich. Zorn der Bevölkerung gegen die Appaltpächter. Rauchverbote wegen Feuergefährlichkeit. Kampf, ob Frauen rauchen dürfen. Satirische Gedanken über das Schnupfen. Urbans VIII. Edikt wird 1750 aufgehoben. Friedrich der Große beseitigt das Tabakskollegium. Seine Tabaksdosen und deren politische Bedeutung. Einzelne Gegner. Das Rauchen an öffentlichen Orten in Deutschland bleibt verboten. Friedrichs des Großen Monopol. Die Tabakerträgnisse werden zu hoher Politik verwendet. Man prophezeit den Tod des Rauchens. Die Zigarre beginnt aufzukommen. Von Amerika nach Spanien. »Tabak in Stabform«. Erste Fabriken in Rom und Hamburg.

IX. Die Napoleonische Periode und das Zeitalter der Zigarre . . 229

Die Revolution in Frankreich. Mit dem Königtum stürzt auch das Tabaksmonopol. Mirabeaus vergeblicher Einspruch. Von 32 Millionen Franken Ertrag zu bloß fünf. Bonapartes Rauchversuch in Ägypten. Napoleons Abneigung gegen das Rauchen. Er schnupft. Seine Tabatieren als Abbild seiner Ideen. Ein Mordversuch mit Tabak. Einfluß der Napoleonischen Kriege auf das Rauchen in Europa. Wiedereinführung des Tabaksmonopols durch den Kaiser. Goethes Rauchgegnerschaft. Einstellung der Eltern Goethes. Scharfe Epigramme und Ausfälle des Dichters. Eingehende Begründung seiner Gegnerschaft im Gespräch mit Knebel. A. von Humboldt gegen das Rauchen. Schiller dafür. Ausbreitung der Zigarre über Europa durch Napoleons Feldzüge. Gewaltige Zunahme des Rauchens nach den Kriegen. Das Schnupfen wird durch die Zigarre zusehends verdrängt. Sieg des Rauchens in der ganzen Welt. Kampf gegen die noch bestehenden Beschränkungen. In Preußen und in Berlin. Kampf der Polizei und des Generalgouvernements gegen das Rauchen auf der Straße. Die Cholera in Berlin 1831. Kurze Freigabe des Rauchens. Wiederaufnahme des Verbotes. Der Feldzug des Generals von Tippelskirch gegen das Rauchen. Rauchen und Demokratie. Geschichte und Entstehung des Zündholzes. Erfinderschicksal. Die Rauchrevolution in Mailand. Rauchboykott als nationales Kampfmittel. Erzherzog Rainers und Radetzkys Einschreiten. Es kommt wegen des Rauchens zu blutigen Unruhen. Der Rauchboykott als Einleitung des Abfalls der Lombardei und Venetiens. König Friedrich Wilhelm III. von Preußen gegen die Rauchfreiheit. Die Raucher sind stärker. Die Berliner Revolution von 1848 beseitigt alle Raucheinschränkungen. Auch im Tiergarten ist das Rauchen erlaubt. Stärkste Zunahme des Rauchens in ganz Europa.

X. Das Aufkommen der Zigarette in der zweiten Hälfte des 19. Jahrhunderts und die ungeheure Zunahme des Rauchens . . 281

Finanzielles Interesse aller Staaten am zunehmenden Tabakverbrauch. Verordnungen gegen tabakfeindliche Schriften. Eine neue Form kommt auf. Ursprung und Herkunft der Zigarette. Brasilien, Spanien und Giacomo Casanova. Einviertelmeterlange Zigaretten. Verbreitung der Normalzigarette durch den Krimkrieg. Der Sezessionskrieg in Amerika und das Rauchen. Napoleon III. ein leidenschaftlicher Anhänger. Moltke und Bismarck. Politische Entscheidungen, die der Rauch begleitet. Jules Favre und Bismarck. Die Zigarre beginnt vor der Zigarette zurückzuweichen. Statistische Daten über die ungeheure Zunahme des Tabakverbrauches. Gegner und Freunde des Tabaks. Heine, Haeckel, Billroth. Verurteilen und doch rauchen. Anzengruber und Tolstoi. Des Russen Kampf mit sich selbst. Sein scharfes Urteil. Das Heer der Lobredner. Byron, Lenau und Thackeray. Eduard VII. und Kaiserin Elisabeth. Einfluß der Kriege auf das Rauchen. Unerhörte Zunahme durch den

Weltkrieg. Wichtiger als Nahrung. Unmöglichkeit einer Prohibition. Das Rauchen beherrscht die Welt.

Anhang

I. Aus des Jesuitenpaters Jakob Balde »Truckener Trunkenheit« 300
II. Johann Christian Günther, Lob des Knaster-Tobacks 305
III. Johann Sebastian Bach, Die Tabakspfeife 311
IV. Nikolaus von Lenau, Mein Türkenkopf 312
Bibliographie 315
Zeittafel 332
Erklärung der Abbildungen 334
Namenregister 341

Romane, Erzählungen, Prosa

Hans Christian Andersen. Glückspeter
Mit Scherenschnitten von Alfred Thon. it 643

Bettina von Arnim. Bettina von Arnims Armenbuch
Herausgegeben von Werner Vordtriede. it 541
– Dies Buch gehört dem König
Herausgegeben von Ilse Staff. it 666
– Die Günderode
Mit einem Essay von Christa Wolf. it 702

Apuleius. Der goldene Esel
Mit Illustrationen von Max Klinger zu »Amor und Psyche«. Aus dem Lateinischen von August Rode. Mit einem Nachwort von Wilhelm Haupt. it 146

Jane Austen. Emma
Aus dem Englischen von Charlotte Gräfin von Klinckowstroem. it 511

Honoré de Balzac. Die Frau von dreißig Jahren
Deutsch von W. Blochwitz. it 460
– Das Mädchen mit den Goldaugen
Aus dem Französischen von Ernst Hardt. Vorwort Hugo von Hofmannsthal. Illustrationen Marcus Behmer. it 60

Joseph Bédier. Tristan und Isolde
Roman. Deutsch von Rudolf G. Binding. Mit Holzschnitten von 1484. it 387

Harriet Beecher-Stowe. Onkel Toms Hütte
In der Bearbeitung einer alten Übersetzung herausgegeben und mit einem Nachwort versehen von Wieland Herzfelde. Mit 27 Holzschnitten von George Cruikshank aus der englischen Ausgabe von 1852. it 272

Ambrose Bierce. Aus dem Wörterbuch des Teufels
Auswahl, Übersetzung und Nachwort von Dieter E. Zimmer. it 440
– Mein Lieblingsmord
Erzählungen. Aus dem Amerikanischen von G. Günther. it 39

Die Blümlein des heiligen Franziskus von Assisi
Aus dem Italienischen nach der Ausgabe der Tipografia Metastasio, Assisi 1901, von Rudolf G. Binding. Mit Initialen von Carl Weidemeyer. it 48

Romane, Erzählungen, Prosa

Blumenschatten hinter dem Vorhang. Von Ting Yao Kang. Aus dem Chinesischen übertragen und mit einem Nachwort versehen von Franz Kuhn. Mit 18 Holzschnitten. it 744

Giovanni di Boccaccio. Das Dekameron
Hundert Novellen. Ungekürzte Ausgabe. Aus dem Italienischen von Albert Wesselski und mit einer Einleitung versehen von André Jolles. Mit venezianischen Holzschnitten. Zwei Bände. it 7/8

Hermann Bote. Ein kurzweiliges Buch von Till Eulenspiegel aus dem Lande Braunschweig. Wie er sein Leben vollbracht hat. Sechsundneunzig seiner Geschichten.
Herausgegeben, in die Sprache unserer Zeit übertragen und mit Anmerkungen versehen von Siegfried H. Sichtermann. Mit zeitgenössischen Illustrationen. it 336

Clemens Brentano. Gedichte, Erzählungen, Briefe
Herausgegeben von Hans Magnus Enzensberger. it 557

Emily Brontë. Die Sturmhöhe
Aus dem Englischen von Grete Rambach. it 141

Giordano Bruno. Das Aschermittwochsmahl
Übersetzt von Ferdinand Fellmann. Mit einer Einleitung von Hans Blumenberg. it 548

Gottfried August Bürger. Wunderbare Reisen zu Wasser und zu Lande. Feldzüge und lustige Abenteuer des Freiherrn von Münchhausen
Mit Holzschnitten von Gustave Doré. it 207

Hans Carossa. Eine Kindheit. it 295
– Verwandlungen einer Jugend. it 296

Lewis Carroll. Geschichten mit Knoten
Herausgegeben und übersetzt von W. E. Richartz. Mit Illustrationen von Arthur B. Frost. it 302
– Alice im Wunderland
Mit 42 Illustrationen von John Tenniel. Übersetzt und mit einem Nachwort versehen von Christian Enzensberger. it 42
– Alice hinter den Spiegeln
Mit Illustrationen von John Tenniel. Übersetzt von Christian Enzensberger. it 97

Romane, Erzählungen, Prosa

Lewis Carroll. Briefe an kleine Mädchen
Aus dem Englischen übersetzt und herausgegeben von Klaus Reichert. Mit Fotografien des Autors. it 172

Miguel de Cervantes Saavedra. Der scharfsinnige Ritter Don Quixote von der Mancha
Mit einem Essay von Iwan Turgenjew und einem Nachwort von André Jolles. Mit Illustrationen von Gustave Doré. 3 Bände. it 109

Adelbert von Chamisso. Peter Schlemihls wundersame Geschichte
Nachwort von Thomas Mann. Illustriert von Emil Preetorius. it 27

Matthias Claudius. Der Wandsbecker Bote
Mit einem Vorwort von Peter Suhrkamp und einem Nachwort von Hermann Hesse. it 130

James Fenimore Cooper. Die Lederstrumpferzählungen
In der Bearbeitung der Übersetzung von E. Kolb durch Rudolf Drescher. Mit Illustrationen von O. C. Darley. Vollständige Ausgabe. 5 Bände in Kassette.
Der Wildtöter · Der letzte Mohikaner · Der Pfadfinder
Die Ansiedler · Die Prärie. – it 760

Alphonse Daudet. Montagsgeschichten
Aus dem Französischen von Eva Meyer. it 649
– Briefe aus meiner Mühle
Aus dem Französischen von Alice Seiffert. Mit Illustrationen. it 446
– Tartarin von Tarascon. Die wunderbaren Abenteuer des Tartarin von Tarascon. Mit Zeichnungen von Emil Preetorius. it 84

Daniel Defoe. Moll Flanders. Herausgegeben und mit einem Essay versehen von Norbert Kohl. it 707
– Robinson Crusoe. Mit Illustrationen von Ludwig Richter. it 41

Deutsche Künstlernovellen des 19. Jahrhunderts
Herausgegeben von Jochen Schmidt. it 656

Charles Dickens. David Copperfield. Mit Illustrationen von Phiz. it 468
– Große Erwartungen. Aus dem Englischen von Margit Meyer. Mit Illustrationen von F. W. Pailthorpe. it 667
– Der Raritätenladen. Aus dem Englischen von Leo Feld. Mit Illustrationen von Cruikshank u.a. it 716

Romane, Erzählungen, Prosa

Charles Dickens. Oliver Twist
Aus dem Englischen von Reinhard Kilbel. Mit einem Nachwort von Rudolf Marx und 24 Illustrationen von George Cruikshank. Vollständige Ausgabe. it 242
– Weihnachtserzählungen
Mit Illustrationen von Cruikshank u. a. it 358

Denis Diderot. Die Nonne
Mit einem Nachwort von Robert Mauzi. Der Text dieser Ausgabe beruht auf der ersten deutschen Übersetzung von 1797. it 31
– Erzählungen und Gespräche
Aus dem Französischen von Katharina Scheinfuß. it 554

Die drei Reiche. Roman. Aus dem Chinesischen von Franz Kuhn. Mit 24 Holzschnitten. it 585

Fjodor M. Dostojewski. Der Idiot. Aus dem Russischen von Hermann Röhl. Mit einem Nachwort von Hermann Hesse. it 740
– Schuld und Sühne. Roman in sechs Teilen. Aus dem Russischen von Hermann Röhl. Illustrationen von Theodor Eberle. it 673
– Der Spieler. Aus den Erinnerungen eines jungen Mannes. Aus dem Russischen von Hermann Röhl. it 515

Annette von Droste-Hülshoff. Bei uns zulande auf dem Lande. Prosaskizzen. Herausgegeben von Otto A. Böhmer. it 697
– Die Judenbuche. Ein Sittengemälde aus dem gebirgichten Westfalen. Mit Illustrationen von Max Unold. it 399

Alexandre Dumas. Der Graf von Monte Christo. Bearbeitung einer alten Übersetzung von Meinhard Hasenbein. Mit Illustrationen von Pavel Brom und Dagmar Bromova. Zwei Bände. it 266
– Die Kameliendame. Aus dem Französischen von Walter Hoyer. Mit Illustrationen von Paul Garvani. it 546

Joseph Freiherr von Eichendorff. Aus dem Leben eines Taugenichts
Mit Illustrationen von Adolf Schrödter und einem Nachwort von Ansgar Hillach. it 202
– Novellen und Gedichte. Herausgegeben von Hermann Hesse. it 360

Romane, Erzählungen, Prosa

Eisherz und Edeljaspis
Aus dem Chinesischen von Franz Kuhn. Mit Holzschnitten einer alten chinesischen Ausgabe. Mit einem Nachwort und Anmerkungen von Franz Kuhn. it 123

Paul Ernst. Der Mann mit dem tötenden Blick und andere frühe Erzählungen. Herausgegeben von Wolfgang Promies. it 434

André Ficus/Martin Walser. Heimatlob
Ein Bodenseebuch. it 645

Harry Fielding. Die Geschichte des Tom Jones, eines Findlings
Mit Stichen von William Hogarth. it 504

Gustave Flaubert. Bouvard und Pécuchet
Mit einem Vorwort von Victor Brombert und einem Nachwort von Uwe Japp. Mit Illustrationen von András Karakas. it 373
– Die Versuchung des heiligen Antonius
Aus dem Französischen übersetzt von Barbara und Robert Picht. Mit einem Nachwort von Michel Foucault. it 432
– Lehrjahre des Gefühls
Geschichte eines jungen Mannes, übertragen von Paul Wiegler. Mit einem Essay »zum Verständnis des Werkes« und einer Bibliographie von Erich Köhler. it 276
– Madame Bovary
– Revidierte Übersetzung aus dem Französischen von Arthur Schurig. it 167
– Salammbô
Herausgegeben und mit einem Nachwort versehen von Monika Bosse und André Stoll. Mit Abbildungen. it 342
– Ein schlichtes Herz. it 110
– Drei Erzählungen/Trois Contes
Zweisprachige Ausgabe. Neu übersetzt von Cora von Kleffens und André Stoll. it 571
– November. Aus dem Französischen von Ernst Sander. it 411

Theodor Fontane. Allerlei Glück
Plaudereien, Skizzen, Unvollendetes. Ausgewählt und herausgegeben von Otto Drude. it 641
– Cécile. Roman. Mit einem Nachwort von Walter Müller-Seidel. it 689

insel taschenbücher
Alphabetisches Verzeichnis

Aladin und die Wunderlampe 199
Ali Baba und die vierzig Räuber 163
Allerleirauh 115
Alte und neue Lieder 59
Alt-Kräuterbüchlein 456
Alt-Prager Geschichten 613
Amman: Frauentrachtenbuch 717
Andersen: Glückspeter 643
Andersen: Märchen (3 Bände in Kassette) 133
Andersen: Märchen meines Lebens 356
Andreas-Salomé, Lou: Lebensrückblick 54
Anekdotenbuch 708
Appetit-Lexikon 651
Apulejus: Der goldene Esel 146
Arcimboldo: Figurinen 680
Arnim, Bettina von: Armenbuch 541
Arnim, Bettina von: Aus meinem Leben 642
Arnim, Bettina von: Dies Buch gehört dem König 666
Arnim, Bettina von: Die Günderode 702
Arnim/Brentano: Des Knaben Wunderhorn 85
Artmann: Christopher und Peregrin 488
Austen: Emma 511
Balzac: Die Frau von dreißig Jahren 460
Balzac: Das Mädchen mit den Goldaugen 60
Balzac: Über die Liebe 715
Basile: Das Märchen aller Märchen »Der Pentamerone« 354
Baudelaire: Blumen des Bösen 120
Bayley: Reise der beiden Tiger 493
Bayley: 77 Tiere und ein Ochse 451
Beaumarchais: Figaros Hochzeit 228
Bédier: Der Roman von Tristan und Isolde 387
Beecher-Stowe: Onkel Toms Hütte 272
Beisner: Adreßbuch 294
Beisner: Das Sternbilderbuch 587
Bender: Herbstbuch 657
Bender: Katzenbuch 567
Bender: Winterbuch 728
Berg. Leben und Werk 194
Bierce: Mein Lieblingsmord 39
Bierce: Wörterbuch des Teufels 440
Bilibin: Märchen vom Herrlichen Falken 487
Bilibin: Wassilissa 451
Bin Gorion: Born Judas 533
Blake: Lieder der Unschuld 116
Blei: Das große Bestiarium der modernen Literatur 660
Die Blümlein des heiligen Franziskus 48
Blumenschatten hinter dem Vorhang 744
Boccaccio: Das Dekameron (2 Bände) 7/8
Borchers: Das Adventbuch 449
Borchers/Brierley: Der König der Tiere und seine Freunde 622
Borchers/Schlote: Briefe an Sarah 568
Borchers/Schlote: Heute wünsch ich mir ein Nilpferd 629
Bornkamm: Jahrhundert der Reformation 713
Borst: Alltagsleben im Mittelalter 513
Bote: Eulenspiegel 336
Brandenberg/Aliki: Alle Mann fertig? 646
Brantôme: Das Leben der galanten Damen 586
Brecht: Bertolt Brechts Hauspostille 617
Brecht. Leben und Werk 406
Brentano: Gedichte, Erzählungen, Briefe 557
Brentano: Gockel Hinkel Gackeleia 47
Brentano: Italienische Märchen 695
Brillat-Savarin: Physiologie des guten Geschmacks 423
Brontë: Die Sturmhöhe 141
Bruno: Das Aschermittwochsmahl 548
Das Buch der Liebe 82
Das Buch vom Tee 412
Büchner: Der Hessische Landbote 51
Büchner: Lenz 429
Büchner: Leonce und Lena 594
Bürger: Münchhausen 207
Bürgers Liebe 564

Busch: Kritisch-Allzukritisches 52
Busch: Sämtliche Bilderbogen 620
Carossa: Erinnerungen an Padua und Ravenna 581
Carossa: Kindheit 295
Carossa: Leben und Werk 348
Carossa: Verwandlungen 296
Carroll: Alice hinter den Spiegeln 97
Carroll: Alice im Wunderland 42
Carroll: Briefe an kleine Mädchen 172
Carroll: Geschichten mit Knoten 302
Carroll: Die Jagd nach dem Schnark 598
Las Casas: Bericht von der Verwüstung der Westindischen Länder 553
Cervantes: Don Quixote (3 Bände) 109
Chamisso: Peter Schlemihl 27
Chinesische Liebesgedichte 442
Chinesische Volkserzählungen 522
Claudius: Wandsbecker Bote 130
Columbus: Das Bordbuch 476
Cooper: Der Lederstrumpf (5 Bände in Kassette) 760
Cortez: Die Eroberung Mexikos 393
Dante: Die Göttliche Komödie (2 Bände) 94
Daudet: Briefe aus meiner Mühle 446
Daudet: Montagsgeschichten 649
Daudet: Tartarin von Tarascon 84
Daumier: Antike Geschichte 560
Defoe: Moll Flanders 707
Defoe: Robinson Crusoe 41
Deutsche Heldensagen 345
Deutsche Künstlernovellen des 19. Jahrhunderts 656
Deutsche Sagen (2 Bände) 481
Deutsche Volksbücher (3 Bände) 380
Dickens: David Copperfield 468
Dickens: Große Erwartungen 667
Dickens: Oliver Twist 242
Dickens: Der Raritätenladen 716
Dickens: Weihnachtserzählungen 358
Diderot: Erzählungen und Gespräche 554
Diderot: Die Nonne 31
Dostojewski: Der Idiot 740
Dostojewski: Schuld und Sühne 673
Dostojewski: Der Spieler 515
Die drei Reiche 585
Droste-Hülshoff: Bei uns zulande auf dem Lande 697
Droste-Hülshoff: Die Judenbuche 399
Dumas: Der Graf von Monte Christo (2 Bände) 266
Dumas: Die Kameliendame 546
Dumas: König Nußknacker 291
Eastman: Ohijesa 519
Ebeling: Martin Luthers Weg und Wort 439
Eckermann: Gespräche mit Goethe 500
Eich/Köchl: Der 29. Februar 616
Eichendorff: Aus dem Leben eines Taugenichts 202
Eichendorff: Gedichte 255
Eichendorff: Novellen und Gedichte 360
Ein Mann wie Lessing täte uns not 537
Die Eisenbahn 676
Eisherz und Edeljaspis 123
Enzensberger: Edward Lears kompletter Nonsens I 480
Enzensberger: Edward Lears kompletter Nonsens II 502
Erasmus von Rotterdam: Lob der Torheit 369
Ernst, Paul: Der Mann mit dem tötenden Blick 434
Erotische Geschichten aus 1001 Nächten 704
Die Erzählungen aus den Tausendundein Nächten (12 Bände in Kassette) 224
Europa 638
Faber: Denk ich an Deutschland … 628
Der Familienschatz 34
Feuerbach: Merkwürdige Verbrechen 512
Fielding: Die Geschichte des Tom Jones, eines Findlings 504
Ein Fisch mit Namen Fasch 222
Flach: Minestra 552
Flaubert: Bouvard und Pécuchet 373
Flaubert: Drei Erzählungen/Trois Contes 571
Flaubert: Lehrjahre des Gefühls 276
Flaubert: Madame Bovary 167
Flaubert: November 411
Flaubert: Salammbô 342
Flaubert: Die Versuchung des heiligen Antonius 432
Florenz 633

Fontane: Allerlei Glück 641
Fontane: Cécile 689
Fontane: Effi Briest 138
Fontane: Ein Leben in Briefen 540
Fontane: Frau Jenny Treibel 746
Fontane: Kinderjahre 705
Fontane: Der Stechlin 152
Fontane: Unwiederbringlich 286
Fontane: Vor dem Sturm 583
Forster: Reise um die Welt 757
le Fort. Leben und Werk 195
France: Blaubarts Frauen 510
Frank: Das kalte Herz 330
Frauenbriefe der Romantik 545
Friedrich, C. D.: Auge und Landschaft 62
Gage/Hafner: Mathilde und das Gespenst 640
Gasser: Kräutergarten 377
Gasser: Spaziergang durch Italiens Küchen 391
Gasser: Tante Melanie 192
Gassers Köchel-Verzeichnis 96
Gebete der Menschheit 238
Das Geburtstagsbuch für Kinder 664
Geistliche Gedichte 668
Gernhardt: Ein gutes Schwein 2012
Gernhardt: Mit dir sind wir vier 2003
Gernhardt, R. u. A.: Was für ein Tag 544
Geschichten der Liebe aus 1001 Nächten 38
Geschichten vom Buch 722
Gesta Romanorum 315
Goethe: Anschauendes Denken 550
Goethe: Dichtung und Wahrheit (3 Bände) 149–151
Goethe: Erfahrung der Geschichte 650
Goethe: Die erste Schweizer Reise 300
Goethe: Faust (2 Bände in Kassette) 50
Goethe: Frühes Theater 675
Goethe: Gedichte in zeitlicher Folge (2 Bände) 350
Goethe: Gespräche mit Eckermann (2 Bände) 500
Goethe: Hermann und Dorothea 225
Goethe: Italienische Reise 175
Goethe: Klassisches Theater 700
Goethe: Das Leben des Benvenuto Cellini 525
Goethe: Die Leiden des jungen Werther 25
Goethe: Liebesgedichte 275
Goethe: Maximen und Reflexionen 200
Goethe: Novellen 425
Goethe: Reineke Fuchs 125
Goethe: Das römische Carneval 750
Goethe/Schiller: Briefwechsel (2 Bände) 250
Goethe: Tagebuch der italienischen Reise 176
Goethe: Trostbüchlein 400
Goethe: Über die Deutschen 325
Goethe: Wahlverwandtschaften 1
Goethe – warum? 759
Goethe: West-östlicher Divan 75
Goethe: Wilhelm Meisters Lehrjahre 475
Goethe: Wilhelm Meisters theatralische Sendung 725
Goethe: Wilhelm Meisters Wanderjahre oder die Entsagenden 575
Goethes letzte Schweizer Reise 375
Gogh: Briefe 177
Gogol: Der Mantel 241
Gogol: Die Nacht vor Weihnachten 584
Goncourt: Tagebücher 692
Gontscharow: Oblomow 472
Gorki: Der Landstreicher und andere Erzählungen 749
Grandville: Beseelte Blumen 524
Greenaway: Mutter Gans 28
Griechisches Theater 721
Grillparzer: Der arme Spielmann 690
Grimmelshausen: Courasche 211
Grimmelshausen: Simplicissimus 739
Grimm: Deutsche Sagen (2 Bände) 481
Grimms Märchen (3 Bände) 112/113/114
Die großen Detektive Bd. 1 101
Die großen Detektive Bd. 2 368
Das große Lalula 91
Günther: Ein Mann wie Lessing täte uns not 537
Gundert: Marie Hesse 261
Gundlach: Der andere Strindberg 229
Hauff-Märchen (2 Bände) 216/217
Hausmann: Der Hüttenfuchs 730
Hawthorne: Der scharlachrote Buchstabe 436
Hebel: Kalendergeschichten 17

Hebel: Schatzkästlein des rheinischen Hausfreundes 719
Heine: Atta Troll 748
Heine: Buch der Lieder 33
Heine: Deutschland. Ein Wintermärchen 723
Heine. Leben und Werk 615
Heine: Memoiren des Herren von Schnabelewopski 189
Heine: Reisebilder 444
Heine: Romanzero 538
Heine: Shakespeares Mädchen 331
Das Herbstbuch 657
Heseler: Ich schenk' Dir was 556
Heseler: Das liebe lange Jahr 2008
Hesse: Bäume 455
Hesse: Dank an Goethe 129
Hesse: Geschichten aus dem Mittelalter 161
Hesse: Hermann Lauscher 206
Hesse: Kindheit des Zauberers 67
Hesse: Knulp 394
Hesse. Leben und Werk 36
Hesse: Magie der Farben 482
Hesse: Meisterbuch 310
Hesse: Piktors Verwandlungen 122
Hesse: Schmetterlinge 385
Hesse: Der Zwerg 636
Hesse/Schmögner: Die Stadt 236
Hesse/Weiss: Der verbannte Ehemann 260
Hildesheimer: Waschbären 415
Hitzig: E.T.A. Hoffmanns Leben und Nachlaß 755
Hölderlin-Chronik 83
Hölderlin: Dokumente seines Lebens 221
Hölderlin: Hyperion 365
Hölderlins Diotima Susette Gontard 447
E.T.A. Hoffmann: Elementargeist 706
E.T.A. Hoffmann: Elixiere des Teufels 304
E.T.A. Hoffmann: Das Fräulein von Scuderi 410
E.T.A. Hoffmann: Der goldne Topf 570
E.T.A. Hoffmann: Kater Murr 168
E.T.A. Hoffmann: Meister Floh 503
E.T.A. Hoffmann: Nachtstücke 589
E.T.A. Hoffmann: Prinzessin Brambilla 418
E.T.A. Hoffmann: Die Serapionsbrüder (4 Bände in Kassette) 631
E.T.A. Hoffmann: Der unheimliche Gast 245
Das Hohe Lied 600
Homer: Ilias 153
Horváth. Leben und Werk 237
Huch, Ricarda: Der Dreißigjährige Krieg (2 Bände) 22/23
Hugo: Notre-Dame von Paris 298
Ibsen: Nora 323
Idyllen der Deutschen 551
Immermann: Münchhausen 747
Indische Liebeslyrik 431
Die Insel 578
Irving: Dietrich Knickerbockers humoristische Geschichte der Stadt 592
Isle-Adam: Grausame Geschichten 303
Istanbul 530
Jacobsen: Die Pest in Bergamo 265
Jacobsen: Niels Lyhne 44
Jan: Batu-Khan 462
Jan: Zum letzten Meer 463
Jean Paul: Der ewige Frühling 262
Jean Paul: Des Luftschiffers Gianozzo Seebuch 144
Jean Paul: Titan 671
Johnson: Reisen nach den westlichen Inseln bei Schottland 663
Jung-Stilling: Lebensgeschichte 709
Kästner: Griechische Inseln 118
Kästner: Kreta 117
Kästner: Leben und Werk 386
Kästner: Die Lerchenschule 57
Kästner: Ölberge, Weinberge 55
Kästner: Die Stundentrommel vom heiligen Berg Athos 56
Kairo 696
Kang: Die schwarze Reiterin 474
Kant-Brevier 61
Kaschnitz: Beschreibung eines Dorfes 665
Kaschnitz: Courbet 327
Kaschnitz: Eisbären 4
Kasperletheater für Erwachsene 339
Das Katzenbuch 567
Keller: Der grüne Heinrich (2 Bände) 335
Keller: Romeo und Julia auf dem Dorfe 756

Keller: Das Sinngedicht 632
Keller: Züricher Novellen 201
Keller, Harald: Kunstlandschaften Italiens (2 Bände in Kassette) 627
Kessler, Harry Graf: Tagebücher 1918–1937 659
Kierkegaard: Briefe 727
Kierkegaard: Tagebuch des Verführers 405
Kin Ping Meh 253
Kleist: Erzählungen 247
Kleist: Geschichte meiner Seele 281
Kleist. Leben und Werk 371
Kleist: Die Marquise von O. 299
Kleist: Der zerbrochene Krug 171
Klingemann: Nachtwachen von Bonaventura 89
Knigge: Über den Umgang mit Menschen 273
Kolumbus: Bordbuch 476
Kühn: Liederbuch für Neidhart 742
Kühn: Ich Wolkenstein 497
Laclos: Schlimme Liebschaften 12
Lamb: Shakespeare Novellen 268
Lange: Edith Piaf 516
Lear: Edward Lears kompletter Nonsens (2 Bände) 502
Lessing: Dramen 714
Lévi-Strauss: Weg der Masken 288
Liselotte von der Pfalz 428
Literarischer Führer durch Deutschland 527
Liebe Mutter 230
Lieber Vater 231
Lichtenberg: Aphorismen 165
Linné: Lappländische Reise 102
Lobel: Maus im Suppentopf 383
Lobel: Mäusegeschichten 173
Der Löwe und die Maus 187
London 322
London, Jack: Ruf der Wildnis 352
London, Jack: Die Goldschlucht 407
Longus: Daphnis und Chloe 136
Lorca: Die dramatischen Dichtungen 3
Luther: Jona und Habakuk 688
Luther: Vorreden zur Bibel 677
Luther im Gespräch 670
Märchen der Romantik (2 Bände) 285
Märchen deutscher Dichter 13
Malkowski/Köhler: Die Nase 549
Malory: König Artus (3 Bände) 239
Marc Aurel: Wege zu sich selbst 190
Masereel: Die Idee 591
Maupassant: Bel-Ami 280
Maupassant: Die Brüder 712
Maupassant: Das Haus Tellier 248
Maupassant: Pariser Abenteuer 106
Maupassant: Unser einsames Herz 357
Mayröcker/Eberle: Sinclair Sofokles 652
Meckel: Allgemeine Erklärung der Menschenrechte 682
Melville: Benito Cereno 644
Melville: Israel Potter 517
Melville: Moby Dick 233
Die Memoiren des Robert-Houdin 506
Mercier: Mein Bild von Paris 374
Mérimée: Carmen 361
Merkbuch für Geburtstage 155
Metken: Reisen als schöne Kunst betrachtet 639
Michelangelo. Leben und Werk 148
Michelangelo: Zeichnungen und Dichtungen 147
Michelet: Frauen der Revolution 726
Minnesinger 88
Mirabeau: Der gelüftete Vorhang 32
Mörike: Alte unnennbare Tage 246
Mörike: Die Historie von der schönen Lau 72
Mörike: Maler Nolten 404
Mörike: Mozart auf der Reise nach Prag 376
Molière: Der Menschenfeind 401
Montaigne: Essays 220
Montesquieu: Persische Briefe 458
Mordillo: Crazy Cowboy 2004
Mordillo: Crazy Crazy 2009
Mordillo: Das Giraffenbuch 37
Mordillo: Das Giraffenbuch II 71
Mordillo: Träumereien 108
Morgenländische Erzählungen 409
Morgenstern: Alle Galgenlieder 6
Morgenstern/Heseler: Schnauz und Miez 2006
Morier: Die Abenteuer des Hadji Baba 523
Das Moritatenbuch 559
Moritz: Anton Reiser 433
Moskau 467
Mozart: Briefe 128

Musäus: Rübezahl 73
Die Nase 549
Nestroy: Lumpazivagabundus und andere Komödien 710
Nestroy: Stich- und Schlagworte 270
Die Nibelungen 14
New York 592
Nietzsche: Ecce Homo 290
Nietzsche: Der Fall Wagner 686
Nietzsche: Die fröhliche Wissenschaft »La gaya scienza« 635
Nietzsche: Menschliches, Allzumenschliches 614
Nietzsche: Morgenröte 678
Nietzsche: Unzeitgemäße Betrachtungen 509
Nietzsche: Zarathustra 145
Nijinsky: Nijinsky. Der Gott des Tanzes 566
Nossack/Heras: Der König geht ins Kino 599
Novalis. Dokumente seines Lebens 178
Novalis: Heinrich von Ofterdingen 596
Offenbach: Pariser Leben 543
Okakura: Das Buch vom Tee 412
Orbis Pictus 9
Ovid: Ars Amatoria 164
Das Papageienbuch 424
Paris 389
Pascal: Größe und Elend des Menschen 441
Penzoldt. Leben und Werk 547
Pepys: Das geheime Tagebuch 637
Petrarca: Dichtungen, Briefe, Schriften 486
Phaïcon I 69
Phaïcon II 154
Platon: Phaidon 379
Platon: Symposion oder Über den Eros 681
Platon: Theaitet 289
Poe: Grube und Pendel 362
Polaris III 134
Poesie-Album 414
Polnische Volkskunst 448
Pontoppidan: Hans im Glück (2 Bände) 569
Potocki: Die Handschrift von Saragossa (2 Bände) 139
Prévert/Henriquez: Weihnachtsgäste 577
Prévost: Manon Lescaut 518
Proust/Atget: Ein Bild von Paris 669
Puschkin/Bilibin: Das Märchen vom Zaren Saltan und Das Märchen vom goldenen Hahn 2002
Quincey: Der Mord als eine schöne Kunst betrachtet 258
Raabe: Die Chronik der Sperlingsgasse 370
Raabe: Hastenbeck 563
Rabelais: Gargantua und Pantagruel (2 Bände) 77
Die Räuber vom Liang Schan Moor (2 Bände) 191
Reden und Gleichnisse des Tschuang Tse 205
Reimlexikon (2 Bände) 674
Der Rhein 624
Richter: Familienschatz 34
Rilke: Die Aufzeichnungen des Malte Laurids Brigge 630
Rilke: Ausgesetzt auf den Bergen des Herzens 98
Rilke: Briefe über Cézanne 672
Rilke: Das Buch der Bilder 26
Rilke: Die drei Liebenden 355
Rilke: Duineser Elegien/Sonette an Orpheus 80
Rilke: Gedichte 701
Rilke: Geschichten vom lieben Gott 43
Rilke: Neue Gedichte 49
Rilke: Späte Erzählungen 340
Rilke: Das Stunden-Buch 2
Rilke: Wladimir, der Wolkenmaler 68
Rilke: Worpswede 539
Rilke: Zwei Prager Geschichten 235
Rilke. Leben und Werk 35
Robinson: Onkel Lubin 254
Römische Sagen 466
Rousseau: Zehn Botanische Lehrbriefe für Frauenzimmer 366
Rumohr: Geist der Kochkunst 326
Runge. Leben und Werk 316
Sacher-Masoch: Venus im Pelz 469
Der Sachsenspiegel 218
Sagen der Juden 420
Sagen der Römer 466
Sand: Geschichte meines Lebens 313
Sand: Indiana 711

Sand. Leben und Werk 565
Sand: Lélia 737
Sappho: Liebeslieder 309
Schadewaldt: Sternsagen 234
Scheerbart: Liebes- und Schmollbriefe 724
Schiller: Der Geisterseher 212
Schiller. Leben und Werk 226
Schiller/Goethe: Briefwechsel (2 Bände) 250
Schiller: Wallenstein 752
Schlegel: Theorie der Weiblichkeit 679
Schlote: Das Elefantenbuch 78
Schlote: Fenstergeschichten 103
Schlote: Geschichte vom offenen Fenster 287
Schmögner: Das Drachenbuch 10
Schmögner: Das Guten Tag Buch 496
Schmögner: Ein Gruß an Dich 232
Schmögner: Das neue Drachenbuch 2013
Schmögner: Das unendliche Buch 40
Schmögner/Heller: Vogels Neues Tierleben 698
Schneider. Leben und Werk 318
Schopenhauer: Aphorismen zur Lebensweisheit 223
Schopenhauer: Kopfverderber 661
Schwab: Sagen des klassischen Altertums (3 Bände) 127
Scott: Ivanhoe 751
Sealsfield: Kajütenbuch 392
Seneca: Von der Seelenruhe 743
Sévigné: Briefe 395
Shakespeare: Hamlet 364
Shaw-Brevier 159
Sindbad der Seefahrer 90
Skaldensagas 576
Sophokles: Antigone 70
Sophokles: König Ödipus 15
de Staël: Über Deutschland 623
Stendhal: Die Kartause von Parma 307
Stendhal: Lucien Leuwen 758
Stendhal: Rot und Schwarz 213
Stendhal: Über die Liebe 124
Sternberger: Über Jugendstil 274
Sterne: Das Leben und die Meinungen des Tristram Shandy 621
Sterne: Yoricks Reise 277
Sternzeichen aus einem alten Schicksalsbuch:
Skorpion 601
Schütze 602
Steinbock 603
Wassermann 604
Fische 605
Widder 606
Stier 607
Zwillinge 608
Krebs 609
Löwe 610
Jungfrau 611
Waage 612
Stevenson: Das Flaschenteufelchen 595
Stevenson: Dr. Jekyll und Mr. Hyde 572
Stevenson: Die Schatzinsel 65
Stifter: Bergkristall 438
Stifter: Der Nachsommer 653
Storm: Am Kamin 143
Storm: Der Schimmelreiter 305
Storm: Werke (6 Bände in Kassette) 731–736
Strindberg: Ein Puppenheim 282
Der andere Strindberg 229
Swift: Gullivers Reisen 58
Swift: Ausgewählte Werke in drei Bänden 654
Tacitus: Germania 471
Der tanzende Tod 647
Taschenspielerkunst 424
Teresa von Avila: Von der Liebe Gottes 741
Thackeray: Das Buch der Snobs 372
Thackeray: Jahrmarkt der Eitelkeit (2 Bände) 485
Timmermans: Dämmerungen des Todes 297
Timmermans: Franziskus 753
Tognola/Adelki: Das Eselchen und der Wolf 2001
Tolstoj: Anna Karenina (2 Bände) 308
Tolstoj: Die großen Erzählungen 18
Tolstoj: Kindheit, Knabenalter, Jünglingsjahre 203
Tolstoj: Krieg und Frieden (4 Bände in Kassette) 590
Tolstoj: Nach vierzig Jahren 691
Tolstoj: Rede gegen den Krieg 703
Tolstoj: Der Überfall 367

Traum der roten Kammer 292
Traxler: Es war einmal ein Mann 454
Traxler: Fünf Hunde erben 1 Million 562
Tschechow: Die Dame mit dem Hündchen 174
Tschechow: Das Duell 597
Tschechow: Der Fehltritt 396
Tschuang-Tse: Reden und Gleichnisse 205
Turgenjew: Erste Liebe 257
Turgenjew: Väter und Söhne 64
Der Turm der fegenden Wolken 162
Twain: Der gestohlene weiße Elefant 403
Twain: Huckleberry Finns Abenteuer 126
Twain: Leben auf dem Mississippi 252
Twain: Tom Sawyers Abenteuer 93
Urgroßmutters Heilmittel 561
Urgroßmutters Kochbuch 457
Varvasovsky: Die Bremer Stadtmusikanten 658
Varvasovsky: Schneebärenbuch 381
Venedig 626
Voltaire: Candide 11
Voltaire: Sämtliche Romane und Erzählungen (2 Bände) 209/210
Voltaire: Zadig 121
Vom Essen und Trinken 293
Vulpius: Rinaldo Rinaldini 426
Wagner: Ausgewählte Schriften 66
Wagner: Die Feen 580
Wagner. Leben und Werk 334
Wagner: Lohengrin 445
Wagner: Die Meistersinger 579
Wagner: Parsifal 684
Wagner-Parodien 687
Wagner: Tannhäuser 378
Wahl/Barton: Vom kleinen klugen Enterich 593
Die Wahrheiten des G.G. Belli 754
Walser, Robert: Fritz Kochers Aufsätze 63
Walser, Robert. Leben und Werk 264
Walser, Robert: Liebesgeschichten 263
Walser/Ficus: Heimatlob 645
Wedekind: Ich hab meine Tante geschlachtet 655
Das Weihnachtsbuch 46
Das Weihnachtsbuch der Lieder 157
Das Weihnachtsbuch für Kinder 156
Wie ein Mann ein fromm Weib soll machen 745
Wieland: Aristipp 718
Wieland-Lesebuch 729
Wie man lebt und denkt 333
Weng Kang: Die schwarze Reiterin 474
Wilde: Die Erzählungen und Märchen 5
Wilde: Gesammelte Werke in zehn Bänden 582
Wilde/Oski: Das Gespenst von Canterville 344
Wilde: Salome 107
Wilde. Leben und Werk 158
Winter: Kinderbahnhof Lokomotive 662
Das Winterbuch 728
Wührl: Magische Spiegel 347
Wogatzki: Der ungezogene Vater 634
Zimmer: Yoga und Buddhismus 45
Zimmermann: Reise um die Welt mit Captain Cook 555
Zola: Germinal 720
Zola: Nana 398
Zweig. Leben und Werk 528